Guttentagsche Sammlung
Nr. 82. Deutscher Reichsgesetze. Nr. 82.
Textausgaben mit Anmerkungen und Sachregister.

Das Reichsbeamtengesetz

vom 31. März 1873

in der Fassung der Bekanntmachung
vom 18. Mai 1907
mit allen Abänderungen und Ergänzungen

erläutert von

Dr. Oskar Georg Fischbach
Geh. Regierungsrat und Ministerialrat in Berlin.

Berlin und Leipzig 1930.
Walter de Gruyter & Co.
vormals G. J. Göschen'sche Verlagshandlung — J. Guttentag, Verlagsbuchhandlung — Georg Reimer — Karl J. Trübner — Veit & Comp.

Vorwort.

Die Neuausgabe des nunmehr bald sechzig Jahre alten Reichsbeamtengesetzes bedarf gewissermaßen einer Rechtfertigung, zumal erst vor verhältnismäßig kurzer Zeit der große Kommentar von A. Brand in 3. Auflage erschienen ist. Eine solche Rechtfertigung kann darin erblickt werden, daß in der Praxis ein lebhaftes Bedürfnis nach einer kleineren, den neuesten Fortschritten der Wissenschaft und der Rechtsprechung angepaßten Handausgabe besteht. Von dem vorzüglichen, im Jahre 1907 erschienenen Kommentar von A. Schulze liegt keine Neuauflage vor, und die in der rühmlichst bekannten Guttentag'schen Sammlung zuletzt in 3. Auflage 1923 erschienene Textausgabe mit Anmerkungen von A. Arndt (†) ist vergriffen.

Als daher der Verlag an den Unterzeichneten mit dem Ersuchen herantrat, die Neubearbeitung des Reichsbeamtengesetzes zu übernehmen, hat er diesem Ersuchen um so lieber Folge geleistet, als er sich schon seit längerer Zeit mit den Fragen des werdenden Beamtenrechts befaßt, und die Materie ohnedies zu seinem besonderen Arbeitsgebiet, dem des öffentlichen Rechts gehört.

Mit dem neuen Reichsbeamtengesetz scheint es allerdings noch seine guten Wege zu haben. Nach den verheißungsvollen Ansätzen, wie sie die Weimarer Verfassung in den Artt. 128—131 brachte, ist es, abgesehen von der Reichsdienststrafordnung, die die §§ 72—133 RBG. betraf, und die schon bis zur 3. Lesung im 14. Ausschuß des Reichstages gelangt, infolge der Auflösung des Reichstages aber nicht zur Verabschiedung gelangen konnte —, bei der Aufstellung von Entwürfen im Schoße der Ministerien verblieben. Einen dankenswerten Beitrag zum allgemeinen Beamtenrecht stellt der Entwurf eines deutschen Beamtengesetzes (Reichstag IV 1928 Drucks. Nr. 24 v. 21. 6. 1928) dar, der sich in weitgehendem Maße der Interessen der Beamtenschaft annimmt. Einige Sondermaterien haben schon das Kabinett und den Reichsrat beschäftigt, so das Beamtenvertretungsgesetz (Art. 130 Abs. 3 RV.), dessen Entwurf seit langer Zeit schon dem Reichsrat vorliegt, ein dem Reichskabinett zugeleiteter Entwurf über die Laufbahnen der Reichsbeamten und neuerlich der Entwurf eines Gesetzes über die Rechtsverhältnisse der Reichskanzler und der Reichsminister, der an den Reichsrat geleitet ist.

Viel wichtiger als diese zuletzt genannten Gesetzentwürfe ist für die Beamtenschaft dagegen die Neuregelung des Beamtenhinterbliebenen- und des Beamtenunfallfürsorgegesetzes sowie die Aufstellung von Grundsätzen über die Krankenfürsorge für die Reichsbeamten.

Von der richtigen Lösung aller dieser Fragen hängt in hohem Maße die Zukunft unseres Berufsbeamtentums und damit des Staatswesens ab; das ist keine bloße Phrase, auch wenn man nicht soweit geht und Staat und Beamtentum identifiziert, wie dies Max Weber getan hat. Die vielbesprochene Krise des Berufsbeamtentums hat ihre Wurzel allerdings weniger auf wirtschaftlichem als auf politischem Gebiet. Der Beamte ist nach Art. 130 Abs. 1 RV. „Diener der Gesamtheit, nicht einer Partei"; in Wirklichkeit ist aber gerade die fortschreitende Politisierung der Beamtenschaft ein immer stärkerer Gefahrenpunkt geworden. Eine Gesundung kann nur eintreten, wenn die Beamten der Parteipolitik fernbleiben. Nur so kann dem Staate ein objektives und pflichtgetreues Berufsbeamtentum erhalten werden. Wenn schon in den größeren Verhältnissen der Vereinigten Staaten von Nordamerika die Feststellung gemacht worden ist, daß ein methodisch geschultes Berufsbeamtentum zu den Grundlagen einer stabilen Staatsverfassung gehört, so muß dies erst recht von Deutschland gelten, das unter den schwierigsten wirtschaftlichen Verhältnissen sich im Entwicklungsstadium seiner parlamentarischen Staatsform befindet. Nicht mit Unrecht haben daher berufene Kenner des öffentlichen Rechts (vgl. Nawiasky, Die Stellung des Berufsbeamtentums im parlamentarischen Staat 1926) gefordert, daß entsprechend der Unabhängigkeit der Richter auch die Unparteilichkeit der Beamten (im allgemeinen wie im politischen Sinne) als Beamtenrecht und Beamtenpflicht gefordert werden müsse.

Berlin, den 10. November 1929.

Fischbach.

Inhaltsverzeichnis.

Literaturverzeichnis.

Arndt, Komm. z. RBG. 3. Aufl. 1923.

Bongard, Die Rechtsverhältnisse der Warte- und Ruhestandsbeamten des Reiches. 1927.

Brand, Beamtenrecht, die Rechtsverhältnisse der preuß. Staats- und Kommunalbeamten. 3. Aufl. 1925. (BR.)

Brand, Die preußischen Beamten-, Ruhegehalts-, Wartegeld-, Hinterbliebenen- und Unfallfürsorgegesetze, Komm. 2. Aufl. 1924 mit Nachtrag 1925. (PG.)

Brand, Die Reformbedürftigkeit der preuß. Disziplinargesetzgebung. 1909.

Brand, Gesetze über die Rechtsverhältnisse der Reichsbeamten. 3. Aufl. 1929. (Komm.)

Delius, Die Beamtenhaftpflichtgesetze des Reichs und der Länder. 4. Aufl. 1929.

v. Dultzig, Das preuß. Disziplinargesetz f. d. nichtrichterl. B. Komm. 1914.

Friedrichs, Preußisches Kommunalbeamtenrecht. Berlin 1926. (KBG.)

Görres, Komm. z. RBG.

Kanngießer, Komm. z. RBG.

Kautz-Appelius, Preuß. Kommunalbeamtenrecht. 2. Aufl.

Laband, Das Staatsrecht d. Deutschen Reichs. 5. Aufl.

Meyer-Anschütz, Lehrb. d. deutschen Staatsrechts. 7. Aufl. 1914—1919.

Perels-Spilling, Komm. z. RBG. 2. Aufl. 1906.

Pieper, Komm. z. RBG. 2. Aufl.

v. Rheinbaben, Die preußischen Disziplinargesetze. 2. Aufl.

Schulze, Komm. z. RBG.

Schulze, Die Rechtsprechung des Reichsdisziplinarhofs (Rspr.).

Schulze-Simons, Die Rechtsprechung des Reichsdisziplinarhofes. 1926. (Schu.-Si.)

Sölch-Ziegelasch, Komm. z. Reichsbesoldungsgesetz vom 16. 12. 27.

Thudichum, Komm. z. RBG.

Vogels, Anstellung und Versorgung von Kommunalbeamten. Komm. 1927.

Wolfstieg, Beamtenreichsrecht 1921.

Zedlitz-Neukirch, Die Rechtsverhältnisse der Reichsbeamten. 1873.

Abkürzungen.

ALR. = Allg. Landrecht f. d. preuß. Staaten.
ABB. = Armeeverordnungsblatt.
Beamtenbund = Zeitschr. des Deutschen Beamtenbundes.
BDiszG. = Gesetz betr. Dienstvergehen der nichtrichterlichen Beamten v. 21. 7. 52 (GS. 462).
B.jahrb. = Beamtenjahrbuch, wissenschaftliche Monatsschr. f. d. deutschen Berufsbeamten.
BesO. = Besoldungsordnung.
BesSperrG. = Besoldungssperrgesetz.
BGB. = Bürgerliches Gesetzbuch.
Buko = Personal- und Dienstordnung für das Büro der preuß. Justizbehörden v. 1. 7. 27.
DB.arch. = Deutsches Beamtenarchiv.
Der Beamte = Vierteljahrshefte f. Beamtenrecht u. Beamtenpolitik.
DJZ. = Deutsche Juristenzeitung.
DRichtZ. = Deutsche Richterzeitung.
EntwRDStrO. = Entwurf zu einer Reichsdienststrafordnung.
FM. = Preuß. Finanzminister.
GeschO. = Geschäftsordnung für die Disziplinarbehörden v. 18. 4. 86 (ZBl. 203).
GrDiszS. Amtl. Smlg. = Entscheidungen des Gr. Disziplinarsenats; zusammengest. im Preuß. JustMin.
Gruchot = Beiträge zur Erläuterung des deutschen Rechts.
GS. = Preußische Gesetzsammlung.
GVG. = Deutsches Gerichtsverfassungsgesetz v. 27. 1. 77 i. d. Fass. der Bekanntm. v. 22. 3. 24 (RGBl. I 299).
HFG. = Beamtenhinterbliebenengesetz v. 17. 5. 04 (RGBl. 208).
HRR. = Höchstrichterliche Rechtspr., Beil. der Jur. Rundschau (seit 1. 1. 28).
JM. = Justizminister.
JMBl. = Justizministerialblatt.

JurRdsch. = Juristische Rundschau.
JW. = Juristische Wochenschrift.
KGJ. = Entscheidungen des Kammergerichts, her. v. Johow u. Ring.
KKGH. = Entsch. des pr. Gerichtshofs zur Entscheid. der Kompetenzkonflikte.
LZ. = Leipziger Zeitschrift.
MBl. = Ministerialblatt f. d. gesamte innere preuß. Verwaltung.
ME. = Ministerialerlaß.
MfdB. = Monatsschrift f. d. Beamte.
MJ. = Minister des Innern.
MPG. = Militärpensionsgesetz.
OLG. = Rechtsprechung der Oberlandesgerichte, her. v. Mugdan u. Falkmann.
OTrib. = Entsch. d. preuß. Obertribunals.
OVG. = Entsch. d. preuß. Oberverwaltungsgerichts.
PersO. = Personalordnung der D. Reichsbahngesellschaft v. 3. 2. 25 (RMBl. 98).
PrDiszHfnichtrB. = Preuß. Disziplinarhof f. nichtrichterliche Beamte.
PrVerwBl. = Preuß. Verwaltungsblatt, jetzt auch Reichs- und Pr. VerwBl.
RAbgO. = Reichsabgabenordnung v. 13. 12. 19 (RGBl. 1993).
RbesBl. = Reichsbesoldungsblatt.
RBG. = Reichsbeamtengesetz.
RDStrO. = Reichsdienststrafordnung.
RDiszG. = Gesetz betr. die Dienstvergehen der Richter v. 7. 5. 51 (GS. 218).
RDiszH. = Entsch. des Reichsdisziplinarhofs in Leipzig.
Recht = Zeitschrift „Das Recht".
RFBl. = Reichsfinanzblatt.
RFM. = Reichsfinanzminister.
RPM. = Reichspostminister.
RG. = Entsch. des Reichsgerichts in Zivilsachen.
RGBl. = Reichsgesetzblatt.
RGSt. = Entsch. d. Reichsgerichts in Strafsachen.

RMBl. = Reichsministerialblatt.
RV. = Verfassung des Deutschen Reiches v. 11. 8. 19.
StGB. = Reichsstrafgesetzbuch.
StMBeschl. = Staatsministerialbeschluß.
StPO. = Strafprozeßordnung v. 1. 2. 77 (RGBl. 253) i. d. Fass. d. Bek. v. 22. 3. 24 (RGBl. I 299).
UFG. = Gesetz, betr. die Fürsorge für Beamte u. Personen des Soldatenstandes infolge von Betriebsunfällen v. 18. 6. 01 (RGBl. 211) u. And.
ZBl. = Zentralbl. f. d. Deutsche Reich, jetzt = Reichsmin.-Blatt.
ZBR. = Zeitschrift f. Beamtenrecht.
ZPO. = Zivilprozeßordnung i. d. Fass. d. Bek. v. 13. 5. 24 (RGBl. I 437).

Reichsbeamtengesetz.

Vom 31. März 1873

in der Fassung der Bekanntmachung vom 18. Mai 1907 (RGBl. S. 245) mit allen Ergänzungen und Abänderungen.

Vorbem. Das Gesetz über die Rechtsverhältnisse der Reichsbeamten (Reichsbeamtengesetz) vom 31. 3. 73 (RGBl. S. 61) wurde geändert durch folgende Gesetze: 30. 1. 77, 16. 6. 79, 21. 4. 86, 25. 5. 87, 18. 8. 96, 23. 5. 03, 22. 4. 05 u. 17. 5. 07 (RGBl. 77, 244; 79, 157; 86, 80; 87, 194; 96, 04; 03, 241; 05, 316; 07, 201). Nach der Staatsumwälzung von 1918, die das RBG. nicht außer Kraft setzte (G. v. 4. 3. 19 RGBl. 285, Art. 178 RV.), ergingen folgende Änderungen:

Die §§ 3, 10a, 10b, 72, 76, 87 II, 89, 91, 93 durch das Gesetz über die Pflichten der Beamten zum Schutze der Republik v. 21. 7. 22 (RGBl. I 590),

die §§ 4 II, 5, 26 III durch die Besoldges. v. 30. 4. 20 (RGBl. 805), 17. 12. 20 (RGBl. 2075), 21. 11. 21 (RGBl. 1365), 25. 10. 22 (RGBl. I 802), 16. 5. 23 (RGBl. I 295), 18. 6. 23 (RGBl. I 385) u. 16. 12. 27 (RGBl. I 349),

die §§ 26, 30, 41, 57 Nr. 2, 58, 59, 60 II durch Ges. v. 18. 6. 23 (RGBl. I 385),

die §§ 23, 26, 27, 46, 55, 60a, 67, 75, 158 durch die VersabbV. v. 27. 10. 23 (RGBl. I 999) u. V. über deren Abänderung v. 28. 1. 24 (RGBl. I 39) sowie Ausfbest. v. 27. 2. 24 (RGBl. 45),

der § 87 durch V. 23. 6. 19 (RGBl. 582) u. v. 27. 9. 22 (RGBl. I 759),

der § 91 I durch Ges. v. 4. 7. u. 21. 7. 22 (RGBl. I 565 u. 590),

der § 101 durch Ges. v. 17. 7. 23 (RGBl. I 683),

die §§ 120—122 durch das Wehrges. (§ 48) v. 23. 3. 21 (RGBl. 329), die §§ 23, 26, 27, 55, 60a, 67 durch das Ges. über die Einstellung des Verfabb. und die Änderung der VerfabbV. 4. 8. 25 (RGBl. I 181),

der § 46 durch Ges. v. 27. 3., 15. 7., 28. 12. 26 u. 16. 7. 27 (RGBl. I 26, 185, 411, 531 u. 27, 185).

Allgemeine Bestimmungen.

§ 1.

Reichsbeamter im Sinne dieses Gesetzes ist jeder Beamte, welcher entweder vom Kaiser (Reichspräsidenten) angestellt oder nach Vorschrift der Reichsverfassung den Anordnungen des Kaisers (Reichspräsidenten) Folge zu leisten verpflichtet ist.

Wo in den einzelnen Bestimmungen des RBG. vom Kaiser die Rede ist, ist an dessen Stelle jetzt grundsätzlich der Reichspräsident getreten. § 4 Ges. v. 4. 3. 19 (RGBl. 285), Art. 179 RV.

I. Der Begriff des Reichsbeamten. Eine gesetzliche Definition des allgemeinen Beamtenbegriffs fehlt (RG. 67, 117). Auch das RBG. gibt keine solche Begriffsbestimmung. Der Entw. einer Reichsdienststrafordnung verweist auf das seit Jahren geplante neue Reichsbeamtengesetz. Die Behauptung Arndt's (Komm. 3. Aufl. S. 21), daß eine Definition des Beamtenbegriffs überhaupt unmöglich sei, ist jedenfalls unzutreffend.

Je nach der Gesetzesmaterie (Staatsrecht, Strafrecht) kann der Beamtenbegriff einen verschiedenen Inhalt haben. Man hat deshalb, ähnlich wie beim Gesetzesbegriff, einen Beamtenbegriff im formellen und im materiellen Sinne unterschieden: Beamter im materiellen Sinne ist der Beamte im strafrechtlichen Sinne, der nicht die formalen Voraussetzungen des Beamtenbegriffs zu erfüllen braucht, aber Staatshoheitsrechte ausübt. Beamter im formellen Sinne ist dagegen der Beamte im Sinne des Staatsrechts, also der Beamte, dessen Beziehungen zum Staat durch feste staatliche Normen geregelt sind, und der nicht notwendig Staatshoheitsrechte ausüben muß. Kennzeichnend bei diesem letzteren eigentlichen Beamtentypus ist, daß er in einem Gewalt- bzw. Disziplinarverhältnis zum Staate steht.

1. Geschichtliches. Der Name „Beamter" taucht erst im 19. Jahrh. auf. Ursprünglich sprach man von königlichen Bedienten, und erst gegen Ende des 18. Jahrh. von „Staatsdienern". Das ALR. hat letzteren Begriff, der sich aus den §§ 1—3 Tit. 10 Teil II ableiten läßt, verwendet (vgl. A. Möller, B.jahrb. 1929 S. 275). Während in der ersten Hälfte des 19. Jahrh. noch zwei Erfordernisse für den Beamtenbegriff aufgestellt wurden (H. A. Zachariae): Öffentliche Anstellung und tatsächliche Ausübung des Staatsdienstes („Amt"), kam, hauptsächlich unter Führung Labands (Staatsrecht 5. Aufl. S. 365 Anm. 2), in dem letzten Drittel des 19. Jahrh. ein neuer Beamtenbegriff auf, der lediglich das öffentlich-rechtliche Dienstverhältnis, nicht dagegen das Amt als für den Beamtenbegriff wesentlich ansah. Durchsetzen konnte und mußte sich diese Auffassung hauptsächlich im Hinblick auf das gewaltige Anschwellen des Beamtenkörpers durch das Hinzuströmen der Verkehrsbeamten. Auch waren seit den 70er Jahren in immer größerem Maße zahlreiche wirtschaftliche und dem eigentlichen Staatszweck fremde Betriebe in die Staatsverwaltung aufgenommen worden; der früher wichtigste Typus, der obrigkeitliche Beamte ging jetzt in der Masse unter. Dieses unnatürliche Anwachsen der Beamtenzahl infolge einer zu weiten Auslegung des Beamtenbegriffs, das auch Bedienstete mit untergeordneten oder mechanischen Befugnissen zu Beamten macht, bedeutet eine Überspannung des Beamtenbegriffs, an der niemand ein Interesse haben kann (Koellreutter, B.jahrb. 1928 S. 339). Natürlich kann keine Rede davon sein, diejenigen Berufskreise, die einmal Beamteneigenschaft erlangt haben, um ihre Rechte zu schmälern; es ist vielmehr eine Frage künftiger gesetzlicher Regelung, hier vernünftige Grenzen zu ziehen (W. Kaskel, B.jahrb. 26 S. 423, 471).

2. Die Grenze zwischen Beamten (künftig im Text immer mit B. abgekürzt) einerseits, Angestellten und Arbeitern

anderseits ist ohnedies heutzutage infolge einer weitgehenden sozialen Fürsorge des Staates sehr flüssig geworden (Urlaub, Unkündbarkeit nach zehnjährigem Dienst usw.). Da ferner die begriffliche Unterscheidung zwischen öffentlichem und privatem Recht in der Wissenschaft vielfach nicht mehr als berechtigt anerkannt wird, was insbesondere wieder für das Arbeitsrecht gilt, wo öffentlich-rechtliche und privatrechtliche Normen in weitem Umfange vermengt sind, so können sich leicht Streitfragen ergeben, ob Dauerangestellte noch Angestellte oder B. sind, oder, ob sich, um mit der Sprache des Arbeitsrechts zu reden, ihre Bezüge nach Tarifen oder Besoldungsordnungen regeln. Hierher gehört auch der Begriff des B.anwärters, der aus dem BetrRgesetz (§ 10) herausgenommen ist, Arbeitnehmereigenschaft also nicht besitzt, aber auch B.eigenschaft noch nicht erworben hat.

Trotzdem gibt es zwischen B.recht und Arbeitsrecht begriffswesentliche Unterscheidungen. Sie gruppieren sich einmal um die Unterscheidung zwischen öff.-rechtl. und privatrechtl. Dienstverhältnis: dort Gewaltverhältnis, Gehorsam, Disziplinarverfahren, hier Gleichordnung zwischen Arbeitgeber und -nehmer, schuldrechtliche Grundlage. Ferner ist das B.recht nach Art. 7 Nr. 9 RV. Sache der Länder, das Arbeitsrecht dagegen gehört zur Zuständigkeit des Reiches. Bei Streitigkeiten über vermögensrechtliche Ansprüche gilt für B. der ordentliche Rechtsweg (Art. 129 RV.), bei Streitigkeiten aus dem Arbeits- und Lohnverhältnis ist maßgebend das Schlichtungsverfahren, Arbeitsgericht. Beiden Berufskategorien kommt gleichmäßig das Recht der Vereinigungsfreiheit (Art. 159 RV.) zu, den Angestellten und Arbeitern außerdem noch die Möglichkeit des Streiks.

3. Soweit Angestellte und Arbeiter in der Reichsverwaltung tätig sind, gelten für sie die Grundsätze des BGB. über den Privatdienstvertrag und nicht die Vorschriften über die Rechte und Pflichten der Reichsb., auch wenn sie bei der Einstellung auf die RV. vereidigt werden. RG. 110, 298. Reichsangestelltentarifvertrag v. 2. 5. 24 (RGBl. 113) mit Änd. v. 24. 3. 25 und 4. 3. 24 (RbesBl. 25, 91, 27, 15). Schiedsspr.

v. 8. 6. 26 (RbesBl. 85) mit And. v. 26. 4. und 18. 5. 27 (RbesBl. 27 und 33). BetrRges. v. 4. 2. 20 (RGBl. 147). Für Schwerkriegsbeschädigte Ges. 12. 1. 23 (RGBl. I 57) und And. v. 8. 7. 26 (RGBl. I 398). AusfB. 13. 2. 24 (RGBl. I 73). Wegen Kündigung vgl. ferner G. 9. 7. 26 (RGBl. I Nr. 46) und RFM. 10. 2. 27 (RbesBl. 11). Näheres bei Brand, Komm. S. 16.

II. Das spezifische Unterscheidungsmerkmal zwischen dem B.verhältnis und dem Privatdienstverhältnis liegt in dem öff.-rechtl. Gewalt- und Schutzverhältnis des B. zum Staat oder einer sonstigen öff.-rechtl. Korporation. Vgl. statt vieler Entsch.: RG. 111, 121; RG. 1. 3. 27, Recht 31 S. 307 und B.arch. 7 S. 541; RGSt. 60, 139; RDiszH. 30. 6. 77 Schu-Si. 2; pr. OVG. 70, 254. Laband I 435. Brand, RBG. S. 4.

1. Über den Begriff des Gewaltverhältnisses nach moderner Staatsauffassung vgl. Nawiasky, Festschr. f. Zitelmann 1913 S. 1, Ders., Der Bundesstaat als Rechtsbegriff 1920 S. 4, ders. Bayr. Verf.recht 1923 S. 430, U. Scheuner, Arch. f. Verwrecht Bd. 33 (1928) S. 66. Ein Gewaltverhältnis ist da anzunehmen, wo ein Rechtssubjekt kraft seiner rechtlichen Überlegenheit über ein gewisses Lebensgebiet einer anderen Person nach seinem Willen zu bestimmen hat. Die Einwirkung muß sich aber auf ein gewisses Lebensgebiet erstrecken, z. B. Wehrpflicht, Ehrenamt, nicht genügt Zeugenpflicht. Symptome eines solchen Gewaltverhältnisses sind Disziplinarbefugnis, Zwangsanwendung. Wie das Gewaltverhältnis zustande kommt, ist unerheblich; wesentlich ist nur sein Inhalt. Die Grenze zwischen allgemeiner Rechtspflicht und Gewaltverpflichtung ist also durch das Maß der Abhängigkeit des einen Rechtssubjekts vom anderen bestimmt. Die öff.-rechtl. Gewaltverpflichtung ist ein Stück des sog. allg. Untertanenverhältnisses oder, besser gesagt, der Pflicht des Staatsbürgers zum Gehorsam gegen die Gesetze.

2. Mit der öff.-rechtl. Natur des B.verhältnisses hängt zusammen, daß die Grundsätze des BGB., das den B.begriff in keiner Weise beeinflußt hat (Art. 32 EG. BGB.) keine unmittelbare Anwendung auf das B.verhältnis finden, d. h. daß höchstens allgemeine Rechtsgedanken zur Ausfüllung von Lücken

des öff. Rechts dienen können (z. B. § 615 S. 2, § 618 BGB.). Vgl. u. a. RG. 95, 146; 107, 189; 111, 82; 112, 290. Bzgl. § 275 BGB.: RG. 112, 293; bzgl. § 242 RG. 30. 4. 26 DJZ. 2 S. 1709 und v. 11. 1. 27 JurRdsch. 1927 Nr. 7.

3. Ob jemand als B. anzusehen ist, ist in jedem einzelnen Fall unter Berücksichtigung der allg. b.rechtlichen Grundsätze zu beurteilen. Brand, BR. S. 4, Komm. S. 15. Ist eine Anstellung gegen festes Gehalt mit Ruhegehaltsberechtigung vorgenommen, insbes. mit Vereidigung und Unterstellung unter die Disziplinargewalt eines Vorgesetzten, so wird der B.begriff regelmäßig gegeben sein. v. Rheinbaben S. 22. Entscheidendes Gewicht ist auf den Willen der anstellenden Behörde zu legen. (RG. 108, 418, Vogels, VerwArch. 31, 24.) Trotz entgegenstehenden Willens wird aber nach der neueren Rechtspr. d. RG. ein B.verhältnis anzunehmen sein bei Übertragung öff.-rechtl. Dienste sowie bei langer Dauer derselben. Vgl. von RGEntsch. u. a. RG. 34, 225; 104, 261; 106, 18; 108, 418; 122, 6; und vom strafrechtlichen Standpunkt aus RG. 1. 10. 26 DJZ. 32 S. 231 und RG. 23. 11. 26 B.arch. 7 S. 313.

III. Von der B.eigenschaft im staatsrechtlichen Sinn (vgl. die obige Unterscheidung zwischen dem formellen und materiellen B.begriff) ist zu unterscheiden die B.eigenschaft im Sinne des Strafrechts. Der B.begriff im Sinne des § 359 RStGB. umfaßt nach der Rechtspr. d. RG. auch solche Personen, die zwar nicht im staatsrechtlichen Sinn B. sind, aber von einer zuständigen Reichs-, Landes- oder Kommunalbehörde ausdrücklich oder stillschweigend zu Dienstverrichtungen berufen sind, die aus der Staatsgewalt abgeleitet werden und der Verwirklichung staatlicher Zwecke dienen, die also von Privatpersonen nicht vorgenommen werden können. Auch derjenige kann z. B. B. im Sinn des StGB. sein, der bei der Einstellung infolge strafgerichtlicher Verurteilung unfähig war, ein öffentliches Amt zu bekleiden. RGSt. 50, 19. In allen Fällen muß es sich aber um die Ausübung obrigkeitlicher Befugnisse handeln, die mittelbar oder unmittelbar dem Staatszweck dienen. RGSt. 60, 141. Die obrigkeitlichen Befugnisse brauchen keine übergeordneten oder entscheidenden zu sein (RG. 8. 6. 26 JW. 27

H. 20 und 7. 12. 26 LZ. 1927 Nr. 13, RG. 19. 1. 28 JW. 28, 1457). Privatjagdhüter: RG. 108, 240. Sparkassenangestellter: RG. 25. 10. 28 ZBR. 1, 152. Was obrigkeitliche Befugnisse sind, wird sich oft nur schwer feststellen lassen. Man wird im allgemeinen darunter wohl das verstehen können, was Art. 131 RV. und § 1 des preuß. AmtshaftG. v. 1. 8. 09 mit „Ausübung der öffentlichen Gewalt" bezeichnen (vgl. Delius, Haftpfl. 3. Aufl. S. 11 f. Auch die Bediensteten der Reichsbahngesellschaft können B. im Sinne des StGB. sein. RGSt. 60, 139; RG. 19. 1. 28 JW. 25, 1457; RG. 17. 9. 28 JurRdsch. Rspr. 2326. §§ 45, 74 EisbBau- u. BetrO. v. 17. 7. 28 (RGBl. II 541). Bezüglich der Postangestellten vgl. RGSt. 54, 203 (Postagent); 51, 66 und 52, 310 (Postaushelfer) und RG. 10. 2. 28 JW. 28, 2324 und 4. 10. 28, JurRdsch. 29 Rspr. 176.

IV. Nicht wesentlich für das B.verhältnis sind:

1. Die Lebenslänglichkeit der Anstellung, vgl. § 2.

2. Die Besoldung. Ehrenbeamte. Wahlkonsuln, Handelsrichter, Honorarprofessoren, B. im Vorbereitungsdienst.

3. Die tatsächliche Verwaltung eines Amts, z. B. Wartestandsb. Brand BR. 26, Komm. S. 12. Regelmäßig ist allerdings mit der Ernennung zum B. die Berufung auf ein bestimmtes Amt verbunden, wenn es auch nur ein Nebenamt ist. Notwendig ist auch nicht, daß es sich um ein Amt mit obrigkeitlichen Funktionen handelt. Auch technische, wissenschaftliche, ja sogar mechanische Verrichtungen genügen. Dagegen bewirkt, wie schon oben ausgeführt, die Übertragung obrigkeitlicher Funktionen regelmäßig den B.charakter im strafrechtlichen Sinne, und zwar selbst dann, wenn dies gegen den Willen der anstellenden Behörde und gegen das Landesrecht verstößt. RG. 108, 418.

4. Die Vereidigung. Dieselbe ist für den B.begriff nicht wesentlich, vgl. §§ 3, 45 II RBG. Auch für den B.begriff im Sinne des § 359 StGB. kommt es auf den Diensteid nicht an. Vgl. u. a. RG. 99, 265; RGSt. 53, 165 Brand, Komm. S. 10. Die Tatsache der Vereidigung kann aber in Zweifelsfällen für die Frage des Vorliegens eines B.verhältnisses von Bedeutung sein. RG. 21. 1. 27 JurRdsch. 1927 H. 7.

5. Die Aushändigung der Anstellungsurkunde vgl. § 4 RBG.

6. Die freiwillige Übernahme eines Amts. Auch die zahlreichen Organe der Selbstverwaltung, die ihre Verrichtungen kraft Gesetzes wahrnehmen, gehören zu den B. Brand, Komm. S. 12.

7. Eine bestimmte Vorbildung. Doch wird durch Verwaltungsverordnungen ein bestimmter Befähigungsnachweis durch Prüfung, Probedienstzeit usw. verlangt. Ausnahme für Richter GVG. §§ 2, 6; Mitglieder des Bundesamts für das Heimatwesen, für die Mitglieder des Patentamts usw. vgl. Schulze, Komm. S. 40c.

V. Die Entstehung des Beamtenverhältnisses. Über den rechtlichen Charakter der B.anstellung herrschen hauptsächlich zwei Ansichten: Die eine sieht in der Anstellung einen Vertrag, die andere einen einseitigen Staatsakt. Unter der alten RV. konnte die in erster Linie von Laband (Staatsrecht 5. Aufl. I S. 365) vertretene Vertragstheorie als vorherrschend bezeichnet werden. Danach wurde die Eigenschaft eines B. erworben durch den Abschluß eines öff.-rechtl. Vertrages des B. mit dem zuständigen Vertreter des Reichs (Staats usw.); durch diesen Vertrag wurde ein Gewaltverhältnis begründet, vermöge dessen der Angestellte in ein besonderes Gehorsams-, Treue- und Dienstpflichtverhältnis dem Gewalthaber gegenüber eintritt, während der Gewalthaber zum Schutz und zur Gewährung eines Diensteinkommens, falls ein solches zugesichert ist, verpflichtet wird. (So RG. 18, 173; 28, 85; 37, 241 und 315; 53, 427. Rehm, Hirths Annal. 84, 565f., Perels-Spilling, § 1 Anm. 2, 3, Pieper 13, Schulze, Komm. S. 31, Wolffstieg 24.) Neuerdings hat man sich aber mehr von dieser Theorie abgewandt und sich für den einseitigen Staatsakt der Anstellung entschieden. Mit Recht hält man der Vertragstheorie entgegen, daß der Vertrag gleichberechtigte, sich unabhängig gegenüberstehende Kontrahenten voraussetze; das B.verhältnis ist aber ein Gewaltverhältnis, beruhend auf Dienstbefehl und Gehorsam einerseits, Schutz und Alimentierung anderseits. Die

Erfüllung der B.pflichten ist daher nicht Vertragserfüllung, sondern Ausfluß des Unterwerfungsverhältnisses. Die Verletzung der Dienstpflicht wiederum ist nicht Vertragsverletzung, sondern Dienstvergehen, das im Disziplinarverfahren verfolgt wird. RG. 100, 297; 110, 192; RDisz. 12. 1. 26 JurRdsch. Rspr. Nr. 1065, Brand, BR. 3. A. S. 54, Fischbach, ZBR. 1 S. 116f. Trotz der dem B.verhältnis regelmäßig zugrunde liegenden freien Entschließung (RG. 37, 241) und obgleich es einen Zwang zur Annahme eines Amtes nicht gibt, ist die Vertragsnatur der Anstellung zu verneinen.

W. Jellinek (Verwaltungsrecht S. 352) sieht in der Anstellung nicht einen einseitigen, sondern einen zweiseitigen Verwaltungsakt auf Unterwerfung; zweiseitig ist der Verwaltungsakt, weil er unwirksam wird, wenn der Nachweis erbracht wird, daß es an einer rechtswirksamen Einwilligung des zu Ernennenden fehlt. Der zweiseitige Verwaltungsakt besteht n. J. aus zwei ungleichen Stücken: einer privaten Willenserklärung des einzelnen, welche im großen und ganzen der sinngemäßen Auslegung nach BGB. unterliegt, und der nach öffentlichem Recht lebenden, also eine Vermutung der Rechtmäßigkeit und Gültigkeit in sich tragenden Willenserklärung des Staats. Während so die Anstellung, durch die das öff.-rechtl. Dienstverhältnis begründet wird, einen zweiseitigen Verwaltungsakt darstellt, ist die von der Anstellung streng zu unterscheidende Übertragung des Amts ein einseitiger Verwaltungsakt, was sich z. B. deutlich zeigt bei der Versetzung in ein anderes Amt. Über das Wesen der Übertragung des Amts oder der Beleihung vgl. RG. 13. 4. 26 B.arch. 17 S. 542; Friedrichs (DJZ. 1928 S. 87) spricht in diesem Sinne von einer „Einführung in das Amt".

Die Jellinekſche Konstruktion vom zweiseitigen Verwaltungsakt vermeidet zwar eine Hauptschwierigkeit, die sich beim einseitigen Staatshoheitsakt ergibt, nämlich das Vorbeigehen an der Notwendigkeit der Einwilligung des Anzustellenden; mißlich bleibt nur die Unterwerfung der privaten Willenserklärung unter die Vorschriften des BGB. trotz des im übrigen betonten öff.-rechtl. Charakters der Anstellung.

Um diesen Schwierigkeiten vorzubeugen und vor allem, um den vor dem einseitigen Anstellungsakt liegenden Rechtsvorgang (Einwilligung des Anzustellenden, Zulassung desselben zum Vorbereitungsdienst u. a.) einheitlich zu erfassen, habe ich vorgeschlagen (ZBR. Jg. 1 S. 117), den in neuester Zeit auf verschiedenen Rechtsgebieten zur Anwendung gelangten Begriff der „Vereinbarung" zu verwenden, also eine Willensübereinstimmung anzunehmen, die die Voraussetzung für die demnächstige Anstellung sein soll. Ähnlich Friedrichs (DJZ. 1928 S. 87), der die Ansicht vertritt, daß der Anstellung ein Vertrag zugrunde liegen kann, der aber keinen Anspruch auf Erfüllung erzeugt, bis der Bewerber durch einseitige Willenserklärung in ein Amt einberufen ist.

Wenn auch in der Regel bei der Anstellung kein Raum für eine Vereinbarung über die Rechte und Pflichten des B. besteht (JW. 96, 328; RG. 110, 192), so kann doch — abgesehen von der obenerwähnten generellen Vereinbarung — nach anderer Richtung vor der Anstellung eine vertragsmäßige Bindung über bestimmte Punkte erfolgen, z. B. über Gehalt, Anrechnung einer bestimmten Dienstzeit bei der Versetzung in den Ruhestand u. dgl. (JW. 99, 52), Fleiner, Instit. S. 182; Brand, Komm. S. 14, BR. S. 154. Solche Vereinbarungen haben nur vorbereitenden Charakter und bilden keinen Bestandteil der Ernennung, Zorn I 307, Brand, Komm. S. 14. Hierher gehört auch der Vertrag über eine künftige Amtsübertragung (JW. 03, 158, JW. 26, 2305[5]), der allerdings keinen klagbaren Anspruch begründet. Vereinbarungen dieser und ähnlicher Art (z. B. über den künftigen Abgang zu einem bestimmten Zeitpunkt) sind nur dann ungültig, wenn sie mit der öff.-rechtl. Natur der davon betroffenen Ansprüche nicht im Einklang stehen, denn die Anstellung ist öff.-rechtl. Natur (RG. 53, 427; 95, 145). Reverse, die sich die Anstellungsbehörde über Gehaltsfragen ausstellen läßt, sind unwirksam (Arndt, JW. 24, 1052). Ein B. kann auf die gesetzlich geregelte Anrechnung von Dienstzeit bei der Festsetzung des Besoldungsdienstalters oder auf Teile seiner gesetzlichen Bezüge nicht verzichten (RG. 59, 163, B.arch. 26, 543). Durch die Unwirksamkeit des Verzichts ist aber nicht die ganze Anstellung nach § 139 BGB. nichtig. RG. Recht 22, Rspr. 108 S. 564.

Die aus einer rechtsverbindlichen Zusicherung entstehenden Ansprüche sind wohlerworbene B.rechte im Sinne des Art. 129 RV. und daher, soweit vermögensrechtlicher Natur, im ordentlichen Rechtsweg verfolgbar, vgl. § 149 f. RBG. Brand S. 15.

VI. Die persönlichen Voraussetzungen der Anstellung.

1. Geschäftsfähigkeit. Bei Minderjährigen ist erforderlich Mitwirkung des gesetzlichen Vertreters. BGB. §§ 104—115. Ein bestimmtes Lebensalter des Anzustellenden ist außer bei Mitgliedern des Reichsgerichts (§§ 125 II, 129 GVG.) und des Reichsfinanzhofs (RAbgO. § 35), die das 35. Lebensjahr vollendet haben müssen, nicht erforderlich.

2. Reichsangehörigkeit. Ausländer, die im Reichsdienst eingestellt werden und in einem deutschen Land ihren Wohnsitz haben, erwerben nach § 15 RG. v. 22. 7. 13 (RGBl. 583) die betreffende deutsche Staats(Reichs-)angehörigkeit, soweit nicht in der Anstellungs- oder Bestätigungsurkunde ein Vorbehalt gemacht worden ist. Die Anstellung im Dienst der Reichsbank gilt nach dem R.bankges. v. 30. 8. 24 nicht mehr als Anstellung im Reichsdienst und hat daher den Erwerb der Reichsangehörigkeit nicht zur Folge. Reichsbahnbeamte müssen nach § 1 Abs. 2 R.Bahnges. die deutsche Staats- und damit die Reichsangehörigkeit besitzen. Die trotzdem erfolgte Anstellung eines Ausländers im Reichsbahndienst kann, weil dieser Dienst kein Reichsdienst ist, die Erwerbung der Reichsangehörigkeit nicht bewirken. Der Verlust der Reichsangehörigkeit hat nicht ohne weiteres den Verlust der Reichsbeamteneigenschaft zur Folge, RDiszH. v. 2. 7. 24 Schu-Si S. 24. Deshalb behält auch eine deutsche Beamtin, die einen Ausländer heiratet und damit dessen Staatsangehörigkeit erwirbt, die B.eigenschaft. Brand, Komm. S. 36. Durch zeitweiligen Dienst bei der Freien Stadt Danzig wird die Reichsb.eigenschaft nicht verloren. RDiszH. v. 28. 10. 24 Schu-Si S. 25, ebenso nicht durch die Übernahme von Arbeit für die polnischen Eisenbahnen, es sei denn, daß der betr. B. seinen Willen, aus dem deutschen Reichsdienst

auszuscheiden, unzweideutig zu erkennen gegeben hat. RDiszH. 13. 3. 23 Schu-Ei S. 26.

Wegen des Landsmannschaftsprinzips vgl. Art. 16 RV. und § 21 R.bahnges. sowie § 38 RG. 16. 7. 27 (RGBl. I 187).

3. Geschlecht. Art. 128 Abs. 2 und Art. 77 RV. Gleichstellung der Geschlechter in Frage des Erwerbs der B.eigenschaft. Nach G. v. 11. 7. 22 (RGBl. I 573) können Frauen auch richterliche Stellungen und nach G. 11. 6. 20 (RGBl. 1209) auch die Stellung als Standesbeamte erlangen. Kaisenberg, ArchöffR. 41, 216.

Für weibliche Angestellte gilt Art. 128 II RV. nicht: Verheiratung Kündigungsgrund. RG. 110, 297. Näheres über Rechte und Pflichten verheirateter Beamtinnen bei Brand, Komm. S. 38.

4. Religion. Nach dem G. v. 3. 7. 69 (BGB. 292) ist die Befähigung zur Bekleidung öffentlicher Ämter vom religiösen Bekenntnis unabhängig.

5. Bürgerliche Ehrenrechte. Vollbesitz der bürgerlichen Ehrenrechte ist Voraussetzung für die B.eigenschaft. §§ 31, 33, 34, 35 RStGB. Eine trotzdem erfolgte Anstellung wäre nichtig.

6. Versorgungsanwärter. Der Versorgungsschein gibt Angehörigen der Wehrmacht oder der Schutzpolizei die Anwartschaft auf Anstellung in gewissen Stellen des mittleren und unteren Dienstes. Ein Anspruch auf Verleihung eines bestimmten Amtes besteht nicht. RG. 110, 268. Auf Grund des § 11 WehrmachtversorgG. v. 4. 8. 21 (RGBl. 993 f.) in der Fassung v. 22. 6. 23 (RGBl. I 409) und 19. 9. 25 (RGBl. I 349), des § 2 RG. über die Schutzpolizei der Länder v. 17. 7. 22 (RGBl. I 597) und des § 33 ReichsversorgG. v. 12. 5. 20 (RGBl. 989) in der Fassung v. 22. 6. 23 (RGBl. I 513) sind von der Reichsregierung Grundsätze erlassen worden, nach denen die Inhaber eines Versorgungsscheins anzustellen sind. (Bek. 31. 7. 26 [RGBl. I 435] und allg. Ausf.anweisung v. 31. 7. 26 [RGBl. I 445] mit Änd. v. 18. 7. 27 [RGBl. I 223]). Diese Grundsätze haben den Charakter einer Rechtsverordnung, d. h. sie binden die Verwaltungsbehörde. Wegen Einzelheiten vgl. Brand, BR. S. 96 f., Komm. S. 43.

VII. Außer den allgemeinen Voraussetzungen für die Erlangung der B.eigenschaft verlangt § 1 RBG. noch als wesentliches Erfordernis die Anstellung durch den Kaiser (Reichspräsidenten) oder das Bestehen der Verpflichtung nach Vorschrift der RV. den Anordnungen des Reichspräsidenten Folge zu leisten.

Unter der alten RV. gab es auch mittelbare Reichsb., das waren solche B., die von den Staatshäuptern oder deren Vertretern für den Reichsdienst angestellt wurden und neben ihren Pflichten als Beamte ihres Landesherrn gleichzeitig nach Vorschrift der RV. den Anordnungen des Kaisers Folge zu leisten hatten (z. B. Militärbeamte und gewisse Kategorien von Post- und Telegraphenbeamten).

Über Beamte der Schutzgebiete siehe Arndt, Komm. § 1 Anm. 1.

Über den staatsrechtlichen Charakter der elf.-lothr. B., Fischbach, Öff. R. d. Reichslandes 1914, S. 85. Vgl. RG. v. 11. 1. 22 (RGBl. I 29), dazu RG. 8. 11. 27 JW. 28, 1036, Jahrreis, JW. 28, 1021.

VIII. Besondere Kategorien von Beamten.

1. Post- und Telegraphenb. sind, trotz Loslösung des Posthaushalts vom allg. Reichshaushalt, Reichsb. mit allen Rechten und Pflichten solcher, ReichspostfinanzG. 18. 3. 24 (RGBl. I 287) § 12 I; RG. 123, 209.

2. Beamte der Reichsbahngesellschaft. Sie sind nicht B. im Sinn des RBG., vielmehr sind sie Reichsb. besonderer Art, auf die das RBG. keine Anwendung findet. Ihre Rechtsverhältnisse richten sich nach der PersO. der Deutschen Reichsbahngesellschaft v. 3. 2. 25 (RMBl. 98), mehrfach geändert durch B. v. 4. 12. 25, 29. 1. und 14. 4. 26, 9. 1. 28 (RMBl. 25, 1386, 26, 122, 28, 51), G. v. 30. 8. 24 (RGBl. II 272). RG. 109, 92.

RG. (St.) v. 19. 3. 26 JW. 1927 H. 10/11 bezeichnet R.bahnb. als mittelbare Reichsb. im staatsrechtlichen Sinne und folglich hinsichtlich aller ihrer dienstlichen Verrichtungen B. i. S. des § 359 StGB. So auch BayrObLG. 28. 4. 25 JW. 25, 1647; OLG. Stuttgart DJZ. 25, 1442; RFinH. in JW. 26, 395. Sarter-Kittel, Komm. Anm. zu § 160.

Nach § 20 RBahnG. sind beim Übergang des Betriebs auf die Reichsbahngesellschaft nur die „im Dienst“ stehenden B. übernommen. Die übrigen B., also die auf Ruhegehalt oder Wartegeld stehenden, verbleiben in ihrer bisherigen Stellung dem Reichsverkehrsmin. unterstellt. RDiszH. 12. 1. 26 JurRdsch. 26 Nr. 305; DJZ. 1927 S. 90. Über Kündigungsb. im Reichsbahndienst vgl. RG. 27. 5. 27 JW. 1927 S. 2195.

3. Reichsbankbeamte. Sie sind nicht B. im Sinne des RBG. aber Reichsb. besonderer Art, ähnlich wie die Reichsbahnb. Das RGB. findet auf sie nur entsprechende Anwendung; RG. 119, 428. Näheres bei Brand, Komm. S. 21.

4. Beamte der Reichsversicherungsanstalt. Nach § 102 Abs. 1 AngestVersG. haben die im § 101 daselbst bezeichneten B. (Präsident, beamtete Mitglieder des Direktoriums und höhere planmäßige B.) die Rechte und Pflichten der Reichsb. RG. Recht 25, 764. Über die Frage der Haftung des Reichs nach Art. 131 RV. und ReichshaftpflG. vgl. RG. 30. 10. 25 JW. 26, 1442.

5. Für die Beamten im Dienst der Reichsanstalt für Arbeitsvermittlung usw. (RG. 16. 7. 27 RGBl. I 187) gilt ähnliches wie zu 4.

6. Die Kolonialbeamten. Auf sie findet das RBG. mit den sich aus dem KolBG. v. 8. 6. 10 (RGBl. 881) ergebenden Besonderheiten Anwendung. V. über die Regelung der kolonialen Angelegenheiten v. 21. 3. 24 (RGBl. I 371): RFM. 6. 5. 25 (RBesBl. 135).

7. Personen des Soldatenstandes, insbesondere die Offiziere zählen nicht zu den Reichsb. § 1 G. v. 23. 3. 21 (RGBl. 329). Einige Vorschriften des RBG. (§§ 3, 10a, 10b, 134—148) finden auf sie Anwendung. § 157 RBG. Auch ist ihnen der Rechtsweg wegen ihrer vermögensrechtlichen Ansprüche geöffnet. Art. 129 Abs. 4 RV. Sie gelten auch als B. im Sinne des § 359 StGB. RGSt. 29, 15. Vgl. dagegen RG. 16. 10. 25 JurRdsch. 25, 1397 (soweit sie als Täter strafbare Handlungen nach § 331 StGB. in Frage kommen, § 145 MStGB.). Im übrigen haben sie nicht die Vorrechte der B. (Politische Betätigung, freie Meinungsäußerung, Vereins-, Versammlungs-, Petitions-

recht) § 36 I WehrO. Kein aktives Wahlrecht, kein Stimmrecht bei der Wahl des Reichspräsidenten, sowie bei Volksbegehren und Volksentscheid. § 36 III RwehrG., § 7 III WahlG. f. d. preuß. Prov.-Landtage und Kreistage. V. v. 7. 10. 25 (GS. 123).

Die **Militärbeamten** des Reichsheeres und der Marine gehören zwar zur Wehrmacht (§ 1 WehrG.), nicht aber zu den Personen des Soldatenstandes. Sie sind Reichsb. und unterstehen den Vorschriften des RBG., soweit nicht Abweichendes bestimmt ist. Die in der Verwaltung der Wehrmacht angestellten Zivilb. sind dagegen in jeder Beziehung Reichsb.

8. Die **Reichsminister** und der **Reichskanzler** sind keine B. im Sinne des RBG., daß sie dagegen Reichsb. im allg. Sinne sind, hat RG. 120, 388 im Gegensatz zu Juliusberger (ZBR. 1 S. 21) bejaht. Juliusberger kommt zu seinem ablehnenden Standpunkt, weil ein Unterordnungs(Gewalt-)verhältnis fehlt. Die Ernennung durch den Reichspräsidenten bedeutet nach ihm nur einen formellen Akt. Die Reichsminister sind Mandatare des Parlaments; dieses hat aber keine Vorgesetzteneigenschaft (Vertrauensfrage). Im **Entwurf** eines Gesetzes über die Rechtsverhältnisse des Reichskanzlers und der Reichsminister (Reichsratsdruckf. bespr. v. J. Abraham in ZBR. 2 S. 1) § 1 ist gesagt, daß die Reichsminister (und Reichskanzler) zum Reich in einem öff.-rechtl. Amtsverhältnis stehen, und daß die Vorschriften des RBG., des B.hinterbliebenen-, des B.unfallfürsorgegesetzes und des Besoldungsgesetzes auf sie **keine** Anwendung finden. Über die hierdurch bedingten Widersprüche siehe Abraham a. a. O. Für B.eigenschaft sprechen eigentlich nur Nebenumstände wie Besoldung, Rechtsweg für vermögensrechtliche Ansprüche, Amtsverschwiegenheit, Verbot der Nebenbeschäftigung.

9. Der **Reichspräsident** ist nicht B., sondern Organ des Reiches (Klüber, VerwArch. 31, 153, a. M. Delius, LZ. 28, 242, Arndt, ZBR. 1, 132 f.). Da er nicht B. ist, unterliegt er nicht der Disziplinarverantwortlichkeit: Verantwortlichkeit nur vor dem Staatsgerichtshof Art. 59 RV., zur strafgerichtlichen Verfolgung ist Zustimmung des Reichstages erforderlich, Art. 43

Abs. 3 RV. Wenn er nun auch nicht B. ist, so hat er doch b.ähnliche Rechte und Pflichten, z. B. Eidespflicht (Art. 42 RV.), Anspruch auf Gehalt, Aufwandgelder, freie Dienstwohnung, Ruhegehalt (G. 31. 12. 22 und 3. 6. 25 RGBl. I 23, 53, 25 I 81). Bei der Ausübung seiner Rechte aus § 118 RBG. handelt der Reichspräsident nicht bloß als Vertreter der Reichssouveränität, sondern auch als höchster Vorgesetzter der B.

§ 2.

Soweit die Anstellung der Reichsbeamten nicht unter dem ausdrücklichen Vorbehalt des Widerrufs oder der Kündigung erfolgt, gelten dieselben als auf Lebenszeit angestellt.

I. Daß die Anstellung des B. im Zweifel auf Lebenszeit erfolgt, entspricht dem Wesen des B.tums, wonach der B. die Arbeitskraft seines ganzen Lebens dem Staatsdienst widmen soll. Die Lebenslänglichkeit soll anderseits auch den B. in seinem Unterordnungsverhältnis zum Staat vor Willkür schützen (cf. Mot. 70, Sten.-Ber. 1872 S. 133, Art. 104 I RV., 129 I RV., RGSt. 54, 261; RG. 11. 5. 28 ZivR. 28 Nr. 19).

1. Für die richterlichen B. der ordentl. Gerichtsbarkeit ist die Anstellung auf Lebenszeit ausdrücklich vorgeschrieben (§ 6 GVG. Art. 104 I RV. RG. 111, 119). Das gleiche gilt von den Mitgliedern des RFinHofs (§§ 34, 36 RAbgO.) und nach Ges. v. 31. 3. 28 (RGBl. I 135) auch von den ständigen Mitgliedern des Reichswirtschaftsgerichts.

2. § 2 schließt indessen die Festsetzung von Altersgrenzen nicht aus. Trotz Art. 129 RV. können solche durch einfaches Gesetz auch für die bereits angestellten B. festgesetzt werden (RG. 14. 3. 22 JW. 1922 S. 1200; DJZ. 27, 303; LZ. 16, 254). Dies gilt auch für Richter (Art. 104 Abs. 1 S. 3 und § 8 Abs. 1 S. 2 und 3 GVG.), Arndt, PrVerwBl. 43 Nr. 1, Lewin, Gruchot 1921 Sp. 43. Siehe dagegen Wach, ArchöffR. 43, 345, Triepel DJZ. 27, 333; Helfritz, JahrböffR. 14 (1926) S. 246.

II. Eine Ausnahme von der Lebenslänglichkeit der Anstellung kann nur in Betracht kommen bei einem ausdrücklichen Vorbehalt in der Anstellungsurkunde. Der Vorbehalt muß vor oder bei der Anstellung gemacht und formell in die Urkunde aufgenommen werden (JW. 87, 99 Nr. 24). Ein späterer Vorbehalt ist unwirksam, selbst wenn er mit Zustimmung des B. gemacht wird oder auf Grund einer allgemeinen Verwaltungsanordnung erfolgt; denn § 2 ist öff.-rechtl. Natur und kann nicht Gegenstand einer Parteivereinbarung sein. (RG. 37, 225; 82, 48; a. M. Schulze, Komm., der die Ansicht vertritt, daß im Einverständnis beider Parteien der Widerruf oder die Kündigung auch nachträglich vereinbart werden könne, allerdings nur in der Form der Aufhebung des alten und des Abschlusses eines neuen Vertrags.)

1. Eine Anfechtung (§ 119 BGB.) der lebenslänglichen Anstellung mit der Begründung, der Kündigungsvorbehalt sei versehentlich in der Anstellungsurkunde weggeblieben, ist unzulässig. (RG. 22. 1. 28 JW. 28 S. 1038 und v. 29. 1. 28 JW. 28 S. 1451.) Ein Verstoß gegen interne Dienstvorschriften kann nicht zur Folge haben, daß die Rechtswirksamkeit einer ohne Einschränkung dem B. erteilten Anstellungsurkunde in Frage gestellt wird. Anderseits ist der Irrtum des B., daß er auf Lebenszeit angestellt sei, während er in Wirklichkeit auf Kündigung angestellt ist, unwesentlich (RG. 101, 258).

2. Daß der Vorbehalt mit den Worten des Gesetzes gemacht werde, ist nicht notwendig; anderseits genügt auch nicht das Wort Remuneration statt Gehalt. (RG. 21. 9. 26 JurRdsch. Rspr. 26, 1628.)

3. Eine gesetzliche Bestimmung darüber, welche B. unter Vorbehalt des Widerrufs oder der Kündigung anzustellen sind, fehlt. Es entscheidet hierüber das Ermessen der Anstellungsbehörde. Die Auffassung, daß jeder nichtplanmäßige B. als auf Widerruf oder auf Kündigung angestellt zu gelten hat, ist abzulehnen. (RG. 31. 9. 26 Recht 30 S. 684; B.arch. 7 S. 221.)

Unter Vorbehalt angestellte B. sind hauptsächlich bei solchen Behörden, wo die Möglichkeit offen gelassen werden soll, B., die sich nicht bewähren, im Interesse der Allgemeinheit alsbald entlassen zu können (RG. 81, 170), z. B. beim AuswAmt, bei der Militär- und Marineverwaltung usw. Die Rechtsstellung der unter dem Vorbehalt der Kündigung oder des Widerrufs angestellten B. ist dieselbe wie bei den lebenslänglich angestellten B., soweit nicht das Gesetz ausdrücklich das Gegenteil bestimmt (§§ 32, 37). Die Kündigung steht nicht dem B., sondern stets dem Staat zu. (RG. 81, 386, Pieper S. 22.) Die Vorschriften des BGB. (z. B. § 628) finden auf die Kündigungsbeamten keine Anwendung. (RG. 104, 58; 107, 189.)

Der auf Widerruf angestellte B. kann jederzeit durch Ausübung des Widerrufs entlassen werden, bei dem Kündigungsb. bedarf es dagegen der Kündigung unter Einhaltung einer Kündigungsfrist, wobei die Kündigungstermine nach BGB. (z. B. zum 1. eines Monats) nicht eingehalten zu werden brauchen.

4. Von den auf Kündigung oder Widerruf angestellten B. sind zu unterscheiden die auf Probe angestellten B. Es kommen hier hauptsächlich B. im Vorbereitungsdienst in Frage. Die sog. Hilfsarbeiter, d. h. solche B., die infolge eines außerordentlichen Bedürfnisses zur Unterstützung der planmäßigen B. berufen werden, sind regelmäßig nur auf Widerruf, mitunter auch nur auf bestimmte Zeit angestellt. Über die Annahme, daß ein B. nur für ein seiner Natur nach vorübergehendes Geschäft angenommen ist vgl. RG. 31. 9. 26 Recht 30 S. 684.

5. Die auf Widerruf usw. angestellten B. haben einen Anspruch auf Ruhegehalt nur, wenn sie eine in den Besold.-Etats aufgeführte Stelle bekleiden, sonst kann ihnen eine Pension nur im Gnadenwege zugebilligt werden. § 37 RBG. Ohne planmäßige Stellung der Kündigungs- usw. B. haben auch die Hinterbliebenen keinen Anspruch auf Witwen- und Waisengeld nach dem HFG. und allenfalls auch nicht nach dem UFG.

6. Für die Nachprüfung der Rechtmäßigkeit des Ent-

lassungsaktes bei Kündigungsb. steht grundsätzlich der Rechtsweg **nicht** offen. (RG. 82, 260; 89, 429. Arndt, Komm. S. 26.) Denn es handelt sich bei der Kündigung um einen rechtsgestaltenden Staatsakt, der Rechtsverhältnisse nicht nur zwischen den Parteien, sondern mit Wirkung für und gegen alle, also auch die staatlichen Behörden und Gerichte, schafft oder aufhebt. (Hatschek, Lehrb. S. 29, 31, Kormann, ArchöffR. 30 S. 256.) Die Bindung entfällt bei Staatsakten dieser Art nur, wenn sie **nichtig** sind. Die Gerichte haben daher ein Nachprüfungsrecht nur nach der Richtung hin, ob ein nichtiger Akt vorliegt. Eine weitergehende Prüfungspflicht haben die Gerichte nur in dem **Ausnahmefall**, wenn einem Kündigungsb. nach anerkannter oder gerade wegen **Dienstunfähigkeit** gekündigt wird, **und** die materiellen Voraussetzungen des Ruhegehaltsanspruchs bereits erfüllt sind; denn die Anstellungsbehörde kann den bereits entstandenen Pensionsanspruch nicht beseitigen; hierin läge ein fehlerhafter Verwaltungsakt. Anders liegt wieder die Frage, wenn zu der Dienstunfähigkeit noch **Disziplinar**-Entlassungsgründe hinzukommen.

Eine besondere Würdigung verlangt die Klausel der **Kündigung aus wichtigem Grunde**. Es handelt sich hier um einen Akt des pflichtmäßigen Ermessens der Verwaltungsbehörde, an welchen das ordentliche Gericht ebenfalls gebunden ist. Das Reichsgericht beansprucht in diesem Falle das ausschließliche Nachprüfungsrecht des Richters (RG. 24. 3. 25 und 20. 11. 25 PrVerwBl. Bd. 48 S. 243), obwohl es sich um einen hoheitsrechtlichen Verwaltungsakt handelt, an den auch nach der Rspr. des RG. der Richter gebunden ist (vgl. z. B. RG. 110, 263). Im Hinblick auf diesen allgemein gültigen Grundsatz muß das Rechtsschutzbedürfnis des Kündigungsb., der die Unsicherheit seiner Rechtslage bewußt in Kauf genommen hat, zurücktreten. Bei Mißbrauch des Ermessens der Verwaltungsbehörde bleibt hier nur der Schadensersatzanspruch wegen Amtspflichtverletzung (RG. 105, 196, ferner RG. in Buko 1926 Nr. 36). Zu vgl. Appelius PrVerwBl. 46 S. 363 und 541; Delius PrVerwBl. 46 S. 402 und 47 S. 61 sowie Möller, in BBörsZtg. Beil. d. D. B. 1929 Nr. 11.

§ 3.

Jeder Reichsbeamte ist auf die Reichsverfassung (Art. 176) und auf die gewissenhafte Erfüllung aller Obliegenheiten des ihm übertragenen Amtes eidlich zu verpflichten.

Die Eidesleistung soll bei der Aushändigung der Bestallung oder dem Dienstantritt, spätestens in unmittelbarem Anschluß an den Dienstantritt, stattfinden. Wird sie verweigert, so ist die Ernennung des Beamten in seinem Rechtsverhältnis zum Reich nichtig.

Über den Ersatz der Eidesleistung durch eine andere feierliche Erklärung bei Angehörigen einer Religionsgemeinschaft, denen die Eidesleistung aus religiösen Gründen verboten ist, bestimmt der Reichsminister des Innern im einzelnen Falle.

1. § 3 beruht in seiner jetzigen Fassung auf dem G. v. 21. 7. 22 (RGBl. I S. 590) über die Pflichten der Beamten zum Schutze der Republik, das im Gegensatz zu dem Gesetz zum Schutze der Republik vom gleichen Tage (RGBl. I 585) zeitlich (23. 7. 29) nicht begrenzt ist. Nach Art. VI des Gesetzes über die Pflichten usw. regeln sich die Folgen der Verweigerung des Eides auf die Reichsverfassung für die, die beim Inkrafttreten des Gesetzes bereits angestellt sind, nach den bisher geltenden Bestimmungen.

2. Der Diensteid der Reichsb. (Art. 176 RV. und V. 14. 8. 19 RGBl. 1419) lautet:

„Ich schwöre Treue der Verfassung, Gehorsam den Gesetzen und gewissenhafte Erfüllung meiner Amtspflichten."

Den gleichen Eid leisten auch die Reichsbahn- und die Reichsbankb. Die Angehörigen der Wehrmacht leisten folgenden Eid:

„Ich schwöre Treue der Reichsverfassung und gelobe, daß ich als tapferer Soldat das Deutsche Reich und seine gesetzmäßigen Einrichtungen jederzeit schützen, dem Reichspräsidenten und meinen Vorgesetzten Gehorsam leisten will." (V. Reichspr. v. 15. 8. 19 RGBl. 1419.)

Der Eid entbehrt der religiösen Form. GrDisz. 7. 2. 22 Smlg. 90; Art 136 Abs. 4 RV. Der Schwörende kann aber am Schlusse die einem religiösen Bekenntnis entsprechende Bekräftigungsformel hinzufügen. Wegen der Mennoniten s. V. 11. 3. 27 (GS. 28), der Philipponen KO. 19. 11. 1836 und Nr. 2 v. 28. 1. 1837, der Juden G. 15. 3. 1869 (GS. 484).

3. Die Vereidigung bedeutet nur das feierliche Gelöbnis zur Beobachtung der Verfassung und der Gesetze sowie zur Erfüllung aller sonstigen Dienstpflichten (RG. 37, 229; 51, 230; 84, 220; RGSt. 17, 406; 53, 166.) Im übrigen hat die Eidesleistung, abgesehen davon, daß die dem Ruhegehalt zugrunde zu legende Dienstzeit regelmäßig vom Tage der ersten eidlichen Verpflichtung läuft, keine für den formalen B.begriff wesentliche Bedeutung. Die B.eigenschaft wird daher schon vor der Vereidigung mit der Annahme der Anstellungsurkunde bzw. mit dem tatsächlichen Dienstantritt erworben. Auch sind die Amtshandlungen des noch nicht vereidigten B. rechtsgültig, soweit nicht Gesetze die Zuständigkeit eines B. von der Ableistung des Diensteides abhängig machen (z. B. bei richterlichen B., Protokollführern, Laband I § 47). In Zweifelsfällen kann allerdings die Tatsache der Eidesleistung für das Vorliegen eines B.verhältnisses sprechen. § 45 RBG. und RG. 21. 1. 27 JurRdsch. H. 7.

4. Die Verweigerung der Eidesleistung ist eine Dienstverletzung, denn es handelt sich um eine Dienstpflicht RDiszH. 5. 12. 21 und 14. 12. 22 Schu-Si. 78 und 105. Durch § 3 Abs. 2 ist ferner ausdrücklich bestimmt, daß durch die Verweigerung des Verfassungseides die Ernennung des B. nichtig wird, d. h. der betr. B. ist sofort und ohne Disziplinarverfahren zu entlassen. Durch den Eid soll aber trotzdem die staatsbürgerliche Freiheit, namentlich nach Art. 125 nicht berührt werden (Preuß, Sten.-B. 2193 der Nationalversammlung). Deshalb hat auch der B. das Recht der freien Meinungsäußerung (Art. 118) und die Freiheit der politischen Gesinnung (Art. 130).

5. Über das Verfahren bei der Vereidigung vgl. Art. 4 V. 14. 8. 19 (RGBl. 1419; Protokoll zu den Personalakten).

§ 4.

Jeder Reichsbeamte erhält bei seiner Anstellung eine Anstellungsurkunde.

Der Anspruch des Beamten auf Gewährung des mit dem Amte verbundenen Diensteinkommens beginnt in Ermangelung besonderer Festsetzungen mit dem Tage des Amtsantritts.

I. 1. § 4 ist jetzt in der Fassung des Reichsbeamtenbesoldungsgesetzes vom 30. 4. 20 (RGBl. 805) § 31.

2. Die Vorschrift des § 4 Abs. 1 ist nur eine Soll-Vorschrift, d. h. sie legt lediglich den Behörden die Verpflichtung auf, eine A. auszustellen, entzieht jedoch einer Person, die B.dienste leistet und im übrigen als B. behandelt wird, keineswegs die Rechte als B., wenn es an einer A. mangelt. Reichsb. können demnach trotz des Wortlautes des § 4 auch formlos, mündlich, ja sogar durch konkludente Handlungen ernannt werden. Die A.urkunde hat also nur deklaratorische Bedeutung. (Vgl. RG. 6, 107; 28, 80; 53, 427; 84, 220; 99, 265: Arndt, Komm. 28, 29; Brand, BR. S. 52; Komm. S. 32. Anl. Anf. OVG. 35, 59; 42, 68; 53, 428; 67, 460; 69, 215; 73, 254; Schulze, Komm. S. 47 A. 1; Laband I 451; Pieper 29; Perels-Spilling § 4 Anm.; Köttgen Z. f. Selbstverw. v. 15. 1. 19.) Auch bezüglich der preuß. Kommunalbeamten ist durch die Rechtsprechung des RG. nunmehr entschieden, daß es zur rechtswirksamen Anstellung einer A.urkunde nicht bedarf. (K. Friedrichs in ZBR. 1 S. 267.) Die Rechtsprechung des RG. beruht nicht etwa auf Art. 10 Nr. 3 RV., der sich nur auf die Aufstellung gewisser Grundsätze beschränkt, sondern auf gemeinem deutschen Verwaltungsrecht, beruhend auf Gewohnheit und Gerichtsbrauch, deren Bestehen eben durch die Rechtspr. des RG. bestätigt wird (Friedrichs a. a. O.).

3. Form und Inhalt der A. Eine Form ist nicht vorgeschrieben, aber Schriftform nicht zu umgehen; es genügt

aber, daß der Wille der anstellenden Behörde, eine bestimmte Person in eine bestimmte B.stellung zu bringen, klar zum Ausdruck kommt, also z. B. auch in Form eines Protokolls (RG. 111, 122). Gewöhnlich enthält die A.urkunde außer der anstellenden Behörde den Namen des B., den Tag der Ausfertigung; die Besoldung wird regelmäßig in einem besonderen Schreiben mitgeteilt. Die Anstellung heißt Bestallung, wenn es sich um vom Reichspräsidenten persönlich ernannte Beamte handelt. Eine Bestallung erhalten die Mitglieder der höheren Reichsbehörden sowie die Reichsbeamten, die nach ihrer dienstlichen Stellung ihnen vorgehen oder gleichstehen, ferner auch die Konsuln. Die A.urkunde der übrigen Reichsb. wird im Namen des Reichspräsidenten vom Reichskanzler oder von den durch ihn ermächtigten Behörden erteilt.

Über die Zuständigkeit der Behörden für die Anstellung von Reichsb. vgl. V. Reichspr. 14. 6. 22 (RGBl. I 577) und v. 6. 7. 28 (RGBl. I 196). RG. 111, 358.

4. Mit der Annahme der Anstellungsurkunde wird der Anstellungsakt in jedem Falle wirksam; die Annahme kann auch stillschweigend erfolgen. RDiszH. 18. 3. 76 Schu-Si 6. Solange die Anstellungsurkunde daher noch nicht in den Händen des Anzustellenden ist, kann sie wirksam zurückgezogen werden.

Bei der Anstellung eines Ausländers mit einem dienstlichen Wohnsitz im Inland hat die Anstellungsurkunde zugleich den Charakter einer Naturalisationsurkunde. § 9 II Ges. 1. 6. 70.

Die öffentliche Bekanntmachung der Anstellung ist gesetzlich nicht vorgeschrieben, erfolgt aber gleichwohl regelmäßig durch die Amtsblätter. Von Bedeutung wird die Bekanntmachung bei Inhabern von Ämtern mit obrigkeitlichen oder Vertretungsbefugnissen (Laband I 453).

II. Das Amt. 1. Amt ist der öffentlich abgegrenzte Kreis von Rechten und Pflichten, die von einer öff.-rechtlichen Korporation einer einzelnen Person (Beamten) übertragen sind. Der Entwurf eines deutschen Beamtengesetzes (Reichstagsdrucks. Nr. 26 IV. Wahlper. 1928) definiert das Amt „als den öff.-rechtlich abgegrenzten Kreis von Geschäften einer Persönlichkeit des öffentlichen Rechts, die von einem öffentlichen

B. zu besorgen sind". (§ 2 Ziff. 2.) Amt in diesem Sinne ist sowohl die meist unter einer Amtsbezeichnung zusammengefaßte Dienststellengruppe (Regierungsrat), als auch die konkrete Dienststelle bei einer Behörde (Regierungsrat als Vorstand eines Amtes) (vgl. Fischbach, ZBR. I S. 114).

2. Mit Ausnahme der richterlichen B. hat kein B. einen Anspruch auf Belassung in einem bestimmten Amt (konkrete Dienststelle). Wie steht es nun aber mit dem Recht auf Amtsführung oder dem Recht am Amt? Diese Frage läßt sich nur im Zusammenhang mit dem Begriff des wohlerworbenen Rechts erörtern.

III. Die wohlerworbenen Rechte. Nach Art. 129 RV. sind die wohlerworbenen Rechte der B. unverletzlich. Der Ausdruck „wohlerworben" ist an sich belanglos, denn jedes Recht ist schließlich wohlerworben, sonst ist es kein Recht. Handelt es sich aber um ein erworbenes B.recht, so ist nach obigem Verfassungsgrundsatz zu seiner Beseitigung in jedem Falle ein verfassungsänderndes, d. h. mit Zweidrittelmehrheit im Reichstag und Reichsrat zu fassendes Gesetz erforderlich. (Art. 76 RV.) RG. 119, 301; 122, 99. Mit einfacher Stimmenmehrheit gefaßte Gesetze, die B.rechte verletzen, sind den betr. B. gegenüber unwirksam. RG. 20. 3. 28 JW. 28, 1500. Bei der an sich schwierigen Abgrenzung des Begriffs der wohlerworbenen Rechte ist in erster Linie der Grundsatz zu berücksichtigen, daß die Individualsphäre der B. ihre Grenzen zu finden hat an dem öffentlichen Interesse; die öffentliche Hoheitssphäre muß unangetastet bleiben; das gilt insbesondere auch im Hinblick auf die Rechtsprechung der ordentlichen Gerichte. (Koellreutter B.jahrb. 28 S. 339.) Der Verfassungsgrundsatz des Art. 129 Abs. 1 S. 3 RV. darf ebenso wie andere allgemeine Verfassungsgrundsätze (Art. 109, Gleichheit; Art. 153, Unverletzlichkeit des Privateigentums) nicht überspannt werden. (C. Schmitt, JW. 1929 S. 2313.) Die Auffassung Triepels (ArchöffR. Bd. 40 S. 229), daß wohlerworbene Rechte von der RV. jedem (also auch einem verfassungsändernden) Gesetz gegenüber für unantastbar erklärt werden, ist also zu weitgehend. In der Praxis zeigt sich dies namentlich bei der Besolbungsgesetzgebung. Der § 34 des RbesG. v. 30. 4. 20, jetzt § 39, hat zum erstenmal mit dürren Worten ausgesprochen, daß „Änderungen der durch dieses Gesetz geregelten Gehälter, Ortszuschläge usw., ... ebenso Änderungen der Einreihung der B. in die Gruppen der Besoldungsordnung durch Gesetz erfolgen können." Der § 34 verhinderte seit seinem Inkrafttreten das Entstehen „wohlerworbener" Rechte auf dem Gebiete des Besoldungswesens. Wohlerworbene Rechte in vermögensrechtlicher Beziehung gibt es nur noch für diejenigen B., welche bis zu dem Inkrafttreten des Gesetzes solche hatten. Neue Rechte können durch einfaches (nicht verfassungsänderndes) Gesetz wieder beseitigt werden. RG. 120, 388; Gehaltsansprüche des einzelnen B. können auch künftig nicht beschnitten werden, dagegen steht nichts im Wege, daß die Dienstbezüge einzelner Kategorien von B. oder aller B. durch einfaches Gesetz herabgesetzt werden. (Pahlke DJZ. 1927 S. 1545.) Diese Gesetzespraxis deckt sich im wesentlichen mit der Auffassung von Anschütz (Komm. z. RV. Art. 129 Anm. 3), wonach der B. keinesfalls ein wohlerworbenes Recht darauf hat, daß die Rechtslage, unter deren Herrschaft er angestellt ist, nicht durch spätere Gesetze zu seinem Nachteil verändert wird; oder, um bei der Besoldung zu bleiben: der B. erwirbt mit seiner Anstellung ein unentziehbares Recht auf Versorgung, aber nur nach Maßgabe der jeweils geltenden Gesetze (Lewin). Nach § 39 II kann eine Schlechterstellung der B. sogar mit rückwirkender Kraft eintreten, nur brauchen in diesem Falle die Unterschiedsbeträge nicht erstattet zu werden. Hinsichtlich der wiederbeschäftigten Ruhegehaltsempfänger vgl. RG. 9. 3. 28 JW. 28, 1450 sowie RG. 14. 5. 26 B.arch. 1926 S. 743. Auf keinen Fall haben die B. einen Rechtsanspruch darauf, daß das Gehalt unabhängig von seiner jeweiligen gesetzlichen Festlegung stets die gleiche Kaufkraft behält. RG. 2. 10. 28 JurRdsch. Rspr. 29 Nr. 144. Der Versorgungsanspruch im allgemeinen, nicht dagegen der konkrete Besoldungsanspruch ist ein erworbenes Recht des B. Sölch-Ziegelasch S. 316, Falck B.jahrb. 28, 229f., v. Bonin JW. 28, 3237; and. Ans. Brand, DRichtZ. 28, 328f., Komm. S. 55; Eickel B.jahrb. 29, 61f., die den

§ 39 I im Hinblick auf Art. 129 I RV. für rechtsunwirksam halten.

4. Die Grenze zwischen wohlerworbenen (subjektiven) Rechten und bloßen Reflexrechten ist nicht immer leicht zu ziehen. Von echten subjektiven Rechten spricht man bei der von der Rechtsordnung zur Befriedigung eines von ihr anerkannten Interesses dem Einzelnen verliehenen Willensmacht, von Reflexrechten bei Ausflüssen von objektiven Rechtssatzungen, die dem Einzelnen zugute kommen. (Triepel a. a. O. S. 365.) Der schon erwähnte Versorgungsanspruch ist ein subjektives Recht des B., der Strafschutz dagegen nur ein Reflexrecht. Aus dem Gesichtspunkte heraus, daß der öffentliche Dienst für die Gesamtheit eingerichtet ist und nicht für die Einzelnen, folgt auch, daß alle Bestimmungen über den Umfang der Amtstätigkeit, z. B. über Arbeitszeit, Urlaub usw. keine subjektiven Rechte des B. schaffen. Das gleiche gilt von bloßen rechtlichen Möglichkeiten oder Anwartschaften, z. B. auf Anstellung, Beförderung, Pensionierung, Verleihung einer Amtsstelle oder auf Einordnung in eine höhere Gehaltsgruppe (RG. 107, 326; JW. 1924 S. 1361[8]; RG. 110, 265; RG. 6. 7. 26 PrVerwBl. 48 S. 649. Über die vor dem 1. 4. 20 in den Ruhestand versetzten B. vgl. RG. 7. 1. 27 PrVerwBl. 48 S. 649.) Über die Frage, ob eine Stelle richtig eingestuft ist, gibt es keinen Rechtsweg OLG. Celle 13. 12. 26 LZ. 1927 Nr. 8 S. 545. Gesetzliche Vorschriften, die diese Akte regeln, weisen nur die Staatsorgane zu einem bestimmten Verhalten an, geben dem einzelnen B. aber keinen Rechtsanspruch (Ullmann B.jahrb. 1926 S. 233; vgl. auch OLG. Hamm v. 30. 3. 27 JurRdsch. 27, 741). Solange einem B. die im Haushaltsplan vorgesehene Stelle nicht verliehen ist, hat er auf den Bezug des betr. Gehalts keinen Anspruch (RG. 12. 4. 27 DB.arch. 1927 S. 541 und RG. 108 S. 314).

5. Zu den wohlerworbenen B.rechten gehören das Recht auf die B.eigenschaft, das Gehalt, die Amtsbezeichnung, die Dienstkleidung (Brand, Komm. S. 44f., RG. 109, 121; RG. 15. 5. 28 JW. 28, 1935), die lebenslängliche Anstellung (soweit bei der Anstellung nichts Gegenteiliges vereinbart ist). Über

die Frage, wie weit persönliche Zusicherungen bei Eingehung des B.verhältnisses subjektive Rechte des B. erzeugen können vgl. H. Eickel B.jahrb. 14 Jg. S. 15. Wohlerworbene Rechte können auch Sonderzulagen sein die dem B. für seine Person gewährt sind, und wenn sie einen Teil seines Diensteinkommens bilden, d. h. im Haushaltsvoranschlag ausdrücklich neben seinem Bargehalt aufgeführt sind. OLG. Jena 28. 3. 25 JW. 1925 S. 2016.

6. Zu den Mitwirkungsrechten (W. Jellinek, Verw.recht S. 199) gehört auch das vielerörterte „Recht am Amt" oder auf Ausübung des Amts. Triepel bejaht die Existenz eines solchen Rechts (ArchöffR. 40 S. 367, schon früher O. Mayer, ebenda Bd. 3 S. 83f., Gierke, Schmollers Jahrb. 7. Jg. [1883] S. 1143f.) mit der Begründung, daß die Amtsführung ein wesentlicher Bestandteil des B.verhältnisses und daß die mit der Amtsführung verbundene Macht ein Vorteil für den B. sei. Dem kann aber, wenn überhaupt, nur mit ganz erheblichen Einschränkungen beigetreten werden. Die Staatsnotwendigkeiten müssen gegenüber etwaigem Individualrecht den Vorrang haben; dies gilt insbesondere dann, wenn es sich um die Ausübung hoheitlicher Befugnisse handelt. Der unbedingten Bejahung eines solchen Rechts steht schon die freie Versetzbarkeit eines B. entgegen. Die Frage ist nur, ob sich ein B. über die Versetzung hinaus die völlige Kaltstellung gefallen lassen muß, sofern er keine Einbuße an Vermögensrechten erleidet (W. Jellinek a. a. O.). Eine zeitweise Ausschaltung wird ein B. sich unter gewissen Voraussetzungen (periodische Trunkenheit, Geisteskrankheit) gefallen lassen müssen; eine dauernde wohl nicht. Da es sich aber hierbei nicht um vermögensrechtliche Ansprüche handelt, bleibt ihm nur die Beschwerde an die Aufsichtsinstanz. Gesetzliche Regelung, die eine Beurlaubung für eine gewisse Zeit verstattet, wäre angezeigt.

Das so in gewissen Grenzen gegen Eingriffe der Verwaltung schutzwürdige „Recht am Amt" ist jedenfalls nicht geschützt gegenüber Eingriffen der Gesetzgebung und Verfügungen auf Grund ausdrücklicher gesetzlicher Bestimmungen (wie z. B. Amtsentziehung bei organisatorischen Änderungen. Art. 104 Abs. 3 RV.).

IV. Das Diensteinkommen (abgekürzt D.).

1. Für die Entstehung des Anspruchs auf das D. ist nicht der Tag der Begründung des B.verhältnisses, sondern der Tag des Amtsantritts maßgebend. Das D. hat nicht den Charakter der Gegenleistung für geleistete oder noch zu leistende Dienste, sondern den einer Unterhaltsrente. (Vgl. u. a. RG. 104, 61; 105, 77; 107, 190. Laband I 560f.; Brand, BR. 129, Ders. Komm. 46. And. Ansicht Arndt, Staatsrecht 663.) Aus der rechtlichen Natur des D. als Alimentierung folgt, daß es auch dann gezahlt wird, wenn der B. beurlaubt oder infolge Erkrankung arbeitsunfähig geworden ist. Ein Verzicht auf das D. oder Teile desselben ist mit Rücksicht auf den öff.-rechtlichen Charakter des B.verhältnisses unzulässig. (Vgl. Württ. Verw.GerH. 18. 11. 25 B.arch. 1926 S. 543; Sächs. OVG. 10. 9. 06 Jahrb. d. sächs. OVG. 9, 249; RVersG. 14. 1. 29 JW. 29, 969; Fleiner, Instit. S. 169; Brand, Komm. 67; O. Mayer, D. Verw.recht 1917 I S. 115. And. Ans. Jellinek (Syst. d. subj. ö. R. 1905 S. 333); eine vermittelnde Stellung nimmt Jaschkowitz (B.recht, Beil. z. Zeitschr. d. R.bundes d. hö. B. 26, 14f., JW. 27 S. 2843) ein. Auch hier gibt das Allgemeininteresse den Ausschlag RG. 86, 266. Ausnahme von dem Grundsatz der Unverzichtbarkeit: § 100 RBG. Anfechtbarkeit eines erzwungenen oder erschlichenen Verzichts: RG. 110, 387.

2. Voraussetzung des Anspruchs: Planmäßige Anstellung § 1 R.besoldG. Durch den Haushaltsplan allein erwirbt der B. noch nicht das Recht auf das dort ausgeworfene Gehalt, sondern es muß noch die Beleihung mit der Stelle hinzukommen. RG. 12. 4. 27 JW. 27, 2185; RG. 30. 3. 28 Recht 28, 360; RG. 109, 270.

Liegen die Gründe des nichterfolgten Amtsantritts außerhalb der Person des B. (höhere Gewalt, nicht dagegen Erkrankung, Tod, Abwesenheit usw.), so entsteht der Anspruch gleichwohl. Gruch. 42, 1028; Pieper S. 26.

Auf Grund der Bestimmungen des Haushalts- und der BesoldG. erfolgt die Bewilligung des Gehalts durch die zuständige Behörde.

Dienstalterszulagen mußten früher besonders bewilligt werden; jetzt hat der planmäßige B. einen klagbaren Anspruch auf Aufrücken im Grundgehalt. § 3 R.besoldG. Nicht ruhegehaltsfähige Teile des Diensteinkommens müssen als solche bezeichnet werden. Eine irrtümliche Eingruppierung eines B. kann jederzeit berichtigt werden. (RG. 110, 266.) Über den Rechtsweg auf Gehaltsnachzahlung bei unrichtiger Eingruppierung OLG. Jena 7. 12. 27 ZBR. 1 S. 40.

3. Die Zahlung des D. erfolgt durch die Kasse des Amtssitzes des B., und zwar monatlich im voraus. (Von der Ermächtigung des § 21 Abs. 1 RBesG. auf vierteljährliche Vorauszahlung ist nicht Gebrauch gemacht.) Eine Aufwertung rückständiger Gehälter kommt nicht in Betracht. Art. 7 V. 12. 12. 23 RGBl. I 1181 ist noch in Kraft. Dem B. stehen auch wegen rückständigen Gehalts keine Zinsen zu. (RG. v. 7. 5. 29 JW. 29 S. 2336.) Bestritten cf. Brand, Komm. S. 51 und die dort. Zit., ferner RGLZ. 25, 266; RG. 112, 104 und 113, 82. Ein Anspruch auf Gehaltsaufwertung bezgl. des in PM. rechtzeitig bezahlten Gehalts ist nicht gegeben RGLZ. 25, 979. Bezüglich der Aufwertung der Tropenzulagen vgl. RG. 30. 4. 26 DJZ. 31 S. 1909.

4. Rückforderung zu Unrecht gezahlter Dienstbezüge: Da das B.verhältnis ein öff.-rechtliches ist und auch die daraus erwachsenden vermögensrechtlichen Ansprüche sich ausschließlich nach öffentlichem Recht richten, so daß privatrechtliche Grundsätze höchstens in Form allgemeiner Rechtsgedanken entsprechend angewendet werden (RG. 95, 146; 97, 44; 104, 60), so kann auch der vom RG. (RG. 83, 161; 107, 190) als Titel für das Rückforderungsrecht des Fiskus genannte § 812 BGB. mangels eines anderweiten öff.-rechtlichen Rechtssatzes nur entsprechend angewandt werden. Der Rückforderungsanspruch wird hiernach von dem Vorliegen einer Bereicherung abhängig gemacht. Dem B. bleibt aber auch der Einwand des § 818 Abs. 3 BGB. Vgl. aber RG. 14. 2. 13

(RG. 21, 340, zu Unrecht erhobene Versorgungsgebührnisse n. d. MannschversG. 31. 5. 90). Eine Änderung dieser Spruchpraxis trat ein mit der PAV. v. 27. 10. 23 (RGBl. I 999) Art. 9 Ziff. V (später III), durch welche dem § 34 d. RBesG. 30. 4. 20 (RGBl. 805) i. d. Fass. d. Bek. 26. 10. 22 (RGBl. I 811) ein Abs. 4 angefügt wurde, wonach „in allen übrigen Fällen zu viel erhobene Dienstbezüge, Wartegelder, Ruhegehälter und Hinterbliebenenbezüge zurückzuzahlen sind." Der RFM. gab dem Abs. 4 des § 34 in Ziff. 288 Abs. 4 der Besold.vorschr. v. 14. 7. 24 (RBesBl. 221) die Auslegung, daß der Einwand der Bereicherung ausgeschlossen sei. In fiskalischen Prozessen wurde ferner der Standpunkt vertreten, daß auch alle sonstigen Einwendungen (Verjährung, Aufrechnung usw.) ausgeschlossen seien. (Vgl. über diese Frage Boeters PrVerwBl. 48 S. 39; Joseph, DJZ. 1927 S. 1185; Delius, PrVerwBl. 48 S. 143, Reichsversorgungsgericht JW. 1925 S. 2648; 1927 S. 1282.) In Preußen (Art. 1 Abschn. 6 Ziff. 4, § 29 Abs. 4 pr. B.diensteinkG. v. 6. 6. 25 (GBl. 61) gilt der Einwand der mangelnden Bereicherung nicht. RG. 8. 6. 1928 II U. 6174/28. Im neuen BesG. v. Dez. 1927 ist der Abs. 4 des § 34 vom Reichstag wieder gestrichen worden (Morath, RbesG. § 39 Anm. 1), so daß die allgemeinen Bestimmungen des BGB. (§ 818) wieder Anwendung finden können. Eine Bereicherung ist danach nicht mehr gegeben, wenn die zuviel erhaltenen Beträge zur Lebenshaltung verwendet und nicht mehr vorhanden sind; dagegen ist die Voraussetzung für eine Bereicherung dann gegeben, wenn die zuviel erhaltenen Bezüge zu Ersparnissen oder zur Schuldentilgung verwandt sind. Ist das ganze Gehalt ohne Rechtsgrund gezahlt, so ist eine Fortdauer der Bereicherung in der Höhe anzunehmen, in der sich das Gezahlte mit den Kosten seines gewöhnlichen Unterhalts deckt.

5. Die Verjährung des Anspruchs auf das Diensteinkommen: Vierjährige Verjährungsfrist (§ 197 BGB.), beginnend mit dem Schluß des Jahres, in dem das Gehalt fällig geworden ist (§§ 198, 201 BGB.). Für Umzugskosten, Tagegelder, Reisekosten gilt die allgemeine 30jährige Frist, da es sich hier nicht um Diensteinkommen handelt (RG. 84, 406).

V. Das Diensteinkommen im einzelnen.

1. Nach dem RBesG. v. 16. 12. 27 (RGBl. I 349, Ausf.best. 12. 3. 28 RBesBl. 49 werden die Dienstbezüge eingeteilt in Grundgehalt, Wohnungsgeldzuschuß, Kinderzuschläge und Zulagen. Nach § 39 I können die Dienstbezüge durch einfaches Gesetz geändert werden. (RG. 120, 388, Sölch-Ziegelasch, Komm.)

a) Das Grundgehalt bemißt sich nach den dem RBesG. beigefügten Besoldungsordnungen A (für zwölf aufsteigende) und B (für acht Einzelgehälter). Für die Angehörigen (Soldaten) der Wehrmacht gilt die BesO. C und für die Beamten des Reichswasserschutzes die der BesO. A beigefügte besondere BesO.

Grundgehalt und Wohnungsgeldzuschuß bilden jetzt zusammen das „Gehalt", welches als solches für die Bemessung des Ruhegehalts, das Gnadenvierteljahr, die Pfändung usw. maßgebend ist.

Einen klagbaren Anspruch auf Eingruppierung in eine bestimmte Besoldungsgruppe haben die B. nicht. (RG. 107, 326.) Sie haben ferner kein wohlerworbenes Recht darauf, daß sie mit einer ihnen bisher im Diensteinkommen gleichgestellten anderen Gruppe im Gehalt aufgebessert werden. RG. 10. 7. 28 JW. 1928 S. 3231; RG. 108, 315. Wird dagegen einer Gruppe von B. die dauernde Gleichstellung mit einer anderen Gruppe zugesichert, so hat der B. auf Zahlung des höheren Gehalts der anderen Gruppe einen klagbaren Anspruch. RG. 15. 5. 28 JW. 1928 S. 1935. Das Grundgehalt der planmäßigen, zur Gruppe A gehörigen B. steigt in zweijährigen Dienstaltersstufen § 3 RBesG. Auf dieses Aufsteigen besteht ein Rechtsanspruch. RG. 107, 326.

b) Das Besoldungsdienstalter wird von der Verwaltungsbehörde festgelegt. Die Gerichte sind an diese Festsetzung gebunden. § 8 II RBesG. RG. 13. 12. 27 JW. 28, 1041 = RG. 119, 240; RG. 10. 1. 28 JW. 28 S. 104 2; ZBR. 1 S. 37. Bei der Festsetzung des Besoldungsdienstalters vorgekommene Irrtümer kann die Verwaltungsbehörde berichtigen; den Gerichten steht aber ein Nachprüfungsrecht darüber, ob ein Irrtum vorliegt, nicht zu. Einen Rechtsanspruch auf ein bestimmtes Dienstalter kann ein B. nur dann geltend machen, wenn ihm ein solches von der zuständigen Dienststelle zugesichert ist. Appelius PrVerwBl. 42, 324. Der Rechtsweg ist auch zulässig, wenn es sich um die Auslegung einer das Besoldungsdienstalter festsetzenden Entscheidung der Verwaltungsbehörde handelt. OLG. Jena 7. 12. 27, ZBR. 1, 40.

2. Der Wohnungsgeldzuschuß. Er richtet sich nach dem Ortsklassenverzeichnis im RBesBl. 24, 291. Änd. durch RFM. 29, 10; 5, 11 u. 26. 11. 24; 12. 6. und 13. 10. 25; 21. 4. 26 (RBesBl. 24, 325, 331, 358; 25, 145 und 219; 26, 79); § 12 Abs. 1 RBesG.

3. Nebenbezüge. Solche können nur bewilligt werden, wenn sie im Reichshaushaltsplan vorgesehen, oder wenn besondere Mittel dafür bewilligt sind. Häufig als Betriebszulagen bei B. der Reichsbahn, ferner für Nebenämter § 15 I RBesG.

Sonderzulagen müssen in der BesO. vorgesehen sein, wie z. B. Ministerialzulagen, Besatzungszulagen, Auslandszulagen, Aufwandsentschädigungen, Tropenzulagen der ehemaligen Kolonialbeamten. Über Zulagen, die gewissen B.gruppen persönlich zugesichert sind, steht der Rechtsweg offen. (RG. 19. 3. 26 JurRdsch. 1926 S. 928.)

4. Kinderzuschläge. Dieselben bilden einen selbständigen, nicht ruhegehaltsfähigen Teil des Diensteinkommens. Der Zuschlag beträgt für jedes Kind monatlich 20 M. Er wird, wenn die Ausbildung so lange dauert, unter Umständen bis zum 21. Lebensjahr gewährt. RFM. 18. 1. 29.

5. Der Frauenzuschlag ist weggefallen.

6. Die außerplanmäßigen B. haben einen gesetzlichen Anspruch auf Diäten nach Maßgabe der der BesO. beigefügten VO. sowie auf den Wohnungsgeldzuschuß. Die durch das Gesetz bestimmte Höhe der Diäten kann weder durch eine ministerielle Anordnung, noch durch Vereinbarung mit dem B. im einzelnen Falle herabgesetzt werden. RG. 22. 6. 26 ZBR. 1 S. 32.

7. Der subjektive Anspruch auf Gehalt, Wartegeld oder Ruhegehalt wird nach den im Zeitpunkte der Anstellung gültigen Gesetzen erworben. OLG. Breslau 23. 4. 28 U III 360/27.

8. Da die Pension nur ein Teil des Diensteinkommens ist, das der B. je nach der Art und Dauer seiner Dienstleistung zu beanspruchen hat (zunächst vorenthaltene, später nachgezahlter Teil des Diensteinkommens), so darf eine Kürzung der Pension aus dem Grunde, weil der B. noch ein anderes Einkommen aus Arbeit oder Privatvermögen hat, nicht stattfinden. Nur soweit der B. dem Staate selber wieder Dienste leistet, oder soweit er Einkommen bezieht, das sich aus Reichsmitteln bzw. öffentlichen Mitteln herleitet (vgl. unten § 57 Ziff. 2), muß er sich eine Kürzung gefallen lassen.

§ 5.

Der Paragraph ist durch Ges. v. 30. 4. 20 (RGBl. 805) aufgehoben.

§ 6.

Die Reichsbeamten können den auf die Zahlung von Diensteinkünften, Wartegeldern oder Pensionen ihnen zustehenden Anspruch mit rechtlicher Wirkung nur insoweit zedieren, verpfänden oder sonst übertragen, als sie der Beschlagnahme unterliegen (§ 19).

1. Der frühere Abs. 2 des § 6 (Benachrichtigung an die auszahlende Kasse) wurde gemäß Art. 43 EG.-BGB. durch § 411 BGB. ersetzt. Auch der Hinweis auf § 19 ist veraltet; maßgebend ist jetzt § 400 BGB.

2. Zweck des § 6: soziale Fürsorgemaßnahme. (Die Besoldungen der preußischen B. können überhaupt nicht abgetreten oder verpfändet werden vgl. Brand BR. 147 f.) Nach dem G. v. 27. 2. 28 (RGBl. I 45), in Kraft getreten am 1. 4. 28 betr. die Pfändung von B.gehältern sind die pfandfreien Diensteinkommen und Pensionen der in der ZPO. § 850 Ziff. 7—9 genannten Personen, also der B., Geistlichen, Ärzte und Lehrer an den öffentlichen Anstalten, ihrer Hinterbliebenen sowie der Angehörigen der Wehrmacht heraufgesetzt worden. Das Diensteinkommen der B. ist der Pfändung nur insoweit unterworfen, als es die Summe von 195 RM. monatlich übersteigt und auch der Mehrbetrag ist nur zum

dritten Teil pfändbar. Ob und in welcher Höhe die Forderung der B. pfändbar und damit übertragbar ist, richtet sich nach dem Zeitpunkt der Pfändung oder Abtretung. Auch wenn der B. aus verschiedenen Quellen, auch aus öff.-rechtlichen Dienstverhältnissen, Einnahmen bezieht, ist nur der dritte Teil des 195 RM. übersteigenden Betrags pfändbar, denn auf Nebenerwerb findet die V. über Lohn- und Gehaltspfändung v. 7. 1. 24 (RGBl. I 25) keine Anwendung. Nach § 811 Ziff. 8 ZPO. sind die Geldbeträge, die dem der Pfändung nicht unterworfenen Teil des Diensteinkommens, Ruhegehalts, Wartegeldes usw. für die Zeit von der Pfändung bis zum nächsten Termin der Zahlung gleichkommen, selbst mit Zustimmung des B. nicht pfändbar. Über Pfändungsbeschränkungen gegenüber Verwandten, Ehegatten, unehelichen Kindern vgl. § 850 Abs. 4 ZPO. Näheres bei Brand, Komm. S. 69.

3. Die Abtretung von Dienstbezügen ist erleichtert durch G. v. 30. 6. 27 (RGBl. I 133) zu Zwecken des Heimstättenbaues, jedoch nur, wenn es sich um den Erwerb von Eigenheimen handelt. V. v. 12. 3. 28 (RGBl. I 61 und RFM. 23. 3. 29 RFBl. 97).

4. Soweit eine Pfändung möglich ist, kann das Reich auch gegen Gehaltsforderungen des B. aufrechnen (§ 394 BGB.). RG. 90, 316. — Praktisch kann sich der Fiskus, der eine Forderung gegen den B. hat, auch dadurch helfen, daß er das Zurückbehaltungsrecht des § 273 BGB. geltend macht. Die unbeschränkte Zurückhaltung ist aber insoweit nicht zulässig, als dem B. dadurch die Unterhaltsmittel entzogen würden. RG. 83, 138; 85, 103 und RG. 2. 10. 28 JW. 29 S. 103). Vorgeschossene (im Gegensatz zu überhobenen) Gehaltsbeträge können dagegen ohne weiteres zurückbehalten werden, da hier der Tatbestand der Zurückbehaltung überhaupt nicht gegeben ist.

§ 7.

Hinterläßt ein Beamter, welcher mit der Wahrnehmung einer in den Besoldungsetats aufgeführten

Stelle betraut ist, eine Witwe oder eheliche oder legitimierte Abkömmlinge, so gebührt den Hinterbliebenen für das auf den Sterbemonat folgende Vierteljahr noch die volle Besoldung des Verstorbenen (Gnadenvierteljahr), unbeschadet jedoch weitergehender Ansprüche, welche ihm etwa vor Erlaß dieses Gesetzes und vor Eintritt in den Reichsdienst zugestanden worden sind. Zur Besoldung im Sinne der vorstehenden Bestimmung gehören außer dem Gehalt auch die sonstigen, dem Verstorbenen aus Reichsfonds gewährten Diensteinkünfte. Nur die zur Bestreitung von Dienstaufwandskosten bestimmten Einkünfte scheiden aus, und von den zur Repräsentation bestimmten werden 20 v. H. in Abzug gebracht.

Den Hinterbliebenen eines Beamten, welcher nicht mit der Wahrnehmung einer in den Besoldungsetats aufgeführten Stelle betraut gewesen ist, kann das Gnadenvierteljahr von der vorgesetzten Dienstbehörde bewilligt werden.

Das Gnadenvierteljahr wird im voraus in einer Summe gezahlt. An wen die Zahlung zu leisten ist, bestimmt die vorgesetzte Dienstbehörde.

Das Gnadenvierteljahr ist der Pfändung nicht unterworfen.

1. Der § 7 hat auf Grund des G. v. 17. 5. 07 den vorstehenden Wortlaut erhalten.

2. Es handelt sich auch hier um eine Fürsorgepflicht des Staates für den B. über dessen Tod hinaus. (RG. 38, 322.) Das Gnadenvierteljahr insbesondere soll der Not vorbeugen, in die die Familie des B. durch seine Krankheit und sein Ende geraten ist (Mot. 07, 1906).

Die Ansprüche, die den Hinterbliebenen gemäß § 7 zustehen, entstehen bereits mit dem Abschlusse des Anstellungsvertrages und sind bis zum Tode des B. befristet. (ROHG. 21 S. 49.) Sie gehen aber ihrem Zweck entsprechend nicht auf die Erben über, sondern auf die „Hinterbliebenen" und gehören infolgedessen auch nicht zum Nachlaß. Der „Sterbemonat" dagegen gebührt den Erben.

Der Ausdruck „Gnadenvierteljahr" ist eigentlich unrichtig, denn nach § 7 haben die Hinterbliebenen einen Rechtsanspruch auf dasselbe.

3. Das Gnadenvierteljahr umfaßt die volle Besoldung für die auf den Sterbemonat folgenden drei Monate, also außer dem Grundgehalt auch den Wohnungsgeldzuschuß und etwaige Sonderzuschläge.

Voraussetzung für das Entstehen der Ansprüche der Hinterbliebenen ist, daß der B. einen Anspruch auf Besoldung überhaupt erworben (§ 4 RBG.), und daß das B.verhältnis bei seinem Tode noch bestanden hat. Weiter ist erforderlich, daß der B. mit der Wahrnehmung einer planmäßigen Stelle betraut war; das Gesetz sagt nicht, daß er eine solche Stelle (wie im § 37) bekleidet haben muß, es bedarf also keiner planmäßigen Anstellung, vielmehr genügt, daß er mit der Wahrnehmung der Stelle dauernd beauftragt war. (Schulze S. 63 And. Ans. Pieper § 7 Anm. 1.) Eine Unterscheidung zwischen den lebenslänglich und den unter dem Vorbehalt des Widerrufs und der Kündigung angestellten B. gibt es aber nicht. Handelt es sich um B., die nicht mit der Wahrnehmung einer in den Besoldungsetats aufgeführten Stelle betraut waren, so kann ihnen ihre vorgesetzte Dienstbehörde das Gnadenvierteljahr bewilligen. In der Praxis wird sich die Frage, ob ein Gnadenvierteljahr zu bewilligen ist, dadurch beantworten, daß geprüft wird, ob der B., falls er in den Ruhestand versetzt worden wäre, einen Anspruch auf Pension gehabt haben würde.

4. Zu den Hinterbliebenen, die nicht unbedingt die Erben sein müssen, gehören immer: Die Ehefrau (nicht dagegen die rechtskräftig geschiedene, diejenige, mit der die eheliche Gemeinschaft gemäß § 1575 BGB. aufgehoben ist, Schulze S. 64) und die ehelichen bzw. legitimierten Kinder des Verstorbenen bzw. Enkel. Nicht zu den Hinterbliebenen

gehören bei weiblichen B. der hinterbliebene Ehemann, die Adoptiv-, Pflege-, Stiefkinder und die unehelichen Kinder.

5. Wie der Betrag des Gnadenvierteljahres unter die Hinterbliebenen zu verteilen ist, bestimmt das Gesetz nicht; im Zweifel werden aber Erbteilungsgrundsätze maßgebend sein. (Brand S. 77, a. M. Schulze S. 65, der den Grad der Bedürftigkeit entscheidend sein läßt.) Die vorgesetzte Behörde kann sich jedenfalls durch Entrichtung an einen Hinterbliebenen (Witwe) befreien.

Das Gnadenvierteljahr wird im voraus und unverzüglich nach dem Tode des B. in einer Summe bezahlt. Es beginnt mit dem ersten Tag des auf den Sterbemonat folgenden Monats. Die Todesursache des B. ist von keiner Bedeutung. Die Pfändung des Gnadenvierteljahrs ist durch das Gesetz (§ 7 Abs. 2) ausdrücklich verboten. Ob eine Abtretung und Verpfändung möglich ist, ist bei Reichsb. zweifelhaft. (Dagegen: Brand, Komm. S. 78, dafür: Perels-Spilling 19.)

§ 8.

Die Gewährung des Gnadenvierteljahrs kann in Ermangelung der im § 7 bezeichneten Hinterbliebenen mit Genehmigung der obersten Reichsbehörde auch dann stattfinden, wenn der Verstorbene Verwandte der aufsteigenden Linie, Geschwister, Geschwisterkinder oder Pflegekinder, deren Ernährer er ganz oder überwiegend gewesen ist, in Bedürftigkeit hinterläßt, oder wenn und soweit der Nachlaß nicht ausreicht, um die Kosten der letzten Krankheit und der Beerdigung zu decken. Die oberste Reichsbehörde kann die Befugnis zur Genehmigung auf andere Behörden übertragen.

1. Die jetzige Fassung beruht auf dem Ges. v. 17. 5. 07.

2. Hier besteht kein Recht der Hinterbliebenen, sondern nur eine Befugnis der obersten Reichsbehörde. Die Voraussetzungen für die Bewilligung sind nach § 7 RBG. zu prüfen, dazu kommen dann die weiteren Erfordernisse des § 8.

Zu den Beerdigungskosten gehören die Kosten einer standesgemäßen Beerdigung (auch für Errichtung eines Grabmals, dagegen nicht für dessen dauernde Unterhaltung). Der zu zahlende Betrag wird von der Behörde nach freiem Ermessen festgesetzt und an denjenigen entrichtet, welcher die Kosten der letzten Krankheit und der Beerdigung gedeckt hat. Vgl. RFM. 20. 2. 24 (RBesBl. 43).

§ 9.

In dem Genusse der von dem verstorbenen Beamten bewohnten Dienstwohnung ist die hinterbliebene Familie nach Ablauf des Sterbemonats noch drei fernere Monate zu belassen.

Hinterläßt der Beamte keine Familie, so ist denjenigen, auf welche sein Nachlaß übergeht, eine vom Todestag an zu rechnende dreißigtägige Frist zur Räumung der Dienstwohnung zu gewähren.

In jedem Falle müssen Arbeits- und Sessionszimmer sowie sonstige für den amtlichen Gebrauch bestimmte Lokalitäten sofort geräumt werden.

1. Unter den Begriff „Dienstwohnung" fallen nur die in Nr. 52 BesVorschr. bezeichneten Wohnungen. Die Überlassung der Dienstwohnung ist ein Teil des dem B. geschuldeten Unterhalts; die Bewilligung erfolgt gleichzeitig im Interesse des Dienstes. Als formale Voraussetzung des Begriffs ist ferner beachtlich, daß die Dienstwohnung als solche im Reichshaushaltsplan ausgewiesen sein muß. B. mit Dienstwohnung haben keinen Anspruch auf Wohnungsgeldzuschuß. Dienstwohnungsvorschr. d. RFM. auf Grund Ziff. 172 Ausf.best. RBesG. v. 1920 (BWB.) v. 1. 10. 22 m. Ergänz. v. 10. 6. 25 (DB.arch. 1925 S. 517). Weitere Ausf.Vorschr. d. RFM. v. 6. 1. und 1. 6. 28 (RBesBl. 10, 143). Für die Wohnungen des Reichskanzlers, der Reichsminister, der Botschafter und Gesandten gelten besondere Vorschriften.

2. Die Vorschriften des BGB. über Miete oder Nießbrauch

finden auf Dienstwohnungen auch nicht entsprechende Anwendung. Josef PrVerwBl. 42, 448. Von den Dienstwohnungen zu unterscheiden sind die (Dienst-)Mietwohnungen, d. h. solche Wohnungen, die vom Fiskus an B. vermietet werden; solche Wohnungen dürfen an B. nur gegen die ortsübliche Miete überlassen werden.

Eine Ablehnung der vorhandenen Dienstwohnung ist grundsätzlich nicht statthaft; anderseits besteht auch kein Anspruch auf Belassung derselben, selbst dann nicht, wenn im Reichshaushalt eine Dienstwohnung für die betr. Amtsstelle vorgesehen ist. § 2 Abs. DWB. Das Recht des B. an den Hausgärten ist kein privatrechtliches Pacht- oder Nutznießungsrecht, sondern trägt den Charakter eines öff.-rechtlichen Nutzungsrechts. OLG. Frankfurt DJZ. 24, 851. Ansprüche wegen mangelhafter Beschaffenheit der Dienstwohnung kann der B. im ordentlichen Rechtsweg verfolgen. RG. 104, 58; 107, 189; 111, 24. Bezgl. gesundheitsschädlicher Folgen für die Angehörigen des B. RG. 91, 23, Schulze, Komm. S. 74.

Wird der B. in den dauernden oder einstweiligen Ruhestand versetzt, so muß er sich sofort um eine andere Wohnung bemühen. Eine notwendige Räumung kann ohne Mieteinigungsamt erfolgen. OLG. Braunschweig JW. 23, 772 RG. 102, 186; 103, 273.

3. Zur „Familie" des B. im Sinne des § 9 gehören alle die in den §§ 7, 8 genannten Hinterbliebenen, sofern sie zum Hausstand des Dienstwohnungsinhabers zählen. Die zur Familie gehörigen Personen haben einen klagbaren Anspruch auf Benutzung der Wohnung während der bestimmten Zeit (§ 149). Ist keine „Familie" vorhanden, so hat der Erbe oder etwaige Nachlaßpfleger keinen derartigen Anspruch. Schulze, Komm. 74.

4. Wegen der Besteuerung der Dienstwohnung gilt RGes. 16. 6. 22 (RGBl. I 517), Richtlinien RFM. (RMBl. 23, 385 f.).

§ 10.

Jeder Reichsbeamte hat die Verpflichtung, das ihm übertragene Amt der Verfassung und den Gesetzen

entsprechend gewissenhaft wahrzunehmen und durch sein Verhalten in und außer dem Amte der Achtung, die sein Beruf erfordert, sich würdig zu zeigen.

I. § 10 bildet die moralische und rechtliche Grundlage des ganzen B.verhältnisses. Daß es sich um ein Gewaltverhältnis handelt, zeigt sich besonders darin, daß der B. auch außerhalb des Amtes sich in bezug auf seine Lebensführung eine Art von Überwachung gefallen lassen muß, und daß Verstöße gegen sittliche Normen disziplinarer Ahndung unterliegen.

Ganz allgemein übernimmt der B. mit der Anstellung eine besondere Treue-, Gehorsams- und Dienstpflicht. Das RBG. hebt in den §§ 10—12, 15, 16, 23 und 28 einige dieser Pflichten hervor, ohne erschöpfend zu sein. An die Spitze dieser Pflichten wird der Grundsatz gestellt, daß der B. bei der Wahrnehmung seines Amtes sich nach der RV. und den Gesetzen zu richten hat. Der B. ist also in erster Linie dem Gesetz (§ 13 RBG.) und erst in zweiter Linie den dienstlichen Anordnungen der vorgesetzten Behörde Gehorsam schuldig.

II. Die Pflichten des B. im Amt.

1. Aus dem Umstand, daß die Anstellung eines B. und die Übertragung eines Amtes zwei verschiedene Rechtsvorgänge sind, ergibt sich, daß sich die Pflicht des B. nicht auf die Führung eines bestimmten Amtes beschränkt; der B. muß sich vielmehr gefallen lassen, daß er auch in einem jeden anderen Amt, das seiner Vorbildung und seinen Fähigkeiten entspricht, beschäftigt wird (§ 23 RBG., OBG. 51, 413; 52, 436).

Die Amtspflicht beschränkt sich auch nicht auf ein bestimmtes Maß von Arbeit, der B. muß vielmehr je nach dem dienstlichen Bedürfnis auch Mehrarbeit übernehmen und zwar über die normalen Dienststunden hinaus (vgl. V. v. 6. 3. 25, RMBl. 121). Es besteht ferner die Verpflichtung, neue Aufgaben und Nebenämter zu übernehmen, und zwar ohne Anspruch auf besondere Vergütung (RG. 68, 220); auch muß der B. der Entwicklung des Amts entsprechend seine eigenen Kenntnisse und Fähigkeiten weiterausbilden (Schulze S. 75). Zu den persönlichen Dienstpflichten gehört auch die Pflicht des B. sich gesund zu erhalten: diese Verpflichtung ist gewissermaßen die negative Seite zu der positiven Pflicht, seine Kräfte in vollem Umfange dem Staat zur Verfügung zu halten. (Keine zu starke Inanspruchnahme durch Nebenbeschäftigung, keine nervenaufreibenden Betätigungen durch übertriebenen Sport usw.).

2. Im einzelnen ist bezüglich der Pflichten folgendes hervorzuheben:

a) Die Gehorsamspflicht. Sie bezieht sich nur auf die Amtsführung. Private Verrichtungen braucht der B. für den Vorgesetzten nicht zu leisten, wie er sich überhaupt Eingriffe in sein Privatleben grundsätzlich nicht gefallen zu lassen braucht (Anraten des Kirchgangs, des Haltens einer bestimmten Zeitung usw., Verbot des Besuchs gewisser Lokale im Interesse der Disziplin dagegen u. U. zulässig, OVG. in „Selbstverwaltung" 35, 483). Besonders potenziert zeigt sich die Gehorsamspflicht in militärischen Dienstangelegenheiten. (Rotermund, LZ. 26, 674 f.)

Was die Gehorsamspflicht Dienstbefehlen gegenüber betrifft, so müssen folgende Voraussetzungen erfüllt sein:

α) Der befehlende B. muß örtlich und sachlich zuständig sein.

β) Bezgl. des ausführenden B. gilt das gleiche.

γ) Der Dienstbefehl muß in der vorschriftsmäßigen Form erlassen sein.

δ) Der Dienstbefehl darf Gesetzen und Verordnungen nicht offenbar zuwiderlaufen.

Der B. ist berechtigt und verpflichtet, die Rechtmäßigkeit des Dienstbefehls auf seine eigene Gefahr zu prüfen; soweit nicht Gefahr im Verzug ist, hat er das Recht der sog. Remonstration, d. h. er muß gegen den seiner Meinung nach unrechtmäßigen Befehl Vorstellungen erheben und so entweder dessen Zurücknahme oder ausdrückliche Wiederholung herbeiführen, wobei in letzterem Falle die alleinige Verantwortung grundsätzlich auf den Vorgesetzten übergeht. Ein gesetzwidriger Befehl kann allerdings nicht durch mehrfache Erteilung rechtswirksam werden, und der B. kann sich daher nicht durch Scheinvorstellungen von seiner Verantwortung befreien. RG. JW. 25, 2777 und v. 19. 6. 28, JW. 28, 2326. Bezüglich des Umfanges der Prüfungspflicht des B. gehen die Meinungen auseinander. Laband will die Prüfung auf die formelle Rechtmäßigkeit beschränkt wissen (im Interesse der Disziplin). Anderseits wird man auch eine Nachprüfungspflicht bzgl. der materiellen Rechtmäßigkeit insoweit anerkennen müssen, als deutlich erkennbare Irrtümer oder Fehler nicht ignoriert werden dürfen (Perels-Spilling § 10 II, Pieper § 10 Anm. 2, Schulze 77, RG. 2, 561; 4, 419). Bei Vorliegen einer rechtskräftigen gerichtlichen Entscheidung (auch der Verwaltungsgerichte) braucht die Zuständigkeit nicht nachgeprüft zu werden. JW. 25, 2774.

Kommt ein B. zu der Überzeugung, daß eines der vier Erfordernisse (α—δ) fehlt, und führt er den Befehl trotzdem aus, so handelt er auf eigene Gefahr. OVG. 14, 418; 52, 437; 78, 454. Selbst entschuldbarer Irrtum ist kein Strafausschließungsgrund. GrDiszH. 6. 10. 26 Amtl. Smlg. S. 166f.

Besondere Fälle: Nichtbeachtung amtlicher Vorschriften bedeutet eine Amtspflichtverletzung und Ungehorsam gegenüber dem Gesetz. RG. 3. 12. 26 Recht 31 S. 100. Ungehorsam gegen eine Versetzungsverfügung. RDiszH. E. 22. 1. 76; 24. 11. 77; 19. 2. 24; 6. 3. 23 bei Schu-Si S. 88f.

Über die besondere Gehorsamspflicht der Militärpersonen vgl. Schulze, Komm. 77, der mit besonderen Missionen vertrauten B. des Auswärtigen Amts § 353a StGB.. Bei Behörden mit kollegialer Zusammensetzung bezieht sich die Gehorsamspflicht auf die Abstimmung nicht. Hier muß jeder B. unter Berücksichtigung der Gesetze und Verordnungen seine Entscheidung nach bestem Wissen und Gewissen treffen. Richterliche Beamte stehen nur unter der Autorität des Gesetzes GVG. § 1, Art. 102 RV., GrDiszH. 18. 12. 1900 bei v. Rheinbaben 426.

b) Pflicht der Unparteilichkeit. Die B. haben sich bei ihren Entschließungen nur von der Rücksicht auf das Gemeinwohl und nicht auf einzelne Parteien leiten zu lassen („Diener der Gesamtheit, nicht einer Partei", Art. 130 I RV.). OVG. 76, 743; 79, 436. RDiszH. 11. 11. 95 bei Schulze, Rspr. 128, 129. Klüber, VerwArch. 31, 197.

c) Treuepflicht. Völlige Hingabe an das Amt und den Staat. Hier kommt hauptsächlich die vielumstrittene Frage in Betracht, inwieweit sich ein Beamter auf politischem Gebiet betätigen darf. a) Nach Art. 130 II RV. ist für die B. die Freiheit der politischen Gesinnung ausdrücklich gewährleistet. Ferner hat nach Art. 118 Abs. 1 RV. jeder Deutsche, mithin auch jeder B. das Recht, innerhalb der Schranken der allgemeinen Gesetze (z. B. §§ 185 f., 166, 130 StGB. und der Beamtengesetze insbesondere, vgl. Wolffstieg, B.jahrb. 26, 489) seine Meinung durch Wort, Schrift, Druck, Bild oder in sonstiger Weise frei zu äußern. Die Ausübung dieses Grundrechtes jedes Deutschen (Art. 118 RV., wie auch des Petitionsrechts, Art. 126) durch einen B. darf aber nicht über die ihm durch sein Dienstverhältnis zum Staat gezogenen Schranken hinausgehen. Während der gewöhnliche Staatsbürger nur gegen die Strafgesetze nicht verstoßen darf, muß der B. sich darüber hinaus eine gewisse Zurückhaltung in politischer Beziehung auferlegen. (Aussch.Ber. RDStrO. 138, 139). Dem B. sind also doppelte Schranken gezogen, einmal durch die allgemeinen Gesetze und ferner durch die Beamtengesetze. Unter den die Meinungsfreiheit beschränkenden „allgemeinen" Gesetzen sind alle Gesetze schlechthin zu verstehen, die nicht Sonderrechte gegen die Meinungsfreiheit enthalten (Häntzschel, Arch. öff. R. u. F. Bd. 10 S. 228), in erster Linie also die allgemeinen Strafgesetze. Bez. der beamtengesetzlichen Bestimmungen ist zu beachten, daß der B. nicht Meinungen äußern darf, die gegen seine Amtspflichten verstoßen oder die sein dienstliches oder außerdienstliches Ansehen schädigen würden. Für die Beurteilung wichtig ist die Frage, ob die Meinungsäußerung im Dienst oder außerhalb des Dienstes, ob sie dienstlicher oder außerdienstlicher Natur ist, und ob es sich um die Äußerung eines politisch verantwortlichen oder nichtverantwortlichen B. handelt. Vgl. Wolffstieg, DB.jahrb. 1926 S. 483 f.

Beispiele: Achtung vor den verfassungsmäßigen Reichsfarben (RB. und RMJ. v. 20. 3. 29 RMBl. 266; Beschl. RDiszH. 12. 2. 27 DJZ. 1928 S. 462. Abfällige Kritik der Maßnahmen Vorgesetzter in der Tagespresse E. 22. 12. 90 Schu-Si S. 214. Öffentliche Kritik von Regierungshandlungen in der Verfolgung von Interessen der B.schaft. E. 4. 7. 10 S. 215 a. a. O. RDiszH.

18. 8. 13, 5. 12. 21, 1. 7. 24 und 24. 2. 25 Schu-Si 170, 200, 207. Auch der Leiter eines B.ausschusses hat die Pflicht, bei seiner Kritik Zurückhaltung zu beobachten. OVG. Recht 24, 148; OVG. 20. 5. 27 PrVerwBl. 49, 24. — Informationserteilung zu Zeitungsartikeln gegen die Verwaltung, der der B. angehört E. 30. 6. 77 S. 220. Veröffentlichung einer Beschwerde über eine erlittene Disziplinarstrafe durch die Presse E. 29. 3. 09 S. 223. Deutschfeindliche Äußerung während des Krieges E. 5. 12. 21 S. 200. Vgl. ferner Beschl. DiszH. f. nichtrichterl. B. v. 6. 4. 25 ZentrBl. 1925 S. 377, desgl. v. 27. 6. 27, abgedr. im Amtl. Pr. Pressedienst 1927 (schwere Beschimpfung eines Mitgliedes des preuß. Staatsministeriums). Immunität und Disziplinarrecht (Verherrlichung der alten und Herabsetzung der neuen Staatsform in der Presse) E. 1. 7. 24 Schu-Si S. 207. Die Bestimmung einer vorgesetzten Dienststelle, wonach alle beabsichtigten Veröffentlichungen ihr nicht nur zur Kenntnisnahme, sondern auch zur „Genehmigung" der Veröffentlichung vorzulegen sind, verstößt gegen Art. 118 Abs. 2 RV., wo es ausdrücklich heißt: „Eine Zensur findet nicht statt."

β) In der Ausübung des **Wahlrechts** ist der B. frei; dies gilt auch von der Teilnahme an Volksbegehren, da es sich hier nicht um einen Akt der Meinungsäußerung im Sinne des Art. 118 RV., sondern um eine Wahlhandlung handelt (Art. 125 RV.), die der Abstimmende als Glied des souveränen Volkes ausübt (v. Hausen DAZ. 28. 10. 29). Nur dann, wenn ein B. bei dem Eintreten für das Volksbegehren sich öffentlich in einer Weise hervortut, die mit seiner Pflicht, die Würde des Amts zu wahren, unvereinbar ist, wäre ein Disziplinarverfahren begründet, Hachenburg, DJZ. 1929 S. 1456. Bei Wahlagitationen hat der B. aber Zurückhaltung und Rücksichtnahme auf die Ziele der Reichsregierung zu üben (Schulze S. 77). Für die Soldaten und insbesondere die Offiziere ruht die Ausübung des Wahlrechts während der Dauer der Zugehörigkeit zur Wehrmacht (§ 2 Abs. 2 WahlO. 24. 10. 24, GS. 684). Die **Militärbeamten** gehören nicht zu den Personen des Soldatenstandes und sind daher wahlberechtigt.

Eine potenzierte Pflicht trifft die sog. politischen B.; sie müssen die Politik der Regierung aktiv vertreten und dürfen auf keinen Fall gegen die Politik derselben handeln; vgl. auch §§ 10a, 10b RBG.

γ) Pflichten bei Ausübung des Petitionsrechts (Art. 126 RV.). Auch die B. haben das Petitionsrecht. Bei ihren Eingaben müssen sie aber alles vermeiden, was als Beleidigung ihrer vorgesetzten Dienstbehörde angesehen werden könnte, auch dürfen sie nicht die Regierung in gehässiger, agitatorischer Weise bekämpfen, RDiszH. 4. 7. 10 Schu-Si 54; OVG. 77, 512. RDiszH. 21. 10. 24 Schu-Si 233. Beschränkt ist das Petitionsrecht bei den Reichsbahnb. DB.arch. 26, 513.

Die Petition ist gewissermaßen der letzte Weg, vermittels dessen sich der B. an die Öffentlichkeit wendet. Er kann zur Verfolgung seiner Rechte sich auch des Weges der sog. parlamentarischen Anfrage durch einen Abgeordneten bedienen (Verviers, ArchöffR. 1923 S. 23 f.). Petitionen können nicht bloß von einzelnen, sondern auch von mehreren Personen, von Vereinen, Verbänden eingereiht werden. Strittig ist die Frage, ob ein B. ehe er sich mit einer Petition an die Volksvertretung wendet, vorher den Beschwerdeinstanzenzug erschöpft haben muß (so Meißner, Die Reichsverfassung S. 177; and. Ans. Gehring, Württ. ZfR. 1923 H. 2/3), wie die Ministerialerlasse gewisser Länder anordnen. Man wird, im Hinblick darauf, daß wir ein parlamentarisches Regierungssystem besitzen, die Frage verneinen müssen. Die Reichsregierung ist übrigens an die auf die Petitionen ergangenen Beschlüsse des Reichstages, auch wenn sie „zur Berücksichtigung" lauten, nicht gebunden, wenn sie bei pflichtmäßiger Würdigung aller in Betracht kommenden Umstände zu dem Ergebnis kommt, daß sie bei ihrer früheren Stellungnahme verharren müsse. RG. 11. 11. 26 JurRdsch. 1927 S. 619.

δ) Ebenso wie alle anderen Staatsbürger haben auch die B. das Vereins- und Versammlungsrecht, Art. 123, 124 RV. Zusammenschluß möglich zu allen Zwecken, die nicht den Strafgesetzen zuwiderlaufen, Art. 130 II RV. Von diesem Koalitionsrecht haben die B. in weitem Umfange Gebrauch gemacht. Das sog. Streikrecht ist den B. dagegen nicht erlaubt, weil es unvereinbar ist mit der Stellung des B. in einem geordneten Rechtsstaat. RDiszH. 14. 12. 22 Schu-Si 73. Streik ist nach L. Bendix (Streikrecht der B. 1922), der — im Gegensatz zur herrschenden Auffassung für gewisse Beamtenkategorien (die nicht hoheitsrechtliche Funktionen wahrnehmen) die Zulässigkeit des Streiks vertritt — eine gesetzlich erlaubte, soziale Rechtsgestaltungsaktion, die darin besteht, daß von erwerbstätigen, zu unselbständigen Diensten gleicher Art verpflichteten Personen die Dienstleistungen eingestellt werden, um ein bestehendes Arbeitsverhältnis rechtlich umzugestalten oder in seinem Bestande zu verteidigen. Daß die Auffassung Bendix' vom allgemein staatsrechtlichen und b.rechtlichen Standpunkt aus, und insbesondere auch deshalb, weil sie eine Spaltung der B.schaft in dieser wichtigen Frage herbeiführen würde, nicht haltbar ist, bedarf kaum näherer Begründung. Über Teilnahme von B. an sog. wilden Streiks RDiszH. 8. 5. 23, über politischen Demonstrationsstreik RDiszH. 12. 3. 23 Schu-Si 85, 86. Über die Haftung der Leiter von Streiks RG. 9. 7. 25 (Eisenbahnerstreik B.BöZtg. 26. 9. 25 Nr. 451). Über die Verpflichtung von B. zur Leistung von Streikarbeit RG. 17. 3. 25, Recht 1925 S. 359.

3. Von weiteren allgemeinen B.pflichten im Amt seien noch erwähnt: Pflicht zur Wahrhaftigkeit (GrDiszH. 28. 3. 05) RDiszH. 18. 3. 76 und 24. 3. 13 Schu Rspr. 29, 33 und Schu-Si 7, 9 10. Wahrheitspflicht bei Berichterstattung über dienstliches oder außerdienstliches Verhalten RDiszH. 19. 4. 15 Schu-Si 131, v. 26. 5. 25 DJZ. 1927 H. 3. Zur wahrheitsgemäßen Auskunft ist der B. verbunden, selbst wenn er sich dadurch der Gefahr strafrechtlicher oder dienstrechtlicher Verfolgung aussetzt. Im förmlichen Dienststrafverfahren (abw. im vorausgehenden formlosen Ermittlungsverfahren) kann der B. nicht gezwungen werden zu erscheinen und auszusagen. Eine Wahrheitspflicht des B. besteht hier nur hinsichtlich dienstlicher Angelegenheiten, über die er aussagen soll. Höflichkeit im Verkehr mit dem Publikum, Ehrerbietung gegenüber Vorgesetzten in und außer dem Dienst. Soweit persönliche Belange eines B. von einer Amtshandlung betroffen werden, oder be-

troffen werden könnten, hat sich der B. der betr. Amtshandlung zu enthalten und die entsprechenden Schritte seinem Vertreter zu überlassen OVG. 63, 463f.

Beleidigungen, die B. im Dienst oder auch außerhalb derselben zugefügt sind, dürfen regelmäßig nicht ungesühnt bleiben. RDiszH. 22. 12. 13 Schu-Si 231. Antragsrecht der Behörde § 196 StGB. Daher Anzeigepflicht an diese. RGSt. 57, 421. Lehnt die vorgesetzte Behörde die Stellung des Strafantrags ab, so kann der B. selber den Antrag stellen. Zweifelhaft, ob die Vorgesetzten das Recht haben, dies zu verbieten; von v. Dultzig S. 41 zu Unrecht bejaht. § 193 StGB. im Disziplinarverfahren nicht anwendbar. RDiszH. 24. 2. 25 DRichtZ. 25, 141. Brand, BR. S. 429.

Weitere Pflichten: Einhaltung der Dienststunden V. 6. 3. 25 (RMBl. 121). Sog. Residenzpflicht: Dieselbe beruht in Preußen auf § 92 II ALR. und ist heute noch entsprechend anzuwenden (Brand, Komm. S. 90). Ein B. darf danach den ihm zur Ausübung des Amtes angewiesenen Wohnsitz, und zwar jedenfalls nicht über Nacht, ohne Vorwissen und Genehmigung seiner Vorgesetzten verlassen RDiszH. 9. 4. 00 Schu-Si 128. Dienstlicher Wohnsitz ist der Amtssitz § 7 BGB.

III. Pflichten des B. außerhalb des Dienstes. Trotz einwandfreier dienstlicher Führung kann sich ein B. durch sein außerdienstliches Verhalten eines Dienstvergehens schuldig machen. Man kann zwei Gruppen von Verstößen unterscheiden: 1. in sittlicher Beziehung: Bsp. Trunkenheit E. v. 21. 10. 89; schuldhafte Gefährdung der Gesundheit E. 12. 10. 14; Ehebruch eines B. 17. 10. 81; einer Beamtin 8. 10. 23; Schu-Si 252f. DiszH. für nichtrichterliche B. 11. 5. 25 und 8. 6. 25, ZBR. 2. Jg. S. 38. Da auch das Verhalten der Ehefrau das Ansehen des B. schädigen kann, muß er für eine würdige Lebensführung seiner Ehefrau eintreten. Auch gegenüber Angriffen auf seine eigene Ehre darf er nicht untätig sein. Verbot des Zweikampfs, siehe die Kasuistik bei Schu-Si S. 230f. 2. In wirtschaftlicher Beziehung: leichtsinniges Schuldenmachen, Brand, BR. S. 454, ders. Komm. S. 100. Über die Verpflichtungen des B. bei der Eheschließung RFM. 25. 1. 22 (RFBl. 85), Brand, Komm.

S. 91. Unerlaubter Gewerbebetrieb E. 15. 1. 04 Schu-Si 265. Pflichtwidrige Börsenspekulation E. 5. 11. 83 und weitere Kasuistik bei Schu-Si S. 271 f.

§ 10a.

Der Reichsbeamte ist verpflichtet, in seiner amtlichen Tätigkeit für die verfassungsmäßige republikanische Staatsgewalt einzutreten.

Er hat alles zu unterlassen, was mit seiner Stellung als Beamter der Republik nicht zu vereinen ist. Insbesondere ist ihm untersagt:

1. sein Amt oder die ihm kraft seiner amtlichen Stellung zugänglichen Einrichtungen für Bestrebungen zur Änderung der verfassungsmäßigen republikanischen Staatsform zu mißbrauchen;
2. bei Ausübung der Amtstätigkeit oder unter Mißbrauch seiner amtlichen Stellung über die verfassungsmäßige republikanische Staatsform, die Reichsflagge oder über die verfassungsmäßigen Regierungen des Reichs oder eines Landes zur Bekundung der Mißachtung Äußerungen zu tun, die geeignet sind, sie in der öffentlichen Meinung herabzusetzen;
3. bei Ausübung der Amtstätigkeit oder unter Mißbrauch seiner amtlichen Stellung auf die ihm unterstellten oder zugewiesenen Beamten, Angestellten und Arbeiter, Zöglinge oder Schüler im Sinne mißachtender Herabsetzung der verfassungsmäßigen republikanischen Staatsform oder der verfassungsmäßigen Regierungen des Reichs oder eines Landes einzuwirken;
4. Handlungen nach Nr. 1 bis 3 bei dienstlich unterstellten Personen, sofern sie im Dienste begangen werden, zu dulden.

Dem Reichsbeamten ist weiterhin untersagt, in der Öffentlichkeit gehässig oder aufreizend die Bestrebungen zu fördern, die auf Wiederherstellung der Monarchie oder gegen den Bestand der Republik gerichtet sind, oder solche Bestrebungen durch Verleumdung, Beschimpfung oder Verächtlichmachung der Republik oder von Mitgliedern der im Amte befindlichen Regierung des Reichs oder eines Landes zu unterstützen.

§ 10b.

Weitergehende Verpflichtungen, die sich für den Reichsbeamten innerhalb oder außerhalb seines Amtes über die Bestimmungen des § 10a hinaus aus den besonderen Aufgaben des ihm übertragenen Amtes oder den Umständen des Falles nach den allgemeinen Vorschriften über die Pflichten der Reichsbeamten ergeben, bleiben unberührt.

1. Die §§ 10a und 10b sind auf Grund des Gesetzes über die Pflichten der Reichsb. zum Schutze der Republik v. 21. 7. 22 (RGBl. I 590) eingefügt worden.

2. Vgl. das oben § 10 unter II 2c Gesagte. Gegen diese Vorschriften verstößt auch, wer die Reichsflagge verächtlich macht. GrDiszH. 16. 6. 26 Amtl. Smlg. 157; PrDiszH. f. nichtr. B. 12. 12. 27 DJZ. 28, 462; RG. als DiszG. 13. 7. 28 ZBR. I 156. Die Entlassung sog. politischer B. setzt kein nachweisbares republikfeindliches Verhalten derselben voraus. Bei willkürlicher Entlassung kann der B. jedoch u. U. Schadensersatz verlangen. RG. 25. 3. 27 JW. 1927 S. 2198. Bei Rückfall hinsichtlich eines Disziplinarvergehens nach §§ 10a, 10b erfolgt Dienstentlassung § 76 II RBG.

§ 11.

Über die vermöge seines Amtes ihm bekannt gewordenen Angelegenheiten, deren Geheimhaltung ihrer

Natur nach erforderlich oder von seinem Vorgesetzten vorgeschrieben ist, hat der Beamte Verschwiegenheit zu beobachten, auch nachdem das Dienstverhältnis aufgelöst ist.

1. Zu den wichtigsten B.pflichten gehört die Amtsverschwiegenheit. Über die Voraussetzungen des Paragraphen vgl. RGSt. 28, 424; 35, 404; 41, 4. Im Zweifel besteht Geheimhaltungspflicht RDiszH 2.. 4. 06 Schu-Si 122; RG. 8. 2. 26 Recht 30 Jg. S. 227.

2. Bei der Post- und Telegraphenverwaltung gehören hierher alle dienstlichen Vorkommnisse, aus deren weiterer Mitteilung für die Verwaltung oder für einzelne Personen ein Nachteil entstehen kann. Besondere Vorschriften im Post- und Telegraphengesetz: vgl. § 8a TelegrG. in der Fass. v. 3. 12. 27 (RGBl. I 331), §§ 299, 300 StGB.; Art. 6 V. 4. 5. 20 (RGBl. 858) über die Mitglieder des Reichswirtschaftsrates und § 2 G. über das Verfahren in Versorgungssachen 20. 3. 28 (RGBl. I 71). Die Amtsverschwiegenheit der Steuerbeamten regelt sich nach § 10 RAbgO. v. 13. 12. 19 (RGBl. 1993) und die der Reichsbankb. nach § 20 R.bankG. v. 30. 8. 24 (RGBl. II 235). Die Mitglieder der Dienststrafgerichte haben über den Hergang bei der Beratung und Abstimmung Stillschweigen zu beobachten. RGSt. 61, 217. Wegen der Pflicht der Richter zur Amtsverschwiegenheit RG. 29. 6. 26 JW. 26, 2579 oder RGSt. 60, 295.

3. Kein Verstoß liegt vor, wenn der B. zur Wahrung eigener Interessen als Partei in einem Prozesse oder als Angeklagter im Straf- oder Disziplinarverfahren an sich geheim zu haltende Tatsachen vorbringt, und zwar zum Zwecke seiner Verteidigung.

4. Folgen der Verletzung der Geheimhaltungspflicht: §§ 90a, 92, 353a, 354, 355 StGB. Allenfalls zivilrechtliche Haftung RG. 87, 420.

5. Bei gerichtlichen Vernehmungen des B. als Zeugen gelten die §§ 376 ZPO., 54 StPO. Diese Vorschriften enthalten nicht eine Anweisung an den B., sondern an das Gericht.

Der Ausspruch der Behörde über die Notwendigkeit des Amtsgeheimnisses ist für die Gerichte maßgebend. Hamm DJZ. 11, 1548. Falls das Gericht die Einholung der Genehmigung unterläßt, so muß der B. das Vorliegen der Schweigepflicht selbst prüfen. § 383 Nr. 5 ZPO.

6. Personalakten sind keine Geheimakten mehr, Art. 129 III RV. Nach Art. 129 Abs. 3 S. 3 RV. ist dem B. auf Verlangen Einsicht in seine Personalakten zu gewähren. Unter Personalakten ist die Gesamtheit aller Urkunden zu verstehen, in denen Aufzeichnungen über die Persönlichkeit des B. enthalten sind. (RDiszK. Berlin 16. 3. 25 JW. 25 S. 1513.) Dabei kann es keinesfalls im Belieben des Vorgesetzten liegen, Urkunden, die sich mit dienstlicher Tätigkeit des Beamten befassen, von den Personalausweisen auszuschließen, sonst bleibt der B. über für ihn wesentliche Tatsachen oder Werturteile im Unklaren. Zu den Personalakten gehören insbesondere auch die Zeugnisse und die Berichte über die Beförderungsfähigkeit, dagegen nicht Prüfungsprotokolle, da die Prüfung nicht als dienstliche Tätigkeit des geprüften B. aufzufassen ist. (C. Falck, Die Personalakten n. d. Best. d. RV. 1928). Besondere Nebenakten, die die vorstehend erwähnten Berichte, Zeugnisse usw. enthalten, dürfen nicht geführt werden. (Hachenburg, DJZ. 25, 565.) Die vorgesetzte Behörde, bei der die Personalakten geführt werden, kann diejenigen vor dem 1. 10. 19 zu den Personalakten genommenen Schriftstücke aus den Akten entfernen und vernichten, die sich zur Vorlegung an den B. nicht eignen, insbesondere deshalb, weil dritten Personen aus der Vorlegung Nachteile erwachsen könnten (RMJ. 20. 3. 23 RMBl. 272 und 2. 10. 23 RMBl. 971), ferner RAM. 8. 5. 24 (RBBl. 80) betr. Vorenthaltung ärztlicher Zeugnisse.

Berechtigt zur Einsicht in die Akten sind die aktiven B. und Lehrer, auch soweit sie vorläufig ihres Amtes enthoben oder einstweilig in den Ruhestand versetzt sind. Soweit ausgeschiedene B. ein berechtigtes Interesse dartun und dienstliche Interessen nicht entgegenstehen, soll auch ihnen die Einsicht gestattet werden. Der Antrag auf Gestattung der Einsicht ist auf dem Dienstwege an den Vorstand der Behörde zu richten, bei der die Personalakten geführt werden. Der B. darf das Recht auf Einsicht grundsätzlich nur persönlich ausüben. Bei der Einsichtnahme soll dem B. eine Aufzeichnung über den Inhalt der Akten oder die Anfertigung von Abschriften einzelner Schriftstücke nicht verwehrt werden. (C. Falck, Das Recht auf Abschrift der Personalakten, B.jahrb. 13. Jahrg. [1926] S. 3.) Der B. hat kein Recht auf Entfernung von Aktenstücken, die über ihn ungünstige Mitteilungen enthalten (WürttVerwGhof 15. 11. 22 PrVerwBl. 1927 S. 189).

Der B. darf von der Kenntnis, die er durch die Einsicht in die Personalakten erlangte, nur insoweit Gebrauch machen, als es zur Wahrung seiner eigenen Interessen notwendig ist. Die Vorschriften über die Wahrung des Amtsgeheimnisses bleiben unberührt.

Ein Rechtsschutz bei Geltendmachung des Anspruchs auf Einsicht in die Personalakten besteht für Reichsbeamte nicht (Jaschkowitz, ZBR. 1, 193; KG. 5. 10. 28, ebenda S. 198. And. Ans. Fraenkel, ebenda 221. Für württembergische B. besteht nach dieser Richtung eine Ausnahme. WürttVerwGhof 22. 3. 22 Nr. 271 PrVerwBl. 1927 S. 189; Falck, B.jahrb. 27, 401.) Dieser Zustand ist reformbedürftig; der Entwurf eines D.B.gesetzes § 48 gibt den B. einen Rechtsanspruch auf Einsicht in ihre Personalakten.

Eintragungen über Strafverfahren sind in den Personalakten zu löschen, sobald die Strafregistervermerke (G. 9. 4. 20 RGBl. 507) zu tilgen sind. Eingetragene Disziplinarstrafen sind zu löschen, wenn die Löschung durch Gnadenakt angeordnet oder die etwaige Bewährungsfrist zufriedenstellend abgelaufen ist. RMJ. 26. 3. 23.

Vor Eintragung von dem B. ungünstigen Tatsachen muß diesem zunächst Gelegenheit zur Äußerung gegeben werden. Art. 129 Abs. 3 S. 2 RV.

§ 12.

Bevor ein Reichsbeamter als Sachverständiger ein außergerichtliches Gutachten abgibt, hat derselbe dazu

die Genehmigung seiner vorgesetzten Behörde einzuholen.

Ebenso haben Reichsbeamte, auch wenn sie nicht mehr im Dienste sind, ihr Zeugnis in betreff derjenigen Tatsachen, auf welche die Verpflichtung zur Amtsverschwiegenheit sich bezieht, insoweit zu verweigern, als sie nicht dieser Verpflichtung in dem einzelnen Falle durch die ihnen vorgesetzte oder zuletzt vorgesetzt gewesene Dienstbehörde entbunden sind.

1. Vgl. das zu § 11 Anm. 5 Gesagte über die Vernehmung eines Reichsb. als Zeuge. Die Genehmigung zur Aussage darf nur versagt werden, wenn die Ablegung des Gutachtens dem Wohl des Reiches oder eines deutschen Landes Nachteil bereiten würde. § 54 Abs. 2 StPO., § 376 Abs. 2 ZPO.

2. Bei der Vernehmung eines Reichsb. als Sachverständigem ist zu unterscheiden zwischen gerichtlichem und außergerichtlichem Gutachten. a) Gerichtliche Gutachten. § 75 StPO. und § 407 ZPO. Der B. muß die Abgabe des Gutachtens verweigern, wenn er durch die Erstattung desselben seine Pflicht zur Amtsverschwiegenheit verletzen würde. Es gilt hier das gleiche wie beim Zeugnisverweigerungsrecht. Der B. muß ferner das Gutachten verweigern, wenn die ihm vorgesetzte Behörde erklärt, daß die Vernehmung den dienstlichen Interessen Nachteil bereiten würde. § 76 II StPO., § 408 II ZPO. Die Erklärung der Behörde erfolgt von Amts wegen nach erlangter Kenntnis von der Ladung des B. Die Gerichte haben nicht von Amts wegen diese Erklärung herbeizuführen, es sei denn, daß es sich um eine Gutachtenverweigerung mit Rücksicht auf die Amtsverschwiegenheit handelt. Näheres bei Brand, Komm. S. 117. Bei gerichtlichen Vernehmungen kann der B. ferner sein Gutachten verweigern, wenn er durch die Erstattung befürchten muß, den dienstlichen Interessen Nachteil zu bereiten. b) Außergerichtliche Gutachten: Vor der Erstattung solcher hat der B. stets die Genehmigung seiner vorgesetzten Behörde (nicht der obersten Reichsbehörde wie im

Falle des § 16) zu erbitten, auch wenn es sich nur um ein unentgeltliches Gutachten handelt. Die vorgesetzte Behörde kann die Genehmigung nach freiem Ermessen erteilen oder versagen. § 12 Abs. 1 bezieht sich wie der Gegensatz zu Abs. 2 ergibt, nur auf die im Dienst befindlichen B. (Schulze S. 82 Anm. 4.) Die im einstweiligen Ruhestand befindlichen B. dürfen, wie sich aus § 16 Abs. 3 ergibt, ohne Genehmigung außergerichtliche Gutachten erstatten. (Pieper § 12 Anm. 2. And. Ans. Perels u. Spilling S. 55.)

B., die mit Genehmigung ihrer vorgesetzten Behörde für gewisse Arten von Gutachten zu gerichtlichen Sachverständigen bestellt sind, dürfen auf Grund dieser Ernennung nur im Falle des Ersuchens durch die Gerichte diese Gutachten erstatten. DiszHfnichtrB. v. 1. 2. 26 DJZ. 26, 1046.

Als außergerichtliches Gutachten ist eine Äußerung anzusehen, wenn sie auf Grund einer im Dienst erworbenen Sachkunde abgegeben wird, oder wenn die gegenwärtige oder frühere dienstliche Stellung des Gutachters die Annahme einer besonderen Sachkunde nahelegt, und die Äußerung dem Empfänger zur Verwendung gegenüber dritten Personen oder Behörden als Äußerung des Gutachters zur Verfügung gestellt wird. Ob die Äußerung schriftlich oder mündlich erfolgt, ist unerheblich. RMJ. 4. 8. 27 DB.arch. 27, 705. Bloß sachverständige Meinungsäußerungen sind keine Gutachten, so insbesondere nicht wissenschaftliche Aufsätze in Fachzeitschriften, durch die zu einer Streitfrage Stellung genommen wird: ebensowenig ist ein Gutachten ein rein fachwissenschaftlicher Vortrag.

Über die Verpflichtung des Patentamts, den Gerichten Gutachten zu erstatten, vgl. PatentG. 7. 4. 91 § 18.

In Strafverfahren dürfen die obersten Dienstbehörden die Vorlegung oder Auslieferung von Akten oder anderer in amtlicher Verwahrung befindlicher Schriftstücke verweigern, wenn das Bekanntwerden ihres Inhaltes dem Wohl des Reiches oder eines Landes schaden würde. § 96 StPO.

3. Gebühren. Hinsichtlich der Zeugen- und Sachverständigengebühren trifft § 14 (jetzt § 17) der GO. für Zeugen und Sachverständige v. 30. 6. 78/20. 5. 98 in der Fassung des G.

v. 21. 12. 25 (RGBl. I S. 491 f.) folgende Sonderbestimmung: Öffentliche B. erhalten Tagegelder und Erstattung von Reisekosten nach Maßgabe der für Dienstreisen geltenden Vorschriften, falls sie zugezogen werden a) als Zeugen über Umstände, von denen sie in Ausübung ihres Amtes Kenntnis erlangt haben, b) als Sachverständige, wenn sie aus Veranlassung ihres Amtes zugezogen werden und die Ausübung der Wissenschaft, der Kunst oder des Gewerbes, deren Kenntnis Voraussetzung der Begutachtung ist, zu den Pflichten des von ihnen versehenen Amtes gehört. Werden nach diesen Vorschriften Tagegelder und Reisekosten gewährt, so findet eine weitere Vergütung an Zeugen oder Sachverständige nicht statt. Schulze, Komm. S. 84, 8e. — Der B. unterliegt der Sonderregelung des § 14 (jetzt § 17) aber nicht schon dann, wenn sein Gutachten lediglich auf den Fachkenntnissen seines Berufes beruht, vielmehr müssen zugleich die begutachteten Verhältnisse Gegenstand seiner amtlichen Wahrnehmung gewesen sein. Wird der Beamte lediglich wegen seiner besonderen Fachkunde gewählt, und nicht auch aus Veranlassung des Amtes (d. h. weil er mit den in Frage stehenden Verhältnissen zur Zeit seiner Wahrnehmungen amtlich befaßt war), so hat er Anspruch auf Gebühren wie jeder andere Sachverständige. Nach der herrschenden Ansicht hat der B., der an seinem Wohnort zugezogen wird, Anspruch auf Sachverständigenvergütung nach Maßgabe seiner Zeitversäumnis wie jeder private Sachverständige. So auch neuerdings OLG. Königsberg 10. 12. 28 JW. 1929 S. 1691. KG. 11. 3. 25 Verkehrsrechtl. Rundschau 4. Jg. S. 331 und bei Eger, Eisbrechtl. Entsch. Bd. 44 S. 35. Die so vom KG. gemachte Unterscheidung ist aber nicht logisch, da auch der von auswärts zugezogene beamtete Sachverständige in der bloßen Vergütung von Reisekosten und Tagegeldern kein Äquivalent für sein Gutachten erhält, für das er sich, vielleicht wochenlang durch häusliche Arbeiten hat vorbereiten müssen. In einer Entsch. des OLG. Celle v. 15. 6. 28 (2. I W. 121. 28) wird daher mit Recht ausgeführt, daß die allgemeingültige Bestimmung, wonach der Sachverständige eine Vergütung für seine Tätigkeit als Gutachter erhält, durch § 17

Abs. 3 nicht berührt wird. Es bestehen danach keine Bedenken, einem Sachverständigen eine Vergütung gemäß § 3 a. a. O. zuzubilligen, auch wenn ihm schon an und für sich für die Reise an den Terminsort Reisekosten und Tagegelder zustehen.

§ 13.

Jeder Reichsbeamte ist für die Gesetzmäßigkeit seiner amtlichen Handlungen verantwortlich.

I. Nach RGSt. 32, 322 hat § 13 keine materiell-rechtliche Bedeutung, vielmehr sollen durch ihn alle formellen Schranken, die der gerichtlichen Verfolgung einer gesetzwidrigen Amtshandlung gegenüberstehen, beseitigt sein. Es können also keine landesgesetzlichen Sondervorschriften zugelassen werden, die die Verfolgung von Reichsbeamten von besonderen Voraussetzungen abhängig machen. Perels-Spilling § 13 Anm. 3. Schulze, Komm. § 13 Anm. 1. Die amtlichen Handlungen eines Reichsb. sind nicht gesetzmäßig, wenn er entweder seine amtlichen Befugnisse überschreitet oder pflichtwidrig Amtshandlungen unterläßt (RG. 56, 92). Wegen solcher Handlungen hat er sich u. U. dreifach zu verantworten: strafrechtlich, disziplinarrechtlich und zivilrechtlich (Schadensersatzpflicht).

II. Eine im Rahmen der Gesetze (im weitesten Sinne) vorgenommene Amtshandlung erzeugt überhaupt keine Haftpflicht. Durch eine ungesetzliche Amtshandlung dagegen kann der B. Schaden verursachen 1. dem eigenen Staat, in dessen Dienst er steht, oder 2. einem Dritten, d. h. einer physischen oder juristischen Person des privaten oder öffentlichen Rechts. Es muß sich aber hier um einen bestimmten Dritten handeln, nicht etwa um die Allgemeinheit (das Volk), denn Art. 131 RV., § 839 BGB. sind nur auf Privatrechtsverhältnisse beziehbar. So ist es z. B. ausgeschlossen, daß ein Beamter bzw. an seiner Stelle das Reich wegen angeblich sittenwidriger Aufwertungsgesetze in Anspruch genommen wird. (RG. 4. 11. 27 JW. 28, 102 = RG. 118, 325 sowie v. 8. 11. 27 JW. 28, 1036. Es gibt also keinen im Rechtsweg verfolgbaren Anspruch gegen das Reich wegen schädigender Gesetzgebung. Vgl. dazu Hofacker,

R.u.PrVerwBl. 1928 S. 615. And. Ans. Delius, LeipzZ. 1928 S. 242.)

Bei der Schädigung eines Dritten ist wieder zu unterscheiden, ob der B. sich in Ausübung der ihm anvertrauten öffentlichen Gewalt oder lediglich in Ausübung der ihm übertragenen privatrechtlichen Verrichtungen befunden hat, als er den Schaden verursachte.

Handelt es sich um eine Schädigung des Staates selbst und zwar unmittelbar (nicht mittelbar, so daß der Staat Ersatz leisten muß und gegen den B. Regreß nehmen kann), so haftet der B. persönlich (z. B. wegen Unterschlagung von Amtsgeldern). Maßgebend ist hier das öffentliche Recht des Reiches bzw. Landes, in dessen Diensten der B. steht. Art. 80 I EGBGB.; es gilt das Recht des Wohnorts des B. § 19 RBG. RG. 15.2.27. JurRdsch. Rspr. 27 Sp. 480; 24. 2. 27 JW. 27, 1249; RG. 97, 24. Delius, Die Beamtenhaftpflichtgesetze 4. Auflage S. 3. Brand, Komm. S. 121. (Für Preußen gelten die §§ 88—91, 127—145 II, 10 ALR.) Fehlen Bestimmungen, so finden die Grundsätze des Dienstvertrages entsprechende Anwendung (RG. 63, 431; 92, 237; 99, 79). Im Falle der Schädigung eines Dritten gilt folgendes:

III. Schädigung eines Dritten 1. in Ausübung der öffentlichen Gewalt. Hier sind maßgebend die Amtshaftungsgesetze des Reiches und der Länder, welche nach Art. 131 RV. einen bestimmten Inhalt haben müssen. Haftpflichtig ist grundsätzlich das Reich (Land, Gemeinde), für dessen Dienst der B. bestellt ist, aber regelmäßig nur im Rahmen des § 839 BGB. Dies ist beim Reich der Fall. RG. v. 22. 5. 10 (RGBl. 798). § 939 BGB. ist nicht etwa ein Beamtenprivileg (Hatschek, Lehrb. d. Verw.Rechts 2. Auflage S. 300), sondern eher das Gegenteil davon, denn der Paragraph statuiert die juristische Fiktion einer Dienstpflicht gegenüber dem Publikum, eine Art außervertragliche Haftpflicht, die über die Grenzen der allgemeinen Haftpflicht der §§ 823, 826 BGB. weit hinausgeht (auf Privatrechtsverhältnisse übertragen müßte der Angestellte eines Kaufmanns einem Kunden, den er schlecht bedient hat, haften, während in Wirklichkeit der Prinzipal haftet!). Das Dazwischentreten des Staates und sein Rückgriffsrecht gegen den B. bedeutet also eine Belastung des B. Seine Haftung muß daher einschränkend ausgelegt werden: der B. hat nicht den Schaden zu ersetzen, den er dem Dritten zugefügt hat, sondern nur den Schaden, den der Staat durch die Schadloshaltung des Dritten erleidet. Für die Frage, ob auch der Grad der Haftung des B. durch den Gläubigerwechsel beeinträchtigt wird, ist die rechtliche Natur des Regreßanspruches des Staates (als ein aus dem öff.-rechtl. B.verhältnis entspringend) entscheidend (vgl. O. Mayer, D. Verw.recht 2. Auflage S. 192, Radloff, JW. 1929 S. 1776).

a) Die objektive Voraussetzung für die Haftung des B. nach § 839 ist die Verletzung einer Amtspflicht, die dem B. einem Dritten gegenüber obliegt, und zwar ist der B. für alle seine amtlichen Handlungen verantwortlich, mag er dazu verpflichtet oder nur befugt gewesen sein (Auskunftserteilung RG. 20. 2. 02 JW. 02 Beil. 214). Auch wenn ein B. seine örtliche Zuständigkeit überschreitet, bleibt seine Handlung die eines B. und die Haftung der Körperschaft, in deren Dienst er steht, richtet sich nach § 839, nicht nach § 831 BGB. RG. 23. 3. 28 JW. 28 S. 2449. Die Verletzung der Amtspflicht muß außerdem für den Vermögensschaden kausal sein. b) In subjektiver Beziehung sind Vorsatz oder Fahrlässigkeit Voraussetzung der Haftpflicht (Schulze, Komm. S. 89). Bezüglich des für die Haftpflicht maßgeblichen Art. 131 RV. ist streitig, ob diese verfassungsrechtliche Bestimmung materielles Recht ist oder ob sie nur eine Vorschrift für die Gesetzgebung des Reichs oder der Länder enthält. Nach RG. 102, 250 wird man sich für die erstere Alternative entscheiden müssen; den Ländern ist lediglich gestattet, die Haftung im einzelnen zu regeln. Da der Art. 131 sich grundsätzlich für die Verantwortlichkeit des Staates usw. entscheidet, kann die Landesgesetzgebung Ausnahmen zulassen (in Preußen z. B. ist der Staat für die Notare nicht haftbar). Für den Anwendungsbereich des Art. 131 RV. ist der B.begriff unabhängig von den einschlägigen B.gesetzen zu bestimmen. B. ist hier jede Person, die der Staat mit öffentlicher Gewalt umkleidet (RG. 105, 334; 114, 200; RG. 21. 10. 27 ZBR.

Jg. 1 S. 33). Bei Ausübung der öffentlichen Gewalt haftet der Staat (Verband) für alle B., hohe und niedere, sofern sie schuldhaft handeln (Entlastungsbeweis aus § 831 BGB. und ebenso § 254 BGB. ist nicht anwendbar). Im Gegensatz dazu beschränkt sich nach §§ 31, 98 BGB. die Haftung des Staates usw. auf die „verfassungsmäßigen Vertreter“, für alle übrigen Beamten gilt die beschränkte Haftung des § 831, auch braucht ein Verschulden des B. nicht vorzuliegen. Vgl. RG. 103, 430; RG. JurRdsch. 25, 469; PrGH.f.KK. 20. 3. 26 JW. 26, 2652 Nr. 2. Die Bestimmungen des G. v. 22. 5. 10 bleiben, soweit sie dem Art. 131 RV. nicht widersprechen, in Kraft; sie stellen eine nähere Regelung im Sinne des Art. 131 Abs. 2 RV. dar. RG. 102, 168; 106, 34; 107, 61. Brand, Komm. S. 136; Delius, S. 32f.

Öffentliche Gewalt umfaßt jede Amtsausübung, die sich nicht als Wahrnehmung privatrechtlicher Interessen des Staates usw. darstellt (RG. 101, 355). In Ausübung der öffentlichen Gewalt handelt der B. dann, wenn er Rechte ausübt und Pflichten erfüllt, welche ihre Quelle nicht im Privatrecht, sondern im öffentlichen Recht haben, wo der Staat also nicht als Fiskus, sondern als Inhaber von Hoheitsrechten auftritt. Daß die Handlung des B. in Ausübung staatlicher Zwangsgewalt erfolgt, ist nicht erforderlich; es kann vielmehr auch ein Akt des staatlichen Schutzes oder der staatlichen Fürsorge sein, der sich als Betätigung der öffentlichen Gewalt darstellt. (Staatseigentümlicher, Gegensatz staatsfremder Zweck.) RG. 101, 354; 102, 32; 111, 179; 114, 201; RG. 24. 5. 27 JW. 27, 1994. Brand, Komm. S. 137; Delius S. 13.

Anvertraute öffentliche Gewalt ist diejenige Gewalt, zu deren Ausübung der B. von einer verfassungsmäßig dazu berufenen Stelle berufen ist. Es muß ein innerer Zusammenhang zwischen der schädigenden Handlung und den Funktionen bestehen, für welche der Täter bestellt ist (RG. 73, 437; 91, 364. Delius S. 17). Es genügt nicht, daß der Verwaltungszweig, in dem der B. tätig ist, einen Ausfluß und eine Betätigung öffentlicher Gewalt darstellt. Der B. muß selbst „als Träger öffentlicher Machtbefugnisse“ gehandelt haben (RG. 105, 100).

Der B. muß schließlich die ihm einem Dritten gegenüber obliegende Amtspflicht verletzt haben, es sind dies solche Pflichten, die dem B. im Interesse des Einzelnen auferlegt sind, z. B. Amtsverschwiegenheit (RG. 78, 243). Die Staatshaftung fällt daher fort, wenn es sich um eine Verletzung von Pflichten handelt, die dem B. lediglich im Interesse des Staates und der Allgemeinheit auferlegt sind, z. B. verfehlte Währungsmaßnahmen. (RG. 118, 325.)

Ein Schadensersatzanspruch nach § 839 BGB. ist schon dann begründet, wenn der B. bei Ausübung des ihm eingeräumten Ermessens in so hohem Maße fehlsam gehandelt hat, daß sein Verhalten mit den an eine ordnungsmäßige Verwaltung zu stellenden Anforderungen schlechterdings unvereinbar ist; mithin beschränkt sich die Haftung nicht auf Willkür; ein Mißbrauch des Ermessens kann schon in der Wahl von unzweckmäßigen Mitteln liegen. RG. 22. 5. 28, ZBR. Jg. 1 S. 144 Nr. 19. Als Richtschnur für das Ermessen gilt nur das Gesetz; an Stelle des Ausdruckes „pflichtmäßiges Ermessen“ müßte daher der Begriff des gesetzmäßigen Ermessens treten. Der Unterschied zwischen Ermessen und Gebundenheit ist nur ein quantitativer. Die objektive Zweckwidrigkeit muß verhindert werden; so auch die moderne Auslegung des Begriffs détournement de pouvoir durch den französischen Staatsrat. (Vgl. U. Scheuner, Zur Frage der Nachprüfung des Ermessens durch die Gerichte ArchVerwR. 33 [1928] S. 76f.)

Die Haftung des Reiches hält sich im Rahmen dessen, wofür der B. nach § 839 BGB. haftbar gemacht werden könnte, wenn seine Inanspruchnahme eine unmittelbare wäre. Das Reich kann also dieselben Einwendungen erheben, die dem B. nach § 839 gegeben sind. (RG. 96, 143.) Das Reich kann seinen Rückgriff gegen den B. auch dann nehmen, wenn dem letzteren nur ein geringes Verschulden zur Last fällt. RG. 77, 429.

Für eine Klage, die den Anspruch auf Vornahme einer Amtshandlung hoheitsrechtlichen Inhalts durch Unterstellung des Tatbestands unter privatrechtliche Grundsätze verfolgt, ist der Rechtsweg (§ 839 BGB.) nicht gegeben. RG. 28. 6. 28 JW. 28 S. 2705. — Die beschränkte Verantwortlichkeit der B.

nach § 839 Abs. 2 S. 1 (Urteil in einer Rechtssache) greift nur dann Platz, wenn es sich um eine Sachentscheidung im Gegensatz zu prozeßleitenden Entscheidungen handelt, welche in der äußeren Form eines Urteils ergehen. RG. 8. 2. 27 JW. 27, 1250.

2. Schadensersatzpflicht bei Vornahme privatrechtlicher Verrichtungen. Hier steht der Staat usw. als Fiskus dem Dritten wie ein gleichberechtigtes Vermögenssubjekt gegenüber. Hat der B. in Ausübung privatrechtlicher Verrichtungen Schaden angerichtet, so kommen für die Haftung des Reichs die §§ 31, 89 BGB., für die Haftung des B., falls er unmittelbar in Anspruch genommen wird, die §§ 839—841 BGB. zur Anwendung. (Der Staat als Eigentümer, Bauherr, Verwahrer usw. RG. 91, 273; 106, 340. Delius S. 8f.) Das Reich ist nach §§ 31, 89 für den Schaden verantwortlich, den ein verfassungsmäßig berufener Vertreter durch eine in Ausführung der ihm zustehenden Verrichtungen begangene, zum Schadensersatz verpflichtende Handlung, einem Dritten zufügt. Verfassungsmäßige Vertreter sind solche Personen, die, wenn auch nicht notwendig zur Leitung einer Körperschaft berufen, so doch eine mehr oder weniger umfangreiche Tätigkeit innerhalb eines gewissen Geschäftskreises oder örtlichen Gebietes auf Grund allgemeiner verwaltungsorganisatorischer Bestimmungen zu leisten haben (RG. 53, 279; 55, 176; 62, 31; 70, 119; 74, 23; JW. 11, 149[3]; 12, 282[1].) Es muß sich um Willensvertreter und nicht bloß um „Werkzeuge" handeln, denn für letztere haftet das Reich trotz sorgfältiger Auswahl (RG. 121, 382). Die schädigende Handlung oder Unterlassung muß innerhalb des verfassungsmäßigen Wirkungskreises des B. liegen. Das Reich braucht es daher nicht zu vertreten, wenn ein B. außerhalb dieses Wirkungskreises oder nur gelegentlich der Ausübung seiner amtlichen Verrichtungen eine schädigende Handlung vornimmt; auch braucht es das nicht zu vertreten, was ein unberechtigter Vertreter einem Dritten zugesichert hat (RG. 110, 293; 117, 65).

Die Haftung des Reiches nach § 31 umfaßt nur die Fälle des außervertraglich verursachten Schadens; bei der Erfüllung von Vetragsverpflichtungen haftet das Reich für seine B. nach

§ 278 BGB. Über Zusammentreffen von Amtsübung öffentlicher Gewalt und privatrechtlicher Verrichtungen siehe Delius S. 7 f.

In einer Reihe von Fällen ist die Haftung des Reiches abweichend von § 31 durch Sondergesetze geregelt (Art. 32 EGBGB.), Art. 131 RV. hat hieran nichts geändert. (RG. 107, 42.) Hierzu zählen die beschränkte Haftpflicht der Eisenbahn bei Beförderung von Gütern und Personen § 453 HGB.; vgl. ferner bez. der Eisenbahn: ReichshaftpflichtG. 7. 6. 71 (RGBl. 207) und §§ 25, 47 PrEisbG. v. 3. 11. 38 (GS. 505); der Post- und Telegraphenfiskus bei der Beförderung von Briefen und Telegrammen §§ 6 f. RpostG. v. 28. 10. 71 (RGBl. 347); PostO. v. 28. 7. 17, §§ 18 XV, 19 VIII; § 13 PostscheckO. v. 6. 11. 08 (RGBl. 763); § 21 TelegrO. v. 16. 6. 04; § 49 G. v. 30. 5. 08 (RGBl. 321) betr. die Erleichterung der Scheckproteste.

§ 14.

Die Vorschriften über den Urlaub der Reichsbeamten und deren Stellvertretung werden vom Kaiser (Reichspräsidenten) erlassen.

In Krankheitsfällen sowie in solchen Abwesenheitsfällen, zu denen die Beamten eines Urlaubs nicht bedürfen (Reichsverfassung Artikel [21] 39), findet ein Abzug vom Gehalte nicht statt. Die Stellvertretungskosten fallen der Reichskasse zur Last.

Ein Beamter, welcher sich ohne den vorschriftsmäßigen Urlaub von seinem Amte entfernt hält oder den erteilten Urlaub überschreitet, ist, wenn ihm nicht besondere Entschuldigungsgründe zur Seite stehen, für die Zeit der unerlaubten Entfernung seines Diensteinkommens verlustig.

1. Der Urlaub ist eine Fürsorgemaßnahme des Staates, auf die jeder B., der sie entbehren zu können glaubt, verzichten kann. RG. 94, 225. Der B. kann daher auch jederzeit den Urlaub ab-

brechen und den Dienst wieder aufnehmen. Ein Recht auf Urlaub hat der B. nicht. (Anders der Entwurf Reichstags-Drucks. § 52.) Daher kann der Urlaub auch jederzeit aus dienstlichen Gründen zurückgenommen werden. RDiszH. 4. 2. 84 Schu-Si72. Grundlegend für die Urlaubsvorschriften ist die VO. v. 2. 11. 74 (RGBl. 129) in der Fassung v. 4. 1. 04 (RGBl. 1), die auch für Militärbeamte gilt. Für die Gesandtschafts- und Konsulatsb. gilt die VO. v. 23. 4. 79 (RGBl. 134) und v. 17. 8. 94 (RGBl. 518) in der Fassung v. 4. 1. 04 (RGBl. 1); sie gilt nicht für Wahlkonsuln: für diese gilt § 6 der allg. Dienstinstrukt. v. 6. 6. 71 (Hirths Ann. 71, 614) und § 13 VO. 23. 4. 79 (RGBl. 134). Richtlinien für die Erteilung des Erholungsurlaubs für Reichsb. v. 9. 3. 25 (RMBl. 121 = RBesBl. 75) und v. 6. 3. 28 (RMBl. 89). Für die B. der Reichspost s. Anl. z. Amtsbl. Vfg. 156/29 (RPBl. 129). Für die B. der Reichsfinanzverwaltung RFM. 20. 3. 28 (RFBl. 366). Für außerplanmäßige Reichsb. RMJ. 12. 8. 27 (HBBl. 106). Für die Reichsbahnb. vgl. Ziff. 1—3 § 13 PersO.

2. Jeder B., der sich während der Dienstzeit von seinem Amt entfernen oder während der dienstfreien Zeit seinen Wohnort verlassen will, bedarf hierzu des Urlaubs, d. h. der Genehmigung seiner vorgesetzten Dienstbehörde. Die zur Erteilung des Urlaubs befugten Behörden sind für jede Verwaltung besonders bezeichnet. In der Regel kann unbeschränkten Urlaub nur die Zentralbehörde erteilen, während die übrigen Behörden nur für beschränkte, im einzelnen genau bezeichnete Zeiträume Urlaub erteilen können. (Richtlinien.) Hält sich der B. ohne diese Genehmigung vom Amt fern, so macht er sich auch dann disziplinar strafbar, wenn er von seinem Fernbleiben der vorgesetzten Behörde Mitteilung gemacht hat. OVG. 26. 5. 11 JW. 13, 1115.

Der Urlaub darf nur unter der Voraussetzung bewilligt werden, daß der Dienst dadurch nicht beeinträchtigt wird; Voraussetzung ist daher die Sicherung der Stellvertretung.

3. Durch den Urlaub wird das B.verhältnis in seinem Bestand nicht berührt, insbesondere sind mit Ausnahme des Falles der Notwendigkeit von Stellvertretungskosten und des § 14

Abs. 3 Nachteile mit der Urlaubserteilung nicht verknüpft. RDiszH. 10. 4. 23 Schu-Si 20. Die in den Urlaub fallende Zeit wird daher bei der Berechnung des Besoldungsdienstalters, des Stellendienstalters und bei der Festsetzung des Ruhegehaltsdienstalters mitgerechnet, das gilt selbst dann, wenn die Beurlaubung zu einer Privatbeschäftigung, etwa einer größeren wissenschaftlichen Arbeit, zu längeren Reisen usw. erfolgt war. JW. 98, 391[22]: 00, 792[23]; RG. 41, 411; 47, 287.

4. Wird bei Beurlaubung eines B. ein besonderer Vertreter eingestellt, so entstehen regelmäßig Stellvertretungskosten. Nach § 6 UrlVO. v. 2. 11. 74 findet zur Deckung von Stellvertretungskosten erst bei einem Urlaub von mehr als $1^1/_2$—6 Monaten, für den $1^1/_2$ Monate übersteigenden Zeitraum ein Abzug vom Diensteinkommen des Beurlaubten in Höhe der Hälfte derselben statt. Bei weitergehendem Urlaub wird das ganze Diensteinkommen einbehalten. Bei Beurlaubung wegen Krankheit und zur Herstellung der Gesundheit gilt das Vorhergesagte nicht.

5. Ein Recht, vom Amt ohne Urlaub fernzubleiben, hat der B. in folgenden Fällen: a) bei Erkrankung, falls sie die Dienstunfähigkeit zur Folge hat. Der erkrankte B. hat seine Dienstunfähigkeit spätestens nach drei Tagen, vom Beginn des Fernbleibens gerechnet, glaubhaft nachzuweisen. Bei längerer Dauer der Erkrankung als zehn Tage ist Vorlage eines ärztlichen Zeugnisses erforderlich. Ein kranker B., der sich ohne Urlaub von seinem Amtssitz entfernt, macht sich disziplinarisch strafbar. RDiszH. 4. 11. 12 Schulze Rspr. 287; b) bei Erfüllung allgemeiner staatsbürgerlicher Pflichten (Zeugenladung, Schöffe, Geschworener); c) als Reichs- oder Landtagsabgeordneter Art. 39 I RV. Zur Vorbereitung seiner Wahl kann der B. Urlaub verlangen Art. 39 II RV., Art. 11 Abs. 2 PrV. Auch zur Teilnahme an Verhandlungen im Reichswirtschaftsrat und seinen Ausschüssen bedarf der B. keines Urlaubs. Art. 5 Abs. 4 V. 4. 5. 20 (RGBl. 858).

6. Unter Entfernung vom Amt nach § 14 Abs. 3 ist nicht bloß die Versäumnis des Dienstes zu verstehen, sondern die Entfernung vom Amtssitz. Deshalb ist § 14 Abs. 3 auch auf

suspendierte B. anwendbar. Wenn aber ein B. sich von seinem Amt entfernt und deshalb den Anspruch auf sein Gehalt verwirkt hat, so wird nicht dadurch etwas geändert, daß er suspendiert wird. RG. 113, 145. — Unerlaubte Entfernung vom Amt liegt auch dann vor, wenn ein B. ein neues Amt anzutreten unberechtigterweise unterläßt. Die Verbüßung einer Freiheitsstrafe ist dagegen keine unerlaubte Entfernung, da die Vorschriften über den Schadensersatz auf das öff.-rechtliche B.verhältnis keine Anwendung finden. RG. 40, 25 und Gruchot 30, 854 Nr. 49. Schulze S. 106 N. 8. (Anders die preuß. Praxis, Brand, Komm. 153.) Für die Zeit der unerlaubten Entfernung vom Amt geht der B. seines Diensteinkommens verlustig. Auch die auf Grund der PAB. in den einstweiligen Ruhestand versetzten B. können, wenn sie sich weigern, eine ihnen zeitweise übertragene Tätigkeit zu übernehmen, wegen unerlaubter Entfernung disziplinarisch bestraft werden. PrDiszH. f. nichtrichterl. B. 25. 1. 26 JW. 26, 1461.

Im Gegensatz zum preuß. Disz.recht ist die Vorschrift des § 14 Abs. 3 keine Disziplinarvorschrift, sondern lediglich ein vermögensrechtlicher Nachteil als Folge nichterfüllter Dienstpflicht und des dadurch dem Reich entstandenen Schadens. RG. 52, 22; 113, 146. Aus dem gleichen Grunde steht daher, anders als im preuß. B.recht, dem Reichsb. der Rechtsweg wegen Entziehung des Diensteinkommens offen. (Brand, Komm. S. 148.) Neben der Gehaltsentziehung kann gegen den B. wegen unerlaubter Entfernung noch das Dienststrafverfahren eingeleitet werden. RDiszH. 4. 2. 84 Schu-Si 496. Wird in diesem Verfahren auf Dienstentlassung erkannt, so kann dem Angeschuldigten trotz § 14 Abs. 3 ein Ruhegehaltsteil belassen werden. RDiszH. 6. 6. 28 DRichtZtg. 28, 351.

Abwesenheit vom Amt infolge Streik. Kein Streikrecht der B. RDiszH. 14. 12. 22 Schu-Si 80. Durch Teilnahme am Streik verletzt der B. seine Amtspflicht RDiszH. 10. 4. 23 Schu-Si. 21 und v. 8. 5. 23 Schu-Si 85. Was vom Streik gilt, gilt auch von sog. passiver Resistenz (Verlust des Diensteinkommens) RG. 24. 2. 27 JW. 27, 1249.

§ 15.

Die vom Kaiser (Reichspräsidenten) angestellten Beamten dürfen Titel, Ehrenzeichen, Geschenke, Gehaltsbezüge oder Remunerationen von anderen Regenten oder Regierungen nur mit Genehmigung des Kaisers (Rpr.) annehmen.

Zur Annahme von Geschenken oder Belohnungen in bezug auf sein Amt bedarf der Reichsbeamte der Genehmigung der obersten Reichsbehörde.

1. Nach Art. 109 Abs. 5 RV. darf kein Deutscher von einer ausländischen Regierung Titel oder Orden annehmen. Außerdem dürfen nach Abs. 3 ebenda Titel nur noch verliehen werden, wenn sie ein Amt oder einen Beruf bezeichnen (§ 17 RBG.). Schließlich darf die eigene Regierung keine Orden oder Ehrenzeichen mehr verleihen. § 15 RBG. kommt also eigentlich nur noch insoweit in Frage, als ein Reichsb. von der Regierung eines deutschen Landes oder von einer ausländischen Regierung Geschenke oder Gehaltsbezüge oder Remunerationen erhalten soll. Zur Annahme solcher Zuwendungen ist die Genehmigung des Reichspräsidenten erforderlich. Die Genehmigung wird in der Regel nur erteilt, wenn das Geschenk mehr den Charakter einer Ehrengabe als einer Belohnung besitzt. Die Genehmigung kann in Fällen von untergeordneter Bedeutung auch stillschweigend erfolgen (Duldung von kleinen Geschenken an Hauswarte). Der B. darf auch keine Geschenke von Untergebenen annehmen. Die bloße Anzeige des B. statt der Einholung einer Genehmigung genügt nicht. Zur Verwirklichung des Tatbestands im Sinne des § 15 II ist erforderlich eine bewußte Beziehung der Zuwendung zum Amt; aber auch eine solche mittelbarer Art genügt. RDiszH. 19. 6. 22 Schu-Si 17; ebenda v. 14. 11. 23 (S. 146) und v. 1 10. 24 (S. 148). Nur der B., nicht auch der andere Teil braucht das Bewußtsein zu haben, daß das Entgelt für die Verletzung von Dienstpflichten gegeben wird. Eine solche Verletzung kann auch in einer Auskunfterteilung bestehen (RG. 18. 1. 26 Recht 31. Jg. S. 122, B.jahrb. 6. Jg. S. 415.)

Oberste Reichsbehörde: VO. v. 10. 8. 28 (RGBl. I 369).

2. Vom strafrechtlichen Gesichtspunkt aus gilt § 331 (Geschenkannahme für nicht pflichtwidrige Handlungen) und § 332 (Bestechung). RGSt. 32, 382; 36, 66; 37, 193; 39, 133; 41, 1.

§ 16.

Kein Reichsbeamter darf ohne vorgängige Genehmigung der obersten Reichsbehörde ein Nebenamt oder eine Nebenbeschäftigung, mit welcher eine fortlaufende Remuneration verbunden ist, übernehmen oder ein Gewerbe betreiben. Dieselbe Genehmigung ist zu dem Eintritt eines Reichsbeamten in den Vorstand, Verwaltungs- oder Aufsichtsrat einer jeden auf Erwerb gerichteten Gesellschaft erforderlich. Sie darf jedoch nicht erteilt werden, sofern die Stelle mittelbar oder unmittelbar mit einer Remuneration verbunden ist.

Die erteilte Genehmigung ist jederzeit widerruflich.

Auf Wahlkonsuln und einstweilen in den Ruhestand versetzte Beamte finden diese Bestimmungen keine Anwendung.

1. Aus dem Wesen des B.verhältnisses folgt, daß der B. seine ganze Zeit und seine ganze Arbeitskraft der Besorgung der Amtsgeschäfte widmen soll. Nebenämter oder mit einer fortlaufenden Vergütung verbundene Nebenbeschäftigungen darf der B. daher nur übernehmen, soweit sie mit den durch das Hauptamt an ihn gestellten Anforderungen verträglich sind und ein staatliches Interesse der Genehmigungserteilung nicht entgegensteht. (Vogels, Verw.arch. 21, 263f.; 22, 65f.) Dies gilt auch für B., die vorläufig ihres Dienstes enthoben sind (OVG. 29. 4. 27 PrVerwBl. 49 S. 22), dagegen nicht für Wartegeldempfänger, Wahlkonsuln und die nicht ständigen Mitglieder des Reichspatentamts und Reichsversicherungsamts.

2. Als genehmigungsbedürftiges Nebenamt gilt jede

Tätigkeit neben dem Hauptamt, die nicht schon nach der ganzen Organisation der betr. Behörde mit dem Hauptamt verbunden ist oder verbunden werden kann, die ihrem Umfange nach dem Hauptamt gegenüber unbedeutender ist und die sich als ein öffentliches Amt im Reich, Land oder in einer sonstigen öff.-rechtlichen Korporation darstellt. (RG. 80, 308; OVG. 80, 73.) Ein preußischer Staatsbeamter kann z. B. im Nebenamt Reichsbeamter sein (RG. JW. 25, 1619; RG. 111, 121; RDiszH. 19. 6. 22 Schu-Si S. 16) und umgekehrt. Darauf, ob das Nebenamt mit Dienstbezügen verknüpft ist oder bloß ehrenamtlichen Charakter hat, kommt es nicht an. (RMJ. 5. 10. 20 Richtlinien JMBl. 721.) Die Wahrnehmung der Tätigkeit als Schöffe oder Geschworener kommt als Nebenamt nicht in Betracht.

3. Als genehmigungspflichtige Nebenbeschäftigung gilt jede, auf ständigen Nebenerwerb gerichtete Tätigkeit, zu der sich der B. einer dritten Person (öff. oder priv. Rechts) verpflichtet. Einzelgeschäfte von kurzer Dauer sind nicht als Nebenbeschäftigung anzusehen. (RDiszH. 11. 11. 95 und 19. 6. 11 Schu-Si 279 und 284.) Auch die Vornahme einer größeren Anzahl von Erwerbsgeschäften ohne Genehmigung der obersten Reichsbehörde verstößt nicht gegen die Amtspflicht, wenn sie sich nicht als Betrieb eines Gewerbes darstellt, es sich vielmehr nur um gelegentliche Geschäfte handelt, auch eine fortlaufende Vergütung nicht bezogen wird. RDiszH. 1. 12. 24 DJZ. 32. Jg. S. 235. Es muß sich also um eine Reihe gleichartiger Einzelgeschäfte handeln, die mit geringen Zwischenräumen aufeinander folgen, von demselben Vorsatze beherrscht werden, und bei denen eine Wiederholung bei sich darbietender Gelegenheit in Aussicht genommen ist. Vgl. Beschluß DiszH. f. nichtricherl. B. v. 16. 5. 27 (begründet auf die noch gültige Kabinettsordre v. 14. 7. 36 GS. 235, DiszG. v. 21. 7. 52 DJZ. 1927 S. 1201 = JW. 1927 S. 2875. RDiszH. 26. 5. 25 DJZ. 1927 S. 235. Die Gegenleistung (Remuneration) kann in Geld oder anderen Vorteilen (z. B. mietzinsfreie Wohnung) bestehen. Schulze, Komm. S. 4, Brand, Komm. S. 158.

Folgende Nebenbeschäftigungen von Reichsb. sind genehmigungspflichtig, wenn sie mit einer fortlaufenden Vergütung verbunden sind: a) Übernahme von Agenturen für Versicherungsanstalten RPM. 16. 2. 26 (RPBl. 77). b) Übernahme einer Testamentsvollstreckung, Revisionstätigkeit. c) Herausgabe von Zeitschriften. Dagegen erfordert eine auch noch so umfangreiche und zeitraubende literarische Tätigkeit nach feststehender Verwaltungsübung keine Genehmigung. d) Veranstaltung von Repetitorien. e) Halten von Vorlesungen an Universitäten und sonstigen Lehranstalten; insbesondere ist auch die Übernahme einer Privatdozentenstellung genehmigungsbedürftig. Art. 4 G. 4. 8. 22 (GS. S. 209).

4. Gewerbe ist jede zum Zwecke des Erwerbs als unmittelbare Einnahmequelle betriebene dauernde Tätigkeit, mit Ausnahme der Urproduktion, der rein wissenschaftlichen und künstlerischen Berufe und der Tätigkeit der B. und Geistlichen. (Vgl. RG. 39, 137, Schulze, Komm. S. 104.) Gewerbe ist z. B. auch der Bergbau, obgleich er nicht unter die Gewerbeordnung fällt, dagegen nicht die Landwirtschaft und die mit der Bewirtschaftung eines dem B. gehörigen ländlichen Grundstücks verbundenen Gewerbe (Ziegelei, Schnapsbrennerei usw. GewO. §§ 12, 19. Perels-Spilling Anm. 6 zu § 16. Anders als im preußischen Recht [§ 19 PrGewO. v. 17. 1. 45 (GS. 44) aufrechterhalten durch § 12 Abs. 2 RGewO.], ist der Gewerbebetrieb von Familienmitgliedern der B. nicht eingeschränkt. Vgl. auch § 31 b. WehrG. v. 20. 3. 1920 (RGBl. 329). Im übrigen hat die oberste Reichsbehörde nach allgemeinen Grundsätzen (nicht notwendig nach der GewO.) nach freiem Ermessen zu entscheiden, ob ein Gewerbe vorliegt. (RDiszH. 26. 1. 27 DRichtZtg. 27 Rspr. 190.)

5. Ebenso bedarf jeder aktive (nicht der Wartestands-) B. der Genehmigung zum Eintritt in den Vorstand oder Aufsichtsrat einer jeden Erwerbsgesellschaft; ist die Stelle mit einer, wenn auch nur einmaligen oder mittelbaren Remuneration (Überlassung von Aktien zu einem niedrigeren Kurs) verbunden, so ist die Genehmigung unzulässig. Nicht zu den Erwerbsgesellschaften gehören solche Gesellschaften, die nur gemeinnützige, künstlerische, wissenschaftliche, gesellige

und ähnliche Zwecke verfolgen. Genehmigungspflicht für einen Reichsb., der als Geschäftsführer einer G. m. b. H. tätig sein will. RDiszH. 23. 3. 26 DRichtZtg. 26 Rspr. 189, 190.

Soweit Reichsb. in Unternehmungen, an denen das Reich beteiligt ist, als Vorstand, Aufsichtsrat oder Verwaltungsrat beteiligt sind, sind sie verpflichtet, die Bezüge, die sie von der Gesellschaft erhalten, der vorgesetzten Dienstbehörde anzuzeigen und an die Reichskasse abzuliefern. In Höhe des tatsächlichen Aufwands können dem B. Teile der Bezüge gelassen werden. Vgl. über B. als Aufsichtsräte, Wimpfheimer, Sonderabdr. aus der Festschrift für Heinitz 1927; B. Schwartzkoppen PrVerwBl. 50, 185 und M. Spießbach, B.jahrb. 1929 S. 394.

Da die öffentliche Hand weit mehr als früher in der privaten Wirtschaft tätig ist, hängen mit der Tätigkeit von B. als Vorstände oder Aufsichtsräte solcher Gesellschaften eine Reihe wichtiger Fragen zusammen. Zunächst ist festzustellen, daß es sich hierbei nicht um ein Nebenamt, sondern um eine Nebenbeschäftigung handelt, und zwar auf rein privatwirtschaftlichem Gebiet, die allerdings im Zusammenhang mit der amtlichen Tätigkeit des B. steht. Einer Genehmigung zur Übernahme einer solchen Nebenbeschäftigung bedarf es nicht; es gelten überhaupt die Vorschriften über Nebenämter und Nebenbeschäftigungen nicht (nämlich § 15 Abs. 2 S. 4 RBesG. v. 16. 9. 27 RGBl. I 349 und § 13 Abs. 3 PrBesG. v. 17. 12. 27, GS. 223); der B. muß auf Verlangen seiner Behörde die Wahl in den Aufsichtsrat annehmen. Weisungen derselben für seine Tätigkeit im Aufsichtsrat braucht er dagegen nicht zu befolgen. Befolgt er die Weisungen und führt dies zu Schädigungen der Gesellschaft, so ist der B. der Gesellschaft und unter Umständen den Aktionären zum Ersatz des Schadens verpflichtet; es steht ihm dann aber in gewissem Umfang ein Regreßanspruch gegen den Staat zu. (B. Schwartzkoppen S. 185 u. S. 201 a. a. O.)

6. Die Reichsb. sind aber, ebenso wie die B. der Länder und Gemeinden verpflichtet, jedes Nebenamt oder jede Nebenbeschäftigung im öffentlichen Dienst anzunehmen, sofern

die auszuübende Tätigkeit ihrer Vor- oder Berufsbildung entspricht. Art. 13 PAB. Eine besondere Vergütung kann für das Nebenamt nur bewilligt werden, wenn es mit dem Hauptamt nicht in unmittelbarem Zusammenhang steht und den B. in besonderem Maße in Anspruch nimmt.

7. Die Rechtsverhältnisse der B. bezüglich Erfindungen, die sie im Dienste machen, ist gesetzlich nicht geregelt. (Der Reichsverkehrsminister hat für seine B. Sonderbestimmungen aufgestellt.) Der Entwurf eines Deutschen B.Gesetzes (Reichstag IV. Wahlper. 1928 Druckſ. Nr. 24 v. 21. 6. 28) enthält in § 68 Vorschriften über Erfindungen der B., in §§ 69—71 solche über Patent- und Gebrauchsmuster und über die dem B. zu gewährende Vergütung.

8. Sonderbestimmungen für eine Reihe von B. a) Der Präsident sowie die Mitglieder des Rechnungshofes dürfen Nebenämter oder mit einmaliger oder fortlaufender Entschädigung verbundene Nebenbeschäftigungen nicht übernehmen. Eine Genehmigung ist unzulässig. § 11 G. 23. 5. 73 (RGBl. 117) und § 4 pr. G. 27. 3. 72 (GS. 278). — b) Berufskonsuln dürfen kaufmännische Geschäfte unter keinen Umständen betreiben. Zur Übernahme der Konsulatsgeschäfte fremder Mächte bedürfen sie der Genehmigung des Reichspräsidenten §§ 5, 7, 8 G. 8. 11. 67 (BGBl. 139). c) Reichsbankb. dürfen keine Anteile der Reichsbank besitzen. § 28 G. 26. 5. 22 (RGBl. 177). d) Die Mitglieder des Aufsichtsamts für Privatversicherung dürfen nicht gleichzeitig Leiter oder B. öffentlicher Versicherungsanstalten sein. § 70 Abs. 4 G. 12. 5. 01 (RGBl. 139).

9. § 16 gilt nicht für die technischen Mitglieder des Patentamts, wenn sie nur auf fünf Jahre angestellt sind (§ 17 PatentG. 7. 4. 91), auch nicht für die Mitglieder des Versicherungsbeirats beim Aufsichtsamt für Privatversicherung; siehe dagegen oben unter 8d.

§ 17.

Titel, Rang und Uniform der Reichsbeamten werden durch Kaiserliche Verordnung bestimmt.

1. Art. 109 Abs. 4 RV. läßt Titelverleihung nur zu, wenn durch sie ein Amt oder ein Beruf bezeichnet wird. Titel allein ohne Amt können nicht mehr verliehen werden. Die Amtsbezeichnungen selbst ergeben sich aus dem RBesG. und dem Reichshaushalt. Die bisherigen Amtsbezeichnungen (z. B. Geh. Regierungsrat) dürfen in und außer dem Dienst weitergeführt werden. RFM. 21. 12. 20 (RFBl. 21, 3). Im Anschluß an das neue RBesG. V. 22. 12. 27 (RGBl. I 508) hat der Reichspräsident durch V. 22. 12. 27 über die Führung der Amtsbezeichnungen Bestimmung getroffen. Im Zweifel entscheidet die oberste Reichsbehörde im Einvernehmen mit dem Reichsmin. d. Inn. v. 22. 12. 27 (RGBl. I 508) und v. 10. 8. 28 (RGBl. I 369). Änderungen der in der RBesO. vorgesehenen Amtsbezeichnungen erfolgen durch den Reichspräsidenten § 34 RBesG. Sölch-Ziegelasch 306f. v. Welser, Fischers Zeitschr. 1929 S. 289.

Die mit einem Amt verbundene Dienstbezeichnung wird mit der darüber ausgestellten Anstellungsurkunde bzw. Bestellung verliehen, und zwar tritt der Erwerb der Amtsbezeichnung mit dem Zeitpunkt der Zustellung der Urkunde ein. (So insbesondere im preuß. Recht § 84 II 10 ALR.) Ein Rechtsanspruch auf Verleihung einer Amtsbezeichnung besteht nicht, RG. 53, 423; es kann also kein B. mit der Behauptung, daß ihm nach seinen Leistungen und seinem Dienstalter eine bestimmte Amtsbezeichnung gebühre, Klage erheben.

Ausgeschiedene B. erhalten ihre letzte Amtsbezeichnung mit dem Zusatz „i. R." oder „a. D.". Die Verleihung von Ämtern und den entsprechenden Amtsbezeichnungen liegt im freien Ermessen des Reiches, die Entziehung ist dagegen an bestimmte gesetzliche Voraussetzungen geknüpft. Außer bei den auf Widerruf oder Kündigung verliehenen Ämtern darf die Entziehung nur auf Grund strafgesetzlicher Bestimmungen erfolgen. StGB. §§ 33, 34 Ziff. 3. Die unbefugte Führung einer Amtsbezeichnung ist strafbar nach § 360 Ziff. 8 StGB.

Von einer ausländischen Regierung darf kein Deutscher Titel annehmen. RV. 109 Abs. 6.

2. Der Rang. Die Rangordnung der preuß. B. (V. 7. 2. 1817

GS. 61), die auch für Reichsb. galt, ist beseitigt. Als Rang hat jetzt zu gelten das auf der gesamten dienstlichen Stellung des B. beruhende Verhältnis der Über- und Unterordnung, so daß eine Verschiedenheit des Ranges aus der Vergleichung der Ämter und ihrer Bedeutung abzuleiten ist. RFM. 3. 6. 22. Daneben geben die Besoldungsgruppen einen gewissen Anhalt.

3. Orden und Ehrenzeichen. Sie dürfen nach Art. 109 Abs. 5 RV. nicht verliehen werden. (Ausnahme: Rettungsmedaille.) Dagegen ist es gestattet, früher verliehene Orden, insbesondere Kriegsehrenzeichen, weiter zu tragen. Art. 175 RV. Über die Rückgabepflicht von Orden im Todesfalle vgl. Pr. Staatsmin. 10. 4. 26 und 1. 3. 27 (PrBesBl. 26, 49 und 27, 51). Mit dem Verlust der bürgerlichen Ehrenrechte werden auch die Orden und Ehrenzeichen entzogen § 33 StGB. Das unbefugte Tragen von Orden und Ehrenzeichen ist strafbar nach § 360 Ziff. 8 StGB.

Auch päpstliche Orden fallen unter Art. 109 RV. Nach der bisherigen Übung wurde ihre Annahme aber stillschweigend geduldet, weil es sich beim Papst nicht um einen Souverän, sondern um das Kirchenoberhaupt handelte (Liszt-Fleischmann Völkerrecht S. 92, Hatschek D. u. Pr. Staatsrecht S. 74). Nach dem Abschluß des Lateranvertrages zwischen päpstlichem Stuhl und Italien (1929) ist der Papst aber Souverän geworden. (Schwarz, DJZ. 1929 H. 5.)

4. Uniformen und Dienstkleidung. Die Vorschriften über die Uniformen der Reichsb. und der preuß. Staatsb. (V. 29. 7. 89 MBl. 518) sind zwar nicht ausdrücklich aufgehoben, aber tatsächlich außer Kraft gesetzt. Wegen der Befugnis zum Tragen der Militäruniform s. V. Reichspr. 30. 8. 21 (RGBl. 1251) und AusfAnm. R.kanzl. 3. 10. 21 (RGBl. 1280). Von der Uniform ist zu unterscheiden die Dienstkleidung. B. haben ihre Dienstkleidung regelmäßig auf eigene Kosten zu beschaffen. Doch werden den B., die im Interesse der Sicherheit und öffentlichen Ordnung zum Tragen der Dienstkleidung verpflichtet sind, diese unter Anrechnung eines angemessenen Betrages auf das Diensteinkommen geliefert. RFM. 13. 1. 23. Vgl. Brand, RB. S. 114.

Über den Waffengebrauch gelten für einzelne B.gruppen besondere Vorschriften. (Für Grenzaufsichtsb. RFM. 2. 7. 21 [RGBl. 935].) Vgl. ferner G. v. 12. 9. 28 (RGBl. I 145) über den Gebrauch von Schußwaffen und Munition. Das unbefugte Tragen von Amtskleidung ist strafbar nach § 360 Ziff. 8 StGB.

§ 18.

Die Höhe der den Reichsbeamten bei dienstlicher Beschäftigung außerhalb ihres Wohnorts zustehenden Tagegelder und Fuhrkosten, ingleichen der Betrag der bei Versetzungen derselben zu vergütenden Umzugskosten wird durch eine im Einvernehmen mit dem Bundesrate (Reichsrate) zu erlassende Verordnung des Kaisers (Reichspräsidenten) geregelt.

1. Die V betr. die Tagegelder, die Fuhrkosten und die Umzugskosten der Reichsb. v. 21. 6. 75 (RGBl. 249) wurde ersetzt durch V. v. 25. 6. 01 (RGBl. 241). Diese V. erhielt durch Bekanntm. v. 8. 9. 10 (RGBl. 993) eine neue Fassung. Die §§ 1—16 dieser V. hinsichtlich der Tagegelder und Fuhrkosten sind durch die ReisekostenV. f. d. Reichsb. v. 14. 10. 21 (RGBl. 1345) aufgehoben worden. Die formell noch zu Recht bestehende V. ist seither mehrfach geändert worden. Betreffs der Umzugskosten sind die Vorschriften der V. 8. 9. 10 und die späteren Änderungen ersetzt worden durch die UmzugskostenV. f. d. Reichsb. v. 2. 5. 28 (RbesBl. 67). Ausführungsbestimmungen v RFM. 24. 5. 28 (RbesBl. 111), v. 29. 5. 28 (ebenda S. 128). Vgl. Näheres bei Mennen und Barz, Reisekostenvorschriften f. Reichsb. 3. Aufl. und Brand, BR. S. 249, Komm. S. 171. Über Reisekosten bei Benutzung von Kraftwagen RFM. 12. 6. 25 (RFBl. 111). Wegen der Kraftfahrzeughaltung durch B. d. ReichsfinVerw. RFM. 30. 11. 26 (RFBl. 123). — Über Dienstaufwandentschädigung, Abfindung der Militärb. sowie der Zivilb. bei Reichsheer und Marine auf Märschen, Übungen usw. RM. 1. 10. 27 (RGBl. II 885).

2. Umzugskosten. Keine Voraussetzung des Anspruchs

ist, daß die Versetzung, wenn sie auch auf Antrag oder doch mit Zustimmung des B. erfolgt, im dienstlichen Interesse liegen muß.

Bei Nichtmöglichkeit der Auffindung einer neuen Wohnung wird (ohne Anerkennung eines Rechtsanspruchs) eine Wohnungsbeihilfe gewährt. (V. 23. 1. 24 RGBl. I 37). Dem versetzten B. steht ferner ein Anspruch auf Erstattung doppelt gezahlter Wohnungsmieten zu und zwar für längstens neun Monate. RFM. 16. 10. 25 (RFBl. 189) und v. 3. 11. 25 (RbesBl. 227).

3. Beschäftigungstagegelder. Solche erhalten B. (planmäßige und nichtplanmäßige), die vorübergehend außerhalb ihres dienstlichen Wohnsitzes oder ihres tatsächlichen Wohnorts von einer Behörde beschäftigt werden oder die sich sonst zu auswärtigen Dienstgeschäften an demselben Ort voraussichtlich länger als vier Wochen aufhalten müssen. AusfBest. Nr. 60 und 61 RFM. 29. 11. 24 (RbesBl. 361) und 10. 6. 25 (RFBl. 96).

§ 19.

Auf die Rechtsverhältnisse der aktiven und der aus dem Dienste geschiedenen Reichsbeamten, über welche nicht durch Reichsgesetz Bestimmung getroffen ist, finden diejenigen gesetzlichen Vorschriften Anwendung, welche an ihren Wohnorten für die aktiven beziehungsweise für die aus dem Dienste geschiedenen Staatsbeamten gelten. Für diejenigen Reichsbeamten, deren Wohnort außerhalb der Bundesstaaten sich befindet, kommen hinsichtlich dieser Rechtsverhältnisse vor deutschen Behörden die gesetzlichen Bestimmungen ihres Heimatsstaats (§ 21) und in Ermangelung eines solchen die Vorschriften des preußischen Rechtes zur Anwendung.

Diejenigen Begünstigungen, welche nach der Gesetzgebung der einzelnen Bundesstaaten den Hinterbliebenen der Staatsbeamten hinsichtlich der Be=

steuerung der aus Staatsfonds oder aus öffentlichen Versorgungskassen denselben gewährten Pensionen, Unterstützungen oder sonstigen Zuwendungen zustehen, finden auch zugunsten der Hinterbliebenen von Reichsbeamten hinsichtlich der denselben aus Reichs- oder Staatsfonds oder aus öffentlichen Versorgungskassen zufließenden gleichartigen Bezüge Anwendung.

1. Maßgebend sind in erster Linie die Reichsgesetze, also die RV. Art. 16, 39, 46, 102, 104, 109, 128—131, 176; das BGB. §§ 9, 15, 89, 197, 394, 400, 411, 570, 839f., 1315, 1784, 1792, 1888, 1915 usw.; ZPO. §§ 752, 811 Z. 7, 832, 833, 850, 904 Z. 2, 905 Z. 2, 910, 912, 913; GVG. §§ 34, 85; StGB. §§ 4, 31, 33—36, 83f., 113f., 132, 155, 174, 196, 331, 113, 114, 128, 129, 155 Z. 3, 174, 331—35; dann das Reichsbesoldungsgesetz v. 16. 12. 27 (RGBl. I 349), das Reichs- und Staatsangehörigkeitsgesetz v. 22. 7. 13 (RGBl. 583); V. über die Vereidigung der öffentlichen B. v. 14. 8. 19 (RGBl. 1419); G. über die Pflichten der B. zum Schutz der Republik v. 21. 7. 22 (RGBl. I 590); V. über die Ernennung und Entlassung von Reichsb. v. 14. 6. 22 (RGBl. I 577); V. über die Zuständigkeit der Reichsbehörde zur Ausführung der RBG. v. 10. 8. 28 (RGBl. I 369); G. betr. die Dienstvergehen der richterlichen Militärjustizb. 1. 12. 98 (RGBl. 1297); das B.hinterbliebenengesetz v. 17. 5. 07 (RGBl. 208); das UnfallfürsorgeG. für B. und Personen des Soldatenstandes v. 18. 6. 01 (RGBl. 211); das Gesetz über die Haftung des Reichs für seine B. 22. 5. 10 (RGBl. 798); die Reichsversicherungsordnung; das Angestelltenversicherungsgesetz; ReichswehrG. v. 23. 3. 21 (RGBl. 329). In zweiter Linie kommen zur Anwendung die staatsrechtlichen Vorschriften der Gesetze, welche an dem Wohnort oder in dem Heimatstaat des B. für die dortigen Landesb. gelten, und in dritter Linie die in Preußen geltenden einschlägigen Bestimmungen. RG. 15. 2. 27 JR. 27 Rspr. 480; RG. 24. 2. 27 JW. 27, 1249.

2. Aus dem Dienst geschiedene Reichsb. sind nur solche B., die in den vorläufigen oder einstweiligen Ruhestand getreten,

nicht die überhaupt gänzlich ausgeschiedenen B. (z. B. infolge Straf- oder Disziplinarurteils).

3. Unter dem Wohnsitz kommt bei aktiven B. der Sitz ihrer Behörde (bei Militärb. der Garnisonort § 9 BGB.), also der dienstliche, nicht der private Wohnsitz in Frage.

4. Für die Reichsb., deren Wohnsitz außerhalb eines deutschen Landes ist, kommen die gesetzlichen Bestimmungen ihres Heimatstaates zur Anwendung. Unter Heimatstaat ist das deutsche Land zu verstehen, dessen Staatsangehörigkeit der B. besitzt; hat er keinen Heimatstaat, so tritt an dessen Stelle Preußen. Laband I 485; Schulze 113; RG. 92, 237; 99, 79.

5. Die Steuerpflicht der B. richtet sich nach Reichsrecht. Alle Steuervorrechte der B. sind aufgehoben. Vgl. Brand, Komm. S. 177—181.

§ 20.

Ingleichen stehen bezüglich

1. der Mitwirkung bei der Siegelung des Nachlasses eines Reichsbeamten,
2. des Vorzugsrechts im Konkurse oder außerhalb desselben wegen der einem Reichsbeamten zur Last fallenden Defekte aus einer von demselben geführten Kassen- oder sonstigen Vermögensverwaltung

dem Reiche beziehungsweise dessen Behörden im Verhältnisse zu den Reichsbeamten dieselben Rechte zu, welche die am dienstlichen Wohnsitze des Reichsbeamten geltende Gesetzgebung des einzelnen Bundesstaats dem Staate beziehungsweise dessen Behörden den Staatsbeamten gegenüber gewährt.

1. Zu Ziff. 1. Art. 140 EGBGB. und § 200 FGG. lassen Raum für landesgesetzliche Bestimmungen dieser Art. Vgl. PrG. über die freiwillige Gerichtsbarkeit v. 21. 9. 99 Art. 20.

2. Zu Ziff. 2. Nach § 4 EGKO. sind alle landesgesetzlichen Bestimmungen dieser Art beseitigt.

3. Wegen des dienstlichen Wohnsitzes vgl. § 19 Anm. 3.

§ 21.

Reichsbeamte, deren dienstlicher Wohnsitz sich im Auslande befindet, behalten den ordentlichen persönlichen Gerichtsstand, welchen sie in ihrem Heimatstaate hatten. In Ermangelung eines solchen Gerichtsstandes ist ihr ordentlicher persönlicher Gerichtsstand in der Hauptstadt des Heimatstaats und in Ermangelung eines Heimatstaats vor dem Amtsgerichte Berlin-Mitte beziehungsweise dem Landgericht I zu Berlin begründet. Ist die Hauptstadt in mehrere Gerichtsbezirke geteilt, so wird das zuständige Gericht im Wege der Justizverwaltung durch allgemeine Anordnung bestimmt.

Auf Wahlkonsuln finden diese Bestimmungen keine Anwendung.

1. Diese Bestimmung ist durch die ZPO., StPO. und das FGG. nicht berührt worden (EGZPO. § 13 Abs. 1; EGStPO. § 5 Abs. 1; FGG. § 185 Abs. 2). And. Ans. bezüglich StPO. Löwe-Rosenberg, Komm. Anm. 5 zu § 11 GVG.

2. Der Heimatstaat, nicht der Staat, in dem der B. vor seiner Versetzung ins Ausland seinen Wohnsitz hatte, entscheidet. Der Reichsb. ermangelt eines allgemeinen Gerichtsstandes im Heimatstaate, entweder, wenn er im Heimatstaate nicht seinen Wohnsitz hat oder wenn er keinem Bundesstaate angehört. Im ersteren Falle ist sein Gerichtsstand in der Hauptstadt seiner Heimat, im zweiten in Berlin begründet. Vgl. Schulze, Komm. S. 117.

§ 22.

Befindet sich der dienstliche Wohnsitz des Beamten (§ 21) in einem Lande, in welchem Reichskonsulargerichtsbarkeit besteht, so wird durch die vorstehende Bestimmung nicht ausgeschlossen, daß der Beamte zugleich der Reichs-Konsulargerichtsbarkeit nach Maßgabe des Gesetzes vom 7. April 1900 (Reichsgesetzbl. S. 213) unterliegt.

Die Konsulargerichtsbarkeit (G. v. 7. 4. 1900 RGBl. 213, geändert durch G. 23. 11. 21 RGBl. 1135; Dienstanweisung 27. 10. 1900 ZBl. 577), die infolge des Versailler Vertrags größtenteils aufgehoben werden mußte, besteht nur noch in Albanien, Persien, Spanien, Marokko und Ägypten. Wegen letzterem vgl. G. 24. 7. 25 und V. 31. 7. 25 (RGBl. II 735). G. betr. die Überleitung von Rechtsangelegenheiten der Konsulargerichtsbarkeit v. 1. 7. 21 (RGBl. 805).

Versetzung in ein anderes Amt.

§ 23.

Jeder Reichsbeamte muß sich die Versetzung in ein anderes Amt von nicht geringerem Range und planmäßigem Diensteinkommen unter Vergütung der vorschriftsmäßigen Umzugskosten gefallen lassen, wenn es das dienstliche Bedürfnis erfordert. Als eine Verkürzung im Einkommen ist es nicht anzusehen, wenn die Gelegenheit zur Verwaltung von Nebenämtern entzogen wird oder die Ortszulage oder endlich die Beziehung der für Dienstunkosten besonders ausgesetzten Einnahmen mit diesen Unkosten fortfällt.

1. Die Versetzung in ein anderes Amt darf nur im Interesse des Dienstes erfolgen; es muß sich wirklich um eine „Versetzung" handeln; etwaige Unklarheiten hat das Reich zu tragen. RG. 122, 120. Nicht selten hat die Versetzung aber Strafcharakter. Der B. ist auf Grund seiner allgemeinen Dienstpflichten gehalten, der Versetzungsverfügung stattzugeben, sonst macht er sich disziplinarrechtlich verantwortlich und läuft Gefahr gemäß § 14 Abs. 3 RBG. sein Diensteinkommen zu verlieren. Ist der Versetzungsbefehl zu Unrecht ergangen, so muß der B. zwar seine bisherige Amtstätigkeit aufgeben, er braucht aber das neue Amt nicht zu übernehmen. OVG. 51, 414; 52, 437; 61, 438. RDiszH. 1. 7. 24 Schu-Si 212.

2. Der B. ist zum Antritt das neuen Amtes nur unter folgenden Voraussetzungen verpflichtet: a) Die Versetzung muß durch das dienstliche Bedürfnis begründet sein. b) Das andere Amt muß ein Reichsamt sein. c) Es muß der Vorbildung des B. entsprechen (in analoger Anwendung des § 28 RBG.). Der Umfang der Amtsgeschäfte braucht nicht notwendig dem bisherigen zu entsprechen. d) Es darf nicht von geringerem Range sein als das alte. Art. 129 Abs. 2 RV. RG. 105, 28 und 122, 10. Einen eigentlichen Rang gibt es allerdings nicht mehr, man wird dafür als Anhalt sonstige Momente benutzen müssen, z. B. die Eingruppierung der Stelle. Sembritzki, PrVerwBl. 42, 277. Auf die größere oder geringere Selbständigkeit des Amtes kommt es nicht an. RDiszH. 22. 1. 76 Schu-Si 94. Im Rechtswege kann über diese Frage nicht gestritten werden (RG. 68, 220). e) Das planmäßige Diensteinkommen aus dem anderen Amt darf nicht geringer sein als das bisherige. Unter Diensteinkommen ist zu verstehen das Gehalt einschl. des Wohnungsgeldzuschusses. Die Versetzung an einen Ort mit niedrigerem Wohnungsgeldzuschuß ist aber nicht als Verminderung des Diensteinkommens anzusehen. RDiszH. 22. 1. 76 Schu-Si 95. Außerplanmäßige Stellenzulagen z. B. Ministerialzulagen bleiben außer Betracht. RG. 16. 11. 26 JW. 27, 784. Auch die Entziehung der Gelegenheit zur Verwaltung von Nebenämtern ist keine Verkürzung des Diensteinkommens.

Unter dem Diensteinkommen ist nicht nur das zur Zeit der Versetzung bezogene zu verstehen. Besteht in der neuen Stelle geringere Aussicht auf Erlangung gewisser Gehaltszulagen, so liegt im Sinne des § 23 eine Stelle mit geringerem Diensteinkommen vor. OVG. 52, 438. And. Ans. RG. 59, 420. Schulze, Komm. 121, Appelius, PrVerwBl. 42, 324. Vgl. auch § 35 RbesG. und Sölch-Ziegelasch 309, 310.

3. Darüber, ob die Versetzung durch ein dienstliches Bedürfnis begründet ist, entscheidet die zuständige Behörde nach freiem Ermessen unter Ausschluß des Rechtsweges. (Dagegen ist wegen der Frage der unzulässigen Verkürzung des Diensteinkommens der Rechtsweg zulässig). Ebensowenig hat der B. einen Rechts-

anspruch auf Versetzung in ein anderes Amt, z. B. weil der neue Amtssitz seiner Gesundheit zuträglicher ist. RG. 92, 431.

Auch der Dienststrafrichter ist an die Entscheidung der zuständigen Behörde gebunden. RDiszH. 24. 11. 77 bei Perels und Spilling 79; Schu-Si 96. And.Ans. Schulze, Komm. S. 122. OVG. 79, 430 gestattet dem Dienststrafrichter nur eine Nachprüfung darüber, ob die Versetzung, rein äußerlich betrachtet, als im Interesse des Dienstes erfolgt sich darstellt.

4. § 23 trifft in gleicher Weise die lebenslänglich und die unter dem Vorbehalt des Widerrufs und der Kündigung angestellten B., die bisherige Sonderregelung für die nichtplanmäßigen B. — nur Ersatz der tatsächlichen Auslagen — ist durch die neue Umzugskostenvergütung v. 2. 5. 28 nicht aufrechterhalten. Über Umzugskosten siehe § 18 Anm. 1.

5. § 23 gilt nicht für richterliche B. § 8 GVG., § 158 RBG. Es gehören als Reichsb. hierher die Mitglieder des Reichsgerichts, des Bundesamts für das Heimatwesen, des Rechnungshofes und des Reichsfinanzhofes. Auch auf die Mitglieder der Reichsschuldenverwaltung findet § 23 keine Anwendung. RSchuldO. v. 13. 2. 24 (RGBl. I 95).

6. Reichsbahnb. können auch jetzt noch (d. h. nach Aufhebung der PAV.) auf Posten von geringerer Bewertung gesetzt werden, wenn es das dienstliche Bedürfnis erfordert. § 24 RBahnG., § 21 Ziff. 1 PersO.

Einstweilige Versetzung in den Ruhestand.

§ 24.

Jeder Reichsbeamte kann unter Bewilligung des gesetzlichen Wartegeldes einstweilig in den Ruhestand versetzt werden, wenn das von ihm verwaltete Amt infolge einer Umbildung der Reichsbehörden aufhört.

I. Die Voraussetzungen für die Versetzung in den einstweiligen Ruhestand. Außer dem Sonderfall des § 25 RBG. müssen zwei Tatbestandsmerkmale verwirklicht sein: die Umbildung einer Reichsbehörde und der Wegfall des von dem B. bisher verwalteten Amtes.

1. Die Umbildung einer Reichsbehörde. Es genügt nicht, wenn bloß Veränderungen im Geschäftsgang einer Behörde vorgenommen werden, oder wenn die Geschäfte sich vermindern, so daß B. entbehrlich werden. Durch solche Erscheinungen wird der organische Fortbestand der Behörde an sich nicht berührt. Man wird (so auch die Denkschrift über die Umbildung des Reichsfinanzministeriums v. 10. 11. 26 IV 1/24334 Reichstagsdrucks. III. Wahlper. Nr. 2659) zwischen einer Umbildung und einer bloßen Umordnung (Änderung der Geschäftsverteilung) unterscheiden müssen. Die bloße Umordnung ist eine organisatorische Maßnahme des in Betracht kommenden Ministers. Bei einer Umbildung bedarf es dagegen einer wesentlichen Änderung der bisherigen Struktur einer Behörde, die nur dem Träger der Organisationsgewalt, d. h. bei Reichsbehörden dem Reichspräsidenten zusteht. Die genannte Denkschrift kommt zu dem Ergebnis, daß zwischen beiden Formen der Organisationsänderung keine Unterscheidung dem Wesen, sondern nur dem Maße nach zu finden sei, also kein qualitativer, sondern nur ein quantitativer Unterschied. Aus den in der Denkschrift angeführten Entscheidungen (PrObertrib. 14. 6. 69 E. Bd. 62 S. 225 und RG. 30. 3. 26 RG. 113, 207) ergibt sich das jedoch nicht, ganz abgesehen davon, daß das quantitative Moment kein unterscheidendes Kriterium bilden kann (vgl. Fischbach, ZBR. Jg. 1 S. 277). Das Obertribunal spricht nur davon, daß sich der Begriff „Umbildung" nicht nach prinzipiellen Grundsätzen ermitteln lasse, daß vielmehr in jedem einzelnen Falle dessen besondere Umstände zu berücksichtigen seien. Auch die weiter angeführte Entscheidung des RG., die übrigens gar nicht den Fall des § 24 behandelt, sondern von einer Änderung in der Einrichtung der Gerichte spricht, verlangt eine dem bisherigen Rechtszustand gegenüber wesentliche Abweichung der Verfassung (z. B. der Gerichte). Liegt keine Umbildung im Sinne des § 24 vor, so können die betreffenden B. nur mit vollem Gehalt in den einstweiligen Ruhestand versetzt werden. RG. 19, 283.

In einer neuerlichen Entscheidung hat das Reichsgericht (RG. 9. 4. 29 JW. 29 S. 1996) im Gegensatz zu einer früheren

Entscheidung (RG. 12, 170) den Standpunkt vertreten, daß die Frage, ob die Voraussetzungen einer Umbildung vorliegen, der Nachprüfung im ordentlichen Rechtswege unterliege. (So früher schon der BayrG. f. Komp. 24. 10. 25 DJZ. 26, 178). Der Richter, sagt das RG. (a. a. O.), sei zwar an die von der Verwaltungsbehörde geschaffene Rechtslage (§ 155 RBG.) gebunden, dies setze aber doch voraus, daß eben eine Rechtslage geschaffen worden sei, nicht nur ein tatsächlicher Zustand. Das Vorgehen der Behörde müsse an sich rechtlich zulässig gewesen sein, die bloße Erklärung der Behörde genüge nicht. (Ähnlich auch RG. 113, 207.) Daß auch eine „Geschäftsplanänderung aus Zweckmäßigkeitsgründen" sachlich und rechtlich „eine organische Umbildung" der Behörde enthalten kann, hebt das RG. (9. 4. 29) ausdrücklich hervor; es dürfte dies aber nur insofern richtig sein, als die Geschäftsplanänderung als die äußere Form einer tatsächlich vorgenommenen Umorganisation zu deuten ist. Daß dagegen auch eine nicht völlig gelungene Umbildung immer noch eine solche im Rechtssinne sein kann, dürfte nicht zu bezweifeln sein.

2. Wegfall des von dem B. verwalteten Amts. Was hier unter „Amt" zu verstehen ist, ist nicht ganz zweifelsfrei. Der Ausdruck „Amtsstelle", nicht Amtsauftrag, den die Denkschrift des RFM. verwendet, kann schließlich als passende Umschreibung des Begriffs gelten. Wie RG. v. 9. 4. 29 ausführt, hat die Zuteilung von Dezernaten oder Referaten an die in einem Ministerium beschäftigten B. und die Zuweisung der letzteren an die einzelnen Ministerialabteilungen nicht die Bedeutung einer Stellenübertragung im Sinne einer rechtlichen Verbindung des B. mit dem betreffenden Arbeitsgebiet. „Ein Wechsel oder gar der Wegfall des letzteren kann deshalb den Fortbestand der Stelle unberührt lassen, und ebenso kann die Stelle wegfallen, das Arbeitsgebiet aber dem Ministerium erhalten bleiben. Wesentlich ist, daß die Ersparung der in Frage stehenden Stelle, ihr „Aufhören" infolge der vorliegenden Umbildung eingetreten ist. Ob es angemessen war und ob es sich demnächst als sachlich gerechtfertigt erwiesen hat, damals eine solche Amtsstelle eingehen zu lassen, die vielleicht später wieder

zu besetzen angezeigt erscheinen mochte, kommt für die Beurteilung des Gerichts nicht in Frage." Ähnlich heißt es in der Entscheidung v. 9. 4. 29: „Mit dem Wegfall des vom Kläger verwalteten Amts würde es nicht unvereinbar sein, daß die vom Kläger verwalteten Dienstgeschäfte nicht weggefallen sind, und daß es nach wie vor im Reichsfinanzministerium Abteilungsdirigenten gibt. Wesentlich ist, ob die vom Kläger bisher innegehabte Amtsstelle im Rahmen und zum Zweck der im Rahmen der VO. des Rpr. vorgeschriebenen Vereinheitlichung der Geschäftsleitung sowie besseren Verteilung und sparsamen Nutzung der Arbeitskräfte eingezogen worden ist."

Wird eine Behörde als solche überhaupt aufgehoben, so sind die Voraussetzungen des § 24 RBG. zweifellos erfüllt (Bsp. Übergang der Geschäfte des Reichspensionsamts auf die Hauptversorgungsämter und Versorgungsämter V. 9. 2. 24 RGBl. I 65).

Auch lebenslänglich angestellte B., die zu einer Behörde versetzt sind, deren Wirkungsdauer zeitlich oder durch die Erreichung eines bestimmten Zweckes begrenzt ist, müssen sich im Falle der Auflösung dieser Behörde die auf Wartegeldsetzung gefallen lassen, denn § 24 bedeutet eine gesetzlich sanktionierte Eingriffsmöglichkeit in wohl erworbene B.rechte. Um so mehr ist daher die klare und einwandfreie Umschreibung des Begriffs der Umbildung und des Wegfall des Amtes vom beamtenpolitischen Standpunkte aus unbedingt zu fordern. Auch wer zur Vornahme der organisatorischen Umbildung befugt ist, müßte in formaler Beziehung unbedingt klargestellt sein. Schiffer (DJZ. 27 S. 113f.) hält in der Frage der Umorganisation des RFM. nur den Reichspräsidenten, nicht den Reichsfinanzminister für befugt, während das RG. (E. 9. 4. 29) eine Übertragung (Delegation) der dem Reichspräsidenten zustehenden Organisationsgewalt an den Reichsfinanzminister für zulässig erachtet. Alle diese Zweifelsfragen würden am zweckmäßigsten gelöst, wenn, wie der Entwurf (Reichstagsdrucks. Nr. 24 IV. Wahlper. 1928) § 337 es vorschlägt, eine Umbildung im Sinne des § 24 RBG. nur durch Gesetz angeordnet werden könnte.

II. Beim Vorliegen der Voraussetzungen des § 24 können die in Betracht kommenden Reichsb. und zwar einerlei, ob es sich um unmittelbare oder mittelbare, um fest oder auf Widerruf bzw. Kündigung, um im Haupt- oder Nebenamt angestellte, um etatsmäßige oder nicht etatsmäßige handelt, in den einstweiligen Ruhestand versetzt werden. Ein Zwang hierzu besteht nicht; andrerseits haben die betreffenden B. auch kein Recht darauf (Bongard, „B.bund" 28 Nr. 69). Nur auf Widerruf oder Kündigung angestellte B. können allerdings auch schon durch einfachen Widerruf oder nach Kündigung entlassen werden, wobei sie Anspruch auf Wartegeld nur bis zu dem Zeitpunkte haben, für den der Widerruf oder die Kündigung frühestens zulässig war. Abweichendes gilt für die auf Grund der PAB. in den einstweiligen Ruhestand versetzten nichtplanmäßigen B. (RG. 16. 11. 28 JW. 29, 1121 Brand, Komm. S. 192.)

Die Versetzung in den einstweiligen Ruhestand erfolgt durch die oberste Reichsbehörde oder die delegierte Behörde. Nur im Falle des § 25 RBG. ist die Genehmigung des Reichspräsidenten erforderlich. Der Grund dafür liegt darin, daß bei der Versetzung in den einstweiligen Ruhestand das B.verhältnis bestehen bleibt, § 25 aber ausdrücklich die Genehmigung des Reichspräsidenten erfordert. Diese kann auch durch eine andere Dienststelle erfolgen; bis zur Bekanntgabe kann die Versetzung in den einstweiligen Ruhestand auch jederzeit von der Behörde zurückgenommen werden.

III. Die rechtliche Stellung der Wartestandsbeamten. Der Wartestandsb. bleibt Beamter; dies ist möglich, weil zur B.eigenschaft nicht die Bekleidung eines Amtes gehört. Der B. behält also seinen Titel (mit entsprechendem Zusatz), seinen Anspruch auf ein, wenn auch verkürztes Diensteinkommen (Wartegeld) sowie seine Ansprüche auf Pension und Hinterbliebenenversorgung. Er ist mit anderen Worten Reichsb. ohne Amt. RG. 79, 7; RDiszH. 24. 11. 24, 17. 7. 24 und 10. 6. 25 Schu-Si 157, 317, 318. Für die Berechnung der Pension gilt die Wartezeit als Dienstzeit. §§ 42, 46 I. Vgl. auch Wehrich, PrVerwBl. 47 S. 355. Insofern ist die Rechtsstellung des Wartestandsb. als wohl erworbenes Recht gemäß Art. 129 I anzusehen. Der Wartestandsb. hat auch alle B.pflichten mit Ausnahme derjenigen, die durch die Führung eines Amts bedingt sind (§§ 13, 14, 15 Abs. 2 RBG.). Er muß jedoch jederzeit zur Verfügung (zur Disposition) stehen und muß gemäß § 28 ein ihm angetragenes Amt annehmen; er darf nicht die Reichsangehörigkeit verlieren und ohne Genehmigung der Reichsregierung sich nicht außerhalb des Reichsgebiets niederlassen. Bei Dienstpflichtverletzungen setzt er sich dem Disziplinarverfahren aus, allerdings nur dem förmlichen, da er kein Amt und keine vorgesetzte Dienstbehörde hat und mithin einer persönlichen Dienststrafgewalt nicht untersteht. Ob auch eine Strafversetzung gegen Wartestandsbeamte ergehen kann, ist streitig (dafür RDiszH. 17. 6. 24 und 16. 6. 25 Schu-Si 317, 318; and. Ans. RDiszH. 7. 11. 81 SchuRspr. 156). Die Amtssuspension kann nicht verhängt werden.

Für vermögensrechtliche Ansprüche ist der Rechtsweg gegeben. Die Entscheidung der Verwaltungsbehörde darüber, ob und von welchem Zeitpunkt ab ein Reichsb. in den einstweiligen Ruhestand zu versetzen ist, ist aber für die Gerichte bindend. §§ 149, 150. Eine andere Frage ist, ob der B. u. U. einen Schadensersatzanspruch nach § 839 BGB. i. V. mit dem Reichshaftungs G. v. 22. 5. 10 (RGBl. 798) geltend machen kann. RG. 103, 429; RG. 25. 3. und 25. 4. 27 JurRdsch. Rspr. 813, 815. — Die Unterlassung der Anhörung des abzubauenden B. ist u. U. eine zum Schadensersatz verpflichtende Handlung (§ 22 PrPAV. Art. 131 RV.), macht aber die Versetzung in den einstweiligen Ruhestand nicht hinfällig. RG. 6. 11. 28 JW. 29, 1121.

IV. Die PAV. v. 27. 10. 23 (RGBl. I 999) mit Änderungen v. 28. 1. 24 (RGBl. I 39) ist durch G. v. 4. 8. 25 (RGBl. I 181) größtenteils beseitigt. Art. 5 des G. v. 4. 8. 25 bestimmt im Gegensatz zum früheren Rechtszustand, daß, wenn ein Wartestandsb. wieder aus einer vorübergehenden Beschäftigung ausscheidet, das Wartegeld (bzw. die Pension) auf Grund des während der vorübergehenden Beschäftigung neu erdienten Diensteinkommens neu zu berechnen ist (vgl. Mot. Reichstagsdrucks. Nr. 592 RFM. 16. 12. 25 RGBl. 237).

V. Eine Versetzung auf Wartegeld als Strafe im Dienststrafverfahren ist im Reichsrecht, anders als im preußischen Recht (§ 46 PrDiszG.), ausgeschlossen. § 8 Abs. 3 GBG., § 158 RBG.

VI. Besondere Beamtenkategorien:

Reichsbahnb. können jederzeit unter Bewilligung des Wartegeldes in den einstweiligen Ruhestand versetzt werden. § 24 S. 2 R.bahnG. § 20 Ziff. 1 PersO. Einspruchsausschuß § 20 Ziff. 5—15 PersO.

Reichsbankb. können ebenfalls nach dem RBankG. v. 30. 8. 24 und § 11 des Bankstatuts jederzeit durch Beschluß des Reichsbankdirektoriums in den einstweiligen Ruhestand versetzt werden und zwar auch dann, wenn die Voraussetzungen der §§ 24, 25 RBG. nicht vorliegen. RG. 119, 428. Surholt, JW. 27, 2835 hält dies für zweifelhaft.

§ 25.

Außer dem im § 24 bezeichneten Falle können durch Kaiserliche Verfügung die nachbenannten Beamten jederzeit mit Gewährung des gesetzlichen Wartegeldes einstweilig in den Ruhestand versetzt werden: der Reichskanzler, die Staatssekretäre, die Unterstaatssekretäre, Direktoren und Abteilungschefs in den dem Reichskanzler unmittelbar unterstellten obersten Reichsbehörden, in der Reichskanzlei und in den Ministerien, die vortragenden Räte und etatsmäßigen Hilfsarbeiter in der Reichskanzlei und im Auswärtigen Amte, die Militär- und Marineintendanten, die Ressortdirektoren für Schiffbau und die Ressortdirektoren für Maschinenbau in der Kaiserlichen Marine, die Vorsteher der diplomatischen Missionen und der Konsulate sowie die Legationssekretäre.

1. Nach den Mot. z. RBG. S. 71 und zum G. v. 17. 5. 07 (RGBl. 07 S. 9), auf dem die jetzige Fassung des § 25 beruht,

ist die Vorschrift dieses Paragraphen durch die Notwendigkeit einer fortdauernden Übereinstimmung in prinzipiellen Ansichten zwischen der leitenden Autorität und den ihr zunächst stehenden Beamten begründet.

An Stelle des Kaisers ist jetzt der Reichspräsident getreten. Die Staatssekretäre heißen jetzt Reichsminister, die Unterstaatssekretäre Staatssekretäre. Unter Konsuln sind hier nur Berufskonsuln zu verstehen: Wahlkonsuln können jederzeit ohne Entschädigung entlassen werden.

Außer den in § 25 genannten B. können auch der Oberreichsanwalt und die Reichsanwälte nach § 150 GVG. jederzeit mit der Gewährung des gesetzlichen Wartegelds in den einstweiligen Ruhestand versetzt werden.

2. Art. IV des G. über die Pflichten der B. zum Schutze der Republik v. 21. 7. 22 (RGBl. I 590) bestimmt folgendes:

„Auf Grund des Art. III wird für nichtrichterliche Reichsbeamte folgendes bestimmt:

Durch die vorgesetzte oberste Reichsbehörde können mit Gewährung des gesetzlichen Wartegeldes im Interesse der Festigung der verfassungsmäßigen republikanischen Staatsform jederzeit einstweilen in den Ruhestand versetzt werden:

1. Leiter von Reichsbehörden und ihre Stellvertreter, die der jetzigen Besoldungsgruppe A XIII oder einer höheren Gruppe angehören,
2. Ministerialräte in Dirigentenstellungen,
3. Beamte, die den jetzigen Besoldungsgruppen von A XII an aufwärts angehören, wenn sie mit Aufgaben zum Schutze der Republik besonders betraut sind.

Diese Beamtenstellungen sind in dem anliegenden Verzeichnis aufgeführt. Die Reichsregierung kann das Verzeichnis unter Mitwirkung eines Ausschusses des Reichstages ändern.

Art. V. Beamten, die auf Grund des Gesetzes oder des § 25 des Reichsbeamtengesetzes in der Fassung vom 18. 5. 1907 (RGBl. 245) in den einstweiligen Ruhestand versetzt werden, sind die Kosten des Umzugs nach den für Reichsbeamte geltenden allgemeinen Vorschriften zu gewähren, sofern der Umzug bis zum Ablauf eines Jahres seit der Versetzung in den einstweiligen Ruhestand ausgeführt wird. Kann der Umzug aus wichtigen Gründen innerhalb dieser Frist nicht erfolgen, so bleibt der Anspruch auf Gewährung der Umzugskosten bei Ausführung des Umzugs innerhalb einer angemessenen Frist seit Wegfall der wichtigen Gründe unberührt."

Das in Art. IV erwähnte Verzeichnis umfaßt folgende Beamten: den Reichskommissar für die Überwachung der öffentlichen Ordnung, die planmäßigen und außerplanmäßigen Referenten des Büros des Reichspräsidenten, der Reichskanzlei, der Abteilungen für Politik und Verfassung und für öffentliche Ordnung im Reichsministerium des Innern, der Presseabteilung der Reichsregierung, des Reichskommissars für die Überwachung der öffentlichen Ordnung, die Zivilamtschefs und die planmäßigen und außerplanmäßigen Referenten des Reichswehrministeriums, die Ministerialbürodirektoren des Büros des Reichspräsidenten, der Reichskanzlei, des Reichsministeriums des Innern und des Reichswehrministeriums.

Die auf Grund dieser Bestimmungen erfolgende Versetzung in den einstweiligen Ruhestand erfordert nicht ein nachweisbares republikfeindliches Verhalten oder gar eine im Disziplinarverfahren zu ahndende Verfehlung des B., sondern nur die pflichtgemäße Überzeugung der Reichszentralbehörde, daß die Maßnahme im Interesse der Festigung der republikanischen Staatsform liegt. RG. 25. 3. 27 JurRdsch. 27 Rspr. Jg. 813 und Anschütz, JW. 27, 2692.

§ 26.

Das Wartegeld beträgt 80 vom Hundert des bei der Berechnung des Ruhegehalts zugrunde zu legenden Diensteinkommens. Hat der Beamte zur Zeit seiner einstweiligen Versetzung in den Ruhestand eine ruhegehaltsfähige Dienstzeit von 25 Jahren noch nicht zurückgelegt, so wird das Wartegeld für jedes volle

oder angefangene Jahr, das dem Beamten an der Dienstzeit von 25 Jahren fehlt, um je 2 vom Hundert des ruhegehaltsfähigen Diensteinkommens geringer bemessen. Das Wartegeld beträgt jedoch wenigstens 50 vom Hundert dieses Diensteinkommens.

Das Wartegeld beträgt in keinem Falle mehr als 80 vom Hundert des bei der Berechnung des Ruhegehalts zugrunde zu legenden Diensteinkommens eines Beamten aus der letzten Dienstaltersstufe der Besoldungsgruppe A 1. Hat der Beamte indessen zur Zeit seiner einstweiligen Versetzung in den Ruhestand bereits ein höheres Ruhegehalt erdient, so erhält er ein Wartegeld in Höhe des zu diesem Zeitpunkt erdienten Ruhegehalts.

1. Die jetzige Fassung des § 26 beruht auf dem G. v. 4. 8. 25 (RGBl. I 181). An die Stelle der Besoldungsgruppe A XIII ist auf Grund des neuen Reichsbesoldungsgesetzes die Besoldungsgruppe A I getreten. RFM. 23. 12. 27 (RbesBl. 201). Zu dem Wartegeld werden örtliche Sonderzuschläge (Besatzungszulagen) sowie Kinderzuschläge ebenso wie zu den Ruhegehältern gewährt. Der Wohnungsgeldzuschuß wird nach Ortsklasse B der Berechnung des Wartegeldes zugrunde gelegt. § 31 RbesG.

2. Die Bezüge der am 1. 10. 27 im einstweiligen Ruhestand befindlichen B. sind mit Wirkung vom 1. 10. 27 nach dem Reichsbesoldungsgesetz neu festgesetzt worden, so daß im Gegensatz zu den Pensionären die Wartegeldempfänger die Besoldungsverbesserungen des neuen Besoldungsgesetzes in vollem Umfange genießen. (Anders in Preußen: §§ 18f. PrBesG.) An Gehaltsverbesserungen der aktiven B. nehmen die Wartegeldempfänger nur teil, wenn dies besonders vorgesehen ist. RG. 15. 5. 28 Recht 28, 500 (= RG. 121, 147).

3. Für die nach G. v. 17. 8. 20 (RGBl. 1579) in den einstweiligen Ruhestand versetzten richterlichen Militärjustizb. der ehemaligen Wehrmacht hat das Wartegeld die Höhe des letzten

Diensteinkommens. Auch der Wohnungsgeldzuschuß ist nach den Sätzen des letzten Diensteinkommens bemessen.

§ 27.

Die Zahlung des Wartegeldes erfolgt im voraus in derselben Weise, in welcher bis dahin die Zahlung des Gehalts stattgefunden hat. Die Gehaltszahlung hört auf und die Zahlung des Wartegeldes beginnt mit dem Ablauf des Vierteljahrs, welches auf den Monat folgt, in welchem dem Beamten die Entscheidung über seine einstweilige Versetzung in den Ruhestand bekanntgemacht worden ist. Vom Zeitpunkte der einstweiligen Versetzung in den Ruhestand bis zum Beginne der Zahlung des Wartegeldes stehen dem Beamten die zur Bestreitung von Dienstaufwandskosten gewährten Einkünfte nicht zu und von den zur Bestreitung von Repräsentationskosten gewährten kommen zwanzig vom Hundert in Abzug.

1. Die jetzige Fassung des Paragraphen beruht auf dem G. v. 4. 8. 25 (RGBl. I 181). Danach braucht der Zeitpunkt der Versetzung in den einstweiligen Ruhestand sowie die Höhe des Wartegelds nicht mehr wie früher alsbald mit der Entscheidung über die Versetzung bekanntgemacht zu werden. Die Mitteilung bezüglich dieser beiden Punkte kann auch später erfolgen. Die einem B. gemachte Mitteilung, daß seine Versetzung in den einstweiligen Ruhezustand in Zukunft erfolgen werde, ist nicht die Bekanntmachung im Sinne des § 27 S. 2. RG. 27. 5. 27 DB.arch. 27, 677.

2. Ist der Tag der Versetzung in den einstweiligen Ruhestand in der Verfügung genannt, so hat der B. an jenem Tage, sonst sofort nach der Bekanntgabe der Verfügung, seine amtliche Tätigkeit einzustellen. Die Einstellung der Zahlung des vollen Diensteinkommens erfolgt aber nicht sofort; sondern, um dem B. den Übergang in die neuen wirtschaftlichen Verhältnisse zu erleichtern, bekommt er in der in § 27 bestimmten Übergangszeit

bis zum Anfangstermin für die Zahlung des Wartegeldes noch sein ganzes persönliches Diensteinkommen (Mot. z. Ges. 18. 5. 07, 1908). Das sachliche Diensteinkommen fällt in dem Zeitpunkt weg, in dem der B. seine dienstliche Tätigkeit einstellen muß, weil in diesem Zeitpunkt auch die Notwendigkeit dienstlichen Aufwands entfällt, und nur von den Repräsentationsgeldern werden in der Übergangszeit noch 20 v. H. gewährt. (Vgl. ROHG. 21, 378.)

3. Bei bisherigem dienstlichen Wohnsitz im Ausland und tatsächlich bewirktem Umzug ins Inland kann der B. Umzugskosten beanspruchen (§ 40 RBG.).

§ 28.

Die einstweilig in den Ruhestand versetzten Beamten sind bei Verlust des Wartegeldes zur Annahme eines ihnen übertragenen Reichsamts, welches ihrer Berufsbildung entspricht, unter denselben Voraussetzungen verpflichtet, unter denen nach § 23 ein Reichsbeamter die Versetzung in ein anderes Amt sich gefallen lassen muß.

1. § 28 ist der Ausfluß des Weiterbestehens des B.dienstverhältnisses, das sich auch sonst in mannigfacher Weise äußert (z. B. § 11, 12 RBG.). Der Wartestandsb. unterscheidet sich vom Pensionär außer durch die Sonderverpflichtung des § 28 auch noch nach anderen Richtungen (Disziplinargewalt, Wohnsitz im Inland usw.). Er kann auch zwangsweise pensioniert werden. Anderseits hat er keine Dienstgeschäfte zu leisten und darf Nebenämter und Nebenbeschäftigungen aller Art übernehmen. Durch die Pflicht zur Annahme eines Amtes kann er allerdings auch genötigt werden, eine gewinnbringende Nebenbeschäftigung aufzugeben (§ 16 RBG.). Aus der Verpflichtung, sich jederzeit zur Verfügung zu halten, ergibt sich die Pflicht, jeden Wohnungswechsel anzuzeigen (Pieper § 28 Anm. 1); bei notwendig werdendem Umzug erhält er Umzugskostenvergütung.

2. Das neue Amt braucht nicht lebenslänglich übertragen zu werden (Pieper 195; Arndt, Komm. S. 70; and. Ans. Brand,

Komm. S. 201). Es muß sich aber um ein Amt und nicht bloß um die Erledigung einzelner Geschäfte handeln. Die vorherige Anhörung des B. ist nicht erforderlich. Auch muß die Einberufung einem dienstlichen Bedürfnis entsprechen. Nimmt der B. das Amt nicht an, so macht er sich eines Dienstvergehens schuldig und hat ein förmliches Disziplinarverfahren zu gewärtigen. Außerdem folgt gemäß § 14 Abs. 3 kraft Gesetzes der Verlust des Wartegeldes. Dem B. bleibt unbenommen, besondere Entschuldigungsgründe für den Nichtantritt des Amtes geltend zu machen (analog § 14 Abs. 3; Pieper § 28 Anm. 4, Schultze, Komm. S. 132). Weigert sich der B., ein Amt anzutreten, weil dasselbe nicht dem § 28 entspricht, so begeht er keine Pflichtverletzung, und das Wartegeld darf ihm deshalb auch nicht entzogen werden. In dem Rechtsstreit auf Zahlung des Wartegeldes kann die Frage, ob die Voraussetzungen des § 28 gegeben sind, gerichtlich geprüft werden. (Schultze, Komm. S. 132, Arndt S. 20; and. Ans. Pieper § 28 Anm. 4, 5 und Brand, Komm. zu § 28.)

§ 29.

Das Recht auf den Bezug des Wartegeldes hört auf:

1. wenn der Beamte im Reichsdienste mit einem dem früher von ihm bezogenen Diensteinkommen mindestens gleichen Diensteinkommen wieder angestellt wird,
2. wenn der Beamte das deutsche Indigenat verliert,
3. wenn der Beamte ohne Genehmigung des Reichskanzlers seinen Wohnsitz außerhalb der Bundesstaaten nimmt,
4. wenn der Beamte des Dienstes entlassen wird.

1. Zu 1. Das neue Amt braucht nicht den gleichen Rang zu haben wie das frühere und auch nicht der Berufsbildung des B. zu entsprechen. Reichsdienst ist auch der Dienst bei der Reichsbank. RG. 36, 141; 45, 23.

2. Zu 2. Der Verlust des Indigenats bestimmt sich nach dem G. v. 22. 7. 13 (RGBl. 583). Das Wartegeld wird in diesem Falle, im Gegensatz zum Ruhegehalt, das bei Wiedererlangung des Indigenats wieder auflebt (§ 57 Z. 1), dauernd verloren. Mit dem Verlust des Indigenats ist der Verlust der B.eigenschaft nicht ohne weiteres verbunden.

3. Zu 3. Unter Wohnsitz ist der dauernde Aufenthalt zu verstehen. Innerhalb Deutschlands kann der Wartestandsbeamte seinen Wohnsitz frei wählen. Der unerlaubte dauernde Aufenthalt im Ausland zieht regelmäßig auch die Entlassung im Dienststrafverfahren nach sich. RG. Annal. 8, 64.

4. Zu 4. Die Dienstentlassung kann erfolgen durch strafgerichtliches oder disziplinargerichtliches Erkenntnis, bei nicht festangestellten B. auch durch Widerruf oder Kündigung.

5. Das Aufhören des Wartegeldbezugs spricht im Falle der Ziff. 1 die wiederanstellende, in den übrigen Fällen die zuletzt vorgesetzt gewesene Behörde aus. Als Zeitpunkt, mit dem die Zahlung des Wartegelds aufhört, gilt der Ablauf des Tages, an dem das den Verlust des Wartegelds bedingende Ereignis eintritt (Perels und Spilling 60, Schultze 135, Brand, Komm.). Für den Eintritt dauernder Dienstunfähigkeit vgl. § 46 Abs. 1 Ziff. 1 RBG. Die Möglichkeit, daß die auf Grund Art. 3 § 6 PAB. in den einstweiligen Ruhestand versetzten B. auf ihren Antrag ohne Nachweis der Dienstunfähigkeit pensioniert werden konnten, ist durch Art. 1 G. 4. 8. 25 mit der Maßgabe aufgehoben, daß erworbene Rechte unberührt bleiben. RG. 16. 11. 28 JW. 29, 1121.

§ 30.

Das Recht auf den Bezug des Wartegeldes ruht, wenn und solange der einstweilig in den Ruhestand versetzte Beamte infolge einer Wiederanstellung oder Beschäftigung im Sinne des § 57 Nr. 2 ein Diensteinkommen bezieht, insoweit als der Betrag dieses neuen Diensteinkommens unter Hinzurechnung des Warte-

geldes den Betrag des von dem Beamten vor der einstweiligen Versetzung in den Ruhestand bezogenen Diensteinkommens übersteigt. Für die Berechnung des Diensteinkommens und des Wartegeldes gilt § 57 Nr. 2, für den Zeitpunkt der Einziehung, Kürzung und Wiedergewährung des Wartegeldes § 60 entsprechend.

1. Die jetzige Fassung des § 30 beruht auf Art. 2 der 9. Ergänzung zum RbesG. 18. 6. 23 (RGBl. I 385). Das Wartegeld *ruht* danach a) bei *Wiederanstellung* im Reichsdienst, aber nur dann, wenn die neue Stelle ein geringeres Gehalt als die frühere einbringt. Ist das Diensteinkommen in dem neuen Amt gleich oder höher wie als des früheren Amts, so erlischt der Wartegeldbezug nach § 29 endgültig. Die Wiederanstellung in einem Amt mit einem geringeren Gehalt ist nur mit Einwilligung des B. zulässig. Bei der Frage, ob bei der Wiederanstellung eines Wartestandsbeamten eine Wiederanstellungs*urkunde* oder eine Wiedereinweisungsverfügung am Platze ist, muß unterschieden werden, ob es sich um einen Fall handelt, wo die Ernennungsurkunde vom Reichspräsidenten oder von der obersten Reichsbehörde bzw. der delegierten Behörde ausgestellt ist. In beiden Fällen ist die Versetzung in den einstweiligen Ruhestand mit Ausnahme des Falles des § 25 durch die oberste Reichsbehörde bzw. die delegierte Behörde erfolgt. Da an der Ernennungsurkunde durch die Versetzung in den einstweiligen Ruhestand nichts geändert ist, so erscheint es folgerichtig, keine Wiederanstellungsurkunde, sondern lediglich eine Wiedereinweisungsverfügung auszustellen. Beim Vorliegen des § 25, der eine gesetzliche Ausnahme von der Regel ist, ist eine Wiederanstellungsurkunde gerechtfertigt; b) bei einer bloßen *Beschäftigung* im Reichsdienst. Es muß sich hier um Dienstverrichtungen von dauerndem Charakter handeln, die üblicherweise einem B. übertragen zu werden pflegen. Jede Beschäftigung im Reichsdienst genügt, sie darf nur nicht rein privater Natur und vorübergehend sein; c) bei einer Wiederanstellung oder Beschäftigung im Staatsdienst oder in einem sonstigen öffentlichen Dienst, z. B. Kommunaldienst, Dienst bei

einer Reichsversicherungsanstalt usw. Einer Genehmigung seitens seiner vorgesetzten Behörde bedarf der B. hierzu nicht, doch muß er dafür sorgen, daß er jederzeit aus dem betr. Dienst ausscheiden und in den Reichsdienst wieder eintreten kann.

2. Der Wartestandsb. ist, abgesehen von dem unter 1c erwähnten Falle, was Nebenerwerb anlangt, völlig frei; er braucht sich also das, was er im Dienst eines privaten Erwerbsunternehmens verdient, ebensowenig auf das Wartegeld anrechnen zu lassen wie der Pensionär; § 57 Nr. 2, 59, 60 Abs. 2 RBG. Der abweichende Rechtsstandpunkt nach der PAB. ist beseitigt.

3. Dem wiederbeschäftigten Wartestandsb. wird bei gleichzeitigem Ruhen des Wartegeldes eine Vergütung gewährt, die dem Einkommen gleichkommt, daß er beziehen würde, wenn er nicht in den einstweiligen Ruhestand versetzt worden wäre. Hierbei gilt § 4 Abs. 2 RbesG. sinngemäß. Brand, Komm. S. 227. Damit ist auch klargestellt, daß das Ruhen des Wartegeldes „gleichzeitig" mit dem Eintritt der Wiederbeschäftigung, also sofort, nicht erst nach Ablauf von 6 Monaten, eintreten soll. Das Gegenteil kann jedenfalls aus § 30 RBG. nicht entnommen werden. (RG. 12. 6. 23 III 772/23.)

§ 31.

Nach dem Tode eines einstweilig in den Ruhestand versetzten Beamten erfolgt die Gewährung des Gnadenvierteljahrs vom Wartegeld an die Hinterbliebenen nach den in den §§ 7 und 8 enthaltenen Grundsätzen.

Gnadenvierteljahr wie bei aktiven Beamten, aber nur vom Wartegeld. Ist dieses nach §§ 28, 29 bereits verwirkt, so erhalten auch die Hinterbliebenen kein Gnadenvierteljahr. Schulze, Komm. S. 137. Ruht der Bezug des Wartegeldes nur, so ist der Anspruch auf das Gnadenvierteljahr gegeben, da mit dem Tode des B. das „Ruhen" beendet ist.

Entlassung der auf Probe, Kündigung oder auf Widerruf angestellten Beamten.

§ 32.

Die Entlassung der auf Probe, auf Kündigung oder sonst auf Widerruf angestellten Beamten erfolgt durch diejenige Behörde, welche die Anstellung verfügt hat.

1. Die Entlassung der auf Probe, auf Kündigung oder sonst auf Widerruf (man beachte die Steigerung!) angestellten B. erfolgt durch die Anstellungs- und nicht durch eine höhere Reichsbehörde. Sie stellt einen einseitigen Verwaltungsakt dar, eine Mitwirkung des B. ist daher ausgeschlossen. Wirksam wird der Entlassungsakt erst, wenn die betreffende Urkunde dem B. zugegangen ist (OVG. 59, 449). Die Kündigung kann bis zum Entlassungstag zurückgenommen werden. (PrDiszH. f. nichtr. B. 11. 6. 28 DJZ. 28, 1088.) Sie verliert in diesem Falle ihre Wirksamkeit auch dann, wenn die Zurücknahme rechtsirrtümlich erfolgt ist. (RG. 11. 5. 26 PrVerwBl. 1927 S. 648.) Die Kündigungsklausel muß zulässig gewesen sein (§ 2 RBG.); dies ist z. B. nicht der Fall, wenn ein B. mit der Kündigungsklausel angestellt worden ist, der obrigkeitliche Funktionen auszuüben hat, da ein solcher B. nur lebenslänglich angestellt werden kann. Hat sich andrerseits die Anstellungsbehörde nur für den Fall eines Dienstvergehens die Kündigung vorbehalten, so handelt es sich überhaupt nicht um einen Kündigungsbeamten, und es muß trotz dieses Vorbehalts behufs Entfernung des B. das förmliche Dienststrafverfahren eingeleitet werden. Gruchot 45, 924; RG. 29. 6. 09 PrVerwBl. 31, 290, Brand, Komm. S. 210. Die Kündigung muß auch von der zuständigen Stelle ausgehen, andernfalls ist sie wirkungslos JW. 1902 S. 260. Es ist in das pflichtmäßige Ermessen der Behörde gestellt, wann sie kündigen soll. In der Regel wird die Kündigung nur dann erfolgen, wenn a) entweder zwingende öffentliche Interessen vorliegen, z. B. Kündigung einer größeren B.gruppe aus Gründen der Rationalisierung der Verwaltung RG.

27. 5. 27 RVerwBl. 49 (1928) S. 633 und RG. 81, 99, oder b) aus persönlichen Gründen: wegen Vorliegens eines Dienstvergehens (disz. Charakters) oder wegen mangelnder dienstlicher Leistungen. Im ersteren Falle erübrigt sich das förmliche Disziplinarstrafverfahren; ein solches wird dagegen erforderlich, wenn nur eine Strafversetzung angezeigt erscheint oder wenn ein Pensionsteil als Unterstützung gemäß § 75 RBG. zugebilligt werden soll. RDiszH. 6. 7. 96 Schulze Rspr. 157. War das Dienststrafverfahren bereits eingeleitet, so ist es einzustellen, sobald Kündigung des Dienstverhältnisses Platz greift. BadVerwGerH. 9. 11. 25 DJZ. 26, 755. Bei der Kündigung aus anderen als disziplinaren Gründen betragen die Kündigungsfristen je nach der Beschäftigungsdauer 3 bis 6 Monate, und zwar nur für den Schluß eines Kalendervierteljahrs (RWM. 28. 3. 28 HBBl. 32). Die Kündigung soll bestimmt und klar sein; für Willenserklärungen durch schlüssige Handlungen ist kein Raum. RG. Recht 25, 260 Nr. 691; Recht 26, 481.

2. Auf Kündigungsbeamte finden alle beamtenrechtlichen Grundsätze Anwendung mit Ausnahme derjenigen über die Beendigung des Dienstverhältnisses. Das gilt insbesondere auch für die vermögensrechtlichen Ansprüche. Der Umstand, daß ein im Wege der Kündigung entlassener B. bereits einen Ruhegehaltsanspruch erlangt hat (regelmäßig nur nach Ablauf von zehn Dienstjahren oder Vollendung des 65. Lebensjahres und weitere Voraussetzung: planmäßige Anstellung), hindert die Entlassung im Wege der Kündigung nicht, wenn diese aus Gründen der Dienstpflichtverletzung erfolgt (RG. 81, 106; RG. 27. 5. 27 JurRdsch. Rspr. 27 Sp. 998 = RG. 117, 153; Delius, PrVerwBl. 45, 323; Möller, ZBR. 1, 214f.; and. Ans. Friedrichs, PrVerwBl. 34, 604 und 39, 39) oder aus anderen Gründen (z. B. Personalabbau usw.), soweit dem nicht besondere Bestimmungen entgegenstehen. (Appelius, PrVerwBl. 46, 363 und 540; Delius, ebenda S. 402; Brand, BR. S. 38.)

Durch die Kündigung entstehen vermögensrechtliche Ansprüche des B., die im Rechtswege verfolgbar sind; der Kündigungsakt selber ist als konstitutiver Verwaltungsakt durch die Gerichte nicht nachprüfbar. Eine Bindung für die Gerichte besteht nur dann nicht, wenn der betreffende Verwaltungsakt nichtig ist (RG. JW. 26 S. 845, 9); ist der Akt nur anfechtbar, so bindet er das Gericht insolange, als er nicht aufgehoben ist. Nichtig ist z. B. der Kündigungsakt, wenn er nicht von der zuständigen Stelle erlassen ist oder wenn sonst wesentliche Formmängel vorliegen.

Eine besondere Bedeutung in diesem Zusammenhang gewinnt die Kündigung aus wichtigem Grund. Die Entscheidung der Verwaltungsbehörde, daß ein solcher Grund vorliegt, ist für die Gerichte bindend. (Stein, Grenzen zwischen Justiz und Verwaltung S. 107.) Das Reichsgericht vertritt jedoch einen anderen Standpunkt; es beansprucht die Entscheidung über das Vorliegen eines wichtigen Grundes für das Gericht (RG. 24. 3. 25 und 20. 11. 25 PrVerwBl. 48 S. 243). Wenn es nun auch richtig ist, daß die Gerichte nach Art. 129 Abs. 1 S. 4 befugt und verpflichtet sind, über alle für den geltend gemachten vermögensrechtlichen Anspruch präjudiziellen Vorfragen selbst zu entscheiden — selbst wenn es sich um Fragen des öffentlichen Rechts handelt —, so findet dieser Grundsatz doch an der auch vom RG. anerkannten öffentlich-rechtlichen Zuständigkeitsnorm, wonach Gerichte an rechtsbegründende hoheitsrechtliche Verwaltungsakte (Konstitutivakte) kraft des Grundsatzes von der Trennung der Gewalten gebunden sind, seine Schranke. Eine Nachprüfung des „wichtigen" Grundes durch die Gerichte (sei es nun disziplinarer oder allgemeiner [organisatorischer] Natur) wäre ein Eingriff in die Verwaltungshoheit. Der B. wird dadurch nicht rechtlos; denn es bleibt ihm der Schadensersatzanspruch, der sich darauf stützen kann, daß ein Mißbrauch des Kündigungsrechtes vorliegt. Bei einem solchen Klagbegehren kann das Gericht zwar nicht in eine Nachprüfung des in der Kündigung liegenden Staatshoheitsaktes, wohl aber in eine solche über die Frage eintreten, ob bei der Vorbereitung des Entlassungsaktes eine Amtspflichtverletzung stattgefunden hat (RG. 105, 196; RG. PrVerwBl. 34 S. 34; and. Ans. RG. 89, 423. Vgl. hierzu Möller, Die Nachprüfbarkeit des Entlassungsaktes bei Kündigungsbeamten, ZBR. 1 S. 214. Ders. B.jahrb. 1928 S. 271 und Abramczyk JW. 27

S. 2842). Das Reichsgericht (RG. 21. 2. 12 und 23. 2. 12 III 187/11 und III 215/11, auch Gruchot 43, 1211, Vogels, PrVerwBl. 42, 420) hat entschieden, daß dem B. (wenn kein Ruhegehaltsanspruch bei Vorliegen der gesetzlichen Voraussetzungen gegeben ist) ein Schadensersatzanspruch in Höhe des geforderten Ruhegehalts dann zustehe, wenn das Kündigungsrecht von der Verwaltungsbehörde dazu mißbraucht worden ist, dem dienstunfähig gewordenen B., dessen Entlassung nicht durch andere Gründe gerechtfertigt worden ist, geflissentlich den Anspruch auf das Ruhegehalt abzuschneiden. (And. Ans. Schulze, Komm. 152, S. 152.) Noch weiter geht RG. in anderen Fällen (81, 107; 82, 266), wo der fehlerhafte Kündigungsakt konvertiert und als ein die Pension aussprechender Verwaltungsakt angesehen wird. Anders liegt wiederum der Fall, wenn die Anstellungsbehörde das Dienstverhältnis eines Kündigungsb. trotz seiner schon eingetretenen Dienstunfähigkeit aus disziplinaren Gründen kündigt; hier hat die Kündigung nicht nur das Erlöschen des Dienstverhältnisses, sondern auch des bereits entstandenen Ruhegehaltsanspruchs zur Folge.

Soll ein Kündigungsb. wegen geistiger oder körperlicher Schwäche pensioniert werden, so findet kein förmliches Zwangspensionierungsverfahren statt, es findet vielmehr nach Kündigung Versetzung in den Ruhestand statt.

Mit der Entlassung gehen regelmäßig alle Rechte aus dem Dienstverhältnis (auch Titel usw.) unter, nicht aber Pensionsansprüche nach dem Unfallfürsorgegesetz, und zwar auch dann nicht, wenn im förmlichen Disziplinarverfahren oder auf Grund eines Strafurteils auf Dienstentlassung erkannt ist. RG. 72, 76.

Der Kündigungsbeamte selbst hat kein Kündigungsrecht; ist ein solches trotzdem gegeben, so liegt in der Regel ein Privatdienstverhältnis vor. Brand, BR. 44.

Wiederanstellung ausgeschiedener Beamten.

§ 33.

Zur Wiederanstellung von Beamten, welche aus dem Reichsdienste freiwillig oder unfreiwillig aus-

geschieden sind, bedarf es der Genehmigung der obersten Reichsbehörde.

1. Die Wiederanstellung setzt die vorherige Entlassung voraus. Das RBG. regelt den Fall der Entlassung nicht ausdrücklich; § 100 sagt nur, daß jeder Reichsb. freiwillig jederzeit, auch während eines Disziplinar- oder Strafverfahrens, seine Entlassung beantragen kann. Der Entlassungsantrag muß bestimmt und klar sein, besonders wenn mit ihm der Verzicht auf das Ruhegehalt verbunden ist. Im Zweifel wird in der Erklärung des B. kein Verzicht auf dieses wichtige Recht zu erblicken sein. RG. in JW. 13, 697 Nr. 17; RG. 95, 297; 96, 303; 114, 130; OVG. 78, 253.

Eine einseitige Amtsniederlegung gibt es nicht. Auch die Entlassung ist wie die Anstellung ein einseitiger Staatshoheitsakt; die Einwilligung oder der Antrag des B. ist lediglich eine Voraussetzung seiner Wirksamkeit (conditio juris). Bezüglich der Frage, in welcher Frist die Genehmigung erfolgen muß, um rechtswirksam zu sein, wird vielfach auf die §§ 147—149 BGB. verwiesen; indessen können diese privatrechtlichen Grundsätze auf das öff.-rechtl. B.verhältnis auch nicht analog angewendet werden. Bis zur Genehmigung des Entlassungsgesuchs kann dieses jederzeit noch rechtswirksam zurückgenommen werden. Nach Genehmigung des Entlassungsgesuchs kommt höchstens eine Anfechtung unter den Voraussetzungen in Betracht, die auch für das BGB. gelten. RG. 83, 432; Geyer, PrVerwBl. 47 S. 10; RG. 25. 5. 27 JW. 27 S. 2186.

Die Entlassung kann außer dem Falle eines ausdrücklichen Antrags noch infolge Kündigung, Zeitablaufs und infolge Anfechtung der Anstellung im Prozeßwege wegen Täuschung oder Irrtums erfolgen. JW. 14, 422; § 119 BGB. ist entsprechend anwendbar. RG. 83, 429; Vogels VerwArch. 27, 248f. Folgt man der herrschenden Ansicht (Laband, DJZ. 07 S. 207; O. Mayer, D. VerwR. I 1914 S. 267; Fleiner, Verw.-Recht 2. Aufl. S. 187; Jellinek, Der fehlerhafte Staatsakt S. 166), so kann der durch Täuschung der Behörde erschlichene Anstellungsakt jederzeit für kraftlos erklärt werden. Die Behörde kann also einen solchen B. jederzeit, auch ohne Prozeß, entlassen; im Rechtswege kann diese Entlassung auch nicht angefochten werden, da kein B. einen klagbaren Anspruch auf ein Amt hat. (PrDiszH.f.nichtr. B. 28. 6. 26 DJZ. 26, 1784; Brand, BR. S. 66.)

Ist im Strafverfahren auf Aberkennung der Fähigkeit zur Bekleidung öffentlicher Ämter erkannt, so ist eine Wiederanstellung selbst mit Genehmigung der obersten Reichsbehörde ausgeschlossen. Ist die Aberkennung auf Zeit erfolgt, so kann die Genehmigung zur Wiederanstellung erst nach Ablauf dieser Zeit erfolgen.

2. Die Genehmigung der obersten Reichsbehörde ist erforderlich, damit nicht von der Reichsregierung entlassene B. ohne ihre Mitwirkung von nachgeordneten Reichsbehörden wieder angestellt werden. Die Genehmigung ist erforderlich, einerlei, ob es sich um eine Planstelle handelt, oder ob lebenslängliche oder widerrufliche Anstellung gemeint ist. Auf B., die infolge Pensionierung aus dem Amt geschieden oder auf Wartegeld gesetzt sind, bezieht sich § 33 nicht. Schultze 139; Arndt 74.

Pensionierung der Beamten. Anspruch auf Pension.

§ 34.

Jeder Beamte, welcher sein Diensteinkommen aus der Reichskasse bezieht, erhält aus der letzteren eine lebenslängliche Pension, wenn er nach einer Dienstzeit von wenigstens zehn Jahren infolge eines körperlichen Gebrechens oder wegen Schwäche seiner körperlichen oder geistigen Kräfte zu der Erfüllung seiner Amtspflichten dauernd unfähig ist und deshalb in den Ruhestand versetzt wird.

I. Die §§ 34 f. sind abgeändert bzw. ergänzt worden durch die Gesetze v. 21. 4. 86, 25. 5. 87 und 17. 5. 07 (RGBl. 86, 80; 87, 194; 07, 201), ferner infolge Umgestaltung des Staatswesens durch G. 12. 9. 19 (RGBl. 1653); G. 21. 12. 20 (RGBl. 2109); Art. 2 der 9. Ergänzung des RbesG. 18. 6. 23 (RGBl. I 385); G. und

V. 28. 9. 23 (RGBl. I 915); V. 24. 10. 23 (RGBl. I 1037 und RbesBl. 355); Art. 5 V. 12. 12. 23 (RGBl. I 1181); PAV. 27. 10. 23 (RGBl. I 999) i. d. Fass. d. V. 28. 1. 24 (RGBl. I 39) und Beschluß der Reichsregierung v. 6. 11. 24 (RbesBl. 335); RbesG. i. d. Fass. 18. 2. 24 (RbesBl. 31); V. 4. 7. 24 (RbesBl. 201) und RbesG. 16. 12. 27 §§ 26f., 36, 42.

Das Pensionsrecht ist teils materielles (so die §§ 34—52, 55—60, 69—71), teils formelles Recht (§§ 53, 54, 60a und 68). Es ist zwingender Natur, so daß abweichende Vereinbarungen mit der einzigen Ausnahme des § 55 keine Gültigkeit haben (Perels-Spilling, § 34 Anm. 2; Schulze, Komm. S. 139). Neben den reichsrechtlichen kommen landesrechtliche Bestimmungen nicht in Frage; RG. JW. 99, 283 Nr. 21; RG. 43, 131).

II. Die Voraussetzungen der Pensionierung. Die Pensionierung ist mit die Gegenleistung dafür, daß der B. seine ganze Persönlichkeit und Arbeitskraft in den Dienst des Staates stellt und infolgedessen nicht die Möglichkeit hat, für sein Alter zu sorgen (Mot. 07, 1910; JW. 96, 677 Nr. 26; 08, 22 Nr. 29). Der Anspruch auf die Pension als einen Teil des Unterhaltsanspruchs entsteht daher bedingt schon mit der Anstellung.

Die Voraussetzungen der Pension im einzelnen sind:

1. lebenslängliche Anstellung; ob die Stelle planmäßig ist, ist, abgesehen von den auf Widerruf oder Kündigung angestellten B., gleichgültig (§ 37 RBG.). Die nur auf Probe oder im Vorbereitungsdienst angestellten B. haben keinen Anspruch auf Pension.

2. Mindestens zehnjährige Dienstzeit. Über die Berechnung vgl. §§ 45f. Vor Ablauf dieser Zeit hat der B. einen Pensionsanspruch nur in den Fällen der §§ 34a, 35, 36; doch kann ihm vor Ablauf dieser Zeit eine Pension unter gewissen Umständen (§§ 39, 68 Abs. 2) zugebilligt werden. Für die Mitglieder des Reichsgerichts ist keine bestimmte Dienstzeit vorgeschrieben. § 130 Abs. 3 GVG. Die zehnjährige Dienstzeit beginnt mit dem Tage des Dienstantritts; da, wo eine Vereidigung stattgefunden hat, rechnet sie vom Tag der Vereidigung ab. §§ 45, 46. Über die Anrechnung von Kriegsjahren § 49.

3. Der B. muß sein Diensteinkommen aus der Reichskasse beziehen.

4. Der B. muß dienstunfähig sein, d. h er muß infolge körperlicher oder geistiger Schwäche dauernd unfähig sein, seine Amtsverrichtungen wahrzunehmen. Ob die Dienstunfähigkeit selbst verursacht ist, ist gleichgültig; es besteht aber bei Verfehlung die Möglichkeit des Disziplinarverfahrens. Über die Frage des Vorliegens der Dienstunfähigkeit entscheidet ausschließlich die vorgesetzte Behörde.

5. Die Versetzung in den Ruhestand muß ausgesprochen sein.

6. Das bekleidete Amt muß den Lebensberuf des B. bilden.

Aus anderen Gründen als denen des § 34, etwa aus Gründen des öffentlichen Wohles, oder im Interesse des Dienstes, Mangel an Arbeit usw. ist eine Pensionierung nicht möglich. Die Vorschriften des PAB. sind mit dem 31. 3. 26 außer Kraft getreten mit der Maßgabe, daß erworbene Rechte bestehen bleiben. G. 4. 8. 25 (RGBl. 181). Einen Pensionsanspruch haben auch bei Nichtvorliegen von Dienstunfähigkeit die auf Grund des Art. 3 § 1 PAB. 28. 1. 24 in den einstweiligen Ruhestand versetzten B. Für das Ruhegehalt und die Hinterbliebenenbezüge der verdrängten elsaß-lothringischen B. gilt das G. v. 11. 1. 22 (RGBl. 29) und das deutsch-französische Abkommen über Zahlung der elsaß-lothringischen Pensionen v. 14. 2. 21 (RGBl. 176).

III. Die Ansichten, ob durch die Pensionierung das Reichsb.-verhältnis gelöst wird, gehen auseinander. Schulze (Komm. S. 140) u. ähnlich Pieper (§ 34 Anm. 2) vertreten den Standpunkt, daß das B.verhältnis bestehen bleibt bei Wegfall der B.pflichten. Es folge dies aus dem Umstand, daß es keiner Neuanstellung des wieder dienstfähig gewordenen B. bedarf, sondern daß der Pensionär, wie es in den §§ 58, 60 heißt, „in den Reichsdienst wieder eintritt" oder „wieder beschäftigt" wird. Für die Fortdauer des B.verhältnisses sprechen ferner § 6 (Pfändbarkeit), § 149 (Rechtsweg für vermögensrechtliche Ansprüche), § 17 (Titel, Rang, Uniform bezüglich der Berechtigung zum Tragen der Uniform für Heer und Marine vgl. Kab.ordre v. 5. 1. 18 (ABBl. 15); B. d. Rpr. 19. 5. 26 HBBl. Nr. 13), § 40 (Umzugskosten). An Pflichten bleiben nur die Amtsverschwiegenheit und die damit verbundene Zeugnisverweigerungspflicht (§§ 11, 12 Abs. 2) bestehen. Ihre Verletzung ist aber nicht disziplinarisch, sondern nur unter den Voraussetzungen des § 353a StGB. strafbar und zieht allenfalls eine Schadensersatzpflicht des Pensionärs nach sich. Die herrschende Meinung steht allerdings auf dem Standpunkt, daß der Pensionär nicht mehr B. ist. RGSt. 35, 99; Perels-Spilling § 34 Anm. 2 Vorb.; Brand, Komm. 217. Vgl. auch Ausschußberatungen zur RDStO. 37. Die Nichtbeamteneigenschaft ergibt sich insbesondere aus dem Fehlen der Dienstpflicht, der Residenzpflicht und der Nichtanwendbarkeit des Disziplinarverfahrens. Wird dem Pensionär durch Urteil des Strafrichters die Amtsfähigkeit aberkannt, so verliert er dadurch nicht die Pension (RG. 17, 242; Gruchot 33, 1067); denn der Pensionsanspruch kann außer durch Verzicht nur durch den Tod untergehen. Entsprechendes gilt für Witwen- und Waisengeld; diese Ansprüche erlöschen nicht, weil sich nach der Pensionierung oder nach dem Tode des B. herausgestellt hat, daß er während seiner Dienstzeit Taten verübt hat, deretwegen er vom Strafrichter zum Verlust der Amtsfähigkeit verurteilt oder im Disziplinarverfahren entlassen worden wäre, wenn er zur Zeit der Entdeckung noch im Amt gewesen wäre (RG. 17, 242; 38, 321; Schulze, Komm. S. 141).

Selbst bei wesentlicher Besserung der Gesundheit des B. kann die Pensionäreigenschaft desselben nicht aufgehoben werden (RG. 3. 1. 25, Staats- und Selbstverw. 25, 661).

IV. Ebensowenig wie ein ganzer oder teilweiser Verzicht auf das Gehalt, ist auch ein solcher auf die Pension nicht zulässig; denn das Pensionsrecht hat, wie das B.recht überhaupt, öff.-rechtl. Charakter und läßt Vereinbarungen privatrechtlicher Natur zwischen dem B. und der Anstellungsbehörde nicht zu. Perels und Spilling 65, Pieper 127, RG. 96, 305. Vor der Anstellung sind aber Vereinbarungen über die Höhe der Pension zulässig. Görres 30; Brand, BR. S. 64.

V. Besondere Fälle: Für die Mitglieder des Reichsgerichts gelten die Sondervorschriften der §§ 130, 131 GVG. § 60a und 158 RBG. Für das Ruhegehalt des Reichspräsidenten gilt G. 31. 12. 22 (RGBl. 23 I 53) und G. 3. 6. 25 (RGBl. I

81). Für die ruhegehaltsberechtigten ehem. Kolonialbeamten §§ 24, 25 KolonBG. RFM. 6. 5. 25 (RbesBl. 135), RFM. 30. 1. 26 (RbesBl. 61). Der Anspruch der pensionierten Kol.b. auf Tropenzulage besteht zu Recht RG. 113, 78. Bezüglich der Reichswasserschutzpolizeib. vgl. G. 26. 2. 26 (RGBl. I 149) und AB. 29. 3. 26 (RMBl. 115).

Die §§ 34f. finden auch auf Reichsbankb. Anwendung; § 9 Abs. 2 und 3 BankG. 30. 8. 24 (RGBl. II 235). Für die Reichsbahnb. vgl. §§ 22, 23 PersO.

§ 34a.

Bei denjenigen aus dem Dienste scheidenden Beamten, welche das fünfundsechzigste Lebensjahr vollendet haben, ist eingetretene Dienstunfähigkeit nicht Vorbedingung des Anspruchs auf Pension.

Der Paragraph hat durch die neue Fassung des § 60a RBG. wesentlich an Bedeutung verloren (Altersgrenze). Der § 34a gibt dem B. einen Rechtsanspruch auf Pensionierung, der allerdings nur wegen der vermögensrechtlichen Seite im Rechtswege verfolgbar ist. Von Bedeutung ist er auch für die Mitglieder des Reichsgerichts, Reichsfinanzhofs und Rechnungshofs, die erst mit dem Ablauf des Vierteljahres in den Ruhestand treten, das auf den Monat folgt, in dem sie das 68. Lebensjahr vollendet haben; diese B. können, auch wenn sie nicht dienstunfähig sind, schon mit der Vollendung des 65. Lebensjahres ihre Pensionierung verlangen.

Das G. betr. die Pensionierung von Reichsb. infolge der Umgestaltung des Staatswesens v. 12. 9. 19 (RGBl. 1654) mit AusfBest. 28. 11. 19 (RZBl. 1535) und Art. 2 PAB., wonach Reichsb. mit vollendetem 58. Lebensjahr ihre Pensionierung verlangen können, sind unwirksam geworden; bzgl. PAB. vgl. G. 4. 8. 25, RGBl. 168.

§ 35.

Der Reichskanzler und die Staatssekretäre können jederzeit ihre Entlassung erhalten und fordern. Auch

ohne eingetretene Dienstunfähigkeit erhalten sie Pension, wenn sie entweder ihr Amt mindestens zwei Jahre bekleidet oder sich mindestens zehn Jahre im Dienste befunden haben.

Es handelt sich um eine durch politische Gründe diktierte Bestimmung; daraus ergibt sich, daß die B. das Recht aus § 35 nur so lange haben, als sie im aktiven Dienst sind, nicht auch als Wartegeldempfänger (Laband I 481, Pieper 136, Schulze 145) und ohne die Voraussetzung der Dienstunfähigkeit. Der § 35 schließt die Anwendung der allgemeinen Pensionierungsvorschriften der §§ 34f. nicht aus; der Mindestbetrag der gesetzlichen Pension (§ 41) tritt aber schon nach zweijähriger Dienstzeit ein; die Steigerung über diesen Betrag hinaus geschieht erst mit dem elften Dienstjahr.

Da die (politischen) B. des § 35 auch unter § 25 fallen, kann der Reichspräsident sie jederzeit in den einstweiligen Ruhestand versetzen. Geschieht dies, so kann der B. statt dessen seine Pensionierung fordern, muß dieses Recht aber sofort geltend machen. Seine Versetzung in den einstweiligen Ruhestand kann er nicht verlangen. Ihre Entlassung (ohne Rücksicht auf einen etwaigen Pensionsanspruch) können die betr. B. jederzeit erhalten, aber auch verlangen. Vgl. Giese, Poetzsch-Heffter, Anschütz, Komm. z. RV. Art. 54.

§ 36.

Ist die Dienstunfähigkeit (§ 34) die Folge einer Krankheit, Verwundung oder sonstigen Beschädigung, welche der Beamte bei Ausübung des Dienstes oder aus Veranlassung desselben ohne eigene Verschuldung sich zugezogen hat, so tritt die Pensionsberechtigung auch bei kürzerer als zehnjähriger Dienstzeit ein.

1. Die Voraussetzungen für den Anspruch aus § 36 sind: 1. Lebenslängliche Anstellung; bei auf Kündigung oder Widerruf angestellten B. ist ferner Voraussetzung planmäßige Anstellung. 2. Ursächlicher Zusammenhang zwischen Dienst-

verrichtung und Dienstunfähigkeit. Aus „Veranlassung des Dienstes", z. B. wenn der B. bei einem Tumult verletzt wird, Pieper 224 RG. 82, 258; 89, 421, oder bei Entsendung in ein Seuchengebiet RG. 105, 422, Schulze 147. 3. Die Verletzung oder Erkrankung muß im Reichsdienst erworben sein; ist die Erkrankung die Folge einer erst später hervorgetretenen, in Veranlassung des früheren Militärdienstes entstandenen Krankheit, so findet § 36 keine Anwendung. Brand, Komm. S. 227. 4. Der B. darf seine Dienstunfähigkeit nicht selbst verschuldet haben; auch leichtes Verschulden genügt, während es im Falle des § 34 gleichgültig ist, ob der B. seine Dienstunfähigkeit verschuldet hat oder nicht.

2. Darüber, ob die Voraussetzungen des § 36 vorliegen, entscheidet im Streitfalle das ordentliche Gericht (RG. 74, 91; 105, 421). Ob neben dem Anspruch auf Pension weitergehende (Schadensersatz-) Ansprüche seitens des B. gegen den Fiskus oder einen Dritten wegen schuldhafter Beschädigung geltend gemacht werden können, ist bestritten. Dafür: RG. JW. 97, 69 Nr. 21; 07, 287 Nr. 50; RG. 18, 173; 19, 343 OLG. Dresden DJZ. 07, 191. Anderer Ansicht Pieper § 13 Anm. 7, Schulze, Komm. S. 150; Piloty, SeuffBl. 07, 803, die den Schadensersatzanspruch verneinen, weil der im Unfallfürsorgegesetz und OPG. ausgesprochene Grundsatz, daß weitere aus dem Dienstverhältnis abgeleitete Schadensersatzansprüche ausgeschlossen sind, allgemeine Bedeutung haben soll. Man wird sich dagegen mit Brand (Komm. S. 227) für das Danebenbestehen besonderer Schadensersatzansprüche entscheiden müssen.

3. Auf Grund seines Rechtes auf Ruhegehalt nach § 36 kann der B. verlangen, daß ihm dasjenige Ruhegehalt gezahlt wird, das er mindestens haben würde, wenn er zehn Jahre im Dienst gewesen wäre; § 41. Die Ansprüche aus dem Unfallfürsorgegesetz bestehen außerdem zu Recht und geben dem B. unter Umständen gegenüber dem § 36 eine bessere Stellung.

4. Liegt eine Dienstunfähigkeit aus anderen als den in § 36 erwähnten Gründen und vor Ablauf von zehn Dienstjahren vor, so kommt nur eine Pensionierung im Gnadenweg (§ 39) in Betracht.

§ 37.

Die unter dem Vorbehalte des Widerrufs oder der Kündigung angestellten Beamten haben einen Anspruch auf Pension nach Maßgabe dieses Gesetzes nur dann, wenn sie eine in den Besoldungsetats aufgeführte Stelle bekleiden; es kann ihnen jedoch, wenn sie eine solche Stelle nicht bekleiden, bei ihrer Versetzung in den Ruhestand eine Pension bis auf Höhe der durch dieses Gesetz bestimmten Sätze bewilligt werden.

1. Für die Pensionsansprüche der im § 37 bezeichneten B. kommt zu den allgemeinen Voraussetzungen der §§ 34, 34a, 36, 38 RBG. noch die weitere Voraussetzung hinzu, daß sie eine planmäßige Stellung bekleiden müssen, und zwar mit der Absicht auf dauernde Beibehaltung. Liegt diese Voraussetzung nicht vor, so können die betr. B. nur im Gnadenweg eine Pension erhalten. Im Gegensatz zu § 39 ist Bedürftigkeit nicht Voraussetzung für die Gnadenbewilligung des § 37. Im übrigen müssen nicht planmäßige B. durch Teilnahme an der allgemeinen Alters- und Invaliditätsversicherung sichergestellt werden. Bei Versagung des Ruhegehalts nach § 37 kann der B. mit der Behauptung klagen, daß ihm eine Planstelle zustehe. JW. 99, 324.

2. Die Bewilligung im Gnadenweg erfolgt durch die oberste Reichsbehörde, nicht wie im § 39 durch Beschluß des Reichsrats. Die Gnadenpension wird lebenslänglich gewährt. Schulze, Komm. S. 151, Brand, Komm. S. 231. And. Ans. Perels und Spilling 151.

3. Die Ansprüche aus dem UFG. wegen eines Betriebsunfalls werden durch die Kündigung oder den Widerruf nicht berührt. JW. 91, 573 Nr. 8, Perels-Spilling § 32 Anm. 4; Schulze, Komm. S. 152 Anm. 3.

§ 38.

Reichsbeamte, deren Zeit und Kräfte durch die ihnen übertragenen Geschäfte nur nebenbei in Anspruch genommen, oder welche ausdrücklich nur auf eine bestimmte Zeit oder für ein seiner Natur nach vorübergehendes Geschäft angenommen werden, erwerben keinen Anspruch auf eine Pension nach den Bestimmungen dieses Gesetzes.

Darüber, ob eine Dienststellung eine solche ist, daß sie die Zeit und die Kräfte eines Beamten nur nebenbei in Anspruch nimmt, entscheidet bei der Dienstübertragung die dem Beamten vorgesetzte Dienstbehörde.

1. Aus diesem Paragraph ergibt sich, daß Voraussetzung für die Gewährung einer Pension ein lebenslängliches Amt ist (§ 34). B., die nur ein Nebenamt bekleiden (wie z. B. Gewerbetreibende, die nebenbei eine Postagentur versehen, die nichtständigen Mitglieder des Patentamts und Reichsversicherungsamts) haben keinen Anspruch auf Pension und können eine solche auch nicht im Gnadenweg erhalten. Schulze, 154. Auch zählt die Dienstzeit im Sinne des § 38 nicht mit, wenn der B. später in eine pensionsberechtigte Stelle eintritt: § 45. Pieper 229; Arndt, Komm. 80.

2. Den ein Nebenamt bekleidenden B. sind diejenigen B. gleichgestellt, die ausdrücklich (JW. 1900, 792 Nr. 23; RG. 47, 288; 81, 230) nur für eine bestimmte Zeit oder für ein seiner Natur nach vorübergehendes Geschäft angenommen worden sind. Die Absicht einer zeitlich begrenzten Anstellung muß in der Anstellungsurkunde ausdrücklich hervorgehoben sein, RG. Recht 21 Rspr. S. 240 Nr. 2655, widrigenfalls der B. auf Lebenszeit angestellt ist. Eine vorübergehende Aufgabe dieser Art kann auch vorliegen, wenn der Zeitpunkt ihrer Beendigung ungewiß ist. RG. 30. 9. 26 Recht 26, 684. Ein ursprünglich als vorübergehend angesehenes Geschäft des Reiches kann sich anderseits allmählich auch zu einem endgültigen entwickeln. RG. 26. 6. 27 Recht 27, 802.

3. Gemäß § 38 Abs. 2 entscheidet bei der Anstellung (Dienstübertragung) die dem B. vorgesetzte Dienstbehörde darüber, ob die Dienststellung eine solche ist, daß sie die Zeit und die

Kräfte des B. nur nebenbei in Anspruch nimmt. Nur wenn diese Entscheidung nicht getroffen ist, kann der B. später im Rechtswege behaupten, daß er im Hauptamt angestellt und mithin pensionsberechtigt sei. RG. 43, 930; 81, 56. Pieper 230, Schulze 154, Brand, Komm. S. 232.

4. Gewissen, auf Widerruf mit Heeresbeamtenstellen beliehenen Personen kann im Falle einer durch Kriegsdienstbeschädigung herbeigeführten Erwerbsminderung eine Versorgung nach dem RVersG. 31. 7. 25 (RGBl. I 165) § 108 gewährt werden.

§ 39.

Wird außer dem im § 36 bezeichneten Falle ein Beamter vor Vollendung des zehnten Dienstjahrs dienstunfähig und deshalb in den Ruhestand versetzt, so kann demselben bei vorhandener Bedürftigkeit durch Beschluß des Bundesrats (Reichsrats) eine Pension entweder auf bestimmte Zeit oder lebenslänglich bewilligt werden.

1. Voraussetzung für die Anwendung des Paragraphen ist, außer festgestellter Dienstunfähigkeit, daß der B. überhaupt ein Diensteinkommen aus der Reichskasse genießt, und daß es sich nicht um einen Fall des § 38 handelt. Gegen seinen Willen kann ein B. im Rahmen des § 39 nur unter Beobachtung der Formen des § 68 (förmliches Dienststrafverfahren) in den Ruhestand versetzt werden. Bestritten ist, ob das Gnadenruhegehalt nur den lebenslänglich oder auch den auf Widerruf bzw. Kündigung angestellten B. bewilligt werden kann. Die Frage wird zu bejahen sein, einerlei, ob die B. eine Planstelle bekleiden oder nicht, da im Verhältnis zum § 37 der Reichsrat die höhere Instanz darstellt. Schulze 155, Perels-Spilling § 39 Anm. 3, Arndt 80; Bundesratsprotokolle 1895 § 581 und 1898 § 607. And. Ans. Pieper 232.

2. Der Reichsrat entscheidet über die Bewilligung der Pension nach freiem Ermessen. Wird die Pension nur auf Zeit bewilligt, so darf für den Wegfall nur ein bestimmter

Zeitpunkt, nicht der Eintritt eines Ereignisses, z. B. Wiedererlangung der Dienstfähigkeit bezeichnet werden. Die Bewilligung einer lebenslänglichen Pension hat auch den Anspruch der Witwe und der Waisen auf Hinterbliebenenbezüge zur Folge.

Anspruch auf Umzugskosten.

§ 40.

Hat der in den Ruhestand oder in den einstweiligen Ruhestand versetzte Beamte seinen dienstlichen Wohnsitz im Auslande, so sind demselben die Kosten des Umzugs nach dem innerhalb des Reichs von ihm gewählten Wohnorte zu gewähren.

V. 26. 3. 25 (RBesBl. 90). UmzugskostenV. f. Auslandsversetzungen von Reichsb. 2. 5. 28 (RBesBl. 70). Die Hinterbliebenen eines pensionsberechtigten, im Ausland verstorbenen Reichsb. erhalten nur die wirklich entstandenen Unkosten für die Reise und die Beförderung des Umzugsgutes. Arndt, S. 82.

Betrag der Pension.

§ 41.

Die Pension beträgt bei vollendeter zehnjähriger oder kürzerer Dienstzeit $^{35}/_{100}$ und steigt nach vollendetem zehnten Dienstjahre mit jedem weiter zurückgelegten Dienstjahre bis zum vollendeten fünfundzwanzigsten Dienstjahre um $^{2}/_{100}$ und von da ab um $^{1}/_{100}$ des in den §§ 42—44 bestimmten Diensteinkommens.

Über den Betrag von $^{80}/_{100}$ dieses Einkommens hinaus findet eine Steigerung nicht statt.

In dem im § 39 erwähnten Falle beträgt die Pension höchstens $^{35}/_{100}$ des vorbezeichneten Diensteinkommens.

1. Der jetzige Wortlaut des § 41 beruht auf Art. 2 der 9. Ergänz. z. RBesG. v. 18. 6. 23 (RGBl. I 385).

Die Höhe des Ruhegehalts bestimmt sich einmal nach der Höhe des Diensteinkommens (§§ 42—44) und sodann nach der Dauer der Dienstzeit (§§ 45—52), und zwar der vollendeten Dienstjahre, so daß die über die vollen Dienstjahre hinaus im Dienst verbrachte Zeit unberücksichtigt bleibt. Von den einzelnen Bestandteilen des Diensteinkommens kommen diejenigen in Ansatz, die nach §§ 41 f. als ruhegehaltsfähiges Diensteinkommen gelten. Die zurückgelegten Dienstjahre werden nach der Natur der geleisteten Dienste entweder unbedingt angerechnet (anrechnungsfähige Dienstzeit) oder können mit besonderer Genehmigung der zuständigen Behörde oder des Reichsrats angerechnet werden (anrechnungsfähige Dienstzeit im weiteren Sinne). Zu dem nach §§ 41 f. zu errechnenden Ruhegehalt tritt hinzu der Wohnungsgeldzuschuß nach Ortsklasse B und allenfalls die Kinderzulagen. Daneben kommen Sonderzuschläge wie die Besatzungszulage in Betracht. Auch an den Erhöhungen der Grundgehälter nehmen die Ruhegehaltsempfänger teil; Abweichendes gilt für die Altruhegehaltsempfänger; es sind dies die vor dem Inkrafttreten des RBesG. v. 1920 in den Ruhestand versetzten B. Vgl. dazu die ausführliche Darstellung bei Brand, Komm. S. 236 f. Die Einreihung der Altruhegehaltsempfänger in die Gruppen der neuen Besoldungsordnung war i. a. unter Berücksichtigung der früheren Amtsbezeichnung und des früheren Normalgehaltes, verglichen mit den neuen Amtsbezeichnungen und dem damit gewährten Grundgehalt erfolgt. Der Reichsfinanzminister bestimmte in Gemeinschaft mit den Fachressorts, welchem Amt der BesO. v. 1920 die von dem im Ruhestand befindlichen B. zuletzt bekleidete Stelle entsprach. An diese Entscheidung waren die Gerichte gebunden. § 8 G. 21. 12. 20 (RGBl. 2109) RG. 114, 108. Auf Bezüge einer Aufrückungsstelle hatten Pensionsberechtigte keinen Anspruch. RG. 7. 1. 28 JurRdsch. 27, 363. Die verhältnismäßig günstige Rechtsstellung der Altruhestandsb. ist durch das neue RBesG. v. 19. 12. 27 (§§ 26 bis 30) geändert worden. Brand, Komm. S. 237.

Das Witwen- und Waisengeld bemißt sich nach der Höhe des Ruhegehalts § 3 HFG. Die ordentlichen Gerichte sind nicht befugt, Hinterbliebenenbezüge aufzuwerten, wenn der Staat es unterlassen hat, sie der Geldentwertung anzupassen. OLG. Hamburg 2. 12. 25 ZBR. 1. Jg. S. 100.

Für die Mitglieder des Reichsgerichts gelten besondere Grundsätze. § 158 RBG.

Für die aktiven B. der ehemaligen Wehrmacht, die mit Kriegsstellen beliehen waren, enthält § 32 OffPG. 31. 5. 06, ergänzende Bestimmungen. Gemäß Art. 21 II PAB. werden Kriegszulagen, Tropenzulagen, Luftdienstzulagen nicht mehr gezahlt (RVersBl. 24, 77; 25, 65). Die vor dem 1. 4. 20 in den Ruhestand getretenen Beamten der Eisenbahnen der Länder (§ 28 Staatsvertrag v. 31. 3. und 30. 4. 20 RGBl. 773) können ihre Ruhegehaltsansprüche gegen die Reichsbahngesellschaft geltend machen. Die Höhe der Ruhegehaltsansprüche richtet sich nach Landesrecht. RG. 114, 97. RG. 27. 5. 27 DB.arch. Jg. 7 S. 677. OLG. München 16. 4. 28 ZBR. 2. Jg. S. 32. Über das Verhältnis der Ansprüche aus dem PensVersG. v. 21. 12. 20 zu den RVersG. v. 12. 5. 20 vgl. Beyer, PrVerwBl. 44, 176. § 63 RVersG. Bezüglich Verlust der Witwenrente bei Wiederverheiratung RVersG. 10. 12. 26 RVersBl. 54 DB.arch. 7. Jg. S. 642.

§ 42.

Der Berechnung der Pension wird das von dem Beamten zuletzt bezogene gesamte Diensteinkommen nach Maßgabe der folgenden näheren Bestimmungen zugrunde gelegt:

1. Der Wohnungsgeldzuschuß kommt nach den hierfür geltenden gesetzlichen Bestimmungen zur Anrechnung; ist im Reichshaushaltsetat für eine freie Dienstwohnung ein Wert ausdrücklich als anrechnungsfähig bezeichnet, so kommt dieser zur Anrechnung.

2. Funktions-, Stellen-, Teuerungs- und andere Zulagen kommen, sofern im Haushaltsetat nicht etwas anderes bestimmt ist, dann zur Anrechnung, wenn sie unter den Besoldungstiteln ausgebracht sind.
3. Weitere feststehende Bezüge, namentlich Feuerungs- und Erleuchtungsmaterial, Naturalbezüge an Getreide, Winterfutter und dergleichen, sowie der Ertrag von Dienstgrundstücken, kommen nur insoweit zur Anrechnung, als ihr Wert im Reichshaushaltsetat unter den Besoldungstiteln auf die Geldbesoldung in Rechnung gestellt oder zu einem bestimmten Geldbetrag als anrechnungsfähig bezeichnet ist.
4. Bezüge, die ihrer Natur nach steigend und fallend sind, werden nur, sofern sie als pensionsfähig gewährt oder im Reichshaushaltsetat bezeichnet sind, zur Anrechnung gebracht, und zwar nach den im Reichshaushaltsetat unter den Besoldungstiteln oder sonst bei Verleihung des Rechtes auf sie deshalb getroffenen Festsetzungen oder in Ermangelung solcher Festsetzungen nach ihrem durchschnittlichen Betrage während der drei letzten Rechnungsjahre vor dem Rechnungsjahr, in welchem die Pension festgesetzt wird.
5. Die zur Bestreitung von Dienstaufwands- und Repräsentationskosten bestimmten Einkünfte sowie die Ortszulage der Auslandsbeamten kommen nicht zur Anrechnung.
6. Bloß zufällige Diensteinkünfte, wie widerrufliche Gewinnanteile, Auftragsgebühren, außerordentliche Remunerationen und dergleichen kommen nicht zur Anrechnung.

Die Pension für die einstweilen in den Ruhestand versetzten Beamten wird von dem zur Zeit ihrer Versetzung in den Ruhestand bezogenen gesamten Diensteinkommen berechnet.

I. Gemäß § 42 i. V. mit § 36 RBesG. wird der Berechnung des Ruhegehalts das von dem B. zuletzt bezogene persönliche Gesamt-Diensteinkommen (Grundgehalt oder Diäten und Wohnungsgeldzuschuß), nicht dagegen das sachliche Diensteinkommen (d. h. die zur Bestreitung besonderer dienstlicher Aufwendungen gewährten Bezüge) zugrunde gelegt. „Zuletzt bezogen" heißt im Zeitpunkt der Pensionierungsverfügung. Außer dem Gehalt im eigentlichen Sinne sind noch ruhegehaltsfähig: 1. Der Wohnungsgeldzuschuß; derselbe wird auch bei Inhabern von Dienstwohnungen oder den Empfängern von Mietsentschädigungen in Ansatz gebracht. 2. Die sonstigen Zulagen, sofern im Haushalt nicht etwas anderes bestimmt ist. § 36 RBesG. 3. In Ziff. 3 handelt es sich hauptsächlich um Naturalbezüge; es müssen dauernd mit dem Amte verbundene Bezüge sein, die nach ihrem Geldwerte bestimmt feststellbar und damit anrechnungsfähig sind. 4. Voraussetzung für die Anrechnung dieser ihrer Natur nach steigenden und fallenden Bezüge ist, daß sie entweder als pensionsfähig gewährt oder im Reichshaushaltsplan bezeichnet sind. 5. Hier ist das sachliche Diensteinkommen gemeint, z. B. die Repräsentationsgelder, Tagegelder OVG. PrVerwBl. 33, 749; im Gegensatz dazu ist eine planmäßig und dauernd gewährte Zulage kein zufälliger Dienstbezug und deshalb ruhegehaltsfähig. OVG. E. 69, 96; PrVerwBl. 31, 273; 33, 749; 36, 714; 37, 718; 38, 322. Appelius PrVerwBl. 41, 451; Brand, Komm. S. 240,

II. Über die Anrechnungsfähigkeit der einzelnen Teile des Diensteinkommens ist der Rechtsweg zulässig. §§ 149, 155 RBG. Schulze 165. Die Bestimmungen des § 42 gelten auch für die Berechnung des Wartegeldes (§ 26 Abs. 1) und die Pensionen des Beamtenunfallfürsorgegesetzes.

1. Die Frage, in welchem Zeitpunkt der subjektive An-

spruch auf ein bestimmtes Ruhegehalt oder Wartegeld entstanden ist, ist bestritten. Das RG. vertritt den Standpunkt, daß der Anspruch erst im Zeitpunkte der Zurruhesetzung nach Maßgabe der an diesem Tage gültigen Gesetze erworben werde. Das OLG. Jena E. v. 4. 4. 28 ZBR. Jg. 1 S. 97 geht dagegen von dem Gedanken aus, daß der B. mit der Anstellung den Versorgungsanspruch erwirbt, und daß der Unterhalt ihm gewährt wird in Gestalt des Gehalts, des Wartegelds und des Ruhegehalts. Richtig ist nach der letztgenannten Entscheidung, daß der B. kein wohlerworbenes Recht auf Wartegeld in ziffernmäßig bestimmter Höhe hat, solange er nicht in den Wartestand versetzt ist. Dagegen kann der Bruchteil des Gehalts, der das Wartegeld ausmacht, nicht unter den Hundertsatz herabgesetzt werden, auf den der B. bei seiner Anstellung einen Anspruch erworben hat. Das würde einen Eingriff in ein wohlerworbenes Recht des B. bedeuten.

Diese meines Erachtens richtige Auffassung wird von anderer Seite (insbesondere Brand, DRichterZ. 1928 S. 328, Komm. S. 246 und RG. 5. 3. 26, 6. 12. 27 S. 1044), insbesondere im Hinblick auf die frühere Praxis der preußischen Besoldungsgesetzgebung bekämpft. Danach erwirbt der B. das Recht auf Unterhalt (Wartegeld, Ruhegehalt) noch nicht mit dem Tage der Entstehung des B.dienstverhältnisses, sondern mit dem Tage des Dienstantritts. Mit diesem Tage erwirbt er aber auch schon ein Recht auf das Wartegeld, Ruhegehalt und Hinterbliebenenbezüge, wenn auch bedingt durch den späteren Eintritt gewisser Ereignisse. Das wohlerworbene Recht auf Unterhalt wird also nicht nur dann verletzt, wenn während der Dienstzeit des B. in die Dienstbezüge (während des einstweiligen Ruhestandes in das Wartegeld, während der endgültigen Zurruhesetzung in das Ruhegehalt und nach dem Tode in die Hinterbliebenenversorgung) kürzend eingegriffen wird, sondern schon dann, wenn der Eingriff in die später wirksam werdenden Ansprüche in einem früheren Zeitraum erfolgt. ... Die Beamten, die zur Zeit des Inkrafttretens der RV. im Amt waren, haben also ein wohlerworbenes Recht darauf überkommen, daß die Bezüge, die ihnen nach den damaligen Besoldungs- und Pensionsgesetzen oder auf Grund besonderer Zusicherungen der maßgebenden Stellen zustanden und die nach damaliger Auffassung als angemessen und standesgemäß erachtet wurden, nicht herabgesetzt werden.

2. Der B. kann nicht schlechthin „standesmäßigen" Unterhalt, sondern nur Unterhalt nach Maßgabe der Besoldungsgesetze verlangen. Triepel ArchöffR. 40 S. 363, Lewin Gruchot 65 S. 195. And. Ans. Lammers, Staats- u. Selbstverw. 1924 H. 9 S. 111; u. Giese ArchöffR. 1923, Bd. 6, H. 1 S. 32f., die annehmen, daß der Unterhalt standesgemäß sein müsse und nicht nur im Umfange der in der BesO. und den Pensionsgesetzen festgelegten Höhe zum wohlerworbenen Recht erwachse.

§ 43.

Ein Beamter, welcher früher ein mit einem höheren Diensteinkommen verbundenes Amt bekleidet und dieses Einkommen wenigstens ein Jahr bezogen hat, erhält, sofern der Eintritt oder die Versetzung in ein Amt von geringerem Diensteinkommen nicht lediglich auf seinen im eigenen Interesse gestellten Antrag erfolgt oder aber als Strafe auf Grund des § 75 gegen ihn verhängt ist, bei seiner Versetzung in den Ruhestand eine nach Maßgabe des früheren höheren Diensteinkommens unter Berücksichtigung der gesamten Dienstzeit berechnete Pension. Jedoch soll die gesamte Pension das letzte pensionsberechtigte Diensteinkommen nicht übersteigen.

1. Der Regelfall ist, daß das letzte Diensteinkommen eines B. auch das höchste ist. Von dieser Regel stellt § 43 den Ausnahmefall dar, um dem B. das nach § 42 höchst anrechnungsfähige Einkommen für die Pensionsberechnung zugrunde legen zu können. Voraussetzung hierfür ist aber: a) daß das Dienstverhältnis zwischen dem Bezug des höheren und des zuletzt bezogenen Diensteinkommens ununterbrochen fortgedauert hat; b) daß das frühere Diensteinkommen mindestens ein Jahr

bezogen worden ist; c) daß es pensionsfähig gewesen sein muß RG. 17. 4. 28 JW. 28, 1655 (RG. 121, 59); d) daß nicht der „Eintritt" (beim Verbleiben am gleichen Ort) oder die Versetzung des B. ausschließlich auf seinen Antrag und in seinem Interesse erfolgt ist; es müssen zum mindesten auch Interessen der Verwaltung mitgesprochen haben; e) es muß im Falle d die Zustimmung des B. vorgelegen haben. Das höhere Diensteinkommen spielt also keine Rolle, wenn auf die Verminderung desselben zugleich mit Strafversetzung im förmlichen Disziplinarstrafverfahren erkannt ist (§ 75 Ziff. 1 BGB.); f) das frühere höhere Einkommen darf nicht in einem Amt bezogen sein, nach dessen Bekleidung der B. aus dem Dienst entlassen und wieder neu eingestellt worden ist (§ 33 RBG.), oder wenn er in den Ruhestand versetzt und demnächst wieder in den Dienst getreten ist (Perels-Spilling § 43 Anm. 1, Pieper § 43 Anm. 1, Schulze § 43 Anm. 1). Bei der Dienstentlassung ist aber zu unterscheiden, ob sie mit oder ohne Pension erfolgt ist. Im letzteren Fall kommt § 58 RBG. zur Anwendung. Vgl. hierzu Brand S. 243.

2. Falls die nach § 43 errechnete Pension das nach § 42 errechnete, zuletzt bezogene Diensteinkommen übersteigt, so muß sie nach § 43 Satz 2 auf diesen letzteren Betrag herabgemindert werden, weil ein B. im Ruhestand kein höheres Diensteinkommen haben darf als im aktiven Stand.

§ 44.

Das mit Nebenämtern oder Nebengeschäften verbundene Einkommen begründet nur dann einen Anspruch auf Pension, wenn eine etatsmäßige Stelle als Nebenamt bleibend verliehen ist.

1. Über den Begriff des Nebenamts siehe § 16 Anm. 2. Das Hauptamt braucht nicht notwendig ein Reichsamt, sondern kann auch ein Amt im mittelbaren oder unmittelbaren Dienst eines Landes (einer Kommune) sein. JW. 99, 283 Nr. 21; RG. 43, 132.

2. Das Reichs-Nebenamt muß a) dauernd, d. h. lebens-

länglich verliehen sein. Die Widerruflichkeit nach § 16 Abs. 2 hindert nicht den dauernden Charakter des Amts; b) das Nebenamt muß planmäßig sein; c) im übrigen müssen die allgemeinen Voraussetzungen für die Bewilligung einer Pension vorliegen.

3. Steht der B. auch im Hauptamt im Reichsdienst, und scheidet er aus Haupt- wie Nebenamt gleichzeitig aus, so wird die Pension nach dem gesamten ruhegehaltsfähigen Diensteinkommen beider Ämter ermittelt; andernfalls, d. h. bei nicht gleichzeitigem Ausscheiden, findet die Ruhegehaltsberechnung nach Ämtern getrennt statt.

4. § 44 ist zwingenden Rechts und kann nicht durch Etatsvorschriften ausgeschlossen werden. Schulze 168.

5. Mit der Versetzung aus dem Hauptamt geht auch das Nebenamt unter, wenn infolge Wechsels des Wohnsitzes seine Ausübung unmöglich geworden ist. Laband I 398, Pieper 159.

6. Die Hinterbliebenen solcher B., die nur nebenamtlich im Reichsdienst angestellt gewesen sind, haben keinen Anspruch auf Witwen- und Waisengeld. § 1 HFG.

Berechnung der Dienstzeit.

§ 45.

Die Dienstzeit wird vom Tage der ersten eidlichen Verpflichtung für den Reichsdienst an gerechnet.

Kann jedoch ein Beamter nachweisen, daß seine Vereidigung erst nach seinem Eintritt in den Reichsdienst stattgefunden hat, so wird die Dienstzeit von dem letzteren Zeitpunkt an gerechnet.

Unberücksichtigt bleibt diejenige Zeit, in welcher der Beamte ohne bleibende Verleihung einer etatsmäßigen Stelle nur in der im § 38 angegebenen Weise beschäftigt gewesen ist. Die Zeit unentgeltlicher Beschäftigung wird nur insoweit berücksichtigt, als die Beschäftigung zur Erreichung eines mit einem Dienst-

einkommen aus der Reichskasse verbundenen Amtes bestimmt war.

1. Die Berechnung der Dienstzeit ist von Bedeutung einmal für die Frage, ob die Voraussetzungen des Ruhegehaltsanspruchs vorliegen, und sodann für die Höhe desselben.

2. Um Zweifel über den Beginn der Dienstzeit nach Möglichkeit auszuschließen (RG. 47, 283; 51, 296) wählt das Gesetz als maßgebenden Zeitpunkt die Vereidigung für den Reichsdienst, die regelmäßig aus einem Protokoll über diesen Vorgang zu ersehen ist. Es braucht in diesem Falle nicht ausdrücklich nachgewiesen zu werden, daß der B. mit dem Zeitpunkt der Vereidigung auch tatsächlich den Dienst angetreten hat. RG. 81, 380; JW. 1927, 1255. (And. Ans. Apel, JW. 27, 2185.) Dies gilt auch dann, wenn der B. zur Zeit seiner Vereidigung nur Kündigungs- und nicht in einer zum Ruhegehalt berechtigenden Stelle angestellter Beamter war. RG. 21. 1. 27 JW. 27, 1265. Weist der B. nach, daß er vor diesem Zeitpunkt in den Reichsdienst getreten ist (Amtsantritt), oder hat eine Vereidigung überhaupt nicht stattgefunden, so wird der Tag des Amtsantritts als Anfangspunkt der Dienstzeit gesetzt.

Der Tag der Vereidigung gilt als erster Tag der Dienstzeit. Die Vereidigung muß für den Reichsdienst, d. h. das Reichsb.-verhältnis erfolgt sein (RG. 51, 295); hierher zählt auch der Reichsbankdienst. Ist die Vereidigung für die Dienste eines deutschen Landes (§ 46 Nr. 2) erfolgt, so wird die Dienstzeit bei Berechnung der Reichspension nicht nach dem Tage der Vereidigung, sondern nach dem Antritt im Dienst des Landes berechnet. Eine Vereidigung auf Grund eines bloß privatrechtlichen Dienstvertrages setzt dagegen nicht die Dienstzeit im Sinne des § 45 in Lauf. (Z. B. Hilfsbahnwärter, die später in ein B.verhältnis zum Reich getreten sind. [RG. 51, 295].) Eine Anrechnung findet aber statt, wenn der B. zum Zwecke der Vorbereitung für seinen künftigen Beruf oder aus sonstigen dienstlichen Gründen im Dienste eines Reichsb. steht, wobei dieses Dienstverhältnis aber keinen privatrechtlichen, sondern öff.-rechtlichen Charakter tragen muß; letzteres ist der Fall, wenn der B. aus Reichsmitteln besoldet wird, wenn er eine

Anstellungsurkunde erhalten hat, oder amtliche Befugnisse gegenüber dem Publikum wahrzunehmen hat usw. (Postgehilfe RG. 17, 62; JW. 93, 49.) Vgl. ferner § 52 Nr. 4 RBG. Nicht anrechenbar ist die Zeit des Studiums, der Ausbildung und der unentgeltlichen Beschäftigung, wenn sie nur privatrechtlichen Charakter hat. RG. 30. 3. 26 JW. 26, 2288 Nr. 5. Dient die unentgeltliche Beschäftigung dagegen der Erreichung einer Dienststelle, deren Inhaber ein Diensteinkommen vom Reich bezieht (Beschäftigung im Vorbereitungsdienst und als unbesoldeter geprüfter B. bis zur Übernahme in das Diätarien- oder feste Anstellungsverhältnis, so findet eine Anrechnung statt.

3. Da die Dienstzeit die ganze Zeit umfaßt, in der ein Dienstpflichten begründendes B.verhältnis besteht, ohne daß es notwendig ist, daß der B. Dienste tut (RG. 51, 305), wird auch die Zeit der Erkrankung, des Urlaubs (RG. 41, 111; 47, 287; 51, 304; 86, 291; 94, 198; JW. 1900, 792 Nr. 23), ja sogar die Zeit der unerlaubten Entfernung, der Verbüßung einer Freiheitsstrafe und der Amtssuspension bei der Pensionsberechnung berücksichtigt. Schulze, Komm. S. 171. Anderseits wird die Pensionszeit bei späterer Wiedereinstellung nicht angerechnet, es sei denn, daß § 46 Nr. 1 zutrifft.

4. Daß die Dienstzeit eine ununterbrochene sei, wird vom Gesetzgeber nicht vorgeschrieben. B., die bereits einmal ausgeschieden und dann wieder angestellt worden sind, ist die Dienstzeit vor ihrem Ausscheiden anzurechnen. Schulze (Komm. S. 171, ebenso Pieper 163, Perels u. Spilling 80 Brand, Komm. 249) ist für Anrechenbarkeit sogar dann, wenn die B. auf Grund eines Straf- oder Disziplinarurteils ausgeschieden waren. Die herrschende Ansicht läßt aber eine Anrechnung in diesen Fällen, und zwar auch dann nicht zu, wenn etwa dem B. später im Gnadenwege die Anstellungsfähigkeit für das betr. Amt wieder verliehen ist. RG. 2, 292. Die gesamte Militärdienstzeit wird auf alle Fälle angerechnet. G. 4. 7. 21 (RGBl. 825) und Ausf.best. RFM. 29. 8. 24 (RbesBl. 279) und 18. 4. 25 (RbesBl. 127) sowie RArbM. 18. 6. 25 (RVBl. 98). Daß die zwischen der Entlassung aus dem früheren Amt und

der Wiedereinstellung liegende Zeit nicht auf das Pensionsdienstalter anrechenbar ist, ist eigentlich selbstverständlich. RG. 89, 296.

5. Für sämtliche Ansprüche, die sich auf die Berechnung der Dienstzeit (§§ 45—52) stützen, ist der ordentliche Rechtsweg zulässig.

§ 46.

Bei Berechnung der Dienstzeit kommt auch die Zeit in Anrechnung, während welcher ein Beamter

1. im einstweiligen Ruhestand im Reichs- oder Landesdienste verwendet worden ist oder
2. im Dienste eines Bundesstaats oder der Regierung eines zu einem Bundesstaate gehörenden Gebiets sich befunden hat oder
3. als anstellungsberechtigte ehemalige Militärperson nur vorläufig oder auf Probe im Zivildienste des Reichs, eines Bundesstaats, oder der Regierung eines zu einem Bundesstaate gehörenden Gebiets beschäftigt worden ist, oder
4. eine praktische Beschäftigung außerhalb des Dienstes des Reichs oder eines Bundesstaats ausübte, insofern und insoweit diese Beschäftigung vor Erlangung der Anstellung in einem Reichs- oder unmittelbaren Staatsamte behufs der technischen Ausbildung in den Prüfungsvorschriften ausdrücklich angeordnet ist.

Im Falle der Nr. 2 wird die Dienstzeit nach den für die Berechnung der Dienstzeit im Reichsdienste gegebenen Bestimmungen berechnet.

Zu 1. Die Wartezeit ist Dienstzeit, weil durch die Versetzung in den einstweiligen Ruhestand die Dienstpflichten nicht aufgehoben werden. Nach der jetzigen Fassung des § 46 Ziff. 1, die auf Art. 1 Ziff. IV und Art. 22 Abs. 1 S. 2 PAB. 27. 10. 23

(RGBl. I 999) und G. 4. 8. 25 (RGBl. I 181) beruht, wird nicht mehr, wie früher, die Zeit angerechnet, während der ein B. unter Bezug von Wartegeld sich im einstweiligen Ruhestand befunden hat, sondern es muß eine Verwendung des Wartegeldempfängers im Reichs- oder Staatsdienst stattgefunden haben. Diese Vorschrift gilt einstweilen bis 31. 1. 29 mit der Maßgabe, daß erworbene Rechte bestehen bleiben. G. 25. 7. 28 (RGBl. I 289). Entsprechendes gilt auch für Reichsbahnbeamte. V. 7. 9. 28, DV.arch. 9. Jg. S. 17, Brand, Komm. 252.

Zu 2. Nur der unmittelbare Staatsdienst kommt hier in Betracht, da vom mittelbaren § 52 Ziff. 1 handelt. Mit der Regierung eines zu einem Bundesstaate gehörigen Gebietes sind die Rechtsvorgänger einzelner Bundesstaaten gemeint (z. B. Hannover, Hessen-Kassel, aber auch Schleswig-Holstein), Schulze S. 173. Die Frage, ob unmittelbarer Staatsdienst vorliegt, ist nach Landesgesetz zu beurteilen, wie aus dem Schlußsatze des § 46 zu folgern ist (Schulze 173; Brand Komm. S. 253; and. Ans. Perels und Spilling § 46 Anm. 2a; RG. 6, 105; JW. 82, 132; RG. 7. 7. 26 LZ. 27, 196).

Zu 3. Für die sog. Militäranwärter gilt gemäß § 45, daß die Dienstzeit auch dann schon zu laufen beginnt, wenn sie nur auf Probe oder auf Widerruf angestellt sind; nach § 46 Ziff. 3 zählt die Probezeit und die widerrufliche Beschäftigung sogar dann, wenn sie überhaupt noch nicht angestellt sind (Pieper § 46 Anm. 5; Schulze 173). Nach RFM. 16. 10. 24 (RbesBl. 323) haben die früheren Erlasse des pr. Staatsministeriums auch jetzt noch Geltung. Vgl. auch RFM. 4. 1. 27 (RFBl. 12), Brand, Komm. S. 253.

Zu 4. Die außerordentliche Beschäftigung muß unter folgenden Voraussetzungen als Dienstzeit angerechnet werden: a) es muß eine praktische Beschäftigung sein; Gegensatz: Studium; b) sie muß der technischen Ausbildung für ein Reichs- oder Staatsamt dienen, also nicht Referendarszeit, auch nicht kaufmännische Tätigkeit (JW. 11, 992 Nr. 34); c) diese Ausbildung muß in den Prüfungsvorschriften ausdrücklich angeordnet sein; es darf sich aber nur um die vorgeschriebene und keine längere Ausbildungszeit handeln. Ob die Prüfung tatsächlich abgelegt oder erlassen ist, ist gleichgültig. RG. 24. 1. 28 Recht 28, 173.

5. Bezüglich der Mitglieder des Reichsgerichts vgl. § 130 Abs. 3 GVG.; bez. der oberen Marinebeamten § 9 G. 4. 4. 74 und Art. II G. 21. 4. 86 (RGBl. 74, 25 und 86, 90); für die Vorsitzenden der Arbeitsgerichte § 19 Abs. 2 ArbGG. 23. 12. 26 (RGBl. I 507).

6. Der Rechtsweg über die in § 46 geregelten Fragen ist zulässig. RG. 6, 105.

§ 47.

Der Zivildienstzeit wird die Zeit des aktiven Militärdienstes hinzugerechnet.

1. Nur die aktive Dienstzeit, nicht die Zeiten des Beurlaubtenstandes. Einerlei ist, ob der B. den Militärdienst zur Erfüllung seiner Wehrpflicht oder als Offizier, Arzt oder Militärb. geleistet hat.

2. § 38 RMG. Den nach § 11 WehrmVersG. 4. 8. 21 i. d. Fass. v. 22. 6. 23 (RGBl. I 409) und v. 31. 7. 25 (RGBl. I 161) angestellten Inhabern des Zivildienstscheins wird die Militärdienstzeit als ruhegehaltsberechtigende Dienstzeit gemäß §§ 47, 48 RBG. oder doch mindestens insoweit angerechnet, als die Anrechnung nach landesgesetzlichen Vorschriften zulässig ist. Für die vor Inkrafttreten des G. v. 4. 8. 21 entlassenen Versorgungsanwärter gilt § 23 MannschVersG. v. 1906.

Für Seereisen der Marineangehörigen außerhalb der Nord- und Ostsee, die über sechs Monate gedauert haben, findet unter gewissen Voraussetzungen eine doppelte Anrechnung statt. Art. 1 G. 24. 3. 87 und Art. 4 G. 22. 5. 93 (RGBl. 87, 149; 93, 171), Schulze 175.

§ 48.

Die Dienstzeit, welche vor den Beginn des achtzehnten Lebensjahrs fällt, bleibt außer Berechnung.

Nur im Kriegsfalle wird die Militärdienstzeit vom Beginne des Krieges, beim Eintritt in den Militärdienst während des Krieges vom Tage des Eintritts ab gerechnet.

Als Kriegszeit gilt in dieser Beziehung die Zeit vom Tage einer angeordneten Mobilmachung, auf welche ein Krieg folgt, bis zum Tage der Demobilmachung.

Die Vorschrift des Abs. 1 gilt auch für die außeramtliche Tätigkeit und die praktische Beschäftigung im Sinne des § 46.

Wegen des Begriffs Kriegszeit und Mobilmachung vgl. Anm. 2 zu § 49.

§ 49.

Für jeden Krieg, an welchem ein Beamter im Reichsheer, in der Kaiserlichen Marine oder bei den Kaiserlichen Schutztruppen oder in der bewaffneten Macht eines Bundesstaats teilgenommen hat, wird zu der wirklichen Dauer der Dienstzeit ein Jahr (Kriegsjahr) hinzugerechnet; jedoch ist für mehrere in ein Kalenderjahr fallende Kriege die Anrechnung nur eines Kriegsjahrs zulässig.

Wer als Teilnehmer an einem Kriege anzusehen ist, unter welchen Voraussetzungen bei Kriegen von längerer Dauer mehrere Kriegsjahre anzurechnen sind, welche militärische Unternehmung als ein Krieg im Sinne dieses Gesetzes anzusehen und welche Zeit als Kriegszeit zu rechnen ist, wenn keine Mobilmachung oder Demobilmachung stattgefunden hat, dafür ist die nach § 17 des Offizierpensionsgesetzes vom 31. Mai 1906 in jedem Falle ergehende Bestimmung des Kaisers maßgebend. Für die Vergangenheit bewendet

es bei den hierüber in den einzelnen Bundesstaaten getroffenen Bestimmungen.

1. Die allgemeine Voraussetzung für die Anrechnung von Kriegsjahren ist die Teilnahme am Krieg im Reichsheer, bei der Marine oder den Schutztruppen. Die Vorschrift über die „Kriegsbeteiligung in der bewaffneten Macht bei einem Bundesstaat" dürfte praktisch keine Bedeutung mehr beanspruchen. Unerheblich ist auch, ob der B. als Person des Soldatenstandes oder als Militärb. am Kriege teilgenommen hat.

2. Die besonderen Voraussetzungen werden gemäß § 49 Abs. 2 von Fall zu Fall durch Verordnungen festgesetzt. — Für den Krieg 1914—18 kommen in Betracht die Erlasse v. 7. 9. 15; 24. 1. 16; 30. 1. und 20. 3. 17 und 21. 1. 18 (RGBl. 15, 599; 16, 85; 17, 149 und 315; 18, 73), ferner V. 30. 11. 18 (RGBl. 19, 183). Vgl. RFM. 5. 4. 29 (RbesBl. 26) Aufenthalt in einem Lazarett im Kriegsgebiet. Entspr. gilt für Reichsbahnb. RVM. 22. 4. 29 (V.arch. 9, 433). Für die Berechnung als Kriegsjahre kommt nur die Zeit v. 1. 8. 14 bis 31. 12. 18 in Betracht RFM. 29. 8. 24 (RBesBl. 279); das Jahr 1919 kommt auf keinen Fall in Betracht RFM. 7. 3. 25, RFBl. 25, 58f., PrFM. 18. 7. 24 (PrBesBl. 247).

§ 50.

Inwieweit die Zeit eines Festungsarrestes oder einer Kriegsgefangenschaft angerechnet werden könne, ist nach den für die Pensionierung der Militärpersonen des Reichsheeres und der Kaiserlichen Marine geltenden gesetzlichen Bestimmungen zu bemessen.

Die einschlägigen Bestimmungen sind enthalten in § 18 des OPG. v. 31. 5. 06 (RGBl. 565) i. d. Fass. v. 4. 8. 14 (RGBl. 335) und V. 30. 11. 18 (RGBl. 19, 188). Für die Zeit der Kriegsgefangenschaft vgl. V. 30. 11. 18 (wie oben), RAM. 9. 10. 22 (RVBl. 465); pr. Staatsmin. 6. 6. 24 (PrBesBl. 248) und die Zusammenstellung im RFBl. 25, 58f.

Die einfache Anrechnung der in der Kriegsgefangenschaft zugebrachten Zeit ist begründet, falls die Gefangennahme vor dem 1. 1. 19 stattgefunden hat; wegen der doppelten Anrechnung V. d. Reichsregier. 30. 12. 18 (RGBl. 19, 183) und RFM. 29. 8. 24 (RbesBl. 279) sowie v. 2. 7. 26 I B 12073. Nach diesem Erlaß darf das G. v. 29. 8. 24 über eine erhöhte Anrechnung der während des Krieges zurückgelegten Dienstzeit (RGBl. I 825) allgemein so angewendet werden, als ob im § 1 Abs. 2 unter Nr. 1 die die Zeit der Kriegsgefangenschaft betreffenden Vorschriften (§ 50 RBG., § 180 PG. und § 8 d. MannschVersG.) nicht mit aufgeführt wären.

§ 51.

Den Beamten, welche in außereuropäischen Ländern eine längere als einjährige Verwendung gefunden haben, wird die daselbst zugebrachte Dienstzeit bei Verwendung in Ost- und Mittelasien, Mittel- und Südamerika bei der Pensionierung doppelt in Anrechnung gebracht.

Bei Verwendung von Beamten in anderen außereuropäischen Ländern als den vorbezeichneten ist es dem Beschlusse des Bundesrats vorbehalten, dem Vorstehenden entsprechende Bestimmungen zu treffen.

Wegen Einzelheiten siehe die Aufzählung bei Arndt S. 94 und 95 und Brand, Komm. S. 262.

§ 52.

Mit Genehmigung des Bundesrats (Reichsrats) kann nach Maßgabe der Bestimmungen in den §§ 45 bis 49 die Zeit angerechnet werden, während welcher ein Beamter

1. sei es im In- oder Ausland als Sachwalter oder Notar fungiert, im Gemeinde-, Kirchen- oder Schuldienst oder im Dienste einer landesherrlichen Haus- oder Hofverwaltung sich befunden, oder

2. im Dienste eines dem Reiche nicht angehörigen Staates gestanden hat, oder
3. außerhalb des Dienstes des Reichs oder eines Bundesstaats praktisch beschäftigt gewesen ist, insofern und insoweit diese Beschäftigung vor Erlangung der Anstellung in einem Reichs- oder unmittelbaren Staatsamte herkömmlich war,
4. vor seiner Anstellung ununterbrochen im privatrechtlichen Vertragsverhältnis eines Dienstverpflichteten dem Reiche oder einem Bundesstaate gegen unmittelbare Bezahlung aus der Reichs- oder einer Staatskasse Dienste geleistet hat, insofern er mit Aussicht auf dauernde Verwendung ständig und hauptsächlich mit den Dienstverrichtungen eines Beamten betraut gewesen ist und diese Beschäftigung zu seiner Anstellung geführt hat.

1. Der Reichsrat entscheidet nach freiem Ermessen. Ein Rechtsanspruch besteht nicht, RG. 81, 400; 84, 221, Brand BR. 289. Bei Verleihung einer Stelle mit rückwirkender Kraft kommt eine Anrechnung im Sinne des § 52 nicht in Frage. RG. 109, 220.

Zu 1. Unter diese Ziffer fällt jeder mittelbare Staatsdienst. Zu 2. Es muß sich um ein öffentliches Amt handeln; hierher gehört z. B. auch Schuldienst an staatlichen wie nichtstaatlichen Schulen. Zu 3. Herkömmlich ist soviel wie zur praktischen Ausbildung geboten. Zu 4. Es kommen hier namentlich Dienstverpflichtete der Eisenbahnverwaltung in Frage (RG. 78, 97; 81, 403). Vgl. Grundsätze des Reichsrats v. 30. 6. 27 (RFM. 15. 7. 27 RbesBl. 27, 69), abgedr. bei Brand, Komm. S. 265. Diese Grundsätze gelten auch f. d. Reichsbahnb. d. ReichsbG. 9. 6. 27 D.B.arch. 27, 613. Ausf.vorschr. d. RFM. 24. 11. 27 (RFBl. 28, 8) und 13. 8. 28 (RFBl. 448). Für Reichspost Ausf.best. 2. 12. 27 (RPBl. 466).

Nachweis der Dienstunfähigkeit.

§ 53.

Zum Erweise der Dienstunfähigkeit eines seine Versetzung in den Ruhestand nachsuchenden Reichsbeamten ist die Erklärung der demselben unmittelbar vorgesetzten Dienstbehörde erforderlich, daß sie nach pflichtmäßigem Ermessen den Beamten für unfähig halte, seine Amtspflichten ferner zu erfüllen.

Inwieweit andere Beweismittel zu erfordern oder der Erklärung der unmittelbar vorgesetzten Behörde entgegen für ausreichend zu erachten sind, hängt von dem Ermessen der über die Versetzung in den Ruhestand entscheidenden Behörde ab.

1. Grundsätzlich ist zur Versetzung eines B. in den Ruhestand ein Antrag erforderlich. Die §§ 54, 55 RBG. behandeln Einzelheiten bei dem Verfahren über eine freiwillige Versetzung des B. in den Ruhestand. Voraussetzung ist Dienstunfähigkeit des B., die in einem formlosen Verfahren festgestellt wird, während das Zwangspensionierungsverfahren zur Voraussetzung hat, daß der B. seine Dienstunfähigkeit bestreitet. Zu letzterem Fall bildet nur wieder der § 65a RBG. eine Ausnahme (Vollendung des 65. Lebensjahres).

2. Unbedingte Voraussetzung für die Pensionierung ist die Erklärung der unmittelbar vorgesetzten Behörde, daß der B. dienstunfähig ist. Über den Begriff der Dienstunfähigkeit siehe § 34 RBG. Diese Erklärung kann nicht durch ein ärztliches Zeugnis ersetzt werden. Eine Ersetzung der Erklärung der zuständigen Behörde durch ein gerichtliches Feststellungsurteil ist nicht angängig. JW. 12, 261. Die Erklärung der Behörde ist auch dann erforderlich, wenn Pensionsansprüche wegen einer durch einen Betriebsunfall hervorgerufenen Dienstunfähigkeit geltend gemacht werden (RG. 44, 35; JW. 99, 544 Nr. 43). Nur im letzteren, nicht dagegen im ersteren Falle (RG. 70, 398 und 419, 89, 421 und PrVerwBl. 33, 62) kann das Gericht die durch den Dienstunfall eingetretene Be-

schränkung der Erwerbsfähigkeit bei Geltendmachung von Pensionsansprüchen sachlich nachprüfen (JW. 07, 495 Nr. 39). Abweichendes bez. des ersteren Falles gilt nur dann, wenn über eine Dienstunfähigkeit gemäß § 36 RBG. entschieden werden soll, RG. 74, 97 Brand, Komm. S. 270. Auch der Dienststrafrichter hat die Frage der Dienstunfähigkeit nicht nachzuprüfen, RDiszH. 19. 12. 22 Schu-Si. 119.

3. Die Kosten des ärztlichen Zeugnisses hat der B. nur dann zu tragen, wenn es nicht ausschließlich oder überwiegend im dienstlichen Interesse erforderlich war.

4. Bei der Pensionierung von B. im einstweiligen Ruhestand wird das Zeugnis von derjenigen Behörde ausgestellt, die zuletzt dem B. unmittelbar vorgesetzt war.

§ 54.

Die Bestimmung darüber, ob und zu welchem Zeitpunkte dem Antrag eines Beamten auf Versetzung in den Ruhestand stattzugeben ist, sowie ob und welche Pension demselben zusteht, erfolgt durch die oberste Reichsbehörde, welche die Befugnis zu solcher Bestimmung auf die höhere Reichsbehörde übertragen kann. Bei denjenigen Beamten, welche eine Kaiserliche Bestallung erhalten haben, ist die Genehmigung des Kaisers (Reichspräsidenten) zur Versetzung in den Ruhestand erforderlich.

1. Die Entscheidung der obersten Reichsbehörde trägt deklaratorischen, nicht konstitutiven Charakter, denn sie stellt nur bereits begründete Rechte fest. RG. 81, 105; 91, 376 Daniels B.jahrb. 29, 57. Es handelt sich um einen einseitigen Staatshoheitsakt (RDiszH. 12. 1. 26 DRichtZ. Rspr. H. 3 Nr. 337), der, wenn er dem B. noch nicht zugegangen ist, zurückgenommen werden kann; dies ist wichtig für den Fall der Einleitung eines förmlichen Straf- oder Dienststrafverfahrens gegen den B., weil nach der Pensionierung der Pensionsanspruch unverlierbar ist (§ 34 RBG.). Vgl. RG. 85, 192;

RDiszH. 8. 10. 23; 11. 12. 25 und 12. 1. 26 DRichtZ. 26 Rechtspr. 26, 89; DJZ. 27, 90.

2. Ganz oder teilweise zu Unrecht gezahlte Ruhegehaltsbeträge kann das Reich gemäß §§ 812, 814 BGB. zurückfordern, RG. 85, 192. Vgl. auch § 39 RBesO. u. Nr. 95 RBBl.

3. Gegen die Entscheidung der obersten Reichsbehörde gibt es kein Rechtsmittel, gegen die Entscheidung der nachgeordneten Behörde nur die Beschwerde. Wohl dagegen ist der Rechtsweg zulässig über die Frage der Berechtigung der Pension, und zwar dem Grunde und der Höhe nach. § 149 RBG.

4. Zu welchem Zeitpunkte dem Antrage stattzugeben ist, entscheidet das freie Ermessen der Behörde; dienstliche und finanzielle Interessen sind maßgebend. RDiszH. 14. 12. 25 DRichtZ. 26 Rspr. Nr. 336.

Zahlbarkeit der Pensionen.

§ 55.

Die Versetzung in den Ruhestand tritt, sofern nicht auf den Antrag oder mit ausdrücklicher Zustimmung des Reichsbeamten ein früherer Zeitpunkt festgesetzt wird, mit dem Ablauf des Vierteljahrs ein, welches auf den Monat folgt, in welchem dem Beamten die Entscheidung über seine Versetzung in den Ruhestand bekanntgemacht worden ist.

1. Die jetzige Fassung beruht auf G. v. 4. 8. 25 (RGBl. I 181).

2. Die Festsetzung eines späteren Zeitpunktes darf nur ausnahmsweise erfolgen, wenn es durch dienstliche Interessen geboten ist und die finanziellen Interessen des Reiches nicht gefährdet werden. RDiszH. 14. 12. 25 JurRundsch. 26 Rspr. Nr. 1066.

3. Die Festsetzung des Zeitpunktes hat nicht nur für den Beginn der Pensionszahlungen Bedeutung, sondern es treten auch erst mit ihm alle Wirkungen der Pensionierung ein. Wird daher z. B. bis zu diesem Zeitpunkt ein Urteil rechts-

kräftig, in dem der B. seines Amtes für verlustig erklärt wird, oder stirbt bis dahin ein B., so verliert er seinen Pensionsanspruch (Perels u. Spilling § 78 Anm. 8 Abs. 2; Schulze S. 187) bzw. die Pensionsverfügung wird gegenstandslos. RDiszH. 12. 1. 26 JurRundsch. 26 Rspr. Nr. 1065.

4. Die Zurücknahme der Pensionsverfügung ist bis zum Zeitpunkt des Empfangs derselben durch den B. zulässig, RDiszH. 8. 10. 23 Schu-Si. S. 23. And. Ans. Schlayer Z. f. ges. Strafr.w. 23 S. 239 und Daniels B.jahrb. 1929 (16. Jg.) S. 55.

§ 56.

Die Pensionen werden vierteljährlich im voraus gezahlt.

1. Zurzeit werden die Pensionen wie die Gehälter monatlich im voraus gezahlt. Vorlage von Lebensbescheinigungen erforderlich. § 45 KO. v. 6. 8. 27 (RMBl. 357). Aus der gesetzlichen Bestimmung ergibt sich nicht, daß, wenn ein Pensionär den Beginn des Vierteljahres (das nicht notwendig das Kalendervierteljahr sein muß) erlebt, er auch den Anspruch für dieses ganze Vierteljahr erworben hat, vielmehr gebührt ihm nach § 69 nur die Pension, die auf die Zeit bis zum Ablaufe des Monats entfällt, in dem er stirbt.

2. Die Ansprüche auf Rückstände von Pensionen verjähren in vier Jahren; die Verjährung beginnt mit dem Schluß des Jahres, in welchem die Pension fällig geworden ist, §§ 197, 198, 201 BGB. RG. 31, 129.

3. Wegen der Pfändbarkeit, Abtretung der Pension vgl. § 6.

Kürzung, Einziehung und Wiedergewährung der Pensionen.

§ 57.

Das Recht auf den Bezug der Pension ruht:

1. wenn ein Pensionär das deutsche Indigenat verliert, bis zu etwaiger Wiedererlangung desselben;

2. wenn und solange ein Pensionär aus der Ver-

wendung im Reichs- oder in einem sonstigen öffentlichen Dienste ein Diensteinkommen bezieht, insoweit, als der Betrag dieses neuen Diensteinkommens unter Hinzurechnung der Pension den Betrag des von dem Beamten im Zeitpunkt des Ausscheidens aus dem Dienste bezogenen Diensteinkommens übersteigt.

Als Verwendung im Reichs- oder in einem sonstigen öffentlichen Dienste im Sinne dieser Vorschrift gilt ohne Rücksicht auf die Art und Dauer der Beschäftigung jede Tätigkeit, für die eine Vergütung gewährt wird, die ganz oder zum Teil unmittelbar oder mittelbar aus öffentlichen Mitteln fließt. Auch die Beschäftigung im Kirchendienst und bei der Reichsbank gilt als Verwendung im sonstigen öffentlichen Dienste im Sinne dieser Vorschrift.

Bei Berechnung des früheren und des neuen Diensteinkommens sind die Dienstaufwandsgelder, die jederzeit widerruflichen Zulagen für eine Tätigkeit bei bestimmten Behörden und die Auslandszulagen nicht in Ansatz zu bringen. Dagegen sind sowohl dem früheren und dem neuen Diensteinkommen als auch der Pension die daneben zahlbaren Zuschläge hinzuzurechnen, und zwar nach dem Familienstand und nach den Sätzen zur Zeit der Verwendung. Nach Ortsklassen abgestufte Diensteinkommensteile sind in dem früheren Diensteinkommen mit den für den Ort der Verwendung maßgebenden Sätzen zu berücksichtigen.

1. Die jetzige Fassung beruht auf Art. 2 der 9. Ergänz. z. BesG. 18. 6. 23.

Solange das Recht auf den Bezug der Pension ruht, kann es nicht geltend gemacht werden, bis der Ruhensgrund weggefallen ist. Erlöschen kann das Recht auf Pension nur durch den Verzicht oder den Tod des Pensionärs; im übrigen ist die Entziehung der Pension auch in einem Strafverfahren, das dem Pensionär die bürgerlichen Ehrenrechte aberkennt, nicht möglich, wenn auch Titel, Rang sowie Orden und Ehrenzeichen verlorengehen. Anders liegt es bei der Entziehung der Pension vor dem Tage des Eintritts in den Ruhestand. Das einmal erworbene Ruhegehalt wird auch durch eine nachträgliche Änderung in der körperlichen und geistigen Konstitution nicht beeinflußt. RG. 91, 373. RG. Recht 25, 71.

2. Zu Ziff. 1. Das deutsche Indigenat geht verloren insbesondere durch den Erwerb einer ausländischen Staatsangehörigkeit, § 25 G. 22. 7. 13 (RGBl. 583). Erwirbt der B. die Reichsangehörigkeit wieder, so lebt auch die Pension wieder auf. Bei denjenigen Pensionären, die pensioniert worden sind, ohne die Reichsangehörigkeit zu besitzen, kann auch ein Verlust der Reichsangehörigkeit nicht eintreten und mithin auch § 57 Nr. 1 keine Anwendung finden. Schulze S. 191.

3. Zu Ziff. 2. Während im Falle der Ziff. 1 die Pension gänzlich ruht, ruht sie im Falle der Nr. 2 nur zum Teil. Die Voraussetzungen hierfür sind folgende:

a) Es muß sich um eine Wiederverwendung im Reichs- oder einem sonstigen öffentlichen Dienst handeln. Es genügt, daß der Pensionär irgendeine Beschäftigung ergreift, es braucht nicht eine amtliche, es kann vielmehr auch eine auf einem privatrechtlichen Dienstvertrag beruhende Tätigkeit sein. Notwendig ist nur, daß eine Vergütung gewährt wird, die ganz oder zum wesentlichen, mehr als die Hälfte betragenden Teil unmittelbar oder mittelbar aus öffentlichen Mitteln fließt. Diese Vorschrift ist eng auszulegen; es genügt nicht, daß der Ursprung dieser Bezüge irgendwie auf öffentliche Mittel zurückgeht, so z. B. im Falle der Anstellung bei einem von öffentlichen Körperschaften nach bürgerlichem Recht gebildeten freiwilligen Zusammenschluß (Städtebund, Landkreisbund usw.). Dagegen gehört hierher die Tätigkeit bei einer Handelskammer, bei einer Berufsgenossenschaft, bei der Reichsbank, Reichsbahn, der Deutschen Rentenbank (RG. 119, 209) oder in einem Unternehmen, an dessen Stammkapital das Reich oder ein deutsches Land, Gemeinde usw. mit mehr als der Hälfte beteiligt ist. RG. 17. 11. 25 JurRdsch. 26 Nr. 3 Rspr. 239; Lewin ZBR. 1. Jg. 126f.; RG. v. 4. 6. 29 und 9. 4. 29 in ZBR. 2. Jg. S. 31. (Vorsitzender des Aufsichtsrats der Deutschen Rentenbank, Geschäftsführer des Landesausschusses der preuß. Handelskammern.)

Die Unterschiedsbeträge, die durch diese mit Rückwirkung ausgestattete neue Rechtslage entstanden sind, braucht der wiederbeschäftigte Pensionär für die zurückliegende Zeit nicht zurückzuerstatten. RG. 9. 3. 28 JW. 28 S. 1450; Brand, Komm. S. 280.

b) Ob es sich bei der Wiederbeschäftigung um ein dauerndes oder vorübergehendes Verhältnis handelt, ist für den Beginn des Ruhens der Pension gleichgültig.

c) In welche Form die notwendige Vergütung gekleidet ist (Ruhegehalt, Abfindungsrente) ist unerheblich. RG. 123, 211.

d) Das Ruhegehalt muß aus der Reichskasse gezahlt sein. Ein staatliches Wartegeld, das ein pensionierter Reichsb. erhält, zieht ein Ruhen seines Ruhegehalts nur insoweit nach sich, als beide Bezüge zusammen sein letztes Reichsdiensteinkommen übersteigen. RG. 26. 11. 26 JW. 27, 781. Das Wartegeld wird dabei wie ein Diensteinkommen, nicht wie ein Ruhegehalt angesehen. RG. 18. 11. 27 JW. 28, 1041.

e) Die Vergütung muß für die neue Tätigkeit gewährt werden, die Beibehaltung eines von zwei bisherigen Ämtern kommt nicht in Betracht.

4. Für das, was als Diensteinkommen bei der Berechnung zugrunde zu legen ist, gilt das bereits früher Gesagte, wonach das sachliche Diensteinkommen außer Ansatz zu bleiben hat (also auch Orts- und Teuerungszulagen). Benachrichtigungspflicht hinsichtlich der Wiederbeschäftigung seitens aller Reichs-, Landesbehörden usw. Wegen Mitteilung an Versorgungsbehörden s. RArbM. RVBl. 23, 445; 24, 23; 25, 80 und RArbM. (RArbBl. V 8); RPM. in RPBl. 29, 168 und PrJM. 3. 2. 24; 6. 10. 25 und 15. 4. 29 JMBl. 24, 81; 25, 366; 29, 120.

Über das Ruhen der Versorgungsgebührnisse 9. Erg. BesG. 18. 6. 23 (RGBl. I 385). Die Gültigkeit dieser Bestimmung ist bestritten. Brand, Komm. S. 283; Behrend, Staats- und Selbstverw. 26, 327.

5. Beim Ausscheiden des B. aus seiner neuen Tätigkeit lebt der Ruhegehaltsanspruch wieder auf, mit Ausnahme des Falls, wo er vom Amt suspendiert und ein Teil des neuen Diensteinkommens einbehalten wird. Schulze 193.

6. Die Fälle, in denen der Pensionsanspruch ruht, sind in § 57 erschöpfend aufgezählt. Die Untersuchungs- und Strafhaft ist jedenfalls auf den Bezug der Pension ohne Einfluß. Wenn ein Pensionär stirbt, während sein Pensionsanspruch ruht, so ist trotzdem das Witwen- und Waisengeld von der vollen Pension zu berechnen. Schulze 194.

Hat ein B. Anspruch auf zwei Pensionen oder zwei Wartegelder oder auf Pension und Wartegeld und bezieht er außerdem ein neues Diensteinkommen im Sinne des § 157, so wird durch dieses der Anspruch aus dem älteren Versorgungsbezug nicht berührt. RArbM. 15. 1. 29 (RArbBl. V 3).

7. Über die Frage, ob die Pension nach § 57 ruht, steht der ordentliche Rechtsweg offen. RG. 36, 78.

§ 58.

Ein Pensionär, welcher in eine an sich zur Pension berechtigende Stellung des Reichsdienstes wieder eingetreten ist (§ 57 Nr. 2), erwirbt für den Fall des Zurücktretens in den Ruhestand den Anspruch auf Gewährung einer nach Maßgabe seiner nunmehrigen verlängerten Dienstzeit und des in der neuen Stellung bezogenen Diensteinkommens berechneten Pension nur dann, wenn die neu hinzutretende Dienstzeit wenigstens ein Jahr betragen hat.

Neben einer hiernach neu berechneten Pension ist die alte Pension nur bis zur Erreichung desjenigen Pensionsbetrags zu zahlen, welcher sich für die Ge-

samtdienstzeit aus dem der Festsetzung der alten Pension zugrunde gelegten Diensteinkommen ergibt.

§ 57 Nr. 2 Abs. 3 gilt entsprechend.

1. Der letzte Absatz beruht auf Art. 2 d. 9. Ergänz. d. BesG. v. 18. 6. 23.

2. Die alte Pension wird neben einer neu erdienten insoweit gekürzt, als sie zuzüglich der neuen Pension denjenigen Betrag überschreitet, der sich für die Gesamtdienstzeit aus dem der alten Pension zugrunde gelegten pensionsfähigen Diensteinkommen ergibt. Voraussetzung ist: mindestens einjährige Dienstzeit im neuen Amt und Pensionsfähigkeit desselben.

3. Die nach § 58 berechnete Pension ist auch für das Witwen- und Waisengeld maßgebend.

§ 59.

Erdient ein Pensionär außerhalb des Reichsdienstes eine Pension, die unmittelbar oder mittelbar aus öffentlichen Mitteln gewährt wird, so ist neben ihr die Reichspension nur bis zur Erreichung des im § 58 Abs. 2 angegebenen Betrags zu zahlen. § 57 Nr. 2 Abs. 3 gilt entsprechend.

1. Der Paragraph beruht ebenfalls auf Art. 2 d. 9. Ergänz. d. BesG. 18. 6. 23. Er steht mit § 58 in engem Zusammenhang.

2. „Außerhalb des Re chsdienstes" bedeutet, daß die Pension nicht nach den Reichspensionsvorschriften zu bestimmen ist.

3. Ist ein Ruhegehaltsempfänger aus der ruhegehaltsberechtigten Stelle, in der er wieder eingestellt war, durch rechtskräftiges Strafurteil entlassen, und zwar unter Bewilligung eines Pensionsteils als Unterstützung, so ist auch bei Bemessung dieser Unterstützung das Ruhegehalt nach Maßgabe der nunmehr verlängerten Dienstzeit und des in der neuen Stellung bezogenen Diensteinkommens zu berechnen. Das in der früheren Stellung erworbene Ruhegehaltsrecht wird durch die Strafe der Dienstentlassung nicht berührt. Brand, Komm, S. 285,

§ 60.

Die Einziehung oder Kürzung der Pension auf Grund der Bestimmungen in den §§ 57 bis 59 tritt mit dem Ende des Monats ein, in welchem das eine solche Veränderung bedingende Ereignis sich zugetragen hat; tritt dieses Ereignis am ersten Tage eines Monats ein, so hört die Zahlung mit dem Beginne dieses Monats auf.

Die Wiedergewährung der Pension hebt mit dem Beginne des Monats an, in welchem das eine solche Veränderung bedingende Ereignis sich zugetragen hat.

Fassung gem. Art. 2 d. 9. Ergänz. d. BesG.

Zwangsweise Versetzung in den Ruhestand.

§ 60a.

Reichsbeamte treten mit Ablauf des Vierteljahrs in den Ruhestand, das auf den Monat folgt, in dem sie das fünfundsechzigste Lebensjahr vollendet haben. Bei den Mitgliedern des Reichsgerichts, des Reichsfinanzhofs und des Rechnungshofs des Deutschen Reichs tritt an die Stelle des fünfundsechzigsten Lebensjahrs das achtundsechzigste Lebensjahr.

Abs. 1 gilt nicht für im Dienste befindliche Reichsminister.

Wenn dringende dienstliche Rücksichten der Reichsverwaltung in Einzelfällen die Fortführung der Dienstgeschäfte durch bestimmte Reichsbeamte erfordern, kann die Reichsregierung auf Antrag der obersten Reichsbehörde die Versetzung in den Ruhestand hinausschieben. Dies gilt jedoch nicht für die Mitglieder des Reichsgerichts, des Reichsfinanzhofs und des Rechnungshofs des Deutschen Reichs.

§§ 54, 55 finden keine Anwendung.

1. Die jetzige Fassung beruht auf dem G. v. 4. 8. 25 (RGBl. I 181), das wiederum die durch die PAV. v. 27. 10. 23 eingeführte Änderung neu gefaßt hat. RFM. 16. 5. 28 (RbesBl. 109).

Der § 60a und das entsprechende preußische Gesetz betr. Einführung einer Altersgrenze v. 15. 12. 20 (GS. 621) gründen sich, soweit Rechte in Frage kommen, auf Art. 104 Abs. 1 RV. Nach Ansicht des RG. (RG. 104, 58 und 66) gilt diese Altersgrenze auch für die zur Zeit des Inkrafttretens dieser gesetzlichen Bestimmung bereits angestellten B. trotz Art. 129 Abs. 1 S. 3. And. Ans. Triepel, ArchöffR. 40, 349; Samter „Recht" 3. 117; Giese RV. 285; Helfritz, JahrböR. 1926 S. 246.

2. Der Übertritt in den Ruhestand erfolgt ohne besonderen Akt kraft Gesetzes; doch ist ein solcher Pensionierungsakt allgemein üblich.

Schwebt ein Dienststrafverfahren und ist dieses nicht vor Erreichung der Altersgrenze rechtskräftig beendet, so kann es nach § 75 RBG. mit dem Ziel der Aberkennung der Pension zu Ende geführt werden. § 60a gilt auch für Wartestandsbeamte sowie für die B. der öffentlichen Versicherungsträger.

§ 61.

Ein Reichsbeamter, welcher durch Blindheit, Taubheit oder ein sonstiges körperliches Gebrechen oder wegen Schwäche seiner körperlichen oder geistigen Kräfte zu der Erfüllung seiner Amtspflichten dauernd unfähig ist, soll in den Ruhestand versetzt werden.

1. Liegen die Voraussetzungen des § 61 vor, so ist die Behörde verpflichtet, die entsprechenden Schritte einzuleiten.

2. Erforderlich ist volle Dienstunfähigkeit, eine teilweise genügt nicht; die Dienstunfähigkeit muß ferner eine dauernde sein. Besteht Aussicht auf dauernde Besserung, so kann eine Zwangspensionierung nicht stattfinden, selbst wenn die Dienstunfähigkeit sehr lange dauert. Das Verfahren ist ferner nur dann anwendbar, wenn der B. Anspruch auf Pension hat.

Schließlich darf der B., der für sein jetziges Amt dienstunfähig ist, nicht in der Lage sein, ein anderes Amt, zu dessen Übernahme er nach den §§ 23 und 28 verpflichtet ist, auszufüllen, z. B. weil es eine geringere Beweglichkeit erfordert.

3. Über das Vorliegen der Dienstunfähigkeit entscheidet die vorgesetzte Behörde nach freiem Ermessen und unter Ausschluß des Rechtsweges. Ärztliches Attest allerdings geboten. Der B. muß sich auch gegen seinen Willen eine ärztliche Untersuchung, dagegen nicht seine Verbringung in eine Irrenanstalt zwecks Beobachtung seines Geisteszustandes gefallen lassen (GrDiszH. 20. 6. 23 Amtl. Smlg. 105 f.; PrDiszH. f. nichtr. B. 29. 10. 28 DJZ. 28, 1685). Behauptet umgekehrt der B. seine Dienstunfähigkeit und wird sie von der Behörde bestritten, so kann der B. seine Pensionierung nicht erzwingen (RG. PrVerwBl. 34, 134); er macht sich aber, wenn er trotzdem dem Amt fernbleibt, eines Disziplinarvergehens schuldig.

4. § 62 findet auch auf die in § 158 Abs. 1 RBG. genannten B. Anwendung. Für Mitglieder des Reichsgerichts gilt § 131 GVG.; für Mitglieder des Bundesamts für das Heimatwesen § 43 G. 6. 6. 70 i. V. m. §§ 23—26 G. 12. 6. 69 und der §§ 56—63 PrG. v. 7. 5. 51 (BGBl. 69, 209). Für die Mitglieder des Rechnungshofs ermangelt es an einer reichsgesetzlichen Vorschrift; zur Anwendung kommen aber die Bestimmungen des PrG. über die Errichtung und die Befugnisse der Oberrechnungskammer v. 27. 3. 72 (GS. 278), Perels und Spilling § 158 Anm. 3c, Schulze S. 203.

§ 62.

Sucht der Beamte in einem solchen Falle seine Versetzung in den Ruhestand nicht nach, so wird ihm oder seinem nötigenfalls hierzu besonders zu bestellenden Kurator von der vorgesetzten Dienstbehörde unter Angabe der Gründe der Pensionierung und des zu gewährenden Pensionsbetrags eröffnet, daß der Fall seiner Versetzung in den Ruhestand vorliege.

1. Stellt der B. einen Antrag, so ist nach §§ 53, 54 zu verfahren. § 62 stellt die Einleitung des Zwangspensionierungsverfahrens dar. Die Eröffnungsverfügung der vorgesetzten Behörde enthält regelmäßig den Zeitpunkt, für den die Zurruhesetzung in Aussicht genommen ist.

2. Dem Kurator entspricht nach heutigem Recht der Pfleger nach § 1910 BGB. Er wird bestellt, wenn der B. zur Entgegennahme der Eröffnung und zur Wahrung seiner Rechte nicht mehr fähig ist. Zuständig für seine Bestellung ist das Vormundschaftsgericht (FGG. § 38), zumal es sich hauptsächlich um die Wahrung vermögensrechtlicher Ansprüche des B. handelt. KG. in OLG. 2, 234; KGJ. 19, 47; 37 A 74 und OLG. Kolmar DJZ. 1917 S. 443. And. Ans. Brand, Komm. 294, der in erster Linie die vorgesetzte Dienstbehörde für zuständig hält. Diese kann aber richtiger Ansicht nach nur die Bestellung eines Pflegers beim Amtsgericht anregen.

3. Mit einem Dienststrafverfahren darf das Zwangspensionierungsverfahren nicht verbunden werden; es muß vielmehr sofort eingestellt werden, wenn ein förmliches Disziplinarstrafverfahren eingeleitet wird. RDiszH. 8. 7. 01 Schu-Si. 435.

§ 63.

Wenn der Beamte gegen die ihm gemachte Eröffnung (§ 62) innerhalb sechs Wochen keine Einwendung erhoben hat, so wird in derselben Weise verfügt, als wenn er seine Pensionierung selbst nachgesucht hätte.

Die Zahlung des vollen Gehalts dauert bis zum Ablaufe desjenigen Vierteljahrs, welches auf den Monat folgt, in dem ihm die Verfügung über die erfolgte Versetzung in den Ruhestand mitgeteilt ist.

1. Die Frist von sechs Wochen beginnt mit dem Ablauf des Tages, an welchem dem B. oder seinem Kurator die Eröffnung nach § 62 bekannt gemacht worden ist, und sie endigt mit dem Ablauf des Tages der sechsten Woche, der durch seine

Benennung dem Tage der Bekanntmachung entspricht (BGB. §§ 186, 187 Abs. 1, 188 Abs. 2). Die Frist ist keine Ausschlußfrist; Einwendungen können vielmehr geltend gemacht werden, bis die Zwangspensionierung verfügt ist (Perels-Spilling § 63 Anm. 3, Pieper § 63 Anm. 1, Schulze § 63 Anm. 1). Eine Verlängerung der Frist erscheint nicht angängig Schulze a. a. O.

2. Hat der B. keine Einwendungen erhoben oder nur solche geltend gemacht, die sich nicht gegen die Pensionierung als solche, sondern nur gegen die Höhe der Pension oder den Zeitpunkt des Beginnes derselben richten, so ist nach §§ 53 f. zu verfahren.

3. Die „Verfügung" des Abs. 2 ist die im Abs. 1 erwähnte und nicht die des § 62 (bzw. § 54). Die vermögensrechtlichen Ansprüche des § 63 Abs. 2 können im Rechtswege verfolgt werden.

§ 64.

Werden von dem Beamten gegen die Versetzung in den Ruhestand Einwendungen erhoben, so beschließt die oberste Reichsbehörde, ob dem Verfahren Fortgang zu geben sei.

In diesem Falle hat der damit von der obersten Reichsbehörde zu beauftragende Beamte die streitigen Tatsachen zu erörtern, die erforderlichen Zeugen und Sachverständigen eidlich zu vernehmen und dem zu pensionierenden Beamten oder dessen Kurator zu gestatten, den Vernehmungen beizuwohnen.

Zum Schlusse ist der zu pensionierende Beamte oder dessen Kurator über das Ergebnis der Ermittlungen mit seiner Erklärung und seinem Antrage zu hören.

Zu den Verhandlungen ist ein vereideter Protokollführer zuzuziehen.

1. Die oberste Reichsbehörde, der die Akten vorzulegen sind, beschließt nach freiem Ermessen, ob das Verfahren einzustellen oder das Ermittlungsverfahren einzuleiten ist. Dieses vollzieht

sich im allgemeinen nach den Vorschriften der StPO.; es besteht Protokollzwang.

2. Eine Versetzung in den Ruhestand durch die oberste Reichsbehörde ohne Durchführung des Ermittlungsverfahrens ist nicht zulässig. Schulze 208.

§ 65.

Die geschlossenen Akten werden der obersten Reichsbehörde eingereicht, welche geeignetenfalls eine Vervollständigung der Ermittlungen anordnet.

Die baren Auslagen für die durch die Schuld des zu pensionierenden Beamten veranlaßten erfolglosen Ermittlungen fallen demselben zur Last.

Das Ermittlungsverfahren ist gebühren- und stempelfrei. Auch die baren Auslagen trägt die Reichskasse. Behufs Vermeidung von Verschleppungen ordnet Abs. 2 an, daß die Kosten solcher Beweismittel, die der B. beantragt hat, obwohl er deren Zwecklosigkeit kannte, von dem B. zu tragen sind. Über die hiernach bestehende Kostentragungspflicht entscheidet die oberste Reichsbehörde. Der Rechtsweg ist ausgeschlossen.

§ 66.

Hat der Beamte eine Kaiserliche Bestallung (Bestallung des Reichspräsidenten) erhalten, so erfolgt die Entscheidung über die Versetzung in den Ruhestand vom Kaiser (Reichspräsidenten) im Einvernehmen mit dem Bundesrate (Reichsrate).

In betreff der übrigen Beamten steht die Entscheidung der obersten Reichsbehörde zu. Gegen diese Entscheidung hat der Beamte binnen einer Frist von vier Wochen nach deren Empfang den Rekurs an den Bundesrat (Reichsrat). Des Rekursrechts ungeachtet kann der Beamte von der obersten Reichsbehörde sofort der weiteren Amtsverwaltung enthoben werden.

1. An die Stelle des Kaisers ist der Reichspräsident, an die Stelle des Bundesrats der Reichsrat getreten. Die Entscheidung des Reichspräsidenten, die im Einvernehmen mit dem Reichsrat zu erfolgen hat, der also gutachtlich anzuhören und nicht etwa zuzustimmen hat (Schulze 210, Brand 298, im Gegensatz zu Arndt § 66 Anm. 2), ist endgültig. Ein Rechtsmittel ist nicht gegeben. Reichspräsident und Reichsrat sind allerdings befugt, gemäß § 65 Abs. 1 neue Ermittlungen anzustellen.

2. Gegen die Entscheidungen der obersten Reichsbehörde ist binnen vier Wochen (Ausschlußfrist!) Rekurs an den Reichsrat möglich. Der Rekurs hat keine aufschiebende Wirkung. Schulze 210, Pieper § 67 Anm. 2, Laband I 468 f. Die Entscheidung des Reichsrats ist für die ordentlichen Gerichte bindend. Die Einlegung des Rekurses erfolgt bei der obersten Reichsbehörde oder beim Reichsrat. Dieser kann neue Ermittlungen veranlassen oder sofort auf Grund der Akten entscheiden. Der Rekurs betrifft ausschließlich die Versetzung in den Ruhestand; die Festsetzung der Pension erfolgt durch die oberste Reichsbehörde vorbehaltlich des Rechtsweges.

3. Kündigungsb., die auf Grund einer Kündigung in den Ruhestand versetzt worden sind, haben nicht die Möglichkeit des Rekurses, ihnen verbleibt nur der ordentliche Rechtsweg. E. d. Reichsrats DBA. 8, 117.

§ 67.

Die Zahlung des vollen Gehalts dauert bis zum Ablauf des Vierteljahrs, das auf den Monat folgt, in dem die Entscheidung (§ 66) dem in Ruhestand versetzten Beamten zugestellt worden ist.

1. Der jetzige Wortlaut beruht auf dem G. v. 4. 8. 25 (RGBl. I 181). Bis zum Ablauf der drei Monate bleiben alle B.rechte und -Pflichten bestehen, mithin insbesondere auch die vermögensrechtlichen Ansprüche.

2. Maßgebend ist der Tag der Bekanntmachung der Entscheidung (§ 133 RBG.), nicht deren Datum.

3. Da der Rekurs keine aufschiebende Wirkung hat, können

die Wirkungen der Zwangspensionierung schon eintreten, während der Rekurs beim Reichsrat schwebt (Pieper § 67 Anm. 2, Schulze 211).

§ 68.

Ist ein Beamter vor dem Zeitpunkte, mit welchem die Pensionsberechtigung für ihn eingetreten sein würde, dienstunfähig geworden, so kann er gegen seinen Willen nur unter Beobachtung derjenigen Formen, welche für das förmliche Disziplinarverfahren vorgeschrieben sind, in den Ruhestand versetzt werden.

Wird es jedoch von der obersten Reichsbehörde mit Zustimmung des Bundesrats (Reichsrats) angemessen befunden, dem Beamten eine Pension zu dem Betrage zu bewilligen, welcher ihm bei Erreichung des vorgedachten Zeitpunkts zustehen würde, so kann die Pensionierung desselben nach den Vorschriften der §§ 61 bis 67 erfolgen.

1. § 68 will B., die ohne Pensionsberechtigung in den Ruhestand treten sollen und denen auch im Gnadenwege eine Pension nicht zugedacht wird, durch die Garantien eines förmlichen Verfahrens in die Lage versetzen, ihren Widerspruch gegen die Erklärung der Dienstunfähigkeit geltend zu machen. Nicht unter die Vorschrift des § 68 fallen daher a) B., die pensionsberechtigt sind, sei es auf Grund einer mindestens zehnjährigen Dienstzeit (§ 34) oder gemäß §§ 35, 36; b) B., die sich mit ihrer Zwangspensionierung ohne Zuerkennung einer Pension bedingungslos einverstanden erklärt haben; c) B., die nur auf Kündigung oder Widerruf angestellt und noch nicht pensionsberechtigt sind, selbst wenn sie eine planmäßige Stelle bekleiden.

2. Tritt während des Verfahrens nach § 68 die Pensionsberechtigung ein, so hindert dies die weitere Durchführung nicht (Schulze 212, Pieper § 68 Anm. 4; and. Ansicht Perels-Spilling § 68 Anm. 3).

3. Die Disziplinarbehörden (Disziplinarkammer, Disziplinarhof) dürfen nur darüber befinden, ob wegen Dienstunfähigkeit der Fall der Versetzung in den Ruhestand vorliegt oder nicht. Zur Zubilligung einer Gnadenpension sind sie nicht befugt. RDiszH. 24. 10. 27 DJZ. 28, 180.

4. Die Kosten eines solchen förmlichen Disziplinarverfahrens können in Ermangelung besonderer gesetzlicher Vorschriften dem B. nicht auferlegt werden. OVG. 54, 478; 61, 432; Brand, Komm. 302.

Bewilligung für Hinterbliebene.

§ 69.

Hinterläßt ein Pensionär eine Witwe oder eheliche oder legitimierte Abkömmlinge, so wird die Pension einschließlich einer etwaigen auf Grund des Offizierpensionsgesetzes vom 31. Mai 1006 gewählten Verstümmelungszulage, Kriegszulage und Alterszulage, Pensionserhöhung und Tropenzulage noch für das auf den Sterbemonat folgende Vierteljahr unter Anrechnung des vor dem Tode des Pensionärs fällig gewordenen Betrags gezahlt. Die Zahlung erfolgt im voraus in einer Summe. An wen die Zahlung erfolgt, bestimmt die oberste Reichsbehörde.

Die Zahlung kann mit Genehmigung der obersten Reichsbehörde auch dann stattfinden, wenn der Verstorbene Verwandte der aufsteigenden Linie, Geschwister, Geschwisterkinder oder Pflegekinder, deren Ernährer er ganz oder überwiegend gewesen ist, in Bedürftigkeit hinterläßt oder wenn und soweit der Nachlaß nicht ausreicht, um die Kosten der letzten Krankheit und der Beerdigung zu decken.

Die oberste Reichsbehörde kann die ihr zustehenden Befugnisse auf andere Behörden übertragen.

Der über den Sterbemonat hinaus gewährte Betrag ist der Pfändung nicht unterworfen.

1. Voraussetzungen für den Rechtsanspruch nach § 69 Abs. 1: Der Pensionär muß zur Zeit seines Todes auf Grund des RBG. eine Pension bezogen haben. Ob die Pension auf dem Gesetz beruht oder im Gnadenwege bewilligt oder von der Disziplinarbehörde zugestanden ist, ist unerheblich.

2. Einen Rechtsanspruch haben nur die Witwe, die ehelichen und die legitimierten Kinder. Die übrigen Hinterbliebenen können, wenn die vorgenannten Angehörigen nicht vorhanden sind, im Gnadenweg das Gnadenvierteljahr erhalten.

3. Wenn zur Zeit des Todes die Pension nach § 57 Ziff. 1 (Verlust des Indigenats) ruht, so können die Hinterbliebenen kein Gnadenvierteljahr erhalten, weil die Voraussetzung für die Wiedererlangung der Pension nicht eingetreten ist. Ruht dagegen die Pension nach § 57 Ziff. 2, so steht den Hinterbliebenen das Gnadenvierteljahr zu, ist aber, soweit aus der neuen Dienststelle ein Gnadenvierteljahr gewährt wird, nach § 57 zu kürzen. Schulze 214.

4. Die Witwe hat einen Anspruch auf das Gnadenvierteljahr auch dann, wenn die Ehe erst nach der Pension geschlossen ist; einen Anspruch auf das Witwengeld hat sie in diesem Falle nicht.

5. Die auf den Sterbemonat selbst entfallende Pension steht dem Pensionär und seinen Erben, nicht den Hinterbliebenen zu. Schulze 215.

Übergangsbestimmungen.

§ 70.

Ist die nach Maßgabe dieses Gesetzes bemessene Pension geringer als die Pension, welche dem Beamten hätte gewährt werden müssen, wenn er vor dem Erlasse dieses Gesetzes nach den damals für ihn geltenden Bestimmungen pensioniert worden wäre, so wird die letztere Pension an Stelle der ersteren bewilligt.

Es handelt sich um eine Schutzbestimmung zugunsten wohlerworbener Rechte, die wohl kaum noch praktische Bedeutung haben dürfte. RG. 1, 306; JW. 91, 476 Nr. 32; vgl. Schulze S. 217, 218.

§ 71.

Insofern vor der Übernahme eines Beamten in den Reichsdienst hinsichtlich der aus den früheren Dienstverhältnissen demselben erwachsenden Pensionsansprüche mittels eines vor dem Erlasse dieses Gesetzes abgeschlossenen Staatsvertrages besondere Festsetzungen getroffen sind, sollen diese Festsetzungen auch für die Berechnung der jenem Beamten demnächst aus der Reichskasse zu gewährenden Pension maßgebend sein. Indes sollen statt der gedachten besonderen Bestimmungen die im gegenwärtigen Gesetz enthaltenen Vorschriften insoweit Anwendung finden, als sie für den Beamten günstiger sind.

Der Paragraph hat jetzt keine Bedeutung mehr; es handelt sich um Staatsverträge aus den Jahren 1866 bis 1871. Wegen der neuen Staatsverträge siehe G. 27. u. 30. 4. 20 (RGBl. 643 u. 773). Bezüglich der Altpensionäre vgl. G. 21. 12. 20 (RGBl. 2109) und AusfBest. 9. 7. 21 (RGBl. 886).

Allgemeine Bestimmungen über Dienstvergehen und deren Bestrafung.

§ 72.

Ein Reichsbeamter, welcher die ihm obliegenden Pflichten (§§ 10, 10a, 10b) verletzt, begeht ein Dienstvergehen und hat die Disziplinarbestrafung verwirkt.

1. Auf Grund des G. 21. 7. 22 sind in der Klammer die §§ 10a, 10b eingefügt. Die geplante Reichsdienststrafordnung (RDStO.) sollte an die Stelle der §§ 72—133 RBG. treten. Der Entwurf war bereits in drei Lesungen des 14. Ausschusses

(für Beamtenangelegenheiten) des Reichstages durchberaten worden, ist aber infolge der Auflösung des früheren Reichstages unerledigt geblieben.

2. Der Unterschied des Disziplinar- vom gemeinen Strafrecht beruht darauf, daß bei diesem der Strafanspruch auf dem allgemeinen Untertanenverhältnis, bei jenem aber auf dem besonderen Gewaltverhältnis zwischen B. und Staat beruht. Durch ein und dieselbe strafbare Handlung kann daher der B. sich einer doppelten Bestrafung aussetzen. Auch der Strafzweck ist in beiden Fällen verschieden: hier je nach den verschiedenen Strafrechtstheorien (Besserung, Vergeltung, Abschreckung), Strafe als Selbstzweck, dort Aufrechterhaltung der Disziplin bzw. Reinhaltung des Standes (Schulze 220). Für die Strafzumessung im Disziplinarverfahren ist daher auch nicht bloß das einzelne Dienstvergehen, sondern das gesamte dienstliche und außerdienstliche Verhalten des B. maßgebend. Ferner gilt die Dienststrafgewalt des Staates gegen den B. auch dann, wenn er die Tat im Ausland begangen hat. RDiszH. 5. 7. 97 (F. 3/97); Brand, Komm. S. 309; Laband I 441. Während ferner für das gemeine Strafrecht das Legalitätsprinzip gilt, gilt für das Disziplinarrecht das Opportunitätsprinzip. Schöne, Verw.arch. 19, 180.

Im Gegensatz zum gemeinen Strafrecht bestehen ferner für das Disziplinarstrafrecht keine besonders normierten Tatbestände; eine Ausnahme besteht nur hinsichtlich des Gesetzes über die Pflichten der B. zum Schutze der Republik. Die Pflichtverletzungen des B. können entweder gemeine Strafvergehen sein, die unter das StGB. fallen, oder eigentliche Dienstvergehen. Liegen mehrere Anschuldigungspunkte vor, so kommen nicht einzelne verschieden zu ahndende Tatbestände in Frage, sondern der Dienststrafrichter kann kraft des Grundsatzes des freien Strafbestimmungsrechtes (§ 76) darüber entscheiden, ob und inwieweit der B. nach Maßgabe des sich aus den einzelnen Handlungen zusammensetzenden Gesamttatbestandes eine Pflichtverletzung begangen hat. GrDiszS. KG. 14. 11. 23 Amtl. Smlg. 110. Wegen fortgesetzten Deliktes vgl. ferner RDiszH. 10. 2. 13 Schu-St. 496 u. 24. 2. 13 Schu-St. 437.

3. Im einzelnen müssen noch folgende Voraussetzungen gegeben sein:

a) Der Täter muß zur Zeit der Tat B. gewesen sein, und zwar Reichsb., wenn er nach dem RBG. bestraft werden soll. Die Dienststrafgewalt des Reiches endet nun nicht bloß mit der Entlassung des B., sondern auch mit seiner Pensionierung (RG. 29. 4. 28 JW. 28 S. 2454). Vgl. aber § 75, 2 RBG. Bei der Versetzung in ein anderes Amt und in den einstweiligen Ruhestand bleibt dagegen das Gewaltverhältnis und damit die Möglichkeit einer Disziplinarbestrafung bestehen. Die Strafversetzung eines Wartestandsb. ist dagegen rechtlich nicht möglich, weil sie die tatsächliche Führung eines Amtes voraussetzt (DiszH. f. nichtr. B. 18. 6. 28 DJZ. 1929 S. 247 und v. 8. 4. 29 DJZ. 1929 S. 860). Der B. kann auch bestraft werden wegen eines Dienstvergehens, das er in einem früheren Amt, und zwar sei es Reichs- oder Staats- oder Kommunalamt, begangen hat (Brand DJZ. 26, 39, Komm. S. 312, v. Rheinbaben 94 im Gegensatz zu RDiszH. 19. 5. 84 Schu-Ei. 42). Bestritten ist dagegen, ob ein Reichsb. auch wegen solcher Verfehlungen bestraft werden kann, die er vor Erlangung der B.eigenschaft begangen hat. Die Frage ist zu verneinen (RDiszH. 12. 2. 06 Schu-Ei. 307; 20. 10. 24 ebenda 14; 29. 11. 26 JW. 27, 795; GrDiszS. 20. 12. 04 u. 1. 6. 04 Amtl. Smlg. 27f.; PrOVG. Bd. 22 S. 423) im Gegensatz zur früheren Auffassung des preuß. Staatsministeriums (siehe dagegen PrStM. 8. 11. 27 DJZ. 28, 389 und DiszH. f. nichtr. B. 28. 6. 26, Brand S. 314 DJZ. 26, 178). Dies gilt auch in dem Falle, wo ein B. schwere Verfehlungen und Strafen verschweigt, um eine Anstellung zu erschleichen; dagegen ist eine Bestrafung möglich, wenn der B. nach der Anstellung, wegen seiner Vorstrafen befragt, das Vorliegen solcher verneint hat (DiszH. f. nichtr. B. 28. 6. 26, wie oben, und Hubrich ArchöffR. 39, 140).

Eine durch Täuschung der Behörde erschlichene Anstellung kann im Verwaltungswege, und zwar mit Wirkung ex tunc, für unwirksam erklärt werden, und zwar unter entsprechender Anwendung des § 119 BGB. (RG. 83, 429; Vogels Verw.arch. 27, 248f.; O. Mayer, DVerwaltR. I S. 267; Fleiner, VerwaltR. 2. Aufl. S. 187; Kormann, Syst. 1910 S. 375; Jellinek, Der fehlerhafte Staatsakt 1908 S. 166; Brand, Komm. S. 315). Der B. kann die Entlassung im Rechtswege nicht anfechten, da es kein klagbares Recht auf ein Amt gibt (RG. 24. 11. 25 PrVerwBl. 47, 295); nur wegen der vermögensrechtlichen Ansprüche ist gemäß § 155 RBG. der Rechtsweg möglich, da das ordentliche Gericht nur die im förmlichen Disziplinarverfahren erfolgte Entlassung seiner Entscheidung zugrunde zu legen hat (RG. 110, 193; Abramczyk JW. 27, 2842).

b) Den B. muß ein Verschulden treffen. GrDiszS. 22. 9. 26 Amtl. Slmg. 161. Der strafrechtliche Grundsatz error juris nocet kann nicht ohne weiteres auf das Disziplinarrecht angewandt werden. RDiszH. Schu-Si 10, 21, 283; Brand, Komm. S. 310. Die Vorschriften der §§ 51 StGB. und 105 BGB. finden entsprechende Anwendung. RDiszH. 17. 2. 25 JurRdsch. 25, 418 und v. 7. 12. 08 Schu-Si 372.

c) Eine Verjährung der Disziplinarstrafansprüche gibt es nicht; deshalb können Verbrechen und Vergehen noch im Disziplinarwege geahndet werden, wenn sie nach StGB. bereits verjährt sind. RDiszS. 28. 11. 98 (F. 13/98) und 19. 2. 1900 F. 9/93); GrDiszS. 21. 10. 25 Amtl. Smlg. 146.

4. Bekleidet ein B. mehrere Ämter mit Unterstellung unter verschiedene Behörden (z. B. im Reichs- und im preußischen Staatsdienst), so kann er von jedem Dienstherrn wegen der außer Amts begangenen Verfehlungen zur Rechenschaft gezogen werden. Ist der B. zum Zweck der Beschäftigung in einen anderen Geschäftsbereich beurlaubt, so untersteht er nach wie vor, soweit außerdienstliche Verfehlungen in Frage kommen, derjenigen Behörde in disziplinarer Beziehung, der er angehört und die ihn beurlaubt hat.

5. Die Vorschriften der §§ 72 bis 124 finden keine Anwendung auf die in § 158 bezeichneten B. (Mitglieder des Reichsgerichts, Bundesamts für das Heimatwesen, Rechnungshofs).

§ 73.

Die Disziplinarstrafen bestehen in

1. Ordnungsstrafen,
2. Entfernung aus dem Amte.

Die Unterscheidung des § 73 ist von Bedeutung für das Disziplinarverfahren; im Gegensatze zu den Ordnungsstrafen kann auf Entfernung aus dem Amt nur im förmlichen Disziplinarverfahren erkannt werden.

§ 74.

Ordnungsstrafen sind

1. Warnung,
2. Verweis,
3. Geldstrafe,

bei besoldeten Beamten bis zur Hälfte des Betrages des dem Beamten zur Zeit der Bestrafung zustehenden monatlichen Diensteinkommens, bei unbesoldeten Beamten bis zu einem Achtel des monatlichen Diensteinkommens, das einem aus der ersten Gehaltsstufe der Besoldungsgruppe X besoldeten Beamten zusteht. Unter Diensteinkommen im Sinne dieser Vorschrift sind bei planmäßigen Beamten das Grundgehalt nebst dem allgemeinen Teuerungszuschlage hierzu, bei außerplanmäßigen Beamten die Diäten nebst dem allgemeinen Teuerungszuschlage hierzu zu verstehen.

Geldstrafe kann mit Verweis verbunden werden.

1. Die jetzige Fassung der Nr. 3 des § 74 beruht auf dem G. v. 16. 5. 23 (RGBl. I 295). An die Stelle der Besoldungsgruppe X ist die entsprechende Besoldungsgruppe des neuen BesoldG. von 1927 getreten.

2. Die Verbindung mehrerer Dienststrafen ist mit Ausnahme des Falles im Abs. 2 nicht zulässig. Im übrigen enthält der Paragraph eine im Hinblick auf die Schwere der Strafe aufsteigende Ordnung. Außer den eigentlichen Ordnungsstrafen gibt es noch dienstliche Maßregeln mit strafähnlichem Charakter (Ermahnung, Zurechtweisung, Rügen). Das „ernstliche Mißfallen" ist im Zweifel keine Dienststrafe (pr. OVG. 3. 1. 99 und 12. 11. 07 bei v. Rheinbaben 186; OVG. 73, 425).

Die Umwandlung einer nicht beitreibbaren Geldstrafe in eine Freiheitsstrafe ist nicht statthaft. Das RBG. kennt überhaupt Freiheitsstrafen (Arrest) nicht mehr. Die Geldstrafe ist auch bei den nur auf Kündigung oder Widerruf angestellten B. zulässig. Der im § 74 bezeichnete Höchstbetrag der Geldstrafe darf auch beim Zusammentreffen mehrerer Dienstvergehen nicht überschritten werden (pr. OVG. 32, 431 im Gegensatz zu OVG. Recht 22, 192, das bei mehreren Disziplinarfällen eine Überschreitung der Höchstgrenze zulassen will). Dem kann (Brand, Komm. 320) nur insoweit zugestimmt werden, als es sich um mehrere Disziplinarverfahren handelt.

§ 75.

Die Entfernung aus dem Amte kann bestehen:

1. In Strafversetzung.

Dieselbe erfolgt durch Versetzung in ein anderes Amt von gleichem Range, jedoch mit Verminderung des Diensteinkommens um höchstens ein Fünftel. Statt der Verminderung des Diensteinkommens kann eine Geldstrafe verhängt werden, welche das Doppelte des monatlichen Diensteinkommens (§ 74 Abs. 1 Nr. 3 S. 2) nicht übersteigt.

Die Strafversetzung wird durch die oberste Reichsbehörde in Ausführung gebracht.

2. In Dienstentlassung.

Dieselbe hat den Verlust des Titels und Pensionsanspruchs von Rechts wegen zur Folge. Hat vor Beendigung des Disziplinarverfahrens das Amtsverhältnis bereits aufgehört, so wird, falls nicht der Angeschuldigte unter Übernahme der Kosten freiwillig auf Titel und Pensionsanspruch verzichtet, auf deren Verlust an Stelle der Dienstentlassung erkannt. Ist gegen einen Reichsbeamten zu dem Zeitpunkt, in dem er auf Grund der Vorschriften des § 60a in den Ruhestand

tritt, ein förmliches Disziplinarverfahren anhängig, so kann dieses mit dem Ziele der Aberkennung des Ruhegehalts und der Amtsbezeichnung fortgeführt werden.

Gehört der Angeschuldigte zu den Beamten, welche einen Anspruch auf Pension haben, und lassen besondere Umstände eine mildere Beurteilung zu, so ist die Disziplinarbehörde ermächtigt, in ihrer Entscheidung zugleich festzusetzen, daß dem Angeschuldigten ein Teil des gesetzlichen Pensionsbetrags auf Lebenszeit oder auf gewisse Jahre zu belassen sei.

I. Gegenüber der entsprechenden Fassung auf Grund G. 31. 3. 73 sind zwei Änderungen vorgenommen worden: a) in Nr. 1 Abs. 2 S. 2 auf Grund G. 16. 5. 23 (RGBl. I 295); b) in Nr. 2 Abs. 2 auf Grund der PAV. v. 27. 10. 23 (RGBl. I 999).

II. Die Strafversetzung unterscheidet sich als Disziplinarmaßnahme sehr wesentlich von der Versetzung aus dienstlichen Gründen. Sie soll dazu dienen, einen B. aus einem Kreise zu entfernen, in welchem seine Autorität durch Verfehlungen erschüttert ist.

1. Auf Strafversetzung kann immer nur in Verbindung mit einer Vermögensstrafe erkannt werden. Diese kann bestehen in der Verminderung des Diensteinkommens um höchstens ein Fünftel oder in einer Geldstrafe, welche das Doppelte des monatlichen Einkommens nicht übersteigen darf.

2. Unbesoldeten Reichsb. gegenüber ist die Vermögensstrafe unter a nicht möglich, da bei ihnen von einer Verminderung des Diensteinkommens nicht gesprochen werden kann; die unter b ist nur gemäß § 74 Ziff. 3 möglich.

Im einzelnen gilt bezüglich der Verminderung des Diensteinkommens, daß der Umfang der Verminderung nur vom Dienststrafrichter festgesetzt werden darf, nicht von dem zuständigen Reichsminister. Die Kürzung erstreckt sich auch auf die Gehaltszulagen, nicht dagegen auf Kinderzulagen und Dienstaufwandskosten. Für die zeitliche Dauer der Verminderung des Diensteinkommens ist aus dem Gesetz nichts zu entnehmen; infolgedessen ist der Disziplinarrichter in dieser Beziehung nicht beschränkt. Enthält das Urteil nichts darüber, so sieht die Praxis es als einen in das Ermessen der Verwaltungsbehörde fallenden Akt an, die Dauer näher zu bestimmen. Anders PrDiszH. f. nichtr. B. DJZ. 25, 262; Brand, Komm. S. 327.

3. Für die Vollstreckung sind noch folgende Erfordernisse zu beachten: a) Das neue Amt muß ein Reichsamt sein; b) es muß der Vorbildung des B. entsprechen, der Geschäftskreis kann allerdings ein anderer sein, RDiszH. 3. 3. 19 SchuSi 315 und 22. 1. 76 ebenda 316; c) es muß dem bisherigen Dienstrang des B. entsprechen (keine Degradation), RG. 105, 24; 107, 6.

4. Dem strafweise versetzten B. sind die Umzugskosten zu erstatten.

5. Die Strafversetzung findet auch auf Kündigungsbeamte Anwendung (RDiszH. 6. 7. 96 Schu-Si 318), dagegen nicht auf Wartestandsb. (RDiszH. 7. 11. 81 Schulze Rspr. 156); anders die jetzige Praxis des RDiszH. (vgl. oben S. 101).

III. Die Dienstentlassung. Sie ist die schwerste zulässige Strafe und bedeutet nicht nur die Entlassung aus dem Amt, sondern die Beendigung des B.verhältnisses überhaupt; es gehen daher alle B.rechte und -pflichten unter, nicht bloß der Titel und die vermögensrechtlichen Ansprüche, die der Paragraph beispielsweise nennt. Wird ein Reichsb. aus dem Dienst entlassen, der früher schon pensioniert war, so behält er den aus dem früheren Amtsverhältnis erwachsenen Pensionsanspruch. Ist der B. unter Beibehaltung seines Titels und Pensionsanspruchs aus dem Amt geschieden und schwebte zur Zeit seines Ausscheidens gegen ihn ein Disziplinarverfahren, so kann er in diesem seines Titels und Ruhegehalts für verlustig erklärt werden. Es empfiehlt sich daher, ein bereits eingeleitetes Pensionsverfahren auszusetzen, sobald ein Disziplinar- oder Strafverfahren eingeleitet ist. Die Dienstentlassung ist auch gegen Wartestandsb. möglich.

1. Die Folgen der Dienstentlassung sind der Verlust aller Ehrenrechte und der vermögensrechtlichen Ansprüche. Ein

Unfallruhegehalt geht nur dann verloren, wenn in dem Urteil des Disziplinargerichts festgestellt ist, daß der Unfall durch das Dienstvergehen verursacht worden ist, wegen dessen die Entlassung erfolgt. § 7 UFG; vgl. auch RG. Recht 09, 813.

2. Die Wirkung der Dienstentlassung tritt mit der Rechtskraft des Disziplinarurteils ein. Die Möglichkeit der Wiederanstellung ist dadurch nicht ausgeschlossen (§ 33). Ein Gnadenakt des Reichspräsidenten ist nur erforderlich, wenn der B. in sein früheres Amt wiedereingesetzt werden soll oder wenn die Dienstentlassung nicht im Disziplinar-, sondern im Strafverfahren infolge Verurteilung zu Zuchthaus erfolgt war (§ 118 RBG.).

3. Hat das Dienstverhältnis bereits aufgehört (weil der B. seine Entlassung erbeten und bewilligt bekommen hat, § 100 RBG.), so kann auf Dienstentlassung nicht mehr erkannt werden. Das Disziplinarverfahren ist dann einzustellen. GrDiszS. 17. 1. 22 und 25. 6. 24, bei Schlegelberger 1178.

4. Beim Vorliegen mildernder Umstände kann die auf Dienstentlassung erkennende Disziplinarbehörde im Urteil bestimmen, daß dem zu Entlassenden auf Lebenszeit oder auf eine gewisse Anzahl von Jahren eine Unterstützung in Form einer Rente zu bewilligen sei. § 15 Nr. 4 Abs. 2 RDiszG. RDiszH. 23. 2. und 23. 3. 27 DRichtZ. 27 Rechtspr 190. Solche mildernden Umstände sind z. B. lange vorwurfsfreie Dienstzeit, Teilnahme am Kriege usw. Vgl. RDiszH. 15. 2. 09 und 14. 9. u. 22. 10. 24 Schu-Si. 325, 327. Über die Pflicht des Disziplinarrichters, beim Vorliegen solcher besonderen mildernden Umstände über die Unterstützung zu befinden, RDiszH. 13. 3. 24 Schu-Si. 326. Voraussetzung ist, daß der B. Anspruch auf Pension gehabt hätte. Die Rente muß ein Bruchteil des gesetzlichen Pensionsbetrages sein, ist zwar keine Pension, muß aber in gewissen Beziehungen wie eine Pension betrachtet werden. So gelten für sie die Pfändungsprivilegien, der Zahlungsmodus und die Vorschriften über Kürzung, Einziehung und Wiedergewährung. Für ihre Beendigung gilt ferner § 69, d. h. die Hinterbliebenen erhalten das Gnadenvierteljahr, dagegen besteht kein Anspruch auf Witwen- und

Waisengeld (Schulze 230). Aus den Worten „auf gewisse Jahre“ kann nicht geschlossen werden, daß die Unterstützung auf weniger als ein Jahr nicht zugebilligt werden könne. RDiszH. 1. 12. 24 DRichtZ. 24, 40, Schu-Si. 345. Unzulässig ist es dagegen, die Unterstützung nach einem bestimmten Kalendertag zu begrenzen (RDiszH. 29. 9. 25 DRichtZ. 25, 186) oder sie erst von einem bestimmten Lebensalter ab wirksam werden zu lassen (RDiszH. 5. 5. 25 Schu-Si. 335 sowie v. 11. 5. 26 JW. 26, 2199).

Die Bewilligung des Ruhegehaltsteils ist kein Gnadenakt, da sie auf der disziplinarrichterlichen Entscheidung beruht. RDiszH. 9. 11. 22 Schu-Si. 322. Dagegen kann im Gnadenweg die zugebilligte Rente erhöht oder ihre Zeitdauer verlängert werden.

§ 76.

Welche der in den §§ 73 bis 75 bestimmten Strafen anzuwenden sei, ist nach der größeren oder geringeren Erheblichkeit des Dienstvergehens mit besonderer Rücksicht auf die gesamte Führung des Angeschuldigten zu ermessen.

Liegt ein Vergehen gegen § 10a Abs. 2 und 3 im Rückfall vor, so ist auf Dienstentlassung zu erkennen.

1. Der Abs. 1 ist auf Grund des G. v. 21. 7. 22 dem § 76 neu eingefügt.

2. Der Paragraph handelt von der Strafzumessung. Maßgeblich ist neben der Höhe des entstandenen Schadens das Verschulden und die ganze dienstliche und außerdienstliche Führung des B. RDiszH. 18. 3. 99 Schulze Rspr. 100.

§ 77.

Im Laufe einer gerichtlichen Untersuchung darf gegen den Angeschuldigten ein Disziplinarverfahren wegen der nämlichen Tatsachen nicht eingeleitet werden.

Wenn im Laufe eines Disziplinarverfahrens wegen der nämlichen Tatsachen eine gerichtliche Untersuchung gegen den Angeschuldigten eröffnet wird, so muß das Disziplinarverfahren bis zur Beendigung des gerichtlichen Verfahrens ausgesetzt werden.

1. Da Strafverfahren und Disziplinarverfahren auf verschiedenen Rechtsgründen beruhen, könnten sie an sich nebeneinander herlaufen, was aber nicht im Interesse des Angeschuldigten und der Rechtspflege läge (abweichende Beurteilung des gleichen Tatbestandes). Deshalb gebührt dem Strafverfahren das Vorrecht. Der § 77 bezieht sich sowohl auf das förmliche wie das Ordnungsstrafverfahren.

2. Das staatsanwaltschaftliche Ermittlungsverfahren ist der gerichtlichen Untersuchung nicht gleichzuerachten, auch wenn ein gerichtlicher Haftbefehl ergeht oder einzelne sonstige richterliche Untersuchungshandlungen vorgenommen werden. Brand, Komm. 342; Deichmann, PrVerwBl. 43, 336; and. Ansicht Bethke, PrVerwBl. 43, 193; Görres 63. Der Disziplinarrichter kann daher, insolange keine gerichtliche Untersuchung besteht, die strafbare Handlung aburteilen, ohne zur Aussetzung gezwungen zu sein. RDiszH. 25. 5. 25 Schu-Si. 440. Dasselbe gilt, wenn der B. die Wiederaufnahme des Strafverfahrens betreiben will. RDiszH. 20. 5. 24 Schu-Si. 441. Ist dagegen die Voruntersuchung eröffnet, so muß das Disziplinarverfahren ausgesetzt werden. Im Interesse der Durchführung des § 77 sind die Staatsanwaltschaften nach Landesrecht verpflichtet, die Einleitung strafgerichtlicher Untersuchungen gegen Beamte den Dienstbehörden anzuzeigen. (Für Preußen: JM. 12. 12. 27 JMBl. 403.)

3. Die Suspension wird durch die Aussetzung des Disziplinarstrafverfahrens nicht berührt. §§ 125, 127 RBG.

4. Wegen der Kosten des Disziplinarverfahrens s. § 124. Wird das ausgesetzte Disziplinarverfahren nach strafgerichtlicher Aburteilung nicht fortgesetzt, so fallen die Kosten des Disziplinarverfahrens der Reichskasse zur Last, und zwar auch dann, wenn der B. infolge strafgerichtlicher Verurteilung sein Amt verloren hat. Pieper 360.

§ 78.

Wenn von den gewöhnlichen Strafgerichten auf Freisprechung erkannt ist, so findet wegen derjenigen Tatsachen, welche in der gerichtlichen Untersuchung zur Erörterung gekommen sind, ein Disziplinarverfahren nur noch insofern statt, als dieselben an sich und ohne ihre Beziehung zu dem gesetzlichen Tatbestande der strafbaren Handlung, welche den Gegenstand der Untersuchung bildete, ein Dienstvergehen enthalten.

Ist in einer gerichtlichen Untersuchung eine Verurteilung ergangen, welche den Verlust des Amtes nicht zur Folge gehabt hat, so bleibt derjenigen Behörde, welche über die Einleitung des Disziplinarverfahrens zu verfügen hat (§ 84 Abs. 1), die Entscheidung darüber vorbehalten, ob außerdem ein Disziplinarverfahren einzuleiten oder fortzusetzen sei.

1. Nach einer Freisprechung des angeklagten B. beschränkt sich das Disziplinarverfahren gegen ihn auf die Frage, wieweit er sich durch die im Strafverfahren erörterte Handlungsweise einer mit einer Disziplinarstrafe zu ahndenden Verletzung seiner B.pflichten schuldig gemacht hat. Der B. ist z. B. von der Unterschlagung im Amt i. V. mit Urkundenfälschung freigesprochen worden, wird im Disziplinarverfahren dagegen wegen unordentlicher Buch- und Kassenführung bestraft. Vgl. auch RDiszH. 22. 2. 24 Schu-Si. 406. Eine bestrittene Frage ist, ob der Disziplinarrichter den gesamten dem Strafverfahren zugrunde liegenden Tatbestand frei würdigen oder ob er in gewisser Beziehung an die Feststellungen des Strafrichters gebunden ist. Nach der diesseitigen Erachtens zutreffenden Ansicht von Perels-Spilling § 78 Anm. 2 Abs. 8 und Schulze 235 kann, was das Strafgericht für unerwiesen gehalten hat, im Disziplinarverfahren nicht mehr nachgewiesen und deshalb auch nicht als Dienstvergehen gewürdigt werden. Und zwar gilt dies auch dann, wenn im Disziplinarverfahren Tatumstände zutage treten

die auf eine strafbare Handlung hinweisen und dem Strafrichter nicht bekannt geworden sind (z. B. Geständnis vor der Disziplinarbehörde). In Fällen solcher Art soll nur die Wiederaufnahme des strafgerichtlichen Verfahrens in Betracht kommen, was die Aussetzung des Disziplinarverfahrens nach § 77 RBG. zur Folge hätte. Nach der Ansicht von Brand (Komm. S. 350f., ferner v. Rheinbaben 108, 109, v. Dultzig 56f.) ist der Disziplinarrichter dagegen an die Feststellungen des Strafrichters im Falle einer Verurteilung in keiner Weise gebunden; begründet wird dies mit der grundsätzlich festzuhaltenden Unabhängigkeit des Disziplinarverfahrens vom Strafverfahren. Der RDiszH. (E. v. 23. 11. 78, 14. 11. 87 u. 6. 5. 07 bei v. Rheinb. 109 u. Schu-Si. 393) und mit ihm wohl die herrschende Meinung stehen aber auf dem zuerst genannten Standpunkt; auch der Sinn und Wortlaut der §§ 77, 78 spricht meines Erachtens dafür. (Nach den Entsch. v. 6. 6. 11 u. 27. 11. 16 Schulze Rspr. 231 und Schu-Si. 358 sind die strafgerichtlichen Feststellungen über Vorgeschichte oder Nebenumstände der abgeurteilten Straftat für den Disziplinarrichter nicht bindend; dagegen sollen Straf- und Schuldausschließungsgründe, die der Strafrichter festgestellt hat, für den Disziplinarrichter bindend sein, RDiszH. 3. 11. 24 Schu-Si. 370.)

2. Eine weitere, ebenfalls bestrittene Frage ist die, ob das Strafgerichtsurteil für den Disziplinarrichter bindend ist. Die Frage ist im Gegensatz zu der Verpflichtung, den vom Strafrichter bereits festgestellten Tatbestand anzuerkennen, zu verneinen, denn der Disziplinarstrafanspruch ist seinem Wesen nach etwas anderes als der allgemeine Strafanspruch des Staates. Er befaßt sich mit der Frage, ob über die erkannte Strafe hinaus noch eine Disziplinarstrafe zu verhängen ist. Bei einer strafgerichtlichen Verurteilung, die den Amtsverlust nicht zur Folge gehabt hat, bleibt es dem Disziplinarrichter überlassen, ob außerdem noch ein Disziplinarverfahren durchzuführen ist. Ist ein rechtskräftiges mit Amtsverlust verbundenes Strafurteil ergangen, so ist ein Disziplinarverfahren überflüssig. Kraft Gesetzes tritt der Amtsverlust ein bei Verurteilung zu Zuchthausstrafe, bei Aberkennung der bürgerlichen Ehrenrechte

und Aberkennung der Fähigkeit zur Bekleidung öffentlicher Ämter oder der Ämter selbst.

3. Unter Freisprechung ist nur die Freisprechung auf Grund einer Hauptverhandlung gemäß § 259 StPO. zu verstehen, nicht dagegen der Gerichtsbeschluß über die Einstellung des Verfahrens oder die Ablehnung der Eröffnung des Hauptverfahrens, die Außerverfolgungsetzung des Angeschuldigten und erst recht nicht die staatsanwaltlichen Einstellungsbeschlüsse, da sie sich über die Schuld des Angeschuldigten nicht aussprechen. Auch die Begnadigung steht der Freisprechung nicht gleich. Im Falle des § 205 StPO. (vorläufige Einstellung des Strafverfahrens wegen Abwesenheit oder Geisteskrankheit des Angeschuldigten) kann auch das Disziplinarverfahren nicht aufgenommen werden; wohl dagegen ist Zwangspensionierung möglich.

§ 79.

Spricht das Gesetz bei Dienstvergehen, welche Gegenstand eines Disziplinarverfahrens werden, die Verpflichtung zur Wiedererstattung oder zum Schadensersatz oder eine sonstige zivilrechtliche Verpflichtung aus, so gehört die Klage der Beteiligten vor das Zivilgericht. Die Befugnis der vorgesetzten Behörde, einen Beamten zur Erstattung eines widerrechtlich erhobenen oder vorenthaltenen Wertbetrags anzuhalten, wird hierdurch nicht ausgeschlossen.

1. Über zivilrechtliche Ansprüche aus Dienstvergehen kann der Disziplinarrichter nicht entscheiden; es ist dies Sache der Zivilgerichte. Zivilprozeß und Disziplinarverfahren können nebeneinander herlaufen. Nach § 148 ZPO. besteht die Möglichkeit, den Zivilprozeß auszusetzen.

2. Die vorgesetzte Behörde, nicht die Disziplinarbehörde, kann von der Befugnis des Satzes 2 Gebrauch machen. Es handelt sich um einen Dienstbefehl, dessen Nichtbefolgung ein Dienstvergehen darstellt; er darf sich aber nur auf die Erstattung widerrechtlich erhobener oder vorenthaltener Wertbeträge be-

ziehen, nicht auf Ersatz irgendwelcher anderer im Zivilprozeß noch festzustellender Schadensersatzansprüche. Wegen Defekten vgl. § 134.

Von dem Disziplinarverfahren.

§ 80.

Jeder Dienstvorgesetzte ist zu Warnungen und Verweisen gegen die ihm untergeordneten Reichsbeamten befugt.

1. Das sog. Ordnungsstrafverfahren steht im Gegensatz zu dem förmlichen Disziplinarverfahren. §§ 84 f.

2. Der Dienstvorgesetzte ergibt sich aus der V. 10. 8. 28 (RGBl. I 369). Nicht bloß der unmittelbare, sondern jeder Dienstvorgesetzte ist zur Verhängung der Strafen nach § 80 befugt. Gegen Wartestandsb. können Ordnungsstrafen nur im förmlichen Disziplinarverfahren verhängt werden; § 119. Warnungen und Verweise sind die leichtesten Ordnungsstrafen; sie dürfen mit bloßen Mahnungen, Ermahnungen und Rügen nicht verwechselt werden. Der Verweis kann mit Geldstrafen verbunden werden. § 74 II.

3. Auch der Verhängung von Ordnungsstrafen nach § 80 muß ein, wenn auch nicht an Formvorschriften gebundenes Verfahren vorausgehen. Wegen Beschwerde: § 83.

§ 81.

Geldstrafen können

1. **von der obersten Reichsbehörde gegen alle Reichsbeamte, und zwar bis zum höchsten zulässigen Betrage (§ 74 Nr. 3),**
2. **von den derselben unmittelbar untergeordneten Behörden und Vorstehern von Behörden bis zu einem Viertel des höchsten zulässigen Betrags (§ 74 Abs. 1 Nr. 3),**
3. **von den den letzteren untergeordneten Behörden**

und Vorstehern von Behörden bis zu einem Dreißigstel des höchsten zulässigen Betrags (§ 74 Abs. 1 Nr. 3)

verhängt werden.

1. Der jetzige Wortlaut des Paragraphen beruht auf dem G. v. 16. 5. 23.

2. Beim Zusammentreffen mehrerer Dienstvergehen darf der Höchstbetrag der Geldstrafe nicht überschritten werden; eine Ausnahme besteht nur dann, wenn es sich um mehrere Disziplinarvergehen handelt, die in mehreren gesonderten Disziplinarverfahren zur Erledigung gekommen sind. OVG. PrVerwBl. 43, 272. Bekleidet der B. ein Haupt- und ein Nebenamt, so bemißt sich die Höchststrafe nach dem einen oder anderen Amt, in welchem das Dienstvergehen begangen worden ist. v. Rheinbaben 196, Görres 59, v. Tultzig 81, Brand 357, gegen OVG. 25, 412.

3. Die höheren Behörden sind nicht befugt, ihre Strafbefugnisse auf die nachgeordneten Behörden zu delegieren; gegebenenfalls muß die nachgeordnete Behörde die Disziplinarsache der höheren übergeben.

4. Bei der Verhängung einer Geldstrafe ist eine Frist zu bestimmen, innerhalb deren sie bei der Kasse der Behörde einzuzahlen ist. Im Nichteinzahlungsfalle: Einbehaltung vom Diensteinkommen. Die Geldstrafe ist der Reichskasse abzuliefern.

§ 82.

Vor der Verhängung einer Ordnungsstrafe ist dem Beamten Gelegenheit zu geben, sich über die ihm zur Last gelegte Verletzung seiner amtlichen Pflichten zu verantworten.

Die Verhängung der Ordnungsstrafen erfolgt unter Angabe der Gründe durch schriftliche Verfügung oder zu Protokoll.

Ist eine Geldstrafe für den Fall der Nichterledigung einer speziellen dienstlichen Verfügung binnen einer

bestimmten Frist angedroht, so kann nach Ablauf der Frist die Geldstrafe ohne weiteres festgesetzt werden.

1. Drei Voraussetzungen: a) Der B. muß gehört werden. Ob er sich äußert, ist unerheblich. Die Anhörung erfolgt vor dem V., der die Strafe zu verhängen hat, bzw. vor seinem Beauftragten. Bei Bestreiten Ermittlungsverfahren; Zeugen uneidlich. b) Die Strafverfügung muß schriftlich sein; Protokoll empfehlenswert. Weigert sich der B., es zu unterschreiben, entsprechender Vermerk im Protokoll. Auf Verlangen ist dem B. Abschrift des Protokolls zu erteilen. c) Die Ordnungsstraferteilung muß mit Gründen versehen sein.

2. Werden diese drei Voraussetzungen außer acht gelassen, so liegt eine gültige Ordnungsstrafe nicht vor. Das Veranlaßte kann dann allenfalls als Verwarnung oder Rüge gelten.

3. Kosten des Ordnungsstrafverfahrens können dem bestraften B. nicht auferlegt werden. Persönliche Auslagen hat er selbst zu tragen.

4. Ordnungsstrafen können nicht mehr verhängt werden wegen solcher Verfehlungen, die bereits im förmlichen Disziplinarstrafverfahren geahndet worden sind. Dagegen können, nach allerdings nicht unbestrittener Auffassung, die im Ordnungsstrafverfahren bereits geahndeten Dienstvergehen unter gleichzeitiger Aufhebung der Ordnungsstrafe im förmlichen Disziplinarverfahren verfolgt werden. PrDiszH. f. nichtr. B. PrVerwBl. 46, 401; Brand S. 360.

5. Die Exekutivstrafe des § 82 Abs. 3 ist eine Disziplinarstrafe und kein bloßes Zwangsmittel (dieses liegt schon in der Androhung!). Schulze 241. Deshalb gilt auch für die Exekutivstrafe das gleiche wie für die sonstigen Ordnungsstrafen, insbesondere was den Höchstbetrag des § 74 anlangt. Auch darf gegen den mit der Exekutivstrafe belegten B. nicht noch anderweitig disziplinarisch vorgegangen werden. Pieper 379, Arndt 130; and. Ans. Brand 360.

§ 83.

Gegen die Verhängung von Ordnungsstrafen findet nur Beschwerde im Instanzenzuge statt.

1. Die Beschwerde ist das einzige Rechtsmittel gegen eine Ordnungsstrafe, die im Verfahren nach §§ 80—82 verhängt worden ist; sie versagt dann, wenn die Ordnungsstrafe von der obersten Reichsbehörde verhängt worden ist. Eine Möglichkeit, die im Ordnungsstrafverfahren verhängte Strafe im förmlichen Disziplinarverfahren nachprüfen zu lassen, hat der B. nicht.

2. Die Einlegung der Beschwerde ist an keine Form und Frist gebunden; die Beschwerde wird regelmäßig bei der unmittelbar vorgesetzten Behörde eingereicht; eine aufschiebende Wirkung kommt ihr nicht zu. Die Beschwerdeinstanz kann jederzeit die von der nachgeordneten Behörde getroffenen Anordnungen, insbesondere die von ihr verhängte Ordnungsstrafe abändern, und zwar auch dann, wenn nicht formell Beschwerde eingelegt ist; reformato in peius nicht ausgeschlossen (OVG. 61, 429; 82, 461). Als Rechtsmittelinstanz darf die höhere Behörde aber nicht andere Dienstvergehen zur Grundlage der Bestrafung machen, sondern höchstens zur Gesamtbeurteilung des B. heranziehen. OVG. 81, 449.

§ 84.

Der Entfernung aus dem Amte muß ein förmliches Disziplinarverfahren vorhergehen. Die Einleitung desselben wird von der obersten Reichsbehörde verfügt.

Das Disziplinarverfahren besteht in einer schriftlichen Voruntersuchung und einer mündlichen Verhandlung.

1. Das förmliche Disziplinarverfahren bezweckt die Entfernung aus dem Amt, sei es nun im Wege der Strafversetzung oder der Dienstentlassung. Natürlich hindert den Disziplinarrichter nichts, auch auf eine geringere Strafe oder gar auf Freisprechung zu erkennen. Bei den auf Widerruf oder Kündigung angestellten B. ist behufs Dienstentlassung ein förmliches Disziplinarverfahren nicht erforderlich, wenn im übrigen auch manchmal zweckmäßig.

2. Das förmliche Disziplinarverfahren besteht aus einer schriftlichen Voruntersuchung und einer kontradiktorischen münd-

lichen Verhandlung. Das Verfahren ist im RBG. nur unvollständig geregelt; die Lücken müssen durch die StPO. ergänzt werden, soweit nicht die besondere Natur des Disziplinarverfahrens Ausnahmen gebietet (Öffentlichkeit, Legalitätsprinzip usw.). Pieper § 90 Anm. 2, Brand 364, Schulze S. 243.

3. Das dem förmlichen Disziplinarverfahren vorausgehende Vorverfahren (Ermittlungsverfahren) dient dazu, der Behörde die Möglichkeit einer Entscheidung über die Frage zu geben, ob das Verfahren nach § 84 zu eröffnen ist. Etwaige eidliche Vernehmungen während des Vorverfahrens sind durch das zuständige Amtsgericht vorzunehmen. OLG. R. 14, 325.

4. Mit der Einleitung des förmlichen Disziplinarverfahrens hört die Ordnungsstrafbefugnis des Vorgesetzten auf, soweit es sich um den Gegenstand des Disziplinarverfahrens bildenden Vergehensfall handelt. Anderseits kann gegen den B., der bereits mit einer Ordnungsstrafe belegt ist, immer noch das Disziplinarverfahren nachträglich eingeleitet werden. Die Ordnungsstrafe ist dann aufzuheben. RDiszH. 4. 12. 23 und 26. 5. 24 Schu-Si. 495, 496.

5. Für die Einleitung des förmlichen Disziplinarverfahrens ist die oberste Reichsbehörde (Ressort) zuständig, der der B. angehört; bei Gefahr im Verzuge auch die zuständige höhere Reichsbehörde, die jedoch alsbald die Genehmigung der obersten Reichsbehörde einzuholen hat. Die Entscheidung wird getroffen nach pflichtmäßigem Ermessen. Eine Rechtspflicht zur Verfolgung besteht nicht. Der Einleitungsbeschluß enthält den Namen des Angeschuldigten und die Hervorhebung der Anklagepunkte; gegen einen unbekannten B. kann das förmliche Disziplinarverfahren jedenfalls nicht eingeleitet werden. Gegen den Beschluß, durch welchen das förmliche Disziplinarverfahren eingeleitet oder auf neue Anklagepunkte erstreckt wird, ist eine Beschwerde nicht zulässig. RG. 89, 111; RDiszH. 4. 2. 84 Schu-Si. 436.

6. Das förmliche Disziplinarverfahren muß auch dann durchgeführt werden, wenn ein B. zwangsweise in den Ruhestand versetzt werden soll; § 68.

7. Von der Einleitung des förmlichen Disziplinarverfahrens,

der Einreichung der Anklageschrift und der ergehenden Entscheidung sowie einer Suspension sind der vorgesetzten Dienstbehörde des B. von dem B. der Staatsanwaltschaft Mitteilung zu machen. Handelt es sich um B., die Mitglieder des Reichstages oder des Landtages sind, so ist vor der Einleitung des Verfahrens während der Sitzungsperiode die Genehmigung der betreffenden Körperschaften einzuholen. Art. 37 RV.

§ 85.

Die oberste Reichsbehörde ernennt den untersuchungsführenden Beamten und diejenigen Beamten, welche im Laufe des Disziplinarverfahrens die Verrichtungen der Staatsanwaltschaft wahrzunehmen haben.

Ist Gefahr im Verzuge, so kann die Verfügung der Einleitung des Disziplinarverfahrens und die Ernennung des untersuchungsführenden Beamten vorläufig von einer der im § 81 unter Nr. 2 bezeichneten Behörden oder einem der dort bezeichneten Beamten ausgehen. Es ist alsdann die Genehmigung der obersten Reichsbehörde einzuholen und, sofern diese versagt wird, das Verfahren einzustellen.

1. Die auszuwählenden Personen müssen nicht notwendig Reichsbeamte sein. Landesb. können jedoch nur auf Ersuchen der obersten Reichsbehörden durch ihre Landesbehörden mit den Verrichtungen des Staatsanwalts betraut werden. Die Ernennung erfolgt durch die oberste Reichsbehörde. RDiszH. 2. 4. 83 bei Perels u. Spilling 122. Gegen die Bestellung des Untersuchungskommissars ist Beschwerde nicht zulässig. PrDiszH. 3. 7. 25 JurRdsch. 25 Nr. 144, RDiszH. 2. 7. 83 Schu-Si. 442. Der Untersuchungskommissar kann auch nicht wegen Besorgnis der Befangenheit abgelehnt werden RDiszH. 4. 11. 12 Schu-Si. 451 (de lege ferenda abänderungsbedürftig, vgl. § 45 I Entw. RDStO.). Nicht zulässig ist es, neben dem Untersuchungskommissar noch einen anderen B. als Untersuchungskommissar

kraft Auftrags zu bestellen, der als Stellvertreter die Zeugen eidlich vernimmt. RDiszH. f. nichtr. B. 16. 6. 24 DJZ. 24, 996.

2. Der B. der Staatsanwaltschaft ist nicht Gegenpartei, sondern hat das öffentliche Interesse wahrzunehmen. And. Ans. Brand: danach hat dieser B. die Interessen der Behörde zu vertreten. Der analogen Anwendung der StPO. steht nichts im Wege. Schulze S. 245. Er ist aber an Weisungen der Behörde, die ihn bestellt hat, gebunden. PrOVG. JW. 23, 39 u. 143 und v. 1. 3. 29 PrVerwBl. 50, 317.

§ 86.

Die entscheidenden Disziplinarbehörden, welche je nach Bedürfnis zusammentreten, sind

1. in erster Instanz die Disziplinarkammern,
2. in zweiter Instanz der Disziplinarhof.

Die Kammern heißen jetzt Reichsdisziplinarkammern und Reichsdisziplinarhof. V. 23. 6. 19 (RGBl. 582). Sie unterstehen als Reichsbehörden der Aufsicht des Reichsministers des Innern.

§ 87.

An folgenden Orten:

Potsdam, Frankfurt a. O., Königsberg, Stettin, Köslin, Berlin (I und II), Magdeburg, Erfurt, Breslau, Liegnitz, Oppeln, Münster, Dortmund, Düsseldorf, Köln, Trier, Darmstadt, Frankfurt a. Main, Kassel, Hannover, Schleswig, Leipzig, Stuttgart, Karlsruhe, Schwerin, Lübeck, Bremen, München, Nürnberg, Zweibrücken, Hamburg

wird je eine Disziplinarkammer errichtet.

Durch Anordnung des Reichspräsidenten können im Einvernehmen mit dem Reichsrat einzelne Disziplinarkammern auch an anderen Orten errichtet oder nach anderen Orten verlegt werden.

Der Disziplinarhof tritt am Sitze des Reichsgerichts zusammen.

Auf Grund des Versailler Vertrags (Art. 100, 87) sind weggefallen: Danzig, Bromberg und Posen; Arnsberg auf Grund V. 27. 9. 22 (RGBl. 759). Hinzugekommen sind Stuttgart V. 11. 7. 73 (RGBl. 293) und Staatsvertrag v. 31. 3. 20 (§ 10 RGBl. 659); München, Nürnberg, Zweibrücken V. 1. 12. 20 (RGBl. 2031) und Staatsvertrag 29. u. 31. 3. 20 § 10 (RGBl. 647); Berlin I und II v. 23. 5. 22 (RGBl. 487); Hamburg V. 31. 3. 24 (RGBl. I 397), Dortmund V. 27. 9. 22 (RGBl. 759).

In Abs. 2 ist an Stelle des Kaisers der Reichspräsident getreten. G. 21. 7. 22 Art. I (RGBl. 585).

Für das besetzte rheinische Gebiet: V. 29. 6. 23 (RGBl. I 552): Der Reichsdisziplinarhof kann eine außerhalb des besetzten Gebietes gelegene Disziplinarkammer für zuständig erklären.

„Im Einvernehmen" mit dem Reichsrat ist nicht gleichbedeutend mit Zustimmung.

§ 88.

Die Bezirke der Disziplinarkammern werden vom Kaiser (Reichspräsidenten) im Einvernehmen mit dem Bundesrate (Reichsrate) abgegrenzt. Zuständig im einzelnen Falle ist die Disziplinarkammer, in deren Bezirke der Angeschuldigte zur Zeit der Einleitung des förmlichen Disziplinarverfahrens seinen dienstlichen Wohnsitz hat, und wenn dieser Wohnsitz im Auslande sich befindet, die Disziplinarkammer in Potsdam.

Streitigkeiten über die Zuständigkeit verschiedener Disziplinarkammern werden vom Disziplinarhof entschieden.

1. Die Bezirke der Disziplinarkammern sind durch die V. 11. 7. 73 (RGBl. 293), 1. 12. 20 (RGBl. 2031) und 3. 2. 26 (RGBl. I 99) festgelegt worden.

2. Für Wartestandsb. gilt der letzte dienstliche Wohnsitz.

§ 119 Abs. 2. Eine nachträgliche Versetzung in den Bereich einer anderen Kammer ändert an der bisherigen Zuständigkeit nichts (PrDiszH. f. nichtr. B. 17. 5. 26 PrVerwBl. 47, 533). Die Zuständigkeitsfrage kommt erst in Betracht, wenn die oberste Reichsbehörde die Disziplinarsache vor die Disziplinarkammer verweist.

§ 89.

Jede Disziplinarkammer besteht aus sieben Mitgliedern.

Der Präsident und wenigstens zwei andere Mitglieder müssen in richterlicher Stellung im Reiche oder in einem Lande sein. Für den Präsidenten und jedes Mitglied sind Stellvertreter zu ernennen. Die übrigen Mitglieder werden aus dem Beamtenstand entnommen.

Die Disziplinarkammern entscheiden in einer Besetzung von fünf Mitgliedern mit Einschluß des Vorsitzenden. Der Vorsitzende und wenigstens ein Beisitzer müssen zu den richterlichen Mitgliedern gehören.

Auf das Verfahren sind die Gerichtsferien der ordentlichen Gerichte ohne Einfluß.

Die neue Fassung beruht auf dem G. v. 21. 7. 22.

§ 90.

Wenn auf den Antrag des Beamten der Staatsanwaltschaft oder des Angeschuldigten der Disziplinarhof das Vorhandensein von Gründen anerkennt, welche die Unbefangenheit der zuständigen Disziplinarkammer zweifelhaft machen, so tritt eine andere durch den Disziplinarhof ernannte Disziplinarkammer an deren Stelle.

1. Im Gegensatz zur StPO., die nur die Ablehnung einzelner Gerichtspersonen kennt, kann hier die Disziplinarkammer

als solche abgelehnt werden. Der Disziplinarhof trifft seine Entscheidung ohne mündliche Verhandlung in Form eines Beschlusses. RDiszH. 2. 4. 06 Schu-Si 467. Der Reichsdisziplinarhof kann nicht abgelehnt werden, weil an seine Stelle kein anderer Gerichtshof treten kann.

2. Der Antrag, die Disziplinarkammer für befangen zu erklären, kann nur bis zum Spruch in erster Instanz erfolgen (PrDiszH. f. nichtr. B. 18. 2. 29, B.bund 29 Nr. 22). Nach der Entscheidung ist nur noch Berufung möglich.

3. Bezüglich der Ablehnung einzelner Gerichtspersonen enthält das RBG. keine Vorschriften. Die entsprechenden Vorschriften der StPO. finden grundsätzlich Anwendung. RDiszH. 5. 4. 83 Schu-Si 461. Deshalb sind die Mitglieder der Kammer in den Fällen des § 22 StPO. kraft Gesetzes ausgeschlossen; ebenso ist es nicht möglich, daß der Voruntersuchungsb. Mitglied der Kammer ist § 23 Abs. 2 StPO. Dagegen ist nicht ausgeschlossen ein Mitglied, das als Vorgesetzter bei dem Vorverfahren mitgewirkt oder in einem denselben Sachverhalt betreffenden Strafverfahren als Zeuge oder Sachverständiger vernommen worden ist. PrDiszH. f. nichtr. B. 19 4. 26 PrVerwBl. 47, 480. Ausgeschlossen ist ferner in der Berufungsinstanz ein Mitglied, das bereits in der Vorinstanz mitgewirkt hat; das gilt aber nicht für einen Richter, der bereits im Strafverfahren mitgewirkt hat. RDiszH. 26. 2. 24 Schu-Si 464.

Die Ablehnung eines Mitglieds wegen Befangenheit muß bis zum Beginn der mündlichen Verhandlung geltend gemacht werden. RDiszH. 22. 10. 23 Schu-Si 470.

§ 91.

Der Disziplinarhof besteht aus elf Mitgliedern.

Der Präsident und zwei Mitglieder müssen zu den Mitgliedern des Reichsgerichts gehören. Zwei weitere Mitglieder müssen Bevollmächtigte zum Reichsrat sein. Die übrigen Mitglieder werden aus dem Beamtenstand entnommen. Für jedes Mitglied sind vier Stellvertreter zu ernennen.

Die mündliche Verhandlung und Entscheidung in den einzelnen Disziplinarsachen erfolgt durch sieben Mitglieder. Der Vorsitzende und wenigstens ein Mitglied müssen zu den richterlichen Mitgliedern gehören.

Die jetzige Fassung beruht auf G. 27. 7. 22 (RGBl. I 585).

§ 92.

Die Geschäftsordnung bei den Disziplinarbehörden, insbesondere die Befugnisse des Präsidenten und die Reihenfolge, in welcher die richterlichen Mitglieder an den einzelnen Sitzungen teilzunehmen haben, wird durch ein Regulativ geordnet, welches der Disziplinarhof zu entwerfen und dem Bundesrate (Reichsrate) zur Bestätigung einzureichen hat.

Die Geschäfts-O. v. 18. 4. 80 ist veraltet (siehe Anl. 5).

§ 93.

Die Mitglieder der Disziplinarkammern und des Disziplinarhofs werden für die Dauer von drei Jahren vom Reichspräsidenten ernannt, die richterlichen Mitglieder und die des Reichsrats nach Anhörung des Reichsrats.

Die Amtsdauer der gegenwärtigen Mitglieder der Disziplinarkammern und des Disziplinarhofs findet mit dem 31. August 1922 ihr Ende.

Jetzige Fassung auf Grund G. 21. 7. 22. Da die Mitglieder nicht mehr wie früher für die Dauer ihres Hauptamtes ernannt sind, verlieren sie ihre Stellung nicht, wenn sie aus dem Hauptamt ausscheiden. Für Reichsb. besteht eine Verpflichtung zur Übernahme des Nebenamts als Mitglied einer Disziplinarbehörde.

§ 94.

In der Voruntersuchung wird der Angeschuldigte unter Mitteilung der Anschuldigungspunkte vorgeladen und der Beamte der Staatsanwaltschaft zugezogen. Dieselben werden, wenn sie erscheinen, mit ihren Erklärungen und Anträgen gehört. Die Zeugen werden, nach Befinden eidlich, vernommen und die sonstigen Beweise erhoben. Den Vernehmungen der Zeugen darf weder der Beamte der Staatsanwaltschaft noch der Angeschuldigte beiwohnen.

Die Verhaftung, vorläufige Festnahme oder Vorführung des Angeschuldigten ist unzulässig.

1. Jedem förmlichen Disziplinarverfahren muß eine Voruntersuchung vorausgehen; sie hat den Zweck, den Tatbestand so weit aufzuklären, daß die oberste Reichsbehörde sich entschließen kann, ob die Sache vor die Disziplinarkammer zu verweisen, das Verfahren einzustellen oder eine Ordnungsstrafe zu verhängen ist. Die Voruntersuchung (V.) beginnt mit der Vorladung des Angeschuldigten gemäß § 133; gleichzeitig mit derselben sind ihm die Anschuldigungspunkte mitzuteilen. Zwischen Vorladung und Vernehmung muß eine angemessene Frist liegen, die der Voruntersuchungsb. nach freiem Ermessen bestimmt. RDiszH. 9. 11. 78 bei Perels u. Spilling 130. Gleichzeitig ist (im Gegensatz zu § 190 Abs. 2 StPO.) der V. der Staatsanwaltschaft zuzuziehen. Eine Verpflichtung zum Erscheinen besteht für den Angeschuldigten nicht; es bestehen auch keine Zwangsmittel, ihn zum Erscheinen zu zwingen. Erscheint der Angeschuldigte, so ist er zu Protokoll zu vernehmen; er kann aber seine Aussage verweigern. RDiszH. 19. 4. 15 Schu-Si. 132 und 26. 5. 25 DRichtZ. 25, 158. Er hat auch das Recht jedes Angeklagten, sich nicht selbst beschuldigen zu müssen. RDiszH. 26. 5. 25 Schu-Si. 163. Hat er jedoch ausgesagt, so darf er sich bei Vermeidung einer disziplinarischen Strafe nicht weigern, das Vernehmungsprotokoll zu unterschreiben. OVG. 15. 4. 04 PrVerwBl. 26, 100. Kommt der Angeschuldigte nicht, so ist die Voruntersuchung ohne seine Vernehmung durchzuführen, gegebenenfalls ist eine schriftliche Äußerung des Angeschuldigten herbeizuführen.

Ein Verteidiger darf während der Voruntersuchung nicht auftreten.

2. An die Vernehmung des Angeschuldigten schließt sich die Beweiserhebung, d. h. die Vernehmung von Zeugen, Sachverständigen und eine etwaige Augenscheinseinnahme; nur bei der letzteren darf (§ 191 StPO.) dem Angeschuldigten und dem Staatsanwalt die Anwesenheit gestattet werden. Die öff.-rechtl. Zeugnispflicht besteht auch im Disziplinarverfahren (§§ 51—54 StPO.). Die Vernehmung der Zeugen erfolgt grundsätzlich eidlich; Versicherung an Eides Statt unzulässig (RGSt. 25, 96; OVG. 1. 3. 29 PrVerwBl. 50, 317). Ausnahme nach § 94 Abs. 1 RBG. RDiszH. 28. 11. 98 Schu-Si. 446. Die Gefahr, infolge der Aussage selbst disziplinarrechtlich verfolgt zu werden, gibt kein Recht, die Auskunft zu verweigern. Die Einschränkung des Zeugniszwangs gegen Redakteure nach § 53 Abs. 1 Nr. 4 StPO. gilt auch für das Disziplinarverfahren. JM. 28. 12. 26 (JMBl. 436).

Ob die Amtsgerichte verpflichtet sind, erbetene Rechtshilfe zu leisten, ist bestritten, aber wohl zu bejahen (Perels u. Spilling § 94 Anm. 8; Brand 388; Schulze 256; and. Ans. Pieper 395; RGSt. 19, 438; 22, 111).

Hinsichtlich der Gebühren für Zeugen und Sachverständige gelten die Gebührenordnung v. 21. 12. 25 (RGBl. I 471) und §§ 50, 69 StPO.

Der Voruntersuchungsb. ist auch zur Beibringung sonstiger Beweismittel, wie Beiziehung von Akten, berechtigt und verpflichtet. Er kann auch zur Beschlagnahme und Durchsuchung schreiten, wozu der B. der Staatsanwaltschaft nicht befugt ist (RGSt. 10, 425; Pieper 395; Brand 389; and. Ans. Friedrichs 625 und Stier-Somlo, Handwörterb. der Rechtswissensch. 1926 Bd. I S. 653 Artikel „Beschlagnahme"). Dagegen ist der V.beamte nicht zur Beschlagnahme der Briefe, Telegramme befugt, da hierzu eine ausdrückliche gesetzliche Ermächtigung erforderlich wäre (Schulze 260, Brand a. a. O.). Erweist sich eine Verletzung des Brief- und Telegrammgeheimnisses als notwendig, so muß er sich der Vermittlung der ordentlichen Gerichte bedienen.

3. Gegen den Angeschuldigten kann der V.beamte Ordnungsstrafen wegen Ungebühr nicht verhängen. Delius, PrVerwBl. 42, 587; and. Ans. Deichmann, ebenda 42, 490. Auch zur Verhaftung, vorläufigen Festnahme und Vorführung des Angeschuldigten ist er nicht befugt, § 94 II. Streitig ist ferner, ob der Angeschuldigte verpflichtet ist, sich von einem Arzt untersuchen zu lassen. Nach Schulze 260, Brand 389 (und Görres 75 im Gegensatz zu Perels-Spilling § 94 Anm. 5) kann er hierzu nicht gezwungen werden; ebensowenig kann seine Verbringung in eine Irrenanstalt zwangsweise durchgeführt werden. Vgl. auch PrDiszH. f. nichtr. B. 29.10.28 DJZ. 28, 1685. Dagegen and. Ans. GrDiszS. KG. 4. 12. 17 (JMBl. 18, 59).

4. Höhere Instanz ist für den Voruntersuchungsb. nicht die Disziplinarkammer, sondern die oberste Reichsbehörde.

§ 95.

Über jede Untersuchungshandlung ist durch einen vereideten Protokollführer ein Protokoll aufzunehmen. Den vernommenen Personen ist ihre Aussage unmittelbar nach der Protokollierung vorzulesen, um denselben Gelegenheit zur Berichtigung und Ergänzung zu geben.

Eine Vereidigung durch Handschlag genügt nicht. PrDiszH. f. nichtr. B. 17. 11. 24 JW. 25, 1684. Die Protokollführung ist ein so wesentliches Formerfordernis, daß die Nichtzuziehung eines Protokollführers und die Nichtaufstellung eines Protokolls das Verfahren ungültig machen. OVG. 16, 395; OVG. 8. 2. 29 PrVerwBl. 50, 316. Jede Untersuchungshandlung muß protokolliert werden, also auch Durchsuchungen, Augenscheinseinnahme. Im Protokoll ist bei Zeugenvernehmungen festzustellen, daß den Zeugen die Aussagen vorgelesen und von ihnen genehmigt worden sind; eine Unterzeichnung ihrer Aussagen ist nicht notwendig.

§ 96.

Wenn der Voruntersuchungsbeamte die Voruntersuchung für geschlossen erachtet, so teilt er die Akten dem Beamten der Staatsanwaltschaft mit. Hält dieser eine Ergänzung der Voruntersuchung für erforderlich, so hat er dieselbe bei dem Voruntersuchungsbeamten zu beantragen, welcher, wenn er entgegengesetzter Ansicht ist, die Entscheidung der obersten Reichsbehörde einzuholen hat.

Die Benachrichtigung des B. der Staatsanwaltschaft ist vorgeschrieben, weil er nur bei der Vernehmung des Angeschuldigten (§ 94), nicht aber bei der sonstigen Beweiserhebung anwesend sein darf. Er hat auch, anders als im Strafprozeß (§ 194), nicht jederzeit das Recht der Akteneinsicht. Schulze 262.

§ 97.

Nach geschlossener Voruntersuchung ist dem Angeschuldigten der Inhalt der erhobenen Beweismittel mitzuteilen. Darauf werden die Akten an die oberste Reichsbehörde eingesendet.

1. Die Voruntersuchung ist dann geschlossen, wenn der B. der Staatsanwaltschaft nicht eine Ergänzung der Untersuchung beantragt und diesem Antrag gegebenenfalls stattgegeben wird (§ 96). Regelmäßig wird auch der Angeschuldigte noch vor Abschluß der Untersuchung zu vernehmen sein; auch hieraus kann sich ein Anlaß zu weiteren Ermittlungen ergeben. RDiszH. 7. 11. 81 bei Perels-Spilling 134, 135. Einen Anspruch auf Schlußvernehmung hat er aber nicht.

2. Nach Abschluß der Voruntersuchung muß dem Angeschuldigten der gesamte Inhalt derselben mitgeteilt werden. Eine Verlesung der Akten ist nicht erforderlich; auch hat der Angeschuldigte kein Recht auf Akteneinsicht (§ 101 Abs. 2), er kann auch nicht Abschrift von Akten oder Teilen derselben verlangen. RDiszH. 29. 6. 08 und 24. 7. 24 Schu-Si. 454.

Ein Recht auf schriftliche Verteidigung innerhalb der Voruntersuchung ist ihm ebenfalls nicht gegeben. Brand, Komm. S. 392.

§ 98.

Die oberste Reichsbehörde kann mit Rücksicht auf den Ausfall der Voruntersuchung das Verfahren einstellen und geeignetenfalls eine Ordnungsstrafe verhängen.

Der Angeschuldigte erhält Ausfertigung des darauf bezüglichen, mit Gründen zu unterstützenden Beschlusses.

1. Die Entscheidung über das Ergebnis der Voruntersuchung steht der obersten Reichsbehörde, die die Einleitung des Verfahrens verfügt hat, und nicht der Disziplinarkammer zu, weil diese mit der Angelegenheit überhaupt noch nicht befaßt ist. Die Entscheidung lautet: a) auf Einstellung des Verfahrens bei nicht erwiesener Schuld. Es können aber auch politische Gründe maßgebend sein. Perels-Spilling § 98 Anm. 5, Schulze Komm. S. 263. Im Falle des § 100 RBG. muß das Verfahren eingestellt werden; b) auf Einstellung des förmlichen Disziplinarverfahrens unter Verhängung einer Ordnungsstrafe.

2. Der Einstellungsbeschluß muß schriftlich abgefaßt und mit Gründen versehen sein. Er ist in einer Ausfertigung dem Angeschuldigten zuzustellen. § 133. Die Einstellung ist nicht mehr zulässig, sobald das Verfahren vor der Reichsdisziplinarkammer anhängig geworden ist. § 101.

3. Die Kosten des Verfahrens können im Falle des § 98 dem Angeschuldigten in keinem Falle zur Last gelegt werden. Ein Rechtsmittel gegen den Einstellungsbeschluß (auch wenn er mit einer Ordnungsstrafe verbunden ist) gibt es weder für den Angeschuldigten noch für den B. der Staatsanwaltschaft.

§ 99.

Die Wiederaufnahme des Disziplinarverfahrens wegen der nämlichen Anschuldigungspunkte ist nur auf

Grund neuer Beweise und während eines Zeitraums von fünf Jahren, vom Tage des Einstellungsbeschlusses ab, zulässig.

War eine Ordnungsstrafe verhängt (§ 98), so findet eine Wiederaufnahme des eingestellten Disziplinarverfahrens nicht statt.

Eine Wiederaufnahme des durch eine Entscheidung der Disziplinarkammer(hofs) abgeschlossenen Verfahrens kommt nach dem Gesetz nicht in Frage.

Die Einstellung des Verfahrens läßt eine Ordnungsstrafgewalt der Dienstvorgesetzten nicht etwa wieder aufleben. OVG. 26, 421.

§ 100.

Die Einstellung des Verfahrens muß erfolgen, sobald der Angeschuldigte seine Entlassung aus dem Reichsdienste mit Verzicht auf Titel, Gehalt und Pensionsanspruch nachsucht, vorausgesetzt, daß er seine amtlichen Geschäfte bereits erledigt und über eine ihm etwa anvertraute Verwaltung von Reichsvermögen vollständige Rechnung gelegt hat.

Die Verhängung einer Ordnungsstrafe ist in diesem Falle nicht zulässig. Die Kosten des eingestellten Verfahrens (§ 124) fallen dem Angeschuldigten zur Last.

1. Diese Bestimmung beruht auf dem Grundsatze, daß mit der völligen Lösung des B.dienstverhältnisses auch die Disziplinargewalt des Staates erlischt. Die Einstellung muß in jeder Lage des Verfahrens bis zur rechtskräftigen Entscheidung erfolgen. Zuständig ist die Behörde, die die Verfügung über den Weitergang des Disziplinarverfahrens in Händen hat, also bis zur Verweisung an die Disziplinarkammer die oberste Reichsbehörde, von da ab die Disziplinarkammer bzw. der Disziplinarhof. Schulze 265.

2. Die Verzichtserklärung des B. muß eine ausdrückliche sein.

§ 101.

Beschließt die oberste Reichsbehörde die Verweisung der Sache vor die Disziplinarkammer, so wird der Angeschuldigte nach Eingang einer von dem Beamten der Staatsanwaltschaft anzufertigenden Anschuldigungsschrift unter abschriftlicher Mitteilung der letzteren zu einer von dem Vorsitzenden der Disziplinarkammer zu bestimmenden Sitzung zur mündlichen Verhandlung vorgeladen.

Bis zur Verkündung der Entscheidung der Disziplinarkammer kann die oberste Reichsbehörde den Verweisungsbeschluß zurücknehmen. Die Zurücknahme ist nur mit Zustimmung des Angeschuldigten zulässig. Wird der Verweisungsbeschluß zurückgenommen, so hat die oberste Reichsbehörde das Verfahren einzustellen und kann geeignetenfalls eine Ordnungsstrafe verhängen.

Der Angeschuldigte kann sich des Beistandes eines Rechtsanwalts als Verteidigers bedienen. Dem letzteren ist die Einsicht der Voruntersuchungsakten zu gestatten.

1. Der Abs. 2 des § 101 ist durch G. 17. 7. 23 Art. I (RGBl. 683) eingefügt worden.

2. Der Beschluß der obersten Reichsbehörde, der eine Sache an die Disziplinarkammer verweist, wird der zuständigen Disziplinarkammer und dem Staatsanwalt, nicht dagegen dem Angeschuldigten mitgeteilt. Der Staatsanwalt hat demnächst die Anschuldigungsschrift der Disziplinarkammer vorzulegen. Die Anschuldigungsschrift muß enthalten: den Angeschuldigten, die genaue Bezeichnung des ihm zur Last gelegten Vergehens, die Ergebnisse der Voruntersuchung und die Beweise, deren Erhebung noch erforderlich erscheint (§§ 105, 106).

3. Anhängig wird die Sache bei der Disziplinarkammer nicht schon mit dem Eingange des Verweisungsbeschlusses (so

Brand, Komm. 398), sondern mit dem Eingange der Anschuldigungsschrift (Pieper 276, Schulze 267). Von diesem Zeitpunkte ab hat die oberste Reichsbehörde keinen Einfluß auf das Verfahren mehr.

4. Die Anschuldigungsschrift begrenzt den Gegenstand der mündlichen Verhandlung. Das Urteil darf sich also auf keine anderen Punkte als die in der Anschuldigungsschrift enthaltenen erstrecken (v. Rheinbaben 257, PrOVG. 80, 429 und v. 1. 3. 29 PrVerwBl. 50, 317). Dies gilt auch dann, wenn Angeschuldigter und Staatsanwalt sich darüber einigen sollten, daß noch andere Anschuldigungspunkte in dem Verfahren erörtert werden sollen. RDiszH. 18. 12. 16 Schu-Si. 490. Dagegen können neue, erst in der Voruntersuchung aufgetauchte Fälle mit abgeurteilt werden, wenn sie ausdrücklich in die Voruntersuchung einbezogen, der Angeschuldigte über sie vernommen worden ist und sie in der Anschuldigungsschrift enthalten sind.

5. Unter Beifügung der Anschuldigungsschrift wird der Angeschuldigte zur mündlichen Verhandlung geladen. RDiszH. 2. 4. 06 Schu-Si. 444. Eine Dauer der Einlassungsfrist für den Angeschuldigten und seinen Verteidiger ist gesetzlich nicht bestimmt; es kommt also eine angemessene Frist in Frage.

6. Prozeßleitende Verfügungen trifft der Vorsitzende der Kammer oder mit seiner Zustimmung der Berichterstatter. In sachlicher Beziehung kann nur das Kollegium entscheiden. Eine wichtige prozeßleitende Verfügung ist die Ladung des Angeschuldigten. Sie hat zu enthalten: den Termin, den Hinweis, daß der Angeschuldigte sich eines Verteidigers bedienen kann, allenfalls die Anordnung seines persönlichen Erscheinens und den Hinweis, daß auch für den Fall seines Nichterscheinens die Verhandlung vor sich gehen wird. Bereits hervorgehoben ist die Notwendigkeit der Beifügung der Anschuldigungsschrift mit der Anfrage, ob der Angeschuldigte die Erhebung von einzelnen Beweisen beantrage. Die Ladung des vom Angeschuldigten namhaft gemachten Verteidigers ist ebenfalls erforderlich. Ein Recht auf Akteneinsicht hat der Verteidiger erst vom Zeitpunkt der Vorladung des Angeschuldigten zur mündlichen Verhandlung ab. Da die Personal-

akten keine Geheimakten mehr sind, können auch sie eingesehen werden. Erteilung von Abschriften aus den Akten kann der Verteidiger nicht verlangen, er kann sie sich aber selbst anfertigen (RDiszH. 29. 6. 08 Schu-Si. 454). Von dem Inhalt der Akten darf der Anwalt nur zu Verteidigungszwecken Gebrauch machen (Falck B.jahrb. 26, 7 u. 190, Schulze 269). Andere Personen als Rechtsanwälte werden zur Verteidigung nicht zugelassen. Der Verteidiger wird nur auf Antrag zugelassen, nie von Amts wegen bestellt (Hagemann, DRichtZ. 28, 348).

Ein Anspruch auf Vertagung bei Unmöglichkeit rechtzeitigen Erscheinens besteht nicht, vielmehr entscheidet über Vertagungen die Kammer nach freiem Ermessen. RDiszH. 3. 3. 77 bei Perels-Spilling § 101 Anm. 3, § 102 Anm. 5.

§ 102.

Die mündliche Verhandlung findet statt, auch wenn der Angeschuldigte nicht erschienen ist. Derselbe kann sich durch einen Rechtsanwalt vertreten lassen. Der Disziplinarkammer steht es jedoch, sofern der Angeschuldigte seinen dienstlichen Wohnsitz im Deutschen Reiche hat, jederzeit zu, das persönliche Erscheinen des Angeschuldigten unter der Warnung zu verordnen, daß bei seinem Ausbleiben ein Verteidiger zu seiner Vertretung nicht werde zugelassen werden.

Die Bestimmung stellt eine wesentliche Abweichung von den entsprechenden Bestimmungen der StPO. (§ 229) dar. Der vertretende Rechtsanwalt hat sich durch eine Vollmacht auszuweisen; Mitteilung über die erteilte Vollmacht an die Disziplinarkammer genügt. RDiszH. 22. 12. 90 Schulze Rspr. 58. Anders als im Strafprozeß kann das persönliche Erscheinen nicht erzwungen werden. Über die Gebühren des Rechtsanwalts vgl. Art. 2 Abs. 2 G. 28. 10. 22 (GS. 410).

§ 103.

Die mündliche Verhandlung ist öffentlich. Die Öffentlichkeit kann aus besonderen Gründen auf den

Antrag des Angeschuldigten, des Beamten der Staatsanwaltschaft oder von Amts wegen durch Beschluß der Disziplinarkammer ausgeschlossen oder auf bestimmte Personen beschränkt werden. Die Gründe der Ausschließung oder Beschränkung der Öffentlichkeit müssen aus dem Sitzungsprotokoll hervorgehen.

Die Gründe für die Ausschließung der Öffentlichkeit sind im Gegensatz zum GVG. § 173 nicht auf die Besorgnis einer Gefährdung der öffentlichen Ordnung, insbesondere der Staatssicherheit, oder der Sittlichkeit beschränkt. Es müssen aber jedenfalls besondere Gründe sein, also nicht solche, die bei jeder Disziplinaruntersuchung in Frage kommen (Schulze 271). Eine Beschränkung der Öffentlichkeit in der Weise, daß bestimmte Personen nicht zugelassen werden, ist ausgeschlossen.

Die Verhandlung über die Beschränkung oder den Ausschluß der Öffentlichkeit geschieht stets in nichtöffentlicher Sitzung.

§ 104.

Bei der mündlichen Verhandlung wird der wesentliche Inhalt der Anschuldigungsschrift von dem Beamten der Staatsanwaltschaft mündlich vorgetragen. Der Angeschuldigte wird vernommen. Gesteht derselbe die den Gegenstand der Anschuldigung bildenden Tatsachen ein und walten gegen die Glaubwürdigkeit seines Geständnisses keine Bedenken ob, so beschließt die Disziplinarkammer, daß eine Beweisverhandlung nicht stattfinde.

Andernfalls gibt ein von dem Vorsitzenden der Disziplinarkammer aus der Zahl der Mitglieder ernannter Berichterstatter auf Grund der bisherigen Verhandlungen eine Darstellung der Beweisaufnahme, soweit sie sich auf die in der Anschuldigungsschrift enthaltenen Anschuldigungspunkte bezieht.

Zum Schlusse wird der Beamte der Staatsanwaltschaft mit seinem Vor- und Antrage und der Angeschuldigte mit seiner Verteidigung gehört. Dem Angeschuldigten steht das letzte Wort zu.

Wie die ganze Beweisaufnahme, so unterliegt auch das Geständnis der freien Beweiswürdigung (§ 108 Abs. 2). Da der Schwerpunkt der Beweiserhebung in der Voruntersuchung liegt, kann anders als im Strafprozeß von der Unmittelbarkeit der richterlichen Wahrnehmung nicht gesprochen werden; denn der mündliche Vortrag des Berichterstatters ist von ausschlaggebender Bedeutung. Ob und inwieweit Verlesungen von Zeugen- und Sachverständigenaussagen stattzufinden haben, beschließt die Kammer, ohne an Anträge der Staatsanwaltschaft oder des Angeschuldigten gebunden zu sein. RDiszH. 4. 2. 84 Schu-Si. 483.

Der B. der Staatsanwaltschaft ist bei seinem Antrage, wie überhaupt, an die Weisungen gebunden, die seine vorgesetzte Behörde ihm erteilt hat. OVG. PrVerwBl. 44, 43. Der Verteidiger muß mündlich plädieren, ein Ablesen der Verteidigungsschrift ist nicht statthaft. RDiszH. 30. 1. 82 Schu-Si. 512.

§ 105.

Wenn die Disziplinarkammer vor oder im Laufe der mündlichen Verhandlung auf den Antrag des Angeschuldigten oder des Beamten der Staatsanwaltschaft oder von Amts wegen die Vernehmung von Zeugen, sei es vor der Disziplinarkammer oder durch einen beauftragten Beamten, oder die Herbeischaffung anderer Beweismittel für angemessen erachtet, so erläßt sie die erforderliche Verfügung und verlegt nötigenfalls die Fortsetzung der Verhandlung auf einen anderen Tag, welcher dem Angeschuldigten bekanntzumachen ist.

In der Regel beschränkt sich die Beweisaufnahme vor der Disziplinarkammer auf den Vortrag des Berichterstatters. Die

Disziplinarkammer kann aber auch selbst Beweise erheben oder in der Voruntersuchung erhobene Beweise, sei es, um einen persönlichen Eindruck von dem Zeugen zu erhalten, sei es, um Widersprüche aufzuklären, wiederholen. Die Parteien können entsprechende Anträge stellen. Das freie Ermessen der Kammer ist beschränkt durch § 106 und durch die Bestimmung, daß bei einer Vernehmung nach § 106 diese außer dem Falle des § 107 nicht durch einen beauftragten B. erfolgen darf. Pieper § 105 Anm. 2, Schulze 275.

§ 106.

Die Vernehmung der Zeugen muß auf Antrag des Beamten der Staatsanwaltschaft oder des Angeschuldigten in der mündlichen Verhandlung erfolgen, sofern die Tatsachen erheblich sind, über welche die Vernehmung stattfinden soll, und die Disziplinarkammer nicht die Überzeugung gewonnen hat, daß der Antrag nur auf Verschleppung der Sache abzielt.

Durch diese Bestimmung kann von beiden Parteien die Vernehmung von Zeugen vor der Kammer erzwungen werden. Eine Ablehnung des Antrags ist nur aus den in § 106 angegebenen Gründen möglich. Ob die Tatsachen erheblich sind sowie ob eine Verschleppungsabsicht vorliegt, entscheidet die Kammer. Eine Ausdehnung der Bestimmungen des Paragraphen auf andere Beweismittel ist nicht statthaft.

§ 107.

Stehen dem Erscheinen eines Zeugen Krankheit, große Entfernung oder andere unabwendbare Hindernisse entgegen, so ist von der Disziplinarkammer dessen Vernehmung durch einen damit beauftragten Beamten unter Beiladung der Staatsanwaltschaft und des Angeschuldigten anzuordnen.

Als große Entfernung im Sinne dieses Gesetzes ist

es nicht anzusehen, wenn der Zeuge sich im Bezirke der entscheidenden Disziplinarkammer aufhält.

§ 107 gibt an, wann ein nach § 106 zu vernehmender Zeuge ausnahmsweise nicht in der mündlichen Verhandlung zu vernehmen ist. Rechtshilfeersuchen an Amtsgerichte ist möglich.

§ 108.

Bei der Entscheidung hat die Disziplinarkammer, ohne an positive Beweisregeln gebunden zu sein, nach ihrer freien, aus dem Inbegriffe der Verhandlungen und Beweise geschöpften Überzeugung zu beurteilen, inwieweit die Anschuldigung für begründet zu erachten ist.

Ist die Anschuldigung nicht begründet, so spricht die Disziplinarkammer den Angeschuldigten frei. Vorläufige Freisprechung (Entbindung von der Instanz) ist nicht statthaft. Gegen den freigesprochenen Angeschuldigten darf wegen der nämlichen den Gegenstand der Anschuldigung bildenden Handlung ein Disziplinarverfahren nicht wieder eingeleitet werden. Ist die Anschuldigung begründet, so kann die Entscheidung auch auf eine bloße Ordnungsstrafe lauten.

Die Entscheidung, welche mit Gründen versehen sein muß, wird in der Sitzung, in welcher die mündliche Verhandlung beendigt worden ist, und spätestens innerhalb der darauf folgenden vierzehn Tage verkündet. Eine Ausfertigung der Entscheidung wird dem Angeschuldigten erteilt.

1. Die Wirkungen der materiellen Rechtskraft können dann nicht eintreten, wenn das Dienstverhältnis gelöst wird, noch ehe die Entscheidung die formelle Rechtskraft erlangt hat (z. B. im Todesfall).

Der Grundsatz der freien Beweiswürdigung ist nur

in dem Falle beschränkt, wo das ordentliche Gericht auf Freisprechung im Strafverfahren erkannt hat. Im Falle einer strafgerichtlichen Verurteilung dagegen kann die Disziplinarkammer die Schuldfrage nach freiem Ermessen prüfen. Die im Strafverfahren erhobenen Beweise kann die Kammer ohne Wiederholung derselben ihrer Entscheidung zugrunde legen. Was die Mitglieder der Kammer außerhalb der Verhandlung über das Dienstvergehen gehört haben — und zwar auch amtlich —, dürfen sie bei der Beweisaufnahme nicht verwerten. Die Offenkundigkeit einer Tatsache darf nur berücksichtigt werden, wenn sie in der mündlichen Verhandlung zur Sprache gebracht worden ist. RGSt. 16, 327; Pieper 419; Brand, Komm. 410. Solche Ereignisse, die erst im Laufe des Disziplinarverfahrens eingetreten sind, können unter Umständen bei der Strafzumessung berücksichtigt werden. RDiszH. 14. 3. 10 und 7. 4. 24 Schu-Si. 313.

2. Ehe die Kammer in die mündliche Verhandlung über die Sache eintritt, muß sie die prozessualen Voraussetzungen prüfen. In erster Linie also die örtliche Zuständigkeit, die Frage, ob das Verfahren von der obersten Reichsbehörde ordnungsmäßig eingeleitet ist, ob eine Voruntersuchung stattgefunden hat, eine Anschuldigungsschrift vorliegt, die Ladungen nachgewiesen sind usw.

3. Die Kammer hat ferner in jeder Lage des Verfahrens zu prüfen, ob der Angeschuldigte für die ihm zur Last gelegte Tat verantwortlich gemacht werden kann (Zurechnungsfähigkeit). Im Zweifel hat Freisprechung zu erfolgen. RDiszH. 17. 2. 25 JurRdsch. 25, 418. Ist der Angeschuldigte im Verlaufe des Verfahrens infolge Geisteskrankheit oder Geistesschwäche verhandlungsunfähig geworden, so wird das Verfahren vorläufig eingestellt. Die baren Auslagen fallen dann der Staatskasse zur Last (§ 205 StPO.).

4. Die Entscheidung muß mit Gründen versehen sein. Im Falle der Freisprechung müssen die Gründe ergeben, ob der Angeklagte für nicht überführt oder ob und aus welchen Gründen die als erwiesen angenommene Tat nicht für strafbar erachtet wird (StPO. § 266 Abs. 4).

5. Die Entscheidung muß verkündet und dem Angeschuldigten in einer Ausfertigung zugestellt werden.

§ 109.

Über die mündliche Verhandlung wird ein Protokoll aufgenommen, welches die Namen der Anwesenden und die wesentlichen Momente der Verhandlung enthalten muß. Das Protokoll wird von dem Vorsitzenden und dem Protokollführer unterzeichnet.

Die Einhaltung der wesentlichen Förmlichkeiten kann nur durch das Protokoll bewiesen werden. RDisz.H. 25. 2. 24 Schu-Si. 457.

Da das Protokoll zugleich die Grundlage für eine etwaige Berufungsverhandlung bildet (§ 116 Abs. 3), müssen die wesentlichen Ergebnisse der Vernehmungen des Angeschuldigten, der Zeugen und der Sachverständigen aufgenommen werden. Der Präsident kann die vollständige Niederschrift einer Aussage anordnen, wenn dieselbe von entscheidender Bedeutung für den Ausgang des Verfahrens ist. RDiszH. 4. 2. 84 Schu-Si. 483.

§ 110.

Gegen die Entscheidung der Disziplinarkammer steht die Berufung an den Disziplinarhof sowohl dem Beamten der Staatsanwaltschaft als dem Angeschuldigten offen.

Neue Tatsachen, welche die Grundlage einer anderen Beschuldigung bilden, dürfen in der Berufungsinstanz nicht vorgebracht werden.

1. Die Entscheidung kann aus formellen und materiellen Gründen angefochten werden; eine Angabe von Gründen ist aber nicht unbedingt erforderlich. Die Parteien dürfen neue Anträge stellen, neue Beweise können erhoben werden, aber alles nur im Rahmen der Anschuldigungsschrift.

2. Die Berufung kann seitens der Staatsanwaltschaft auch zugunsten des Angeschuldigten erfolgen (§ 296 II StPO.);

auch abgesehen davon kann jede vom Staatsanwalt eingelegte Berufung eine Abänderung zugunsten des Angeschuldigten herbeiführen. Umgekehrt ist bei Berufungseinlegung durch den Angeschuldigten eine reformatio in peius nicht möglich. RDiszH. 15. 11. 20 Schu-Si. 505 und v. 23. 3. 26 DRichtZ. 26, 190. Anschlußberufung jeder Partei möglich. RDiszH. 23. 11. 78 Perels-Spilling 217; RDiszH. 10. 11. 77 Schu-Si. 504.

3. Der Verzicht auf die Berufung ist nur wirksam, wenn er dem Gericht gegenüber erklärt wird; in diesem Falle ist er unwiderruflich. RDiszH. 5. 11. 83 Schulze Rspr. 330. Die Zurücknahme der eingelegten Berufung ist bis zum Erlaß des Urteils 2. Instanz möglich; sie muß ebenfalls dem Gericht gegenüber erklärt werden und ist dann unwiderruflich. Die Zurücknahme kann nicht durch Wiedereinsetzung in den vorigen Stand rückgängig gemacht werden. RDiszH. 7. 4. 24 Schu-Si. 504.

§ 111.

Die Anmeldung der Berufung geschieht zu Protokoll oder schriftlich bei der Disziplinarkammer, welche die anzugreifende Entscheidung erlassen hat. Von seiten des Angeschuldigten kann sie auch durch einen Bevollmächtigten geschehen.

Die Frist zu dieser Anmeldung ist eine vierwöchentliche. Sie beginnt für den Beamten der Staatsanwaltschaft mit dem Ablaufe des Tages, an welchem die Entscheidung verkündet, für den Angeschuldigten mit dem Ablaufe des Tages, an welchem ihm die Ausfertigung der Entscheidung zugestellt worden ist.

1. Über die Form ist zu sagen: Erklärung zu Protokoll bei der Disziplinarkammer oder durch schriftliche Eingabe bei derselben; telegraphische Einlegung (mit voller Namensunterschrift) genügt. RDiszH. 25. 9. 28 DJZ. 29, Sp. 315.

Das Wort „Berufung" muß nicht gebraucht werden; eine falsche Bezeichnung des Rechtsmittels schadet nicht.

2. Der Angeschuldigte braucht die Berufung nicht persönlich einzulegen; für ihn kann es sein gesetzlicher Vertreter oder Pfleger tun. Auch der Verteidiger ist, abgesehen vom ausdrücklichen Widerspruch des Angeschuldigten, zur Einlegung des Rechtsmittels befugt.

3. Die Frist zur Einlegung der Berufung beträgt vier Wochen (nicht einen Monat, so Pieper § 111 Anm. 7). Sie beginnt für den Angeschuldigten auf alle Fälle mit dem Ablauf des Tages, an welchem ihm die Entscheidung zugestellt worden ist, für den V. der Staatsanwaltschaft mit dem Ablauf des Tages, an welchem die Entscheidung verkündet worden ist. Eine Ausnahme besteht für den Angeschuldigten nach § 37 Abs. 2 RDiszG. (mit der Verkündung, wenn der B. zugegen war). Die Frist ist eine Ausschlußfrist und kann nicht verlängert werden. Sie gilt auch, wenn die Berufung im Ausland eingelegt ist RDiszH. 20. 1. 25 Schu-Si. 502. Einreichung der Berufungsschrift bei dem Hauptbüro einer Behörde, deren allgemeine dienstliche Einrichtungen von der Disziplinarkammer mitbenutzt werden, ist ausreichend. RDiszH. 6. 7. 26 DJZ. 26, 1567.

4. Ist die Berufung verspätet eingelegt, so ist sie (analog § 319 I StPO.) durch Beschluß als unzulässig zu verwerfen. Beschwerdemöglichkeit (§ 319 II StPO.) und Wiedereinsetzung in den vorigen Stand beim Vorliegen der Voraussetzungen der StPO. (§ 44 f.). RDiszH. 22. 1. 76, 30. 6. 77 u. 30. 1. 82 Schu-Si. 501.

§ 112.

Zur schriftlichen Rechtfertigung der Berufung steht demjenigen, der dieselbe rechtzeitig angemeldet hat, eine vierzehntägige Frist, vom Ablaufe der Anmeldungsfrist gerechnet, offen.

Keine Ausschlußfrist, sie kann daher verlängert werden; im Falle des § 114 muß sie verlängert werden.

Die schriftliche Rechtfertigung ist geboten, aber nicht notwendig; sie hat lediglich den Charakter eines vorbereitenden Schriftsatzes.

§ 113.

Die Anmeldung der Berufung und die etwa eingegangene Berufungsschrift wird dem Gegner in Abschrift zugestellt, und falls dies der Beamte der Staatsanwaltschaft ist, in Urschrift vorgelegt.

Innerhalb vierzehn Tagen nach erfolgter Zustellung oder Vorlegung kann der Gegner eine Beantwortungsschrift einreichen.

Es handelt sich um prozeßleitende Verfügungen der Disziplinarkammer. Die Vorlegung der Akten an den Reichsdisziplinarhof erfolgt über die oberste Reichsbehörde.

§ 114.

Befindet sich der Angeschuldigte im Auslande, so hat die Disziplinarkammer die Fristen zur Anmeldung und Rechtfertigung seiner Berufung und zur Beantwortung der Berufung des Beamten der Staatsanwaltschaft mit Rücksicht auf die Entfernung des dienstlichen Wohnsitzes des Angeschuldigten von Amts wegen zu erweitern und die betreffende Verfügung gleichzeitig mit dem Urteil beziehungsweise mit der Anmeldung der Berufung des Beamten der Staatsanwaltschaft dem Angeschuldigten zuzustellen.

Es handelt sich um B., die ihren dienstlichen Wohnsitz im Ausland haben und sich dort wärend der in Betracht kommenden Fristen aufhalten. Für den B. der Staatsanwaltschaft gelten die gesetzlichen Fristen.

§ 115.

Die Fristen zur Rechtfertigung und Beantwortung der Berufung (§§ 112 bis 114) können auf Antrag von der Disziplinarkammer verlängert werden.

Die Anmeldefrist für die Berufung kann mit Ausnahme des § 115 nicht verlängert werden.

§ 116.

Nach Ablauf der in den §§ 113 bis 115 bestimmten Fristen werden die Akten an den Disziplinarhof eingesandt.

Der Disziplinarhof kann die zur Aufklärung der Sache etwa erforderlichen Verfügungen erlassen. Er bestimmt sodann eine Sitzung zur mündlichen Verhandlung, zu welcher der Angeschuldigte vorzuladen und der Beamte der Staatsanwaltschaft zuzuziehen ist.

In der mündlichen Verhandlung gibt zunächst ein von dem Vorsitzenden des Disziplinarhofs aus der Zahl seiner Mitglieder ernannter Berichterstatter eine Darstellung der bis dahin stattgefundenen, auf die in der Anschuldigungsschrift enthaltenen Anschuldigungspunkte bezüglichen Verhandlungen.

Im übrigen wird nach Maßgabe der in den § 101 Abs. 2, § 102, § 103, § 104 Abs. 2 und 3, § 105, § 106, § 107 Abs. 1, § 108 und § 109 enthaltenen Bestimmungen verfahren.

1. Das Verfahren beim Disziplinarhof ist das gleiche wie bei der Disziplinarkammer, soweit nicht Gesetz oder Geschäftsordnung Abweichungen vorschreiben.

2. Der Disziplinarhof prüft die angefochtene Entscheidung ihrem ganzen Umfange nach sowohl in formaler wie in sachlicher Beziehung durch. Vorerst wird daher geprüft, ob das Verfahren erster Instanz nicht an wesentlichen Mängeln leidet (z. B. Zuständigkeit, Öffentlichkeit usw.). RDiszH. 8. 5. 23, 25. 2. 24 JW. 24, 1534, Schu-Si. 456, 458 und v. 7. 12. 22 Schu-Si. 487. Liegen solche Mängel vor, so wird die Sache zur erneuten Verhandlung an die erste Instanz zurückverwiesen (§ 358 StPO.); reformatio in peius unzulässig.

Eine Begrenzung der Nachprüfung gilt nur dann, wenn lediglich einzelne Punkte der Vorentscheidung als abänderungsbedürftig bezeichnet werden (z. B. das Strafmaß). RDiszH. 10. 2. 14 Schu-Si. 510.

3. Die Entscheidung des Disziplinarhofs kann lauten: a) auf Zurückweisung der Berufung, wenn sie unbegründet ist; b) unter Abänderung der erstinstanzlichen Entscheidung auf Freisprechung oder Verurteilung zu einer anderen Disziplinarstrafe (§§ 73—75); c) auf Aufhebung der erstinstanzlichen Entscheidung und Zurückverweisung an die Disziplinarkammer (StPO. § 369; Perels-Spilling § 116 Anm. 6; Piepetz ebenda, Anm. 6; Schulze S. 290).

4. Die Kosten der Berufungsinstanz sind dem unterliegenden Teil aufzuerlegen (§ 505 I StPO.).

5. Das Urteil des Reichsdisziplinarhofs wird sofort mit der Verkündung, die spätestens innerhalb 14 Tagen nach der mündlichen Verhandlung zu erfolgen hat, rechtskräftig und vollstreckbar.

6. Ist der Angeschuldigte nach Einlegung der Berufung gestorben oder aus dem Amt geschieden und hat er nicht gemäß § 75 Ziff. 2 auf Titel und Ruhegehalt verzichtet, so ist das Verfahren einzustellen.

§ 117.

Ein anderes Rechtsmittel als die Berufung, insbesondere auch das Rechtsmittel des Einspruchs (Opposition oder Restitution) findet im Disziplinarverfahren nicht statt.

Wenn auch Art. 129 Abs. 3 RV. bestimmt, daß gegen jedes dienstliche Straferkenntnis die Möglichkeit eines Wiederaufnahmeverfahrens gegeben sein muß, so ist doch angesichts des Umstandes, daß es sich hier lediglich um eine Richtlinie für die Gesetzgebung handelt und ein derartiges Gesetz bis jetzt nicht ergangen ist, die Möglichkeit eines Wiederaufnahmeverfahrens (im Sinne der §§ 359f. StPO.) nicht gegeben. RDiszH. 9. 7. 24 u. 30. 9. 25 Schu-Si. 520, ferner v. 15. 5. 28 DRichtZ. 28 Rspr. Jg. 311. Der Beamte, dessen Unschuld, insbesondere nach abgeschlossenem Wiederaufnahmeverfahren im Strafprozeß, erwiesen ist, ist daher lediglich auf den Gnadenweg angewiesen.

(Über die Reformbedürftigkeit dieses Zustandes Brand, Komm. S. 432.) Die Behörde wird in der Regel durch Wiederanstellung und durch Nachzahlung des verlorenen Gehalts usw. den Beamten schadlos zu halten versuchen. RG. 22, 40. RDisziH. 7. 11. 10 Schu-Si. 415.

§ 118.

Der Kaiser (Reichspräsident) hat das Recht, die von den Disziplinarbehörden verhängten Strafen zu erlassen oder zu mildern.

1. Das Begnadigungsrecht erstreckt sich auf alle Arten von Disziplinarstrafen; solche, die im förmlichen Disziplinarverfahren verhängt sind, müssen erst rechtskräftig werden. Die Begnadigung kann sich entweder auf die Dienststrafe im ganzen oder auf einzelne im Zusammenhang mit ihr getroffene Einzelbestimmungen erstrecken, z. B. kann bei einem Urteil auf Dienstentlassung dem B. Titel oder Ruhegehalt oder ein Teil desselben belassen werden. Über die Voraussetzungen und Grenzen der Milderung vgl. Schulze 291. Hat der B. infolge eines Strafurteils sein Amt verloren, so kann der Reichspräsident auch hier dem B. den vollen Ruhegehaltsanspruch belassen (Brand, Komm. 434; and. Ans. Perels-Spilling 153, Pieper 434, Arndt, Komm. 156). War der B. noch nicht ruhegehaltsfähig, so ist Vorstehendes nicht möglich.

2. Das Begnadigungsrecht kann auch zugunsten der Hinterbliebenen ausgeübt werden.

3. Eine Amnestie für Strafsachen erstreckt sich nicht ohne weiteres auch auf Dienstvergehen. GrDiszS. 29. 11. 22 Amtl. Smlg. 99. Der Disziplinarrichter kann solche Verfehlungen, die als solche durch die Amnestie nicht aus der Welt geschafft sind, bei der Bemessung des Strafmaßes berücksichtigen. PrDiszH. f. nichtr. B. 17. 6. 22 JW. 24, 582; Brand, Komm. 436.

Wegen der Löschung der Disziplinarstrafen in den Personalakten vgl. Grundsätze d. Pr. Staatsmin. 18. 8. 17 (MBl. 21, 253).

§ 119.

Die Vorschriften der §§ 84—118 gelten auch in Ansehung der einstweilig in den Ruhestand versetzten Beamten.

Der letzte dienstliche Wohnsitz derselben ist für die Zuständigkeit im Disziplinarverfahren entscheidend.

Die Wartestandsb. stehen im Gegensatz zu den Pensionären unter der Disziplinargewalt des Reichs. Gegen sie ist aber nur das förmliche, nicht das Ordnungsstrafverfahren anwendbar (§§ 94—118); in ihm können allerdings auch Ordnungsstrafen verhängt werden (Perels-Spilling § 119 Anm. 1, Schulze S. 291).

Besondere Bestimmungen in betreff der Beamten der Militärverwaltung.

§§ 120, 121, 122.

Diese Paragraphen enthalten besondere Bestimmungen für Beamte der Militärverwaltung; sie sind auf Grund des § 48 des Wehrgesetzes v. 23. 3. 1921 (RGBl. 329) aufgehoben worden.

§ 123.

Gegen Militärbeamte kommen in betreff der Verfügung von Disziplinarstrafen, die nicht in der Entfernung aus dem Amte bestehen, die auf jene Beamten bezüglichen besonderen Bestimmungen zur Anwendung. Dasselbe gilt von der Amtssuspension aller Beamten der Militärverwaltung im Falle des Krieges.

Während sich die §§ 120—122 nur auf solche Militär- und Marineb. bezogen, die ausschließlich unter Militärbefehlshabern stehen, bezieht sich § 123 auf alle Militärb.

Disziplinarstrafordnungen für Heer und Marine. Diejenigen Militärb., die in einem doppelten Unterordnungsverhältnis stehen, einmal zu den ihnen vorgesetzten Militärbefehlshabern und dann zu den ihnen vorgesetzten höheren Beamten und Behörden, unterstehen auch einer doppelten Ordnungsstrafgewalt. Vgl. hierzu Schulze, Komm. S. 296. Wegen der Amtssuspension im Kriege vgl. Arndt, Komm. 157.

Kosten des Disziplinarverfahrens.

§ 124.

Für das Disziplinarverfahren werden weder Gebühren noch Stempel, sondern nur bare Auslagen in Ansatz gebracht.

Insoweit im förmlichen Disziplinarverfahren (§ 84) der Angeschuldigte verurteilt wird, ist er schuldig, die baren Auslagen des Verfahrens ganz oder teilweise zu erstatten. Über die Erstattungspflicht entscheidet das Disziplinarerkenntnis.

1. Da das Disziplinarverfahren nach § 84 mit der Einleitung durch die oberste Reichsbehörde beginnt, fallen auch die durch die Voruntersuchung entstehenden baren Auslagen unter die Kosten des Disziplinarverfahrens. Die Kosten des Vor- oder Ermittlungsverfahrens hat der Angeschuldigte dagegen nicht zu tragen.

2. Zu den baren Auslagen gehören: die Zeugen- und Sachverständigengebühren, die Zustellungskosten und Porti, die Schreibgebühren für solche Abschriften und Ausfertigungen, die dem Angeschuldigten auf Antrag erteilt werden, die Kosten der Dienstreisen des Voruntersuchungs- und staatsanwaltschaftlichen B. §§ 71f. GKG. und den für Preußen geltenden Ergänzungsbest. § 109 PrGKG.

Nicht zu den baren Auslagen gehören die allgemeinen Verwaltungskosten für die Disziplinarbehörden (Schreibmaterialien, Sitzungszimmer, Tagegelder und Dienstreisen der Mitglieder usw.).

3. Nur die Verurteilung des Angeschuldigten zu einer Disziplinarstrafe hat die Kostentragungspflicht zur Folge, nicht dagegen die Verhängung der Ordnungsstrafe im Ordnungsstrafverfahren oder gemäß § 98. Bei Einstellung des Verfahrens nach § 100 tritt dagegen die Kostenerstattungspflicht ein. Für

die Entscheidung der Frage, wie viele Kosten dem Angeschuldigten aufzuerlegen sind, ist in erster Linie die Höhe der Strafe, der Grad des Verschuldens und besonders der Anlaß maßgebend, aus dem die Kosten entstanden sind (Schulze 298). Im Falle der Freisprechung des Angeschuldigten fallen die Kosten grundsätzlich der Reichskasse zur Last. Ausnahme: Durch schuldhafte Versäumnis des Angeschuldigten erwachsene Kosten § 467 I StPO. Für die dem Angeschuldigten erwachsenen notwendigen Auslagen, insbesondere die Kosten der Verteidigung, kann er keine Erstattung verlangen (Schulze 299). Dagegen kann das erkennende Gericht aus Billigkeitsgründen (§ 499 Abs. 2) eine Erstattung zulassen. Pieper § 190 Anm. 4a.

4. Zahlt der Angeschuldigte freiwillig die Kosten nicht, so können diese, soweit nicht im Falle der Suspension nach § 128 Abs. 4 eine Verrechnung möglich ist, im Verwaltungszwangsverfahren nicht beigetrieben werden, weil die Reichsbehörden keine Befugnis haben, Geldforderungen im Wege der Zwangsvollstreckung beizutreiben (vgl. hierzu Schulze 299; and. Ans. Perels-Spilling § 124 Anm. 9). Es kann auch nicht im ordentlichen Rechtsweg auf Erstattung der Kosten geklagt werden, weil der Anspruch öff.-rechtl. Charakter trägt und nicht unter § 154 fällt (GVG. § 13). Die Nichtzahlung der Kosten ist aber Ungehorsam des Angeschuldigten und kann, wenn er im Amte geblieben ist, im Disziplinarwege entsprechend geahndet werden.

5. Für die Erinnerung wegen des Ansatzes der Erstattungskosten gelten die allgemeinen Vorschriften (GKG. § 4 und § 115 PrGKG.).

Vorläufige Dienstenthebung.

§ 125.

Die vorläufige Dienstenthebung eines Reichsbeamten (Suspension vom Amte) tritt kraft des Gesetzes ein:

1. wenn im gerichtlichen Strafverfahren seine Verhaftung beschlossen oder gegen ihn ein noch nicht rechtskräftig gewordenes Urteil erlassen ist, welches

den Verlust des Amtes kraft des Gesetzes nach sich zieht;

2. wenn im Disziplinarverfahren eine noch nicht rechtskräftige Entscheidung ergangen ist, welche auf Dienstentlassung lautet.

1. Auf Grund der Suspension darf der B. keine amtlichen Verrichtungen mehr wahrnehmen. Trotzdem vorgenommene Amtshandlungen sind unwirksam; § 132 StGB. (Amtsanmaßung). Das B.verhältnis und die B.pflichten bleiben im übrigen unberührt. Über die vermögensrechtlichen Folgen vgl. §§ 128—130.

2. Die Suspension ist keine Disziplinarstrafe, sondern eine vorläufige Maßnahme, die im dienstlichen Interesse notwendig ist. Sie wird verhängt, wenn gegen den B. eine so schwere Anschuldigung vorliegt, daß seine Entfernung aus dem Amt (Dienstentlassung oder Strafversetzung) zu erwarten ist. Gruchot 30, 854; RG. 17, 242; 22, 40; 89, 108. Darauf, daß der B. an der tatsächlichen Dienstausübung gehindert ist, kommt es nicht an.

3. Die Suspension tritt entweder kraft Gesetzes ein (§ 125), oder sie wird von der obersten Reichsbehörde angeordnet. Kraft Gesetzes: a) Nach § 125 Ziff. 1 ist ein gerichtlicher Haftbefehl Voraussetzung, vorläufige Festnahme genügt nicht. Der Begriff des strafgerichtlichen Verfahrens ist absichtlich weit gefaßt; es kommt auch die Untersuchungshaft vor der Erhebung der öffentlichen Klage und damit auch vor der gerichtlichen Untersuchung in Betracht. Die Vollstreckung des Haftbefehls ist nicht erforderlich; Suspension ist auch möglich gegen den flüchtigen B. b) Wenn ein Strafgericht oder eine Disziplinarkammer eine Entscheidung fällt, mit deren Rechtskraft Dienstentlassung eintreten muß.

4. Die Suspension wird sofort mit dem Vollzug wirksam, einer besonderen Zustellung an den B. bedarf es nicht. RG. 20. 9. 27 JW. 27, 2849. Sie endet mit der Wiedereinsetzung in das Amt oder der endgültigen Dienstentlassung.

5. Wartegeldempfänger können, da sie ein Amt nicht be-

kleiben, nicht suspendiert werden; sie beziehen daher auch während eines Disziplinar- oder gerichtlichen Strafverfahrens ihr volles Wartegeld weiter; eine Ausnahme gilt nur für den Fall des § 132 RBG. Entsprechendes gilt für Pensionäre; hier ist eine Kürzung analog § 132 RBG. nicht möglich.

6. Gegen die Verhängung der Suspension gibt es kein Rechtsmittel. Soweit es sich aber um die Höhe des Gehalts handelt, kann der Rechtsweg mit der Begründung beschritten werden, daß dem B. ein größerer als der gesetzlich zulässige Teilbetrag zukomme.

7. Auf die in § 158 RBG. erwähnten B. (Mitglieder des Reichsgerichts, des Bundesamts für das Heimatwesen, des Rechnungshofs, des Reichsfinanzhofs) finden die §§ 125—133 keine Anwendung. Über die Suspension der Mitglieder des Reichsgerichts vgl. § 129 GVG., des Rechnungshofs § 5 PrG. 27. 3. 72 (GS. 278), des Bundesamtes § 43 G. 6. 6. 70 (RGBl. 360), des Reichsfinanzhofs § 36 RAbgO.

8. Die Verhaftung zur Vollstreckung einer rechtskräftig erkannten Freiheitsstrafe oder im Zivilprozeßverfahren ist kein Grund für eine Suspension. Gruchot 30, 854.

§ 126.

Im Falle des § 125 Nr. 1 dauert die Suspension bis zum Ablaufe des zehnten Tages nach Wiederaufhebung des Verhaftungsbeschlusses oder nach eingetretener Rechtskraft desjenigen Urteils höherer Instanz, durch welches der angeschuldigte Beamte zu einer anderen Strafe als der bezeichneten verurteilt wird.

Lautet das rechtskräftige Urteil auf Freiheitsstrafe, so dauert die Suspension, bis das Urteil vollstreckt ist. Wird die Vollstreckung des Urteils ohne Schuld des Verurteilten aufgehalten oder unterbrochen, so tritt für die Zeit des Aufenthalts oder der Unterbrechung eine Gehaltskürzung (§ 128) nicht ein. Dasselbe gilt für die im ersten Absatze dieses Paragraphen erwähnte

Zeit von zehn Tagen, wenn nicht vor Ablauf derselben die Suspension vom Amte im Wege des Disziplinarverfahrens beschlossen wird.

Im Falle des § 125 Nr. 2 dauert die Suspension bis zur Rechtskraft der in der Disziplinarsache ergehenden Entscheidung.

1. Der Paragraph regelt die Dauer der kraft Gesetzes eintretenden Suspension, während § 127 die Dauer der behördlich verfügten Suspension betrifft.

2. Besteht die Suspension infolge Anordnung der Untersuchungshaft (§ 125 Nr. 1), so ist die Wiederaufhebung des Haftbefehls ein Beendigungsgrund; eine solche liegt aber nicht schon dann vor, wenn der Verhaftete infolge Sicherheitsleistung vorläufig auf freien Fuß gesetzt wird. §§ 117, 120, 121 StPO.

3. Durch die Frist von 10 Tagen soll für die Behörde Zeit gewonnen werden zu erwägen, ob ein Disziplinarverfahren zu eröffnen und deshalb die Suspension beizubehalten sei, und anderseits, um zu verhindern, daß der B. nicht unmittelbar aus der Haft in sein Amt zurückkehrt.

4. Zu § 126 Abs. 2. Die Suspension dauert nicht fort, wenn zwar ein rechtskräftiges, verurteilendes Straferkenntnis vorliegt, die Suspension aber seinerzeit nur wegen der im strafgerichtlichen Verfahren beschlossenen Verhaftung eingeleitet worden war. JW. 95, 301; Perels-Spilling 236; Brand, Komm. 441. And. Ans. RG. Gruchot 30, 954.

§ 127.

Die oberste Reichsbehörde kann die Suspension, sobald gegen den Beamten ein gerichtliches Strafverfahren eingeleitet oder die Einleitung eines förmlichen Disziplinarverfahrens (§ 84) verfügt wird, oder auch demnächst im Laufe des einen oder anderen Verfahrens bis zur rechtskräftigen Entscheidung verfügen.

1. Voraussetzung für die Befugnis, die Suspension zu verhängen, ist die Einleitung eines förmlichen Disziplinarverfahrens

oder eines gerichtlichen Strafverfahrens; das staatsanwaltliche Ermittlungsverfahren genügt also nicht. Um im letzteren Fall die Suspension verhängen zu können, muß die oberste Reichsbehörde daher zuerst das förmliche Disziplinarverfahren einleiten. Neben der gesetzlichen Suspension (§§ 125, 126) kann auch noch die behördlicherseits angeordnete (§ 127) angeordnet werden; es hat dies unter Umständen den Vorteil, daß über den Endpunkt der gesetzlichen (§ 126) hinaus die behördliche Suspension noch weiter dauern kann. Schulze, Komm. S. 306.

2. Die behördlich verfügte Suspension endigt entweder mit ihrer Wiederaufhebung oder mit der rechtskräftigen Entscheidung über das Disziplinarverfahren (Gruchot 30, 854), unabhängig von der Existenz einer gleichzeitigen gesetzlichen Suspension.

3. Beschwerde gegen eine Suspensionsverfügung nach § 172 ist nicht zulässig.

§ 128.

Während der Suspension des Beamten wird vom Ablaufe des Monats ab, in welchem dieselbe verfügt ist, die Hälfte seines Diensteinkommens innebehalten.

In Fällen der Not des Beamten ist die oberste Reichsbehörde ermächtigt, die Innebehaltung des Diensteinkommens auf den vierten Teil desselben zu beschränken.

Auf die für Dienstunkosten besonders angesetzten Beträge ist bei Berechnung des innezuhaltenden Teiles vom Diensteinkommen keine Rücksicht zu nehmen.

Der innebehaltene Teil des Diensteinkommens ist zu den Kosten, welche durch die Stellvertretung des Angeschuldigten verursacht werden, der etwaige Rest zu den Untersuchungskosten (§ 124) zu verwenden. Einen weiteren Beitrag zu den Stellvertretungskosten zu leisten, ist der Beamte nicht verpflichtet.

1. Die rechtliche Natur der Einbehaltung der Gehaltshälfte ist nicht unbestritten. Nach RG. 22, 41; 83, 157 handelt es sich

um einen Sicherheitsarrest; nach Schulze (Komm. S. 308) ergibt sich aus dem RBG. nicht, daß dem Reichsfiskus ein Arrestpfandrecht eingeräumt ist, das Recht der Einbehaltung kann nur ein Zurückbehaltungsrecht im Sinne des BGB. § 273 sein, das sich von diesem allerdings dadurch unterscheidet, daß die Ansprüche, wegen deren es ausgeübt wird, zur Zeit der Ausübung des Rechts noch nicht bestehen. Aufrechnungsmöglichkeit im Falle des Entstehens des Rechts (§ 128 Abs. 4, § 130 Abs. 2). Zu vgl. RG. 82, 281; 85, 116; RG. 2. 10. 28 JW. 29, 103; Brand, Komm. 449.

2. Das Einbehaltungsrecht beginnt mit dem Ablaufe des Monats, in dem die gesetzliche Suspension eingetreten oder die behördliche verfügt wird. Vgl. aber RG. 20. 9. 27 JW. 27, 2849.

3. Es wird nur das persönliche, nicht auch das sachliche Einkommen berührt, da letzteres ohnedies mit der Amtsführung verbunden ist. Sachliche Einkünfte (Tage-, Repräsentationsgelder), die der B. im voraus bezogen hat, muß er zurückzahlen (BGB. § 812). Die Einbehaltung betrifft grundsätzlich nur das noch nicht bezogene Gehalt; das im voraus bezogene nur, soweit es in die Suspensionszeit fällt. Eine bezogene Dienstwohnung hat der B. unter Berücksichtigung der Zwangsmietergesetzgebung zu räumen. Schulze 310; and. Ans. Brand 451.

4. Im Falle der Notlage des B. ist die Behörde befugt, das Einbehaltungsrecht nur zur Hälfte geltend zu machen (Gnadenweg, Schulze a. a. O.).

5. Die Forderungen des Reiches, wegen deren das Zurückbehaltungsrecht ausgeübt und allenfalls die Aufrechnung geltend gemacht werden kann, sind: a) Anspruch auf Erstattung der Kosten des förmlichen Disziplinarverfahrens, die der B. nach §§ 100 oder 124 tragen muß; b) Anspruch auf Erstattung der Stellvertretungskosten; c) Anspruch auf eine Geldstrafe, die als Ordnungsstrafe im Disziplinarverfahren verhängt wird.

6. Der Rechtsweg darüber, ob die Suspension zu Recht oder Unrecht verhängt worden ist, ist nicht zulässig. Dagegen kann geklagt werden mit der Behauptung, daß der einbehaltene Gehaltsteil zu groß sei.

§ 129.

Der zu den Kosten (§ 128) nicht verwendete Teil des Einkommens wird dem Beamten auch in dem Falle nachgezahlt, wo das Verfahren die Entfernung aus dem Amte zur Folge gehabt hat.

Dem Beamten ist auf Verlangen ein Nachweis über die Verwendung zu erteilen. Erinnerungen gegen die Verwendung können im Rechtswege nicht geltend gemacht werden.

Der Rest muß ausgezahlt werden, sobald die Suspension beendet ist, da nur so lange das Zurückbehaltungsrecht dauert; Auszahlung auch dann, wenn das B.verhältnis erloschen ist.

§ 130.

Wird der Beamte freigesprochen, so muß ihm der innebehaltene Teil des Diensteinkommens vollständig nachgezahlt werden.

Wird er nur mit einer Ordnungsstrafe belegt, so ist ihm der innebehaltene Teil insoweit nachzuzahlen, als derselbe nicht zur Deckung der ihn treffenden Untersuchungskosten und der Ordnungsstrafe erforderlich ist.

Ein Abzug wegen der Stellvertretungskosten findet nicht statt.

1. Abs. 1 bezieht sich auf die Freisprechung sowohl im Disziplinar- wie im strafgerichtlichen Verfahren. Die Rückzahlungspflicht besteht auch dann, wenn der B. erst im Wiederaufnahmeverfahren freigesprochen worden ist. RG. 22, 40. Wegen Aufwertungsanspruchs RG. 5. 1. 26 JW. 26, 1443.

Aus Abs. 2 ergibt sich, daß der B. für die Stellvertretungskosten aufzukommen hat, wenn er im strafgerichtlichen oder Disziplinarverfahren des Amtes verlustig erklärt und damit festgestellt ist, daß die Suspension berechtigt war.

Wenn die Suspension nebeneinander wegen eines strafgerichtlichen und eines Disziplinarverfahrens eingeleitet ist, so ist der Ausgang des Disziplinarverfahrens dafür maßgebend, wieviel dem B. nach Aufhebung der Suspension nachzuzahlen ist. RG. 10, 227.

2. Wenn das strafgerichtliche und das Disziplinarverfahren eingestellt ist, so bleibt unentschieden, ob die Suspension berechtigt war oder nicht. Die Stellvertretungskosten können daher dann dem B. nicht auferlegt werden (Schulze 315; a. A. Pieper § 130 Anm. 3b). Dagegen schuldet der B. bei Einstellung nach § 100 die Untersuchungskosten; in allen übrigen Fällen (z. B. Tod vor der Rechtskraft der Entscheidung) ist das ganze persönliche Diensteinkommen (den Erben) nachzuzahlen. Das sachliche Diensteinkommen wird in keinem Falle nachgezahlt.

§ 131.

Wenn Gefahr im Verzug ist, kann einem Beamten auch von solchen Vorgesetzten, die seine Suspension zu verfügen nicht ermächtigt sind, die Ausübung der Amtsverrichtungen vorläufig untersagt werden; es ist aber darüber sofort an die oberste Reichsbehörde zu berichten.

Diese Untersagung hat eine Kürzung des Diensteinkommens nicht zur Folge.

Gefahr im Verzug bedeutet hier Gefährdung dienstlicher Interessen. Die Suspension tritt unmittelbar ein, auch wenn sie von einer der obersten nachgeordneten Reichsbehörde verfügt wird. Bei Kündigungsb. ist ein förmliches Disziplinarverfahren nicht möglich; die Kündigung bewirkt hier auch eine Suspension.

Die Untersagung hat eine Kürzung des persönlichen Diensteinkommens nicht, wohl dagegen des sachlichen Diensteinkommens zur Folge.

§ 132.

Dem unter Gewährung des gesetzlichen Wartegeldes einstweilen in den Ruhestand versetzten Beamten wird

ein Viertel des Wartegeldes innebehalten, wenn im Disziplinarverfahren eine noch nicht rechtskräftige Entscheidung ergangen ist, welche auf Dienstentlassung lautet.

Wegen der Nachzahlung des innebehaltenen Teiles vom Wartegelde kommen die Grundsätze der §§ 129 und 130 zur Anwendung.

Den Wartegeldempfängern gegenüber ist eine Suspension nicht möglich, weil sie kein Amt bekleiden. § 132 setzt deshalb ausdrücklich vermögensrechtliche Wirkungen fest.

§ 133.

Alle nach den Bestimmungen der §§ 61—132 erfolgenden Aufforderungen, Mitteilungen, Zustellungen und Vorladungen sind gültig und bewirken den Lauf der Fristen, wenn sie unter Beobachtung der für gerichtliche Insinuation in Strafsachen vorgeschriebenen Formen demjenigen, an den sie ergehen, zugestellt sind. Die vereideten Verwaltungsbeamten haben dabei den Glauben der Gerichtsboten.

Hat der Angeschuldigte seinen dienstlichen Wohnsitz verlassen, ohne daß seine vorgesetzte Behörde Kenntnis von seinem Aufenthalte hat, so erfolgt die Insinuation in der letzten Wohnung des Angeschuldigten an dem dienstlichen Wohnorte desselben.

Der Paragraph verfolgt den Zweck, umständliche öffentliche Ladungen zu vermeiden. Die Aufforderungen, Ladungen, Mitteilungen müssen nicht schriftlich erfolgen. Ergehen sie aber schriftlich, so muß es in Form der Zustellung geschehen; die betreffenden Willenserklärungen werden dann erst mit der Zustellung wirksam. Über die Zustellung vgl. die Vorschriften der ZPO.

Besondere Bestimmungen über die Defekte der Beamten.

§ 134.

Die Feststellung der Defekte an öffentlichem oder Privatvermögen, welche bei Reichskassen oder anderen Reichsverwaltungen entdeckt werden, ist zunächst von derjenigen Behörde zu bewirken, zu deren Geschäftskreise die unmittelbare Aufsicht über die Kasse oder andere Verwaltung gehört.

1. Defekt im Sinne des § 134 ist nur der sog. Kassendefekt, das ist der Fehlbetrag, um den der tatsächliche Bestand der Kasse, die dem Reich gehört oder für die es haftet, oder eines solchen Magazins geringer ist als der rechnungsmäßige Sollbestand (Laband I, S. 450; Pieper Vorbem. zu § 134 Anm. 1c, Perels-Spilling 174,! Schulze S. 323, Brand, Komm. S. 461). Worauf der Fehlbetrag beruht (Unterschlagung, Nachlässigkeit, Diebstahl, Brand usw.), ist gleichgültig; eine Ersatzpflicht des B. setzt Verschulden voraus; leichte Fahrlässigkeit genügt nicht. Die §§ 134, 136 betreffen die Feststellung von Kassendefekten, die §§ 135, 141 handeln von der Ersatzpflicht des B.

Von dem Kassendefekt ist zu unterscheiden der sog. Rechnungsdefekt; hier ist kein Kassendefizit vorhanden, es liegt aber eine unrichtige Berechnungsweise vor; es sind Ausgaben gemacht gegen gesetzliche und sonstige Vorschriften und entsprechend sind Einnahmen unterblieben. Für Rechnungsdefekte kann von dem B. Ersatz nur auf dem ordentlichen Rechtsweg verlangt werden. Laband I 436, Pieper 337.

2. Das Defektenverfahren steht nicht im Widerspruch zu Art. 129 RV., da gegen Defektenbeschlüsse nach § 144 RBG. der Rechtsweg gegeben ist. RG. 99, 261. Auch § 4 EGZPO. steht der Bestimmung nicht im Wege, da es sich um ein Verwaltungsverfahren vorbehaltlich des Rechtsweges handelt.

3. Die zuständige Behörde hat die Wahl, ob sie das Defektenverfahren oder den ordentlichen Rechtsweg beschreiten will. Das Wort „zunächst" hat nicht die Bedeutung, daß dem

ordentlichen Rechtsstreit ein Defektenverfahren vorausgehen müsse. Gruchot 34, 1119. Gleichzeitig können aber beide Verfahren nicht durchgeführt werden. JW. 00, 792 Nr. 22; Schulze S. 324.

4. Für Reichsbahnb. gelten die mit den §§ 134 f. im wesentlichen übereinstimmenden Ziff. 1—13 § 31 PersO. v. 8. 5. 26 RMBl. 27, 23; für Postb. §§ 72 f. X 2 PDA.

§ 135.

Von dieser Behörde ist zugleich festzustellen, ob ein Reichsbeamter und eintretenden Falles welcher Beamte nach den Vorschriften des § 141 für den Defekt zu haften hat, und bei einem Defekt an Materialien, auf wie hoch die zu erstattende Summe in Gelde zu berechnen ist.

1. Nur der B. kann für den Defekt haftbar gemacht werden, der die Kasse oder das Magazin in amtlichem Gewahrsam gehabt und den Defekt vorsätzlich oder grob fahrlässig verschuldet hat.

2. Auch gegen Wartegeldempfänger, Pensionäre und sonst ausgeschiedene B. kann das Defektenverfahren eingeleitet werden, soweit sie zur Zeit der Entstehung des Defekts Reichsb. waren. Laband I 437, Pieper 337, Brand 462. Stirbt ein B. nach Erlaß des gegen ihn gerichteten Defektenbeschlusses, so kann gegen seinen Nachlaß vollstreckt werden. § 140. Nach dem Tode des B. kann aber gegen seine Erben ein Defektenbeschluß nicht mehr erlassen werden; hier bleibt wegen der Haftung nur der ordentliche Rechtsweg.

§ 136.

Ebenso (§§ 134 und 135) hat die unmittelbar vorgesetzte Behörde die Defekte an solchem öffentlichen oder Privatvermögen festzustellen, welches, ohne zu einer Reichskasse oder anderen Reichsverwaltung gebracht zu

sein, vermöge besonderer amtlicher Anordnung in den Gewahrsam eines Reichsbeamten gekommen ist.

Voraussetzung für das Defektenverfahren ist, daß das Geld oder die Sachen in den Gewahrsam eines B. auf Grund amtlicher Anordnung gekommen ist. Ist die amtliche Anordnung eine allgemeine, so gilt § 134. Beispiel für besondere amtliche Anordnungen nach § 136 sind: Ein B. ist beauftragt, den Kaufpreis für ein vom Reich verkauftes Grundstück im Auflassungstermin in Empfang zu nehmen. Was ohne amtliche Anordnung in den Gewahrsam des B. gelangt ist, fällt nicht unter die Vorschriften des Defektenverfahrens; der Anspruch des Reiches muß dann im Wege des Zivilprozeß- und Strafverfahrens verfolgt werden. RGSt. 4, 153; 16, 437.

§ 137.

Über den Betrag des Defekts, die Person des zum Ersatze verpflichteten Beamten und den Grund seiner Verpflichtung ist von der in den §§ 134 und 135 bezeichneten Behörde ein motivierter Beschluß abzufassen.

Ein förmlicher Defektenbeschluß ist nur erforderlich, wenn ein B. ersatzpflichtig gemacht werden kann. Daß, abgesehen hiervon, es überhaupt im freien Ermessen der Reichsbehörde liegt, ob sie einen Defektenbeschluß erlassen oder den ordentlichen Rechtsweg wählen will, ist bereits oben hervorgehoben.

Der § 137 enthält die „Muß“-Vorschriften für den Defektenbeschluß. Außerdem soll dieser enthalten eine Entscheidung über die Verpflichtung zur Zahlung von Verzugszinsen, zur Erstattung der baren Auslagen (§ 148) und über die behufs der Sicherung des Ersatzes des Defektes notwendigen Sicherungs- und Vollstreckungsmaßnahmen. Der Beschluß ist mit Gründen zu versehen.

Vor dem Erlaß des Beschlusses soll der B. gehört werden, soweit nicht Zweckmäßigkeitsgründe (Flucht, Kollusion, Vermögensverschiebung) dies als nicht rätlich erscheinen lassen. Beglaubigte Abschrift des Defektenbeschlusses geht an den Rechnungshof.

§ 138.

Nach Befinden der Umstände kann die Behörde auch mehrere Beschlüsse abfassen, wenn ein Teil des Defekts sofort klar ist, der andere Teil aber noch weitere Ermittelungen notwendig macht, ingleichen, wenn unter mehreren Personen die Verpflichtung der einen feststeht, die der anderen noch zweifelhaft ist.

Teildefektenbeschlüsse, die den Defekt in sachlicher Beziehung festlegen, den Ersatzpflichtigen aber allenfalls noch nicht enthalten. Solche Teildefektenbeschlüsse müssen, wenn sie vollstreckbar sein sollen, den Voraussetzungen des § 137 entsprechen.

§ 139.

Hat die Behörde die Eigenschaft einer höheren Reichsbehörde, so ist der Beschluß nach Maßgabe der §§ 143 und 144 vollstreckbar.

In allen anderen Fällen unterliegt der Beschluß der Prüfung der vorgesetzten höheren Reichsbehörde und wird erst nach deren Genehmigung vollstreckbar. Von dem Beschluß ist der obersten Reichsbehörde unverzüglich Kenntnis zu geben.

Der obersten Reichsbehörde bleibt in allen Fällen unbenommen, einzuschreiten und den Beschluß selbst abzufassen oder zu berichtigen.

Bezüglich der Behörden, die die Eigenschaft höherer Reichsbehörden haben, vgl. Anhang Anl. 1. Die obersten Reichsbehörden können einen Defektenbeschluß auch dann noch abändern, wenn die Ausschlußfrist für den ordentlichen Rechtsweg (§ 144, Abs. 2) verstrichen ist.

§ 140.

In dem abzufassenden Beschluß ist zugleich zu bestimmen, welche Vollstreckungs- oder Sicherheitsmaßregeln behufs des Ersatzes des Defekts zu ergreifen sind.

Für diese Maßregeln sind die Gesetze des Bundesstaats, in welchem dieselben erfolgen, entscheidend.

Die Reichsbehörden sind zwar nicht zur Vollstreckung eines Defektenbeschlusses, aber doch zur Bestimmung bestimmter Vollstreckungs- oder Sicherheitsmaßregeln befugt.

Abs. 2 ist bedeutungslos; an seine Stelle sind die Vorschriften der ZPO. und des ZwVG. getreten.

§ 141.

Der abzufassende Beschluß kann auf die unmittelbare Verpflichtung zum Ersatze des Defekts gerichtet werden:

1. gegen jeden Beamten, welcher der Unterschlagung als Täter oder Teilnehmer nach der Überzeugung der Reichsbehörde überführt ist;
2. a) gegen diejenigen Beamten, welchen die Kasse usw. zur Verwaltung übergeben war, und zwar auf Höhe des ganzen Defekts,
   b) gegen jeden anderen Beamten, der an der Einnahme oder Ausgabe, der Erhebung, der Ablieferung oder dem Transporte von Kassengeldern oder anderen Gegenständen vermöge seiner dienstlichen Stellung teilzunehmen hatte, jedoch nur auf Höhe des in seinen Gewahrsam gekommenen Betrags,

   sofern der Defekt nach der Überzeugung der Reichsbehörde durch grobes Versehen entstanden ist.

Eben dies gilt gegen die im § 136 genannten Beamten in den daselbst bezeichneten Fällen.

1. § 141 regelt die Voraussetzungen, unter denen ein B. für ersatzpflichtig erklärt werden kann; das deckt sich nicht mit

den Voraussetzungen, unter denen ein Defektenbeschluß überhaupt erlassen werden kann.

2. Zu Ziff. 1. Amtsunterschlagung nach § 350 StGB. Durch Diebstahl, Untreue oder Vergehen nach § 353 StGB. kann ein Defektenverfahren nicht in Gang gesetzt werden (Pieper 338, Schulze 331; and. Ans. Perels-Spilling 178).

3. Die Behörde muß sich die Überzeugung verschafft haben, daß der B. der Unterschlagung oder der Teilnahme schuldig ist; wie sie das tut, ist ihre Sache; ein, wenn auch dringender Verdacht genügt nicht; anderseits stehen die Beweismittel der StPO., insbesondere eidliche Vernehmungen, nicht zur Verfügung.

3. Zu 2a kann der ganze Defekt, zu 2b nur der Ersatz hinsichtlich der Fehlbeträge an denjenigen Werten verlangt werden, die in den Gewahrsam des betreffenden B. gelangt sind. In diesem Rahmen haften die beteiligten B. solidarisch. In beiden Fällen (a und b) ist grobe Fahrlässigkeit erforderlich. Die Sorgfaltspflicht und damit die Haftung erstreckt sich im Falle a auf die ganze Kasse (Magazin), im Falle b auf den Betrag, der in die Hände des betreffenden B. gekommen ist. Liegt nur leichte Fahrlässigkeit vor, so ist nur eine Feststellung des objektiven Defekts möglich; der Anspruch des Fiskus ist dann im ordentlichen Rechtsweg zu verfolgen (RG. 75, 329; 92, 237; RG. 15. 2. 27 JurRdsch. Rspr. 27, 480; Brand 468). Das gleiche gilt, wenn ein B., der keinen Gewahrsam hatte, allein seine Aufsichtspflicht verletzt (Schulze 332).

§ 142.

Sind Beamte, gegen welche die zwangsweise Einziehung des Defekts beschlossen wird, in der Verwaltung ihres Amtes, wofür sie eine Amtskaution gestellt haben, belassen worden, so haben dieselben wegen Ersatzes des Defekts anderweite Sicherheit zu leisten. Erfolgt die Sicherstellung nicht, so findet die Zwangsvollstreckung zunächst nicht in die Kaution, sondern in das übrige Vermögen statt.

Der Paragraph hat seine praktische Bedeutung im Hinblick auf das G. 20. 2. 28 (RGBl. I 29) über die Aufhebung der Kautionspflicht der B. verloren.

§ 143.

Die Verwaltungsbehörde ersucht die zuständigen Gerichte, Vollstreckungsbeamten oder Hypothekenbehörden um Vollziehung des Beschlusses.

Diese sind, ohne auf eine Beurteilung der Rechtmäßigkeit des Beschlusses einzugehen, verpflichtet, wenn sonst kein Anstand obwaltet, schleunig, ohne vorgängiges Zahlungsmandat, die Zwangsvollstreckung auszuführen, die Beschlagnahme der zur Deckung des Defekts erforderlichen Vermögensstücke zu verfügen und die in Antrag gebrachten Eintragungen im Hypothekenbuche zu veranlassen.

Der Paragraph ist durch § 13 EGZPO. aufrechterhalten. Selbst vollstrecken können die Reichsbehörden (im Gegensatz zu den preußischen Behörden) nicht. Sie müssen sich vielmehr der Zwangsvollstreckungsbehörden (Amtsgerichte) bedienen. Die Prüfung der Vollstreckungsbehörden erstreckt sich nur auf die Formalien des Vollstreckungsantrags, die materielle Begründetheit haben sie nicht nachzuprüfen. Vor oder gleichzeitig mit dem Beginn der Vollstreckung muß der Vollstreckungsbeschluß zugestellt sein. Für die Reihenfolge der Befriedigung der einzelnen Forderungen des Fiskus gilt § 367 Abs. 1 BGB. entsprechend.

§ 144.

Gegen den Beschluß, wodurch ein Beamter zur Erstattung eines Defekts für verpflichtet erklärt wird (§§ 137 und 140), steht demselben sowohl hinsichtlich des Betrags, als hinsichtlich der Ersatzverbindlichkeit außer der Beschwerde im Instanzenzuge der Rechtsweg zu.

Die Frist zur Beschreitung des Rechtswegs beträgt ein Jahr, ist eine Ausschlußfrist und beginnt mit dem Tage der dem Beamten geschehenen Bekanntmachung des vollstreckbaren Beschlusses, oder wenn der Beamte an seinem Wohnorte nicht zu treffen ist, mit dem Tage des abgefaßten Beschlusses.

In dem auf die Klage des Beamten entstandenen Rechtsstreite hat das Gericht über die Wahrheit der tatsächlichen Behauptungen der Parteien nach seiner freien aus dem Inbegriffe der Verhandlungen und Beweise geschöpften Überzeugung zu entscheiden.

Ob einer Partei über die Wahrheit oder Unwahrheit einer tatsächlichen Behauptung noch ein Eid aufzuerlegen, bleibt dem Ermessen des Gerichts überlassen.

In der wegen des Defekts etwa eingeleiteten Untersuchung bleiben dem Beamten, insofern es auf die Bestrafung ankommt, seine Einreden gegen den abgefaßten Beschluß auch nach Ablauf des Jahres, wenngleich sie im Zivilprozesse nicht mehr geltend gemacht werden können, vorbehalten.

1. § 144 ist durch § 13 EGZPO. mit Ausnahme des Abs. 4 (Nr. 5 § 13 a. a. O.) aufrechterhalten.

2. Das Gericht prüft die formellen Voraussetzungen des Defektenbeschlusses, weil es sich dem Grunde nach um Fragen des Zivilprozeßrechts handelt (Schulze S. 336, im Gegensatz zum RG. 15. 2. 27 JW. 27, 1591). Nach dieser Entscheidung ist die gegen den Defektenbeschluß gerichtete Klage des B. auch in dem Falle abzuweisen, wo ihn nur ein geringes Verschulden trifft oder nur die Verletzung der Aufsichtspflicht vorliegt; dagegen wird im Rechtsweg sofort darüber entschieden, ob der B. überhaupt nach BGB. schadensersatzpflichtig ist (vgl. auch RG. 92, 236; 97, 269; 99, 74; RG. 17. 9. 26 Recht 26, 683 und 15. 2. 27, wie oben). Nach Brand (Komm. S. 472) läßt sich diese Auffassung jedoch nach dem Wortlaut und System des

Gesetzes nicht aufrechterhalten, da der § 144 gerade die klageweise Anfechtung des Defektenbeschlusses ermöglichen soll. Es kann vorkommen, daß das Gericht den Defektenbeschluß aufhebt und daß doch eine Ersatzpflicht des B. vorliegt (z. B. bei leichter Fahrlässigkeit).

3. Zwei Rechtsmittel: die nicht an Form und Frist gebundene Beschwerde, die der Klage nicht notwendig vorhergehen braucht und den Rechtsweg nicht ausschließt, und die Klage vor dem ordentlichen Gericht. Die Beschwerde kann zur völligen Aufhebung des Defektenbeschlusses führen; das Prozeßgericht kann den formellen Defektenbeschluß nicht aufheben, sondern lediglich die Ersatzverbindlichkeit aus demselben. Die Klage kann nur von dem B. erhoben werden, und zwar unter Umständen gleichzeitig mit der Beschwerde. Die Beschwerde hat keine aufschiebende Wirkung und bewirkt keine Einstellung der Vollstreckungsmaßnahmen.

Aus bloß formalen Gründen (z. B. Unzuständigkeit der Verwaltungsbehörde usw.) ist die Anfechtung des Defektenbeschlusses nicht möglich. Schulze 336.

4. Der Tag, in den das für den Beginn der einjährigen Ausschlußfrist maßgebende Ereignis fällt, ist mitzurechnen.

5. Die Beweislast fällt dem geschädigten Fiskus zu; nur unter Umständen muß der B. beweisen, daß ihn kein Verschulden trifft. RG. 120, 67.

§ 145.

Das Gericht hat auf Antrag des Beamten darüber Beschluß zu fassen, ob die Zwangsvollstreckung fortzusetzen oder einstweilen einzustellen sei. Die einstweilige Einstellung erfolgt, wenn der Beamte glaubhaft macht, daß die Fortsetzung der Zwangsvollstreckung für ihn einen schwer ersetzlichen Nachteil zur Folge haben würde. Das Gericht ist jedoch verpflichtet, falls es die Einstellung der Zwangsvollstreckung verordnet, an Stelle derselben auf Antrag der verklagten Reichsbehörde die erforderlichen Sicherheitsmaßregeln behufs des Ersatzes des Defekts herbeizuführen.

Das Gericht ist hier das Prozeßgericht; nicht zulässig ist die Anrufung des Vollstreckungsgerichts.

§ 146.

Wenn eine nahe und dringende Gefahr vorhanden ist, daß ein Beamter, gegen welchen die Zwangsvollstreckung zulässig ist (§ 141), sich auf flüchtigen Fuß setzen oder sein Vermögen der Verwendung zum Ersatze des Defekts entziehen werde, so kann die unmittelbar vorgesetzte Behörde, auch wenn sie nicht die Eigenschaft einer höheren Reichsbehörde hat, oder der unmittelbar vorgesetzte Beamte das abzugsfähige Gehalt (§ 19 Nr. 1) und nötigenfalls das übrige bewegliche Vermögen des im Eingange bezeichneten Beamten vorläufig in Beschlag nehmen.

Der vorgesetzten höheren Reichsbehörde ist ungesäumt Anzeige davon zu machen und deren Genehmigung einzuholen.

1. Auf die Grundstücke darf sich die vorläufige Beschlagnahme nicht erstrecken.

2. Die vorläufige Beschlagnahme dient Sicherungszwecken, sie hat aber trotzdem den Charakter einer Arrestpfändung.

3. Außer der dringenden Gefahr müssen die Voraussetzungen des Defektenverfahrens, aber nicht notwendig ein formeller Defektenbeschluß vorliegen.

§ 147.

Ist von den vorgesetzten Behörden oder Beamten gemäß § 146 eine Beschlagnahme erfolgt, so hat das Gericht, in dessen Bezirke die Beschlagnahme stattgefunden hat, auf Antrag des von derselben betroffenen

Beamten anzuordnen, daß binnen einer zu bestimmenden Frist der in den §§ 137 und 140 vorgesehene Beschluß beizubringen sei.

Wird dieser Anordnung nicht Folge geleistet, so ist auf weiteren Antrag des Beamten die Beschlagnahme sofort aufzuheben; andernfalls kommen die Bestimmungen des § 144 zur Anwendung.

Der B. kann sich wegen der vorläufigen Beschlagnahme an das zuständige Amtsgericht als Vollstreckungsgericht wenden. Die Behörde kann sich auch unabhängig von der Beschlagnahme durch Aufrechnung mit dem abzugsfähigen Teil des Diensteinkommens des B. befriedigen. Arndt, Komm. S. 178.

§ 148.

Für das Defektenverfahren im Verwaltungswege werden Gebühren und Stempel nicht berechnet.

1. Die Gebühren- und Stempelfreiheit besteht nur insoweit, als sich das Defektenverfahren im Verwaltungswege abspielt. Die baren Auslagen (auch für eine Dienstreise) müssen erstattet werden.

Verfolgung vermögensrechtlicher Ansprüche.

§ 149.

Über vermögensrechtliche Ansprüche der Reichsbeamten aus ihrem Dienstverhältnis, insbesondere über Ansprüche auf Besoldung, Wartegeld oder Pension, sowie über die den Hinterbliebenen der Reichsbeamten gesetzlich gewährten Rechtsansprüche auf Bewilligungen findet mit folgenden Maßgaben der Rechtsweg statt.

1. Die §§ 149—155 enthalten Sondervorschriften für die an sich öff.-rechtl. Ansprüche dieser Art; sie sind neben der ZPO. in Kraft geblieben (EGZPO. § 13). Art. 109 Abs. 1

Satz 4 RV. hat jetzt allen B. das sofort wirksame Recht verliehen, ihre vermögensrechtlichen Ansprüche vor den ordentlichen Gerichten zu verfolgen. RG. 108, 171; 122, 96.

2. Zu den vermögensrechtlichen Ansprüchen des § 149 gehören: Anspruch auf Besoldung (Gehalt, Wartegeld, Ruhegehalt, Hinterbliebenenbezüge), auf Ersatz barer Auslagen, auf Umzugs- und Reisekosten. Auch die Ansprüche auf Bewilligung von Dienstalterszulagen sind nunmehr im Rechtswege verfolgbar. RG. 107, 326.

Der Grund, weshalb der vermögensrechtliche Anspruch des B. nicht befriedigt wird, ist nebensächlich; Klage also auch dann möglich, wenn die Bezüge nicht vollständig oder wenn Ablehnungsgrund falsch begründet (z. B. unerlaubtes Fernbleiben vom Amt behauptet). Dagegen kann immer nur der vermögensrechtliche Anspruch selber, nicht etwa der weitergehende Anspruch auf Einweisung in eine Dienststelle, Wiederanstellung usw. erhoben werden. RG. 10, 268. Alle diese Ansprüche können auch im Wege der Feststellungsklage geltend gemacht werden. Nicht zulässig, weil keine vermögensrechtlichen Ansprüche, sind dagegen die Ansprüche auf Entlassung oder darauf, daß jemandem die B.eigenschaft zuerkannt werde. Allenfalls kann ein solcher Anspruch dahin umgedeutet werden, daß eine Klage auf Feststellung des betreffenden vermögensrechtlichen Anspruchs gemeint sei. RG. 108, 118. Dagegen kann die Unsicherheit über das künftige dienstliche Einkommen (RG. 122, 118) oder über die Hinterbliebenenbezüge zu einer Feststellungsklage die genügende Rechtfertigung geben.

3. Die Grundlage des Anspruchs muß das Anstellungsverhältnis sein. Das Gericht muß also im Zweifelsfalle prüfen, ob eine gültige Anstellung vorliegt. Stellt sich heraus, daß eine Anstellung nicht vorliegt, so ist der Anspruch durch richterliche Entscheidung zurückzuweisen. JW. 98 S. 95 Nr. 95. Nicht erforderlich ist, daß der B. sich bis zur Klagerhebung oder Urteilsfällung im B.verhältnis befindet. RG. 108, 118.

4. Bei allen anderen Arten von Ansprüchen ist der Rechtsweg ausgeschlossen: z. B. bei Schadensersatzansprüchen wegen Nichtverleihung einer Beamtenstelle RG. 103, 429;

110, 268; bei Ansprüchen auf Beförderung JW. 98, 18; auf Einstufung in eine bestimmte Besoldungsgruppe RG. 107, 326; 108, 405.

Ausgeschlossen ist der Rechtsweg ferner, weil es sich nicht um einen vermögensrechtlichen Anspruch handelt, in folgenden Fällen: bei Ansprüchen auf Erteilung von Dienstzeugnissen, bezüglich der Frage, ob Dienstunfähigkeit und damit Kündigungsmöglichkeit bei Kündigungsb. vorliegt, ob eine ordnungsmäßige Versetzung in den Ruhestand stattgefunden hat usw.

5. Die meisten Diensteinkünfte verjähren, weil sie regelmäßig wiederkehrende Leistungen darstellen, nach §§ 197, 201 BGB. in vier Jahren; im übrigen (bei nicht wiederkehrenden) in 30 Jahren.

6. § 149 findet auch auf Reichsbahnb. entsprechende Anwendung. § 8 R.bahnG. RG. 117, 63. Das gleiche gilt von Reichsbankb. RG. 12. 4. 27 Recht 27, 467, JW. 29, 103. Die aktiven Berufssoldaten haben den Rechtsweg nur für ihre vermögensrechtlichen, nicht für ihre Versorgungsansprüche (RG. 119, 302); für diese sind die Versorgungsgerichte zuständig (RG. 20./16. 12. 27 JurRdsch. 1928 Nr. 12; and. Ans. Möller V.jahrb. 28, 415).

§ 150.

Die Entscheidung der obersten Reichsbehörde muß der Klage vorhergehen und letztere sodann bei Verlust des Klagerechts innerhalb sechs Monaten, nachdem dem Beteiligten die Entscheidung jener Behörde bekanntgemacht worden, angebracht werden.

In den Fällen, in welchen gemäß § 54 die höhere Reichsbehörde Entscheidung getroffen hat, tritt der Verlust des Klagerechts auch dann ein, wenn nicht von dem Beteiligten gegen diese Entscheidung binnen gleicher Frist die Beschwerde an die oberste Reichsbehörde erhoben ist.

1. An der Notwendigkeit des Vorbescheids ist durch Art. 129 RV. nichts geändert worden, da es sich nicht um eine Erschwe-

rung des Rechtsweges, sondern nur um eine zeitliche Beschränkung desselben im Interesse einer möglichst baldigen Klärung der vermögensrechtlichen Beziehungen zwischen dem Reich und dem B. handelt. RG. 122, 96. Die sechsmonatige Frist ist eine Ausschlußfrist, ihr Ablauf daher vom Gericht von Amts wegen zu berücksichtigen. Da es sich um eine öff.-rechtl. Bestimmung handelt, sind Vereinbarungen zwischen Behörde und B. über die Verkürzung oder Verlängerung der Frist oder ein Verzicht auf dieselbe unzulässig. RG. 36, 82; 47, 46; 95, 295. Die Frist beginnt mit dem Tag, der auf den Tag der Bekanntmachung der Reichsbehörde folgt, und endigt mit dem Ablauf desjenigen Tages des siebenten Monats, der durch seine Zahl dem Tage der Bekanntmachung entspricht. BGB. §§ 186 bis 188.

2. Formal betrachtet stellt die „Entscheidung" eine Prozeßvoraussetzung dar, deren Fehlen zur Abweisung der Klage wegen Unzulässigkeit des Klagrechts, nicht aber des Rechtsweges führt. RG. 36, 77; 97, 302; Brand, BR. S. 460, Komm. 484. Materiell stellt die Entscheidung die Verfügung der obersten Reichsbehörde dar, durch welche der Anspruch des B. endgültig und in erschöpfender Weise festgelegt wird, und zwar in zeitlicher und zahlenmäßiger Hinsicht. So wird die sechsmonatige Frist mangels besonderer Umstände nicht schon durch die der Wartegeldsetzung eines Ministerialbeamten nachfolgende Mitteilung der obersten Reichsbehörde über die Zahlungsanweisung des Wartegeldes in Gang gesetzt, sondern erst durch eine Entscheidung über einen bestimmten vermögensrechtlichen Anspruch des B.; das Gegenteil ist aus RG. 31 S. 125 nicht herzuleiten. RG. 9. 4. 29 JW. 29 S. 2335 Nr. 7. Die Entscheidung betrifft nur Rechtsansprüche; soweit es sich um Zuwendungen aus Billigkeits- oder Gnadengründen handelt, kommt § 150 nicht zur Anwendung. Ist einmal die Entscheidung der obersten Reichsbehörde getroffen, so kommt es nur auf sie, nicht dagegen auf spätere Bescheide an, durch die Beschwerden oder Erinnerungen des B. als unbegründet zurückgewiesen worden sind, da sonst der B. den Beginn der sechsmonatigen Frist hinausschieben könnte. Vgl. u. a. RG. 95, 351;

JW. 11, 829 Nr. 53. Nicht notwendig ist, daß der Entscheidung ein diesbezüglicher Antrag des B. oder ein Streit über dessen Berechtigung vorausgegangen ist. Ein Unterschied nach der Richtung, ob die Entscheidung der Verwaltungsbehörde zugunsten oder zuungunsten des B. ergangen ist und wonach die sechsmonatige Ausschlußfrist nur bei ablehnendem Vorbescheid gelte (so RG. 108, 144), daß dagegen das prozessuale Klagerecht des B. nach Erlaß einer ihm günstigen Entscheidung nicht erloschen sei, kann wohl kaum anerkannt werden.

Liegt die Entscheidung der obersten Reichsbehörde zur Zeit der Klagerhebung noch nicht vor, so ist die Klage, weil der Rechtsweg noch nicht zulässig ist, abzuweisen; eine neue Klagerhebung ist dadurch nicht ausgeschlossen. Ist dagegen die Frist zur Zeit der Klagerhebung bereits verstrichen, so ist die Entscheidung der Verwaltungsbehörde rechtskräftig und die Klage als unbegründet abzuweisen. RG. JW. 97, 69 Nr. 67 und 376 Nr. 34; LZ. 27, 536.

Die Ausschlußfrist wird durch die Erhebung der Klage auch bei einem sachlich unzuständigen Gericht dann gewahrt, wenn nicht ein anderes Gericht ohne Rücksicht auf den Streitwert ausschließlich zuständig war. RG. 114, 122.

3. Eine besondere Form ist für die Entscheidung nicht vorgeschrieben; es genügt eine einfache Benachrichtigung ohne Zustellung. Es muß allerdings eine ausdrückliche Willenserklärung sein. RG. 36, 141; Schulze, Komm. S. 348. Durch die oben zitierte Entscheidung des RG. v. 9. 4. 29 ist ferner unter ausdrücklichem Hinweis auf die abweichende veraltete Entscheidung RG. Bd. 12 S. 70 ausgesprochen worden, daß dem ordentlichen Richter die Entscheidung darüber zusteht, ob eine „an sich zulässige Entscheidung“ der Verwaltungsbehörde vorliegt.

4. Durch den § 150 werden die allgemeinen Vorschriften über die Verjährung nicht beseitigt. Die Verjährung des Anspruchs wird durch die Einreichung eines diesen Anspruch betreffenden Gesuches bei der obersten Reichsbehörde unterbrochen, wenn die Klage binnen drei Monaten nach der Erledigung des Gesuches erhoben wird (BGB. §§ 210, 217).

Der B. muß also sowohl die Frist des § 150 wie die Verjährungsfristen beachten.

5. Macht der B. den Anspruch auf Gehalt, Wartegeld usw. im Wege der einstweiligen Verfügung (§ 940 ZPO.) geltend, so gilt die Vorschrift des § 150 nicht (Jaschkowitz, JW. 1928 S. 3209); denn schon nach dem Wortlaut kann es sich hier um eine der „Klage" vorausgehende Entscheidung nicht handeln.

6. Ist nach § 54 eine Entscheidung der vorgesetzten Behörde über die Pensionierung ergangen, so hat der B. dagegen das unbefristete Beschwerderecht an die oberste Reichsbehörde. Um die Herbeiführung einer endgültigen Entscheidung zu verhindern, könnte der B. das Nichtausüben des Beschwerderechts benutzen. Um dies zu verhindern, ist in § 150 Abs. 2 bestimmt, daß der B. das Klagrecht verliert, wenn er nicht binnen sechs Monaten die Beschwerde an die oberste Reichsbehörde erhebt. Vgl. auch RG. 123, 194.

7. Für die Reichsbahnb. gilt als oberste Reichsbehörde die Generaldirektion. § 8 S. 2 R.bahnpersG.

§ 151.

Der Reichsfiskus wird durch die höhere Reichsbehörde, unter welcher der Reichsbeamte steht oder gestanden hat, oder falls er direkt unter der obersten Reichsbehörde steht oder gestanden hat, durch die oberste Reichsbehörde vertreten.

Die Klage ist bei demjenigen Gericht anzubringen, in dessen Bezirke die betreffende Behörde ihren Sitz hat.

1. Grundsätzlich ist die Klage gegen den Reichsfiskus, vertreten durch die höhere Reichsbehörde, zu richten, der der B. zur Zeit der Entstehung des Anspruchs untersteht oder unterstanden hat. Unterstand oder untersteht er unmittelbar der obersten Reichsbehörde, so ist diese der gesetzliche Vertreter des Reichsfiskus.

2. Für die Klage ist das Landgericht ausschließlich zuständig, § 71 Abs. 2 Nr. 1 GVG.; dies gilt ohne Rücksicht auf die Parteirolle des B. oder des Fiskus. Gruchot 30, 854. Dies gilt auch für die Ansprüche der Hinterbliebenen auf Auszahlung des Gnadenvierteljahrs RG. 14, 366, für die Ansprüche der B. auf Grund des UFG. sowie die Ansprüche der Reichspost- und Reichsbahnb. gegen den Reichspostfiskus bzw. die Reichsbahngesellschaft. RG. 111, 341; Recht 27, 534. Bezüglich der Reichswehr vgl. § 32 Abs. 5. WehrG. Für die Ansprüche der Militärs aus dem MPG. finden die §§ 151, 152 keine Anwendung. RG. 33, 409; 34, 419; JW. 95, 61 Nr. 7.

3. Klagt ein Wartegeldempfänger, der keinen dienstlichen Wohnsitz hat, so ist die Behörde des Bezirks zuständig, in dem der B. seinen letzten dienstlichen Wohnsitz hatte. RG. 95, 391. Die Klage ist gegen dasjenige Ressort zu richten, dessen Amtsbereich der B. zu der Zeit, zu welcher der streitige Anspruch entstanden ist, angehört hat.

§ 152.

In bürgerlichen Rechtsstreitigkeiten, in welchen durch Klage oder Widerklage ein Anspruch auf Grund der Vorschriften dieses Gesetzes geltend gemacht ist, wird die Verhandlung und Entscheidung letzter Instanz im Sinne des § 8 des Einführungsgesetzes zum Gerichtsverfassungsgesetze dem Reichsgerichte zugewiesen.

1. Die Revision kann also nie bei einem obersten Landesgerichte, wie ein solches nach § 8 EGGVG. in Bayern besteht, sondern nur beim Reichsgericht eingelegt werden.

2. § 152 gilt auch für den Fall, daß der Reichsfiskus gegen den B. klagt, und zwar auch gegen einen ausgeschiedenen B. RG. 33, 245.

3. Der Wert des Streitgegenstands bestimmt sich auf das Fünffache des einjährigen Bezugs, falls nicht der Gesamtbetrag der geforderten Leistungen geringer ist. § 10 Abs. 3 GKG. v. 28. 1. 27 (RGBl. I 53).

§ 153.

Auf die im § 144 erwähnten Rechtsstreitigkeiten finden die Bestimmungen der §§ 151 und 152 mit der Maßgabe Anwendung, daß der Reichsfiskus durch die höhere Reichsbehörde vertreten wird, welche den Defektbeschluß abgefaßt oder für vollstreckbar erklärt hat (§ 139 Abs. 2). Ist die Abfassung durch die oberste Reichsbehörde geschehen, so übernimmt diese die Vertretung des Reichsfiskus.

1. Es handelt sich hier um die Vollstreckungsgegenklagen gegen Defektenbeschlüsse. § 150 RBG. findet auf diese Klagen keine Anwendung. Zuständig ist stets ohne Rücksicht auf die Höhe des Streitwerts das Landgericht. Revision unbegrenzt zulässig.

§ 154.

In Rechtsstreitigkeiten über Vermögensansprüche gegen Reichsbeamte wegen Überschreitung ihrer amtlichen Befugnisse oder pflichtwidriger Unterlassung von Amtshandlungen ist sowohl dasjenige Gericht zuständig, in dessen Bezirke der Beamte zur Zeit der Verletzung seiner Amtspflicht seinen Wohnsitz hatte, als dasjenige, in dessen Bezirke derselbe zur Zeit der Erhebung der Klage seinen Wohnsitz hat.

Die Vorschrift des § 152 findet entsprechende Anwendung.

1. Der zweifache örtliche Gerichtsstand des § 154 ist durch § 13 Abs. 1 EGZPO. aufrechterhalten worden. Für die in Betracht kommenden Ansprüche ist sachlich ausschließlich das Landgericht zuständig (§ 70 Abs. 2 Nr. 2 GVG.), und zwar auch dann, wenn der B. zur Zeit der Klagerhebung nicht mehr im Dienst ist. RG. 33, 244.

2. Die Überschreitung der amtlichen Befugnisse betrifft nicht etwa nur die formelle Überschreitung der amtlichen Zuständig-

keit, sondern darüber hinaus alle Amtshandlungen, durch die pflichtwidrig (vorsätzlich, fahrlässig oder infolge Irrtums) einem Dritten ein Schaden zugefügt ist. Gruchot 28, 463; Pieper 376; Brand, Komm. S. 490. And. Ans. Laband I 435, 436, der die Fälle nicht einbeziehen will, wo der B. innerhalb seiner amtlichen Zuständigkeit, wenn auch unter Verletzung der Sorgfaltspflicht gehandelt hat.

3. Keine Ausschlußfrist im Sinne des § 150.

4. Wird das Reich selbst in Anspruch genommen (vgl. § 13 RBG.), so findet § 154 ebenfalls Anwendung. Brand, Komm. S. 490.

Handelt es sich um Schadensersatzansprüche, die nicht durch amtliche, sondern auf privatrechtlichem Gebiete liegende Verrichtungen des B. verursacht sind, so finden die gewöhnlichen prozeßrechtlichen Vorschriften Anwendung. RG. 29, 421.

§ 155.

Die Entscheidungen der Disziplinar- und Verwaltungsbehörden darüber, ob und von welchem Zeitpunkt ab ein Reichsbeamter aus seinem Amte zu entfernen, einstweilig oder definitiv in den Ruhestand zu versetzen oder vorläufig seines Dienstes zu entheben sei, und über die Verhängung von Ordnungsstrafen sind für die Beurteilung der vor dem Gerichte geltend gemachten vermögensrechtlichen Ansprüche maßgebend.

I. Die im § 155 gemachte Aufzählung der Entscheidungen der Disziplinar- und Verwaltungsbehörden, an die das Gericht gebunden ist, ist eine erschöpfende, RG. 6, 105, Schulze, Komm. S. 354, soweit es sich um Entscheidungen handelt, die das aktive B.verhältnis beendigen. Die richterliche Nachprüfungsbefugnis findet ihre Schranke nicht etwa nur an der Tat-, sondern auch an der Rechtsfrage. Auch an die rechtliche Beurteilung, die eine Disziplinar- oder Verwaltungsbehörde einem Tatbestand gegeben hat, ist das Gericht gebunden; es muß sich aber in jedem Falle um eine rechtlich zulässige Entscheidung handeln. Trifft eine Verwaltungs- oder Disziplinarbehörde eine Entscheidung, die, ganz abgesehen von der tatsächlichen und rechtlichen Gestaltung im Einzelfalle, nach dem Stande der Gesetzgebung unzulässig war, so ist sie als Grundlage für den vermögensrechtlichen Anspruch des B. nicht maßgebend. RG. 12. 10. 28 III 45/1928.

Daß nach allgemeinen Rechtsgrundsätzen auch solche Vorentscheidungen der Behörden, die rechtsbegründender (nicht rechtsvernichtender, also das B.verhältnis lösender) Natur sind, bindende Kraft für die Gerichte haben, ist einleuchtend. Zweifelhaft kann es bezüglich solcher Entscheidungen sein, die, ohne unmittelbar rechtsbegründend zu sein, doch einen Staatshoheitsakt in sich schließen, den zu beurteilen das Gericht nicht befugt ist. Fragen rein tatsächlicher Natur, z. B. die Höhe des Gehalts für eine bestimmte Stelle betreffend, haben jedenfalls nicht staatshoheitlichen Charakter. RG. 24. 11. 25 JW. 1927 H. 4.

Eine weitergehende Prüfung staatshoheitlicher Entscheidungen als nach der Richtung ihrer rechtlichen Zulässigkeit steht den Gerichten nicht zu. So darf z. B. nicht geprüft werden, ob die Tatsachen, auf die sich die Entscheidung stützt, hinlänglich feststehen oder ob sie eine hinreichende Begründung für die Entscheidung darstellen. Ebensowenig sind Feststellungen zulässig, ob die formellen Voraussetzungen oder das vorgeschriebene Verfahren bei den Entscheidungen der Behörden gewahrt sind. Schulze, Komm. S. 354.

II. Im einzelnen gilt bezüglich der nach § 155 für den Zivilrichter bindenden Entscheidungen folgendes:

1. Unter „Entfernung aus dem Amt“ sind nur die Disziplinarmaßnahmen der §§ 73, 75 RBG. zu verstehen. RG. 108, 345; 110, 193. Nicht gehören hierher: die Entlassung durch Kündigung oder Widerruf nach § 32 RBG. JW. 00, 595 Nr. 17; 12, 261 Nr. 35. Über die Nachprüfbarkeit einer Entlassungsverfügung vgl. auch RG. 110, 193 und JW. 26, 1366. Auch die Nachprüfung der Gesetzmäßigkeit einer Versetzung in ein anderes Amt durch die Gerichte ist möglich. Schulze a. a. O. Diese Nachprüfung darf sich aber nur auf die äußeren Formen

der Entscheidung erstrecken, nicht auf die materielle Begründetheit derselben. RG. 71, 235; JW. 09, 645; Brand, Komm. S. 491.

2. Die Versetzung in den einstweiligen Ruhestand. Ist diese Versetzung in gesetzlich zulässiger Form erfolgt, so ist das Gericht gebunden. RG. 119, 431. Ist dies aber nach der Lage der Gesetzgebung nicht der Fall und die Entscheidung daher nicht geeignet, die bestehende Rechtslage zu ändern, so tritt im Hinblick auf den eingeklagten vermögensrechtlichen Anspruch die richterliche Nachprüfung ein. RG. 122, 119. Die Gerichte haben hier zu prüfen, ob die gesetzlichen Voraussetzungen für den Erlaß einer solchen Entscheidung vorliegen (RG. 9. 4. 29 JW. 29, 2336). Der Hinweis auf RG. 12, 70 ist, weil die dortige Rechtsauffassung überholt ist, abwegig. Das Gericht ist also, auf den praktischen Fall aus § 24 RBG. angewandt, dafür zuständig zu prüfen, ob eine Rechtslage (nicht bloß ein tatsächlicher Zustand) geschaffen worden ist, die den Tatbestand einer „Umbildung" und nicht bloß einer „Umordnung" (§ 24) enthält. Das Gericht kann ferner nachprüfen, ob ein B. der umgebildeten Behörde tatsächlich angehört hat. RG. 122, 113.

3. Die Versetzung in den dauernden Ruhestand. Sie wird durch die Disziplinarbehörde im Falle des § 68 RBG. verfügt. Die Frage der Dienstunfähigkeit und die Frage, von welchem Zeitpunkt ab die Zurruhesetzung in Kraft treten soll darf vom Gericht nicht nachgeprüft werden. RG. 1, 35; 82, 261; 85, 194; 89, 423; 108, 173; JW. 11, 720 Nr. 26 und 27, 1255. Der Rechtsweg ist auch dann unzulässig, wenn der B. seine Dienstunfähigkeit behauptet, die Behörde aber den Pensionierungsantrag ablehnt. RG. 1, 35. Die Frage der Dienstunfähigkeit darf dann nachgeprüft werden, wenn sie sich auf Erkrankung, Verwundung oder eine sonstige Beschädigung im Dienst stützt und nicht eigenes Verschulden in Frage kommt. RG. 81, 115. Dagegen soll nach Schulze (S. 356) die Frage der Dienstunfähigkeit dann nachgeprüft werden können, wenn der Anspruch sich auf das BUFG. stützt, es sei denn, daß

infolge des Betriebsunfalls Erwerbsunfähigkeit behauptet wird. And. Ans. RG. 74, 103.

Grundsätzlich obliegt der Prüfung des Gerichts die Frage der Mindestdienstzeit von 10 Jahren und der Anrechenbarkeit der Dienstzeiten. In der Praxis (Jaschkowitz JW. 26, 2279 und Möller B.jahrb. 28, 483 f.) wird darüber hinausgehend angenommen, daß der Richter allgemein die gesetzliche Gültigkeit des Verwaltungsaktes der Pensionierung nachzuprüfen habe. Die Rechtsprechung des KG. und RG. geht nicht so weit. Vgl. hierzu Brand, Komm. S. 493, und die dort zitierte Entscheidung.

4. Die vorläufige Dienstenthebung § 127 RBG. Nicht hierher gehören die Fälle des § 66 Abs. 2 S. 3 und § 131. Dagegen kann das Gericht bei Geltendmachung von vermögensrechtlichen Ansprüchen (Anspruch auf die einbehaltene Gehaltshälfte) die Voraussetzungen und die Dauer der gesetzlichen Suspension (§§ 125, 126) nachprüfen.

5. Die Ordnungsstrafen sind in § 74 festgesetzt. § 155 kommt eigentlich nur im Hinblick auf die Geldstrafen in Betracht. Nur im Falle der Aufrechnung des Gehalts mit der Geldstrafe könnte der B. den Rechtsweg beschreiten. Die Einbehaltung des Gehalts nach § 14 (unbefugtes Fernbleiben vom Amt) oder wegen Nichtübernahme eines Amtes durch einen Wartegeldempfänger (§ 28) dürfen vom Gericht dagegen im Hinblick auf ihre Begründetheit nachgeprüft werden.

III. Bezüglich der Bindung der Gerichte an die Entscheidungen der Behörden, welche die Entlassung der auf Kündigung oder Widerruf angestellten B. verfügen, vgl. die Anm. zu §§ 2, 32.

Schlußbestimmungen.

§ 156.

Die Reichstagsbeamten haben die Rechte und Pflichten der Reichsbeamten.

Die Anstellung der Reichstagsbeamten erfolgt durch den Reichstagspräsidenten, welcher die vorgesetzte Behörde derselben bildet.

1. Die Reichstagsb. sind keine Reichsb. im Sinne des RBG. § 156 verleiht ihnen daher ausdrücklich die Rechte und Pflichten von Reichsb.

2. Die unmittelbar vorgesetzte Dienstbehörde ist der Reichstagspräsident, der auch über sie die nichtförmliche Dienststrafgewalt ausübt. Eine Beschwerdeinstanz über dem Reichstagspräsidenten gibt es nicht.

3. Für das förmliche Disziplinarverfahren fehlen besondere Vorschriften. Das gleiche gilt bezüglich des Zwangspensionierungsverfahrens. Es werden daher die diesbezüglichen allgemeinen Vorschriften und Institutionen für Reichsb. in Anwendung zu kommen haben.

4. Wer in der Zwischenzeit zwischen zwei Legislaturperioden den Reichstagsb. gegenüber die Rechte des Reichstagspräsidenten auszuüben habe, ist bestritten. Nach Schulze (S. 358) und Kanngießer (244) soll während dieser Zeit der Reichskanzler, da ihm alle Reichsb. und mithin auch die Reichstagsb. unterstellt sind, die Rechte des Reichstagspräsidenten ausüben. Brand (Komm. 495) will unter Hinweis auf Art. 27 RV. dem Präsidenten der vorigen Session für die Zwischenzeit die Rechte zugestehen (so auch Arndt RBG. 186). Letztere Lösung verdient den Vorzug.

§ 157.

Auf Personen des Soldatenstandes findet dieses Gesetz nur in den §§ 134—148 Anwendung.

1. Personen des Soldatenstandes sind nach § 1 WehrG. v. 23. 3. 21 (RGBl. 329) die Offiziere, Unteroffiziere und Mannschaften der Reichswehr. Offiziere sind nicht Reichsb. RG. 89, 255.

2. Die Pensions- und Hinterbliebenenansprüche der Personen des Soldatenstandes regeln sich nach den Militärgesetzen v. 31. 5. 1906 (RGBl. 565 u. 595), nach dem MilitärhinterbliebenenG. v. 17. 5. 07 (RGBl. 214), dem UFG. v. 18. 6. 01 (RGBl. 201) und dem WehrmVersG. § 28. Die Vorschriften des RBG. und des GVG. § 70 Abs. 2 Nr. 1 finden keine Anwendung. RG. 33, 411; 34, 421, Arndt 187, Brand, Komm. S. 496.

§ 158.

Die Bestimmungen dieses Gesetzes über die Versetzung in ein anderes Amt, über die einstweilige und über die zwangsweise Versetzung in den Ruhestand, über Disziplinarbestrafung und über vorläufige Dienstenthebung finden auf die Mitglieder des Reichsgerichts, auf die Mitglieder des Bundesamts für das Heimatwesen, auf die Mitglieder des Rechnungshofs des Deutschen Reichs und auf richterliche Militärjustizbeamte keine Anwendung.

Außerdem haben für die Mitglieder des Reichsgerichts die Vorschriften dieses Gesetzes über die Pensionierung und über den Verlust der Pension keine Geltung.

Die Vorschriften des § 60a werden hierdurch nicht berührt.

1. Es finden also auf die B. des § 158 folgende Paragraphen keine Anwendung: 23, 24—31, 60a—68, 72—133. Für die Mitglieder des Reichsgerichts finden auch die §§ 34—71 keine Anwendung.

Anwendbar bleiben nur die allgemeinen Bestimmungen §§ 1—22, 33, 34—60, 69, 70, 71, 134—148, 149—155.

2. Für die Mitglieder des Reichsgerichts gelten die besonderen Vorschriften der §§ 8, 127—131 GVG. Vgl. auch Art. 104 Abs. 1 RV.

3. Für die Mitglieder des Reichsfinanzhofs gelten nach § 36 RAbgO. v. 13. 12. 19 (RGBl. 1993) die gleichen Vorschriften.

4. Bezüglich der Rechtsverhältnisse des Vorsitzenden und der Mitglieder des Bundesamts für das Heimatwesen gelten die §§ 23—26 G. 12. 6. 69 (RGBl. 201), §§ 42, 43 G. 6. 6. 70 (RGBl. 360) in der Fassung v. 30. 5. 08 (RGBl. 381). Durch V. v. 13. 2. 24 (RGBl. I 100) § 29 ist zwar das Gesetz von 1908 und das Bundesamt aufgehoben, jedoch mit der Maßgabe,

daß bis zur Neuregelung des Rechtsverfahrens Streitigkeiten zwischen den Fürsorgeverbänden nach §§ 37—57, 58 Abs. 2 G. über den Unterstützungswohnsitz entschieden werden. Es gelten also noch die Vorschriften des § 43 G. 6. 6. 70. Brand S. 498. Die Mitglieder des Bundesamts stehen den Mitgliedern des Reichsgerichts gleich. (Wegen Zwangspensionierung gelten die §§ 56—63 PrDiszG. 7. 5. 51, § 43 Nr. 1 G. 6. 6. 70 und § 25 Abs. 1 und § 5 G. 12. 6. 69 [BGBl. 70, 360; 69, 201].) Brand, ebenda.

5. Für die Mitglieder des Rechnungshofes des Deutschen Reiches gelten die §§ 5, 6 des prG. 27. 3. 72 (GS. 278) nebst Abänderungen durch prG. 9. 4. 79 (GS. 345). Auch gilt für sie das prDiszG. v. 7. 5. 51 (Brand, PrDiszG. 455, 484 f.).

6. Die richterlichen Militärjustizbeamten unterstehen dem G. v. 1. 12. 98 (RGBl. 1297). Militärgerichtsbarkeit (abgesehen von Kriegszeiten) aufgehoben durch G. 17. 8. 20 (RGBl. 1579). G. v. 1. 12. 98 hat nur noch Bedeutung als Abwicklungsmaterie. Bezüglich der Mitglieder des ehemaligen Reichsmilitärgerichts vgl. § 81 MilStrGO.

7. Auf die Mitglieder des Reichswirtschaftsgerichts findet jetzt Art. 104 RV. Anwendung. G. 31. 3. 28 (RGBl. 135). Auf die richterlichen Mitglieder des Reichsversicherungsamts finden die Vorschriften des RBG. uneingeschränkt Anwendung.

8. Der § 60a über die Altersgrenze gilt neben § 158 (Art. 104 Abs. 1 Satz 3 und Abs. 3 RV.; § 8 Abs. 1 Satz 2 und Abs. 3 GVG.).

§ 159.

Die Ausführung dieses Gesetzes regelt eine vom Kaiser zu erlassende Verordnung, durch welche namentlich diejenigen Behörden näher zu bezeichnen sind, welche unter den in diesem Gesetz erwähnten Reichsbehörden verstanden sein sollen.

Vgl. V. 10. 8. 28 (RGBl. I 369) Anl. 1, Anh.

Anlagen.

1. Verordnung über die Zuständigkeit der Reichsbehörden zur Ausführung des Reichsbeamtengesetzes.

Vom 10. August 1928 (RGBl. I 369).

Auf Grund des § 159 des Reichsbeamtengesetzes in der Fassung vom 18. Mai 1907 (Reichsgesetzbl. 1907 S. 245) wird verordnet:

Das durch die Verordnung vom 18. November 1927 (Reichsgesetzbl. I S. 330) ergänzte, der Verordnung vom 20. Juli 1926 über die Zuständigkeit der Reichsbehörden zur Ausführung des Reichsbeamtengesetzes (Reichsgesetzbl. I S. 418) beigegebene Verzeichnis wird durch das anliegende Verzeichnis ersetzt.

Berlin, den 10. August 1928.

Der Reichspräsident.
von Hindenburg.
Der Reichsminister des Innern.
Severing.

Verzeichnis der Reichsbehörden.

I. Oberste Reichsbehörden.

(Vgl. Reichsbeamtengesetz §§ 8, 15, 16, 33; bei Pensionierung §§ 54, 60a, 64 bis 66, 68, 69; in Disziplinarsachen §§ 75, 81, 84, 85, 96 bis 98, 101; bei der Suspension §§ 127, 128, 131; ferner §§ 139, 150, 151, 153.)

1. Das Büro des Reichspräsidenten,
2. die Reichskanzlei,

3. der Reichsminister des Auswärtigen,
4. der Reichsminister des Innern,
5. der Reichsminister der Finanzen,
6. der Reichswirtschaftsminister,
7. der Reichsarbeitsminister,
8. der Reichsminister der Justiz,
9. der Reichswehrminister,
10. der Reichspostminister,
11. der Reichsverkehrsminister,
12. der Reichsminister für Ernährung und Landwirtschaft,
13. der Reichsminister für die besetzten Gebiete,
14. der Rechnungshof des Deutschen Reichs.

II. Höhere, der obersten Reichsbehörde unmittelbar unterstellte Reichsbehörden und Vorsteher solcher Behörden.

(Vgl. Reichsbeamtengesetz §§ 54, 81, 85, 139, 151, 153.)

A. Geschäftsbereich der Reichskanzlei.

1. Der Vertreter der Reichsregierung München,
2. der Leiter der Reichszentrale für Heimatdienst.

B. Geschäftsbereich des Reichsministers des Innern.

1. Der Präsident des Reichsamts für Landesaufnahme,
2. der Präsident des Reichsgesundheitsamts,
3. der Präsident des Bundesamts für das Heimatwesen,
4. der Direktor der Chemisch-Technischen Reichsanstalt,
5. der Präsident der Physikalisch-Technischen Reichsanstalt,
6. der Präsident des Reichsarchivs,
7. die Leiter der Filmoberprüfstelle, der Prüfstellen Berlin und München,

8. der Direktor der Reichsstelle für das Auswanderungswesen,
9. der Direktor des Zentralnachweiseamts für Kriegerverluste und Kriegergräber,
10. der Reichskommissar für Überwachung der öffentlichen Ordnung,
11. der Direktor der Reichsanstalt für Erdbebenforschung,
12. der Leiter des Gesetzsammlungsamts,
13. die Leiter der Oberprüfstelle für Schund- und Schmutzschriften in Leipzig, der Prüfstellen Berlin und München.

C. Geschäftsbereich des Reichsministers der Finanzen.

1. Der Präsident der Reichsschuldenverwaltung, hinsichtlich der §§ 139 und 153 das Kollegium,
2. der Präsident des Reichsfinanzhofs,
3. der Präsident des Reichsentschädigungsamts für Kriegsschäden,
4. der Präsident des Reichsausgleichsamts,
5. die Präsidenten der Landesfinanzämter,
6. der Präsident des Reichsmonopolamts für Branntwein,
7. der Leiter der Restverwaltung für Reichsaufgaben.

D. Geschäftsbereich des Reichswirtschaftsministers.

1. Der Präsident des Statistischen Reichsamts,
2. der Präsident des Reichsaufsichtsamts für Privatversicherung,
3. der Präsident des Reichswirtschaftsgerichts,
4. der Reichskommissar für Aus- und Einfuhrbewilligung, Abwicklungsstelle,
5. der Reichskohlenkommissar, Abwicklungsstelle.

E. Geschäftsbereich des Reichsarbeitsministers.

1. Der Präsident des Reichsversicherungsamts,

2. der Präsident des Reichsversorgungsgerichts,
3. die Direktoren der Hauptversorgungsämter.

F. Geschäftsbereich des Reichsministers der Justiz.

1. Der Präsident des Reichsgerichts,
2. der Oberreichsanwalt,
3. der Präsident des Reichspatentamts.

G. Geschäftsbereich des Reichswehrministers.

1. Reichsheer.

a) Für das Pensionierungsverfahren und das Disziplinarverfahren.

1. Die Oberbefehlshaber der Gruppen,
2. die Befehlshaber in den Wehrkreisen,
3. die Kommandeure der Kavalleriedivisionen,
4. die Gruppen- und Wehrkreisärzte,
5. die Gruppen- und Wehrkreisintendanten,
6. die Verwaltungsreferenten bei den Kavalleriedivisionen,
7. die Vorstände der Wehrkreisverwaltungsämter,
8. die Vorstände der Wehrkreisbaudirektionen,
9. die Oberheeresanwälte,
10. der evangelische und der katholische Feldprobst der Armee,
11. der Direktor der Heeresbücherei,
12. die Vorstände der Heeresforstinspektionen.

b) Für das Verfahren bei Defekten und bei Verfolgung vermögensrechtlicher Ansprüche.

1. Die Befehlshaber in den Wehrkreisen,
2. die Kommandeure der Kavalleriedivisionen,

3. die Gruppen- und die Wehrkreisintendanten,
4. die Verwaltungsreferenten bei den Kavalleriedivisionen,
5. die Vorstände der Wehrkreisverwaltungsämter,
6. die Vorstände der Wehrkreisbaudirektionen,
7. die Oberheeresanwälte,
8. der Direktor der Heeresbücherei,
9. die Vorstände der Heeresforstinspektionen.

2. Reichsmarine.

a) Für das Disziplinarverfahren.

1. Die Stationschefs,
2. der Flottenchef,
3. die Inspekteure,
4. die Gerichtsherren,
5. die Intendanten,
6. der Oberwerftdirektor in Wilhelmshaven,
7. der Arsenalkommandant in Kiel,
8. die Chefs der Sanitätsämter der Marinestationen der Ostsee und der Nordsee,
9. die Leiter der Dienststellen der Marineleitung.

b) Für das Verfahren bei Defekten und bei Verfolgung vermögensrechtlicher Ansprüche.

1. Die Stationschefs,
2. die Intendanten,
3. der Oberwerftdirektor in Wilhelmshaven und der Arsenalkommandant in Kiel.

H. Geschäftsbereich des Reichspostministers.

1. Die Präsidenten der Oberpostdirektionen,
2. der Präsident des Reichspostzentralamts und der

Vorsteher der Abteilung München des Reichspost-zentralamts,

3. der Präsident der Hauptverwaltung der Versorgungsanstalt der Deutschen Reichspost,
4. der Direktor der Reichsdruckerei.

J. Geschäftsbereich des Reichsverkehrsministers.

1. Der Leiter des Reichskanalamts,
2. der Präsident der Deutschen Seewarte,
3. der Leiter der Neckarbaudirektion,
4. der Leiter des Reichswasserschutzes,
5. der Leiter des Reichskommissariats für Seeschiffsvermessung,
6. der Vorsitzende des Reichsoberseeamts,
7. der Oberpräsident (Seezeichenverwaltung) in Stettin und der Regierungspräsident (Seezeichenverwaltung) in Schleswig für den ihnen unterstellten Bereich der Seezeichenverwaltung,
8. die Reichsinspektoren für die Seeschiffer-, Seesteuermanns-, Schiffsingenieur- und Maschinistenprüfungen,
9. der Leiter der Zentralstelle für Flugsicherung.

K. Geschäftsbereich des Reichsministers für Ernährung und Landwirtschaft.

Der Direktor der Biologischen Reichsanstalt für Land- und Forstwirtschaft.

L. Geschäftsbereich des Reichsministers für die besetzten Gebiete.

1. Der Reichskommissar für die besetzten rheinischen Gebiete in Koblenz,

2. der Präsident der Reichsvermögensverwaltung für die besetzten rheinischen Gebiete in Koblenz.

III. Vorgesetzte Dienstbehörden und Beamte.

(Vgl. Reichsbeamtengesetz §§ 7, 12, 38, 62.)

A. Die unter I aufgeführten Behörden.

B. Geschäftsbereich der Reichskanzlei.
Die unter II A aufgeführten Behörden.

C. Geschäftsbereich des Reichsministers des Innern.
Die unter II B aufgeführten Behörden.

D. Geschäftsbereich des Reichsministers der Finanzen.
1. Die unter II C aufgeführten Behörden,
2. die Vorsteher der Finanzämter (Hauptzollämter),
3. der Vorsteher des Reichsfinanzzeugamts,
4. die Vorsteher der Reichsbauämter,
5. die Vorsteher der Reichsforstämter.

E. Geschäftsbereich des Reichswirtschaftsministers.
Die unter II D aufgeführten Behörden.

F. Geschäftsbereich des Reichsarbeitsministers.
Die unter II E aufgeführten Behörden.

G. Geschäftsbereich des Reichsministers der Justiz.
Die unter II F aufgeführten Behörden.

H. Geschäftsbereich des Reichswehrministers.

1. Reichsheer.

Die unter II G 1 aufgeführten Behörden.

2. Reichsmarine.

1. Die unter II G 2 aufgeführten Behörden,
2. die Befehlshaber von Verbänden von Linienschiffen und Kreuzern,

3. die Schiffskommandanten mit Rücksicht auf IV A 2 b Nr. 4,
4. die Gerichtsherren, denen ein anderer Gerichtsherr übergeordnet ist,
5. die Flottillenchefs.

J. Geschäftsbereich des Reichspostministers.

Die unter II H aufgeführten Behörden.

K. Geschäftsbereich des Reichsverkehrsministers.

1. Der Leiter des Reichskanalamts,
2. der Präsident der Deutschen Seewarte,
3. der Leiter der Neckarbaudirektion,
4. der Leiter des Reichswasserschutzes,
5. der Leiter des Reichskommissariats für Seeschiffsvermessung,
6. der Vorsitzende des Reichsoberseeamts,
7. der Oberpräsident (Seezeichenverwaltung) in Stettin und der Regierungspräsident (Seezeichenverwaltung) in Schleswig für den ihnen unterstellten Bereich der Seezeichenverwaltung,
8. die Reichsinspektoren für die Seeschiffer-, Seesteuermanns-, Schiffsingenieur- und Maschinistenprüfungen,
9. der Leiter der Zentralstelle für Flugsicherung.

L. Geschäftsbereich des Reichsministers für Ernährung und Landwirtschaft.

Die unter II K aufgeführte Behörde.

M. Geschäftsbereich des Reichsministers für die besetzten Gebiete.

1. Die unter II L aufgeführten Behörden,
2. die Leiter der Reichsvermögensämter.

IV. Unmittelbar vorgesetzte Behörden und Beamte.

(Vgl. Reichsbeamtengesetz §§ 53 und 146.)

A. Geschäftsbereich des Reichswehrministers.

1. Reichsheer.

1. Der Vorsteher (Kommandeur, Direktor usw.) jeder Behörde und militärischen Anstalt hinsichtlich der bei ihr angestellten Beamten.
2. Der Vorsteher jeder Behörde, dem eine andere oder eine militärische Anstalt unmittelbar untergeben ist, hinsichtlich des Vorstehers oder, wo ein solcher fehlt, hinsichtlich der Beamten der untergebenen Behörde.

2. Reichsmarine.

a) Für die ausschließlich unter Militärbefehlshabern stehenden Militärbeamten: der nächste Dienstvorgesetzte,

b) für die übrigen Beamten:
   1. der Vorsteher (Direktor, Kommandeur, Kommandant, Flottillenchef, Halbflottillenchef usw.) jeder Behörde und militärischen Anstalt hinsichtlich der bei ihr angestellten oder kommandierten Beamten, soweit nicht die Ausnahmen von Ziffer 2, 3 und 4 zutreffen,
   2. für die nichtrichterlichen Beamten bei den Gerichtsstellen der mit der Dienstaufsicht beauftragte richterliche Justizbeamte,
   3. jeder Obermarineanwalt und Marineanwalt hinsichtlich der ihm zugeordneten Beamten,
   4. jeder I. Offizier hinsichtlich der zum Schiffsstab gehörigen Beamten, insoweit es sich nicht um Ausübung der diesen Beamten obliegenden Amtspflichten handelt,

5. der Vorsteher jeder Behörde, dem eine andere Behörde oder eine militärische Anstalt unmittelbar untergeben ist, hinsichtlich des Vorstehers, oder wo ein solcher fehlt, hinsichtlich der Beamten der untergebenen Behörde oder Anstalt.

B. Im übrigen gelten als unmittelbar vorgesetzte Behörden und Beamte:

1. der Vorsteher jeder Behörde hinsichtlich der bei ihr angestellten Beamten,
2. der Vorsteher jeder Behörde, welchem eine andere unmittelbar untergeben ist, hinsichtlich des Vorstehers oder, wo ein solcher fehlt, hinsichtlich der Beamten der untergebenen Behörde.

V. Besonderes für das Reichsverkehrsministerium bezüglich der zu seinem Geschäftsbereiche gehörigen Reichsbeamten des ehemaligen Unternehmens „Deutsche Reichsbahn".

Die Reichsbahndirektionen
das Reichsbahn-Zentralamt
die zentralen Ämter
} der Deutschen Reichsbahn-Gesellschaft

sind mit Wirkung vom Tage des Überganges des Rechtes zum Betriebe der Reichseisenbahnen auf die Deutsche Reichsbahn-Gesellschaft ermächtigt und beauftragt worden, gegenüber Wartegeld- und Ruhegehaltsempfängern sowie Hinterbliebenen aus dem Kreise der vor dem Übergange des Betriebsrechts vorhandenen Reichsbeamten des ehemaligen Unternehmens „Deutsche Reichsbahn" bis auf weiteres die Befugnisse auszuüben, die im Reichsbeamtengesetz und in sonstigen die Rechte und Pflichten der vorgenannten Personen regelnden Gesetzen und Verordnungen Reichsbehörden oder Beamten übertragen sind, soweit diese Befugnisse nicht vom Reichspräsidenten oder von der obersten Reichsbehörde selbst wahrgenommen werden müssen.

Im Rahmen des ihnen erteilten Auftrags gelten als

A. Höhere Reichsbehörden (vgl. Abschnitt II)

1. die Reichsbahndirektionen
2. das Reichsbahn-Zentralamt
3. die zentralen Ämter

der Deutschen Reichsbahn-Gesellschaft.

B. Vorgesetzte Dienstbehörden (vgl. Abschnitt III)

1. die Reichsbahndirektionen
2. das Reichsbahn-Zentralamt
3. die zentralen Ämter

der Deutschen Reichsbahn-Gesellschaft.

C. Unmittelbar vorgesetzte Behörden (vgl. Abschnitt IV)

jede Reichsbahnstelle oder deren Vorsteher.

---

2. Besoldungsgesetz.

Vom 16. Dezember 1927 (RGBl. I 349).

Der Reichstag hat das folgende Gesetz beschlossen, das mit Zustimmung des Reichsrats hiermit verkündet wird:

I. Planmäßige Beamte und Soldaten der Wehrmacht.

§ 1. (1) Die planmäßigen Reichsbeamten erhalten ein Grundgehalt und einen Wohnungsgeldzuschuß. Daneben erhalten sie Kinderzuschläge und, soweit es in diesem Gesetze bestimmt oder zugelassen ist, Zulagen.

(2) Die Soldaten der Wehrmacht werden, soweit nicht dieses Gesetz etwas anderes bestimmt, wie die planmäßigen Beamten besoldet.

1. Grundgehalt.

§ 2. Das Grundgehalt wird den planmäßigen Beamten nach den beigefügten Besoldungsordnungen A (für aufsteigende Gehälter) und B (für feste Gehälter), den Soldaten der Wehrmacht nach der beigefügten Besoldungsordnung C, den Polizeibeamten beim Reichswasserschutz nach der der Besoldungsordnung A als Anlage beigefügten Besoldungsordnung gewährt.

§ 3. (1) Die Grundgehälter werden, soweit nicht feste Gehälter vorgesehen sind, nach Dienstaltersstufen geregelt.

(2) Sie steigen von zwei zu zwei Jahren bis zur Erreichung des Endgrundgehalts.

(3) Die Dienstalterszulagen werden vom Ersten des Monats an gezahlt, in den der Eintritt in die neue Dienstaltersstufe fällt.

(4) Die Beamten des Büros des Reichspräsidenten und der Reichskanzlei werden in die Dienstaltersstufen nach dem Ermessen des Reichspräsidenten oder des Reichskanzlers eingewiesen.

§ 4. (1) Auf die Gewährung der Dienstalterszulagen haben die planmäßigen Beamten einen Rechtsanspruch. Der Anspruch ruht, solange ein förmliches Dienststrafverfahren oder wegen eines Verbrechens oder Vergehens ein Hauptverfahren oder eine Voruntersuchung schwebt. Führt ein strafgerichtliches Verfahren zur Verurteilung wegen eines Verbrechens oder Vergehens, und wird binnen dreier Monate nach Abschluß des strafgerichtlichen Verfahrens wegen der nämlichen Tatsachen ein förmliches Dienststrafverfahren eingeleitet, so ruht der Anspruch auch während der Zwischenzeit.

(2) Führt das Verfahren zum Verluste des Amtes, so erlischt der Anspruch auch für die Zeit des Ruhens.

§ 5. (1) Das Besoldungsdienstalter der planmäßigen Beamten beginnt mit dem Tage der Anstellung in der jeweiligen planmäßigen Stelle, soweit nicht in diesem Gesetz oder in den Ausführungsbestimmungen dazu etwas anderes bestimmt oder zugelassen ist. Von diesem Zeitpunkt ab sind die Zeitabschnitte für das Verbleiben im Anfangsgehalt und für das Aufsteigen in die höheren Dienstaltersstufen zu rechnen. Als Tag der planmäßigen Anstellung gilt der Tag, von dem ab das Diensteinkommen der planmäßigen Stelle bezogen wird. Das Besoldungsdienstalter der Soldaten der Wehrmacht und der Polizeibeamten beim Reichswasserschutz in den Besoldungsgruppen mit aufsteigenden Gehältern beginnt mit dem Tage der Beförderung.

(2) Bei der ersten planmäßigen Anstellung außerplanmäßiger Beamten wird die im außerplanmäßigen Reichsbeamtenverhältnis bei derselben Dienstlaufbahn zwischen dem Beginne des Diätendienstalters (§ 17) und der ersten planmäßigen Anstellung liegende Zeit auf das Besoldungsdienstalter angerechnet, soweit sie fünf Jahre, bei Versorgungsanwärtern vier Jahre, bei den vor dem 1. Januar 1925 eingestellten weiblichen Beamten der Deutschen Reichspost acht Jahre übersteigt.

(3) Den Versorgungsanwärtern wird bei der ersten planmäßigen Anstellung, wenn sie im Heere, in der Marine oder in der Schutzpolizei oder im Dienste des Reichswasserschutzes

a) acht Jahre oder weniger gedient haben, die tatsächlich abgeleistete Dienstzeit bis zu einem Jahre,

b) über acht Jahre gedient haben, außerdem die Dienstzeit im Heere, in der Marine oder in der Schutzpolizei oder im Dienste des Reichswasserschutzes, soweit sie und die nachfolgende Zivildienstzeit acht Jahre übersteigt, mit der darüber hinausgehenden Zeit, höchstens aber mit weiteren fünf Jahren auf das Besoldungsdienstalter angerechnet.

(4) Treten Versorgungsanwärter erstmals in eine andere Besoldungsgruppe über, so wird ihr Besoldungsdienstalter in der neuen Besoldungsgruppe nach Abs. 3 festgesetzt, wenn nicht die Anwendung des § 7 günstiger wirkt.

(5) Die vor dem vollendeten siebzehnten Lebensjahre liegende Dienstzeit im Heere oder in der Marine bleibt außer Betracht, soweit es sich nicht um eine tatsächlich geleistete Kriegsdienstzeit handelt.

(6) Die nach Abs. 2 und die nach Abs. 3 bis 5 anzurechnende Zeit wird nebeneinander angerechnet.

(7) Die Ausführungsbestimmungen stellen fest, wer als Versorgungsanwärter im Sinne dieses Gesetzes anzusehen ist.

(8) Das Besoldungsdienstalter der auf Grund des Beamtenscheins angestellten schwerkriegsbeschädigten Beamten ist angemessen zu verbessern. Eine entsprechende Verbesserung kann auch anderen schwerkriegsbeschädigten Beamten gewährt werden. Das Nähere regeln die Ausführungsbestimmungen.

§ 6. Ob und wieweit zum Ausgleich von Härten eine außerhalb des Reichsbeamtenverhältnisses zurückgelegte Dienstzeit oder die Zeit einer praktischen Beschäftigung auf das Besoldungsdienstalter angerechnet werden kann, bestimmt die oberste Reichsbehörde im Einvernehmen mit dem Reichsminister der Finanzen. Die Anrechnung der Zeit, die nicht im Verhältnis eines Beamten des Reichs, eines Landes, einer Gemeinde oder einer sonstigen Körperschaft des öffentlichen Rechtes oder eines Offiziers oder Deckoffiziers verbracht ist, darf vier Jahre nicht übersteigen. Besteht ein dringendes dienstliches Bedürfnis für die Gewinnung des Beamten, so kann darüber hinausgegangen werden.

§ 7. (1) Beim Übertritt aus einer Besoldungsgruppe in eine andere mit gleichem oder höherem Endgrundgehalt erhält der Beamte den nächsthöheren Grundgehaltsatz und bezieht ihn zwei Jahre lang. Wäre er jedoch in der verlassenen Besoldungsgruppe schon vor Ablauf dieser Zeit in den nächsthöheren Grundgehaltsatz aufgestiegen und damit in den Bezug eines Grundgehalts gelangt, das über das ihm in der neuen Besoldungsgruppe gewährte hinausgeht oder ihm gleichkommt, so steigt er auch in der neuen Besoldungsgruppe in den nächsthöheren Grundgehaltsatz bereits zu derselben Zeit, zu der er in der verlassenen Besoldungsgruppe aufgestiegen wäre.

(2) Die ruhegehaltsfähigen und unwiderruflichen Stellenzulagen, die der Beamte in der verlassenen Besoldungsgruppe bezogen hat oder in der neuen Besoldungsgruppe beziehen wird, gelten hierbei als Bestandteile des Grundgehalts.

(3) Bei Verleihung einer Stellenzulage ohne Wechsel der Besoldungsgruppe wird das Besoldungsdienstalter nicht geändert.

(4) Beim Übertritt aus der Besoldungsgruppe A 2 d in die Besoldungsgruppe A 2 c während der ersten 18 Besoldungsdienstjahre, aus der Besoldungsgruppe A 3 in die Besoldungsgruppe A 2 c oder A 2 d während der ersten 10 Besoldungsdienstjahre, aus der Besoldungsgruppe A 4 c in die Besoldungsgruppe A 4 a, aus der Besoldungsgruppe A 4 d in die Besoldungsgruppe A 4 c wäh-

rend der ersten 14 Besoldungsdienstjahre wird das Besoldungsdienstalter nicht geändert. Beim Übertritt aus der Besoldungsgruppe A 4a in die Besoldungsgruppe A 4b oder umgekehrt gilt Abs. 1 mit der Maßgabe, daß an die Stelle des nächsthöheren Grundgehaltsatzes der gleiche Grundgehaltsatz tritt, soweit ein solcher in der neuen Besoldungsgruppe vorhanden ist.

(5) Beim Übertritt aus der Besoldungsgruppe A 8 in die Besoldungsgruppe A 7 oder A 6, aus der Besoldungsgruppe A 10 in die Besoldungsgruppe A 8a sowie aus der Besoldungsgruppe A 11 in die Besoldungsgruppe A 10 wird das Besoldungsdienstalter höchstens um vier Jahre verkürzt. Beim Übertritt aus der Besoldungsgruppe A 2c in die Besoldungsgruppe A 2b sowie aus der Besoldungsgruppe A 4c in die Besoldungsgruppe A 4b wird das Besoldungsdienstalter höchstens um acht Jahre verkürzt.

(6) Beim Übertritt in eine Besoldungsgruppe mit höherem oder gleichem Endgrundgehalte, der der Beamte bereits früher angehört hat, erhält er das frühere Besoldungsdienstalter dieser Besoldungsgruppe wieder. Hierbei gilt Abs. 2. Ergibt sich dabei ein Minderbetrag an Grundgehalt einschließlich der ruhegehaltsfähigen und unwiderruflichen Stellenzulagen, so wird dieser Minderbetrag als persönliche ruhegehaltsfähige Zulage insoweit und so lange gewährt, bis er durch Aufsteigen in den Dienstaltersstufen ausgeglichen ist.

(7) Beim Übertritt aus einer Besoldungsgruppe in eine andere mit niedrigerem Endgrundgehalte setzt die oberste Reichsbehörde im Einvernehmen mit dem Reichsminister der Finanzen das Besoldungsdienstalter fest.

(8) Abs. 1 bis 7 gelten nicht bei der Übernahme von Soldaten der Wehrmacht in den Zivildienst.

§ 8. (1) Der Beamte ist von der Festsetzung seines Besoldungsdienstalters schriftlich zu benachrichtigen.

(2) Die Entscheidungen der Verwaltungsbehörden über die Festsetzung des Besoldungsdienstalters sind für die Beurteilung der vor dem Gerichte geltend gemachten vermögensrechtlichen Ansprüche maßgebend.

2. Wohnungsgeldzuschuß.

§ 9. (1) Die planmäßigen Beamten erhalten, wenn sie ihren dienstlichen Wohnsitz im Deutschen Reiche haben, einen Wohnungsgeldzuschuß nach der als Anlage 4 beigefügten Aufstellung.

(2) Der Reichsminister der Finanzen ist ermächtigt, den Hundertsatz des auszuzahlenden Wohnungsgeldzuschusses zu erhöhen.

(3) Ledige Unteroffiziere und Mannschaften, denen kasernenmäßige Unterkunft gewährt wird, erhalten keinen Wohnungsgeldzuschuß. Satz 1 gilt entsprechend für die Polizeibeamten beim Reichswasserschutze. Die Bordunterkunft derjenigen ledigen Unteroffiziere und Mannschaften, die zur planmäßigen Besatzung in Dienst gestellter Kriegsfahrzeuge gehören, steht im Sinne vorstehender Bestimmung der kasernenmäßigen Unterkunft gleich.

(4) Verheiratete weibliche Beamte erhalten den Wohnungsgeldzuschuß zur Hälfte. Sie erhalten keinen Wohnungsgeldzuschuß, wenn der Ehemann Beamter oder Angestellter des Reichs, eines Landes, einer Gemeinde oder einer sonstigen Körperschaft des öffentlichen Rechtes ist.

§ 10. (1) Ledige Beamte bis zum vollendeten fünfundvierzigsten Lebensjahre erhalten an Stelle des Wohnungsgeldzuschusses, der sich nach § 9 ergeben würde, den der nächstniedrigeren Tarifklasse. An Stelle des Wohnungsgeldzuschusses VII treten hierbei die um 40 vom Hundert gekürzten Sätze.

(2) Die einschränkende Bestimmung im Abs. 1 gilt nicht für Geistliche.

§ 11. Bei Einräumung einer Dienstwohnung wird diese dem Beamten mit einem Betrage, den die zuständige Behörde unter Mitwirkung der örtlichen Beamtenvertretung und unter Berücksichtigung des örtlichen Mietwerts festsetzt, auf seine Dienstbezüge angerechnet.

§ 12. (1) Für die Einteilung der Orte oder von Ortsteilen in Ortsklassen ist das Ortsklassenverzeichnis, wie es durch die Verordnung über die Achtzehnte Ergänzung des Besoldungsgesetzes vom 23. Oktober 1924 (Reichsbesoldungsblatt S. 289) festgestellt worden ist, mit den inzwischen ergangenen Berichtigungen, Änderungen und Ergänzungen maßgebend.

(2) Die Einreihung von Orten oder Ortsteilen in das Ortsklassenverzeichnis im Falle von Neuaufstellungen des Verzeichnisses erfolgt durch den Reichsminister der Finanzen mit Zustimmung des Reichsrats nach Maßgabe von Grundsätzen, die vom Reichsrat und einem Ausschuß des Reichstags festgelegt werden.

(3) Das Ortsklassenverzeichnis ist alsbald neu aufzustellen. Der Zeitpunkt für spätere Neuaufstellungen wird durch den Reichsrat und den Reichstag bestimmt. In der Zeit zwischen Neuaufstellungen kann der Reichsminister der Finanzen mit Zustimmung des Reichsrats einzelne Orte oder Ortsteile bei hervortretendem Bedürfnis nach Maßgabe der zuletzt aufgestellten Grundsätze in eine andere Ortsklasse einreihen. Zur Einreihung in niedrigere Ortsklassen ist in jedem Falle die Zustimmung des Reichsrats und eines Ausschusses des Reichstags erforderlich.

(4) Welcher Ortsklasse ein Ort außerhalb des Deutschen Reichs zuzuweisen ist, bestimmt der Reichsminister der Finanzen.

(5) Der Reichsminister der Finanzen kann Anlagen (Kasernen, Bahnanlagen usw.) und Ortsteile geringen Umfangs (Abbauten usw.), die mit der Gemeinde, in deren Bezirk sie liegen, nicht im Zusammenhange stehen, von der Ortsklasse dieser Gemeinde ausnehmen und einer anderen Ortsklasse zuteilen, wenn ihr Verbleiben in der Ortsklasse ihrer Gemeinde eine erhebliche Härte bedeutet.

(6) Die nach Abs. 2 bis 5 getroffenen Anordnungen sind dem Reichstag mitzuteilen.

§ 13. (1) Der Wohnungsgeldzuschuß wird nach der Ortsklasse des dienstlichen Wohnsitzes gewährt.

(2) Bei Versetzungen sowie bei Dienstleistungen, die eine Verlegung des dienstlichen Wohnsitzes zur Folge haben, wird der Wohnungsgeldzuschuß vom Ersten des auf die Änderung des dienstlichen Wohnsitzes folgenden Monats nach der Ortsklasse des Versetzungsorts oder Dienstleistungsorts gezahlt. Ändert sich der dienstliche Wohnsitz am ersten Werktag eines Monats, so tritt der Wechsel in der Ortsklasse schon mit diesem Monat ein.

(3) Hat die Verlegung des dienstlichen Wohnsitzes an einen Ort, der zu einer niedrigeren Ortsklasse gehört, eine Verminderung des Wohnungsgeldzuschusses zur Folge, so wird hierdurch ein Entschädigungsanspruch nicht begründet.

3. Kinderzuschläge.

§ 14. (1) Die Beamten erhalten für jedes eheliche Kind bis zum vollendeten einundzwanzigsten Lebensjahr einen Kinderzuschlag von monatlich zwanzig Reichsmark.

(2) Den ehelichen Kindern stehen gleich

1. für ehelich erklärte Kinder;

2. an Kindes Statt angenommene Kinder;
3. Stiefkinder, die in den Hausstand des Beamten aufgenommen sind;
4. uneheliche Kinder, wenn die Vaterschaft des Beamten festgestellt ist und er das Kind in seinen Hausstand aufgenommen hat oder auf andere Weise nachweislich für seinen vollen Unterhalt aufkommt, oder wenn der volle Unterhalt von dem weiblichen Beamten als Mutter gewährt werden muß.

(3) Für Kinder vom vollendeten sechzehnten bis zum vollendeten einundzwanzigsten Lebensjahre wird der Kinderzuschlag jedoch nur gewährt, wenn sie

1. sich in der Schulausbildung oder in der Ausbildung für einen künftig gegen Entgelt auszuübenden Lebensberuf befinden und wenn sie
2. nicht ein eigenes Einkommen von mindestens monatlich dreißig Reichsmark haben.

(4) Für Kinder, die wegen körperlicher oder geistiger Gebrechen dauernd erwerbsunfähig sind und die nicht ein eigenes Einkommen von mindestens monatlich dreißig Reichsmark haben, wird der Kinderzuschlag ohne Rücksicht auf das Lebensalter weitergewährt.

(5) Die oberste Reichsbehörde kann im Rahmen der Vorschriften der Abs. 1, 3 und 4 Kinderzuschläge auch für Pflegekinder und Enkel gewähren, wenn der Beamte diese in seinem Haushalt aufgenommen hat und für ihren Unterhalt und ihre Erziehung keine Vergütung erhält.

(6) Für ein und dasselbe Kind kann der Kinderzuschlag nur einmal gewährt werden.

(7) Die Kinderzuschläge fallen fort mit dem Ablauf des Monats, der auf den Monat folgt, in dem das für den Wegfall maßgebende Ereignis sich zugetragen hat.

(8) Verheiratete weibliche Beamte erhalten Kinderzuschläge für gemeinsame Kinder nur, wenn der Ehemann bei Berücksichtigung seiner sonstigen Verpflichtungen außerstande ist, ohne Gefährdung des standesmäßigen Unterhalts der Familie diese zu unterhalten. Entsprechendes gilt für die geschiedenen weiblichen Beamten.

4. Zulagen.

§ 15. (1) Zulagen, die in diesem Gesetze nicht vorge-sehen sind, dürfen nur gewährt werden, soweit der Reichshaushaltsplan dies bestimmt oder besondere Mittel dazu zur Verfügung stellt. In gleicher Weise können in Ausnahmefällen Vergütungen für Nebenämter und Nebenbeschäftigungen gewährt werden.

(2) Übt ein Beamter auf Veranlassung seiner vorge-setzten Dienstbehörde eine Tätigkeit im Vorstand, Aufsichtsrat oder Verwaltungsrat einer Gesellschaft aus, an welcher das Reich beteiligt ist, so ist er verpflichtet, alle Bezüge, die er von der Gesellschaft — gleichviel in welcher Form oder unter welcher Bezeichnung — erhält, seiner vorgesetzten Dienstbehörde anzuzeigen und an die Reichskasse abzuliefern. Die Höhe der Bezüge, die dem Beamten als Ersatz für tatsächliche Aufwendungen belassen werden können, bestimmt die vorgesetzte Dienstbehörde nach Grundsätzen, die vom Reichsminister der Finanzen zu erlassen sind. In Ausnahmefällen kann dem Beamten nach näherer Bestimmung des Reichsministers der Finanzen eine besondere Vergütung belassen oder bewilligt werden. In den Fällen dieses Absatzes findet § 16 Abs. 1 Satz 2 und 3 des Reichsbeamtengesetzes in der Fassung der Bekanntmachung vom 18. Mai 1907 (Reichsgesetzbl. S. 245) keine Anwendung.

II. Außerplanmäßige Beamte.

§ 16. (1) Die außerplanmäßigen Beamten erhalten bei voller Beschäftigung im Reichsdienst Diäten nach Maßgabe der als Anlage 5 beiliegenden Aufstellung sowie den Wohnungsgeldzuschuß, den sie in der ersten Dienstaltersstufe der Besoldungsgruppe beziehen würden, in der sie beim regelmäßigen Verlauf ihrer Dienstlaufbahn zuerst planmäßig angestellt werden.

(2) § 1 Abs. 1 Satz 2, § 3, §§ 9 bis 15 gelten entsprechend.

(3) Die außerplanmäßige Dienstzeit soll fünf Jahre, bei Versorgungsanwärtern vier Jahre, bei den vor dem 1. Januar 1925 eingestellten weiblichen Beamten der Deutschen Reichspost acht Jahre nicht übersteigen.

(4) Die Zahl der einzustellenden Anwärter ist alljährlich von den zuständigen Ministern im Einvernehmen mit dem Reichsminister der Finanzen festzusetzen.

§ 17. (1) Das Diätendienstalter beginnt mit dem Tage des Eintritts als außerplanmäßiger Beamter, soweit nicht in diesem Gesetz oder in den Ausführungsbestimmungen dazu etwas anderes bestimmt oder zugelassen ist.

(2) Zivilanwärter erhalten vom Beginne des sechsten, Versorgungsanwärter vom Beginne des fünften, die vor dem 1. Januar 1925 eingestellten weiblichen Beamten der Deutschen Reichspost vom Beginne des neunten Diätendienstjahrs an Diäten in Höhe der Grundgehälter der ersten Dienstaltersstufe der planmäßigen Beamten ihrer Eingangsgruppe. Die zur Zeit des Inkrafttretens dieses Gesetzes im Dienste befindlichen außerplanmäßigen Beamten rücken wie die planmäßigen Beamten weiter im Grundgehalt auf.

(3) Bei Beamten, die bestimmungsgemäß einen Vorbereitungsdienst zu vollenden haben, beginnt das Diätendienstalter unmittelbar nach Ablauf der für den Vorbereitungsdienst vorgeschriebenen Zeit, soweit nicht in besonderen Fällen in den Ausführungsbestimmungen etwas anderes bestimmt oder zugelassen ist. Die Zeit des Vorbereitungsdienstes verlängert sich um so viel, als der Beamte die etwa vorgeschriebene Prüfung durch eigenes Verschulden verspätet abgelegt hat. Die Verwaltung kann die Zeit des Vorbereitungsdienstes auch aus anderen Gründen verlängern.

(4) Die Zeit einer vollen Beschäftigung gegen Entlohnung im privatrechtlichen Vertragsverhältnis wird auf das Diätendienstalter angerechnet, sofern der Beamte mit Aussicht auf dauernde Verwendung ständig und hauptsächlich mit den Dienstverrichtungen eines Beamten betraut gewesen ist und die Beschäftigung in unmittelbarem Anschluß daran bei der gleichen Dienstlaufbahn zur Übernahme in das Beamtenverhältnis geführt hat. Von der hiernach anzurechnenden Zeit ist ein von der obersten Reichsbehörde zu bestimmender Teil als Vorbereitungszeit abzuziehen.

(5) Die vor dem vollendeten zwanzigsten Lebensjahre zurückgelegte Dienstzeit gilt stets als Vorbereitungszeit.

III. Allgemeine Vorschriften.

§ 18. (1) Beamte, die gleichzeitig mehr als eine Stelle im Reichsdienst bekleiden, erhalten nur die Dienstbezüge der Stelle, die auf den höchsten Satz Anspruch gibt.

(2) Beamte, die im Reichsdienst nur ein Nebenamt bekleiden, erhalten keinen Wohnungsgeldzuschuß und keine Kinderzuschläge.

(3) Bezieht ein Beamter ein Grundgehalt aus Reichsmitteln und zugleich aus Mitteln eines Landes, einer Gemeinde oder einer sonstigen Körperschaft des öffentlichen Rechtes, so erhält er vom Wohnungsgeldzuschuß und von den Kinderzuschlägen aus Reichsmitteln nur den Teilbetrag, der dem aus Reichsmitteln bezahlten Grundgehalt entspricht. Die Höhe des Wohnungsgeldzuschusses richtet sich nach dem höchsten Grundgehalte.

§ 19. Mit einem Amte verbundene Nebenbezüge, namentlich Feuerungs- und Beleuchtungsmittel, Dienstbekleidung, Jagdnutzung, Nutzung von Dienstgrundstücken und dergleichen, werden den Beamten mit einem angemessenen Betrag auf die Dienstbezüge angerechnet. Die Höhe dieses Betrags setzt die oberste Reichsbehörde im Einvernehmen mit dem Reichsminister der Finanzen fest.

§ 20. (1) Unteroffiziere und Mannschaften erhalten neben der Besoldung Dienstbekleidung, in der Marine Dienstbekleidung oder Kleidergeld.

(2) Offiziere und Deckoffiziere bis zur Besoldungsgruppe C 4 aufwärts erhalten neben der Besoldung eine Entschädigung für besondere Abnutzung der Dienstbekleidung nach näherer Bestimmung des Reichshaushaltsplans. Das gleiche gilt für Beamte der Wehrmacht, die wie Offiziere zum dauernden Tragen der Dienstbekleidung verpflichtet sind.

(3) Die Soldaten der Wehrmacht von der Besoldungsgruppe C 4 bis zur Besoldungsgruppe C 21 haben Anspruch auf freie ärztliche Behandlung sowie nach Maßgabe des Reichshaushaltsplans Anspruch auf freie Krankenhauspflege und auf Gebrauch von Heil- und Kurmitteln. Außerdem haben sie Anspruch auf freie ärztliche Behandlung ihrer Ehefrau und der nach § 14 zu berücksichtigenden Kinder durch den Truppen- oder Garnisonarzt.

(4) Für die in Natur gewährte Verpflegung werden den Angehörigen der Wehrmacht Beträge in einer durch den Reichshaushaltsplan festzusetzenden Höhe einbehalten.

(5) Entschädigungen an eingeschiffte Angehörige der Marine und an das Maschinenpersonal der in Dienst gestellten Kriegsfahrzeuge werden durch den Reichshaushaltsplan geregelt.

(6) Die nach § 20 Abs. 1 bis 3 den Angehörigen der Wehrmacht gewährten Naturalbezüge und Entschädigungen fallen unter § 8 Nr. 6 des Einkommensteuergesetzes vom 10. August 1925 (Reichsgesetzbl. I S. 189), nicht dagegen Dienstwohnungen, kasernenmäßige Unterkunft und Teile der Dienstbezüge, die für Verpflegung einbehalten werden.

(7) Abs. 1, 2, Abs. 3 Satz 1 und Abs. 6 gelten entsprechend für die Polizeibeamten beim Reichswasserschutze.

§ 21. (1) Die Dienstbezüge werden monatlich im voraus gezahlt. Der Reichsminister der Finanzen kann mit Zustimmung des Reichsrats und des Ausschusses des Reichstags für den Reichshaushalt bestimmen, daß die Dienstbezüge der planmäßigen Beamten und der Offiziere der Wehrmacht bei Überweisung auf ein Konto vierteljährlich im voraus gezahlt werden dürfen.

(2) Abs. 1 gilt entsprechend für Ruhegehälter und Wartegelder.

(3) Für welche Zeitabschnitte die Dienstbezüge der Mannschaften und Unteroffiziere der Wehrmacht gezahlt werden, bestimmt der Reichswehrminister im Einvernehmen mit dem Reichsminister der Finanzen. Satz 1 gilt entsprechend für die Polizeibeamten beim Reichswasserschutze.

(4) Der Reichsminister der Finanzen ist ermächtigt,

Vorschriften über die Abrundung der auszuzahlenden Beträge zu erlassen.

IV. Übergangsvorschriften.

§ 22. Die Überleitung der am 30. September 1927 im Amte gewesenen Beamten ergibt sich aus der als Anlage 6 beigefügten Übersicht.

§ 23. (1) Das Besoldungsdienstalter der am 30. September 1927 im Amte befindlichen planmäßigen Beamten aus dem Stande der Versorgungsanwärter (§ 5 Abs. 3 bis 7) wird in der Weise verbessert, daß neben der bereits angerechneten Dienstzeit noch die im Heere, in der Marine oder in der Schutzpolizei oder im Dienste des Reichswasserschutzes vom Beginne des vierzehnten bis zum Ende des neunzehnten Dienstjahrs zurückgelegte Zeit zur Hälfte angerechnet wird.

(2) Bei der Festsetzung des Besoldungsdienstalters der am 30. September 1927 noch nicht planmäßig angestellten, aber im Dienste befindlichen oder vorgemerkten Versorgungsanwärter wird neben der nach § 5 Abs. 3 bis 7 anzurechnenden Dienstzeit noch die im Heere, in der Marine oder in der Schutzpolizei oder im Dienste des Reichswasserschutzes vom Beginne des sechzehnten bis zum Ende des neunzehnten Dienstjahrs zurückgelegte Zeit zur Hälfte angerechnet.

§ 24. (1) Beamte, die infolge einer Umbildung der Reichsbehörden aus Anlaß der Umgestaltung des Staatswesens aus dienstlichen Rücksichten in Stellen von geringerem Diensteinkommen verwendet werden, erhalten während der Dauer dieser Verwendung die Dienstbezüge, die sie in ihrer früheren Stelle nach den Vorschriften dieses Gesetzes bezogen hätten.

(2) Abs. 1 gilt nicht für die Soldaten der Wehrmacht.

V. Wartegelder, Ruhegehälter und Hinterbliebenenbezüge.

§ 25. Die Bezüge der beim Inkrafttreten dieses Gesetzes im einstweiligen Ruhestande befindlichen Beamten werden mit Wirkung vom 1. Oktober 1927 nach den geltenden Vorschriften neu festgesetzt.

§ 26. (1) Die Bezüge der beim Inkrafttreten dieses Gesetzes im dauernden Ruhestande befindlichen Beamten und der Ruhegehalt oder Übergangsgebührnisse beziehenden Soldaten sowie die Bezüge der Hinterbliebenen der bis dahin im Dienste oder im einstweiligen oder dauernden Ruhestande verstorbenen Beamten und Soldaten werden mit Wirkung vom 1. Oktober 1927 ab in der Weise erhöht, daß dem für die Berechnung des ruhegehaltsfähigen Diensteinkommens bisher maßgebend gewesenen Grundgehalte bei einem Grundgehalte

bis einschließlich 1800 Reichsmark	25 vom Hundert,
von mehr als 1800 Reichsmark bis einschließlich 3500 Reichsmark	22 „ „ ,
von mehr als 3500 Reichsmark bis einschließlich 6000 Reichsmark	19 „ „ ,
von mehr als 6000 Reichsmark bis einschließlich 12000 Reichsmark	16 „ „

hinzutreten. Der sich hierbei als neues Grundgehalt ergebende Betrag ist auf volle Reichsmark aufzurunden. Er darf nicht höher sein als 13200 Reichsmark.

(2) Soweit sich bei der Unterstellung des niedrigeren Grenzbetrags (1800, 3500, 6000 Reichsmark) als bisheriges Grundgehalt ein höherer Betrag ergibt, ist dieser als neues Grundgehalt der Berechnung des ruhegehaltsfähigen Diensteinkommens zugrunde zu legen.

§ 27. (1) Bei den infolge der einschränkenden Vorschriften der Ziffer 24 der Ausführungsbestimmungen zum Pensionsergänzungsgesetz in der Eingangsgruppe verbliebenen Altversorgungsberechtigten werden die im § 26 angegebenen Hundertsätze um 8 (auf 33, 30, 27, 24 vom Hundert) erhöht.

(2) Eine gleiche Erhöhung der im § 26 angegebenen Hundertsätze erhalten, sofern nicht bereits Abs. 1 Anwendung findet, diejenigen Altversorgungsberechtigten, die im Falle der Ausdehnung der in Ziffer 25 der vorerwähnten Ausführungsbestimmungen vorgesehenen Fußnoten auf sie in eine höhere Besoldungsgruppe einzureihen gewesen wären. Ebenso werden die Beamten der Besoldungsklasse Nr. 21 des Reichsbesoldungsgesetzes vom 15. Juli 1909 behandelt.

(3) Für eine Erhöhung nach Abs. 1 oder 2 kommen nur diejenigen dort bezeichneten Altversorgungsberechtigten in Frage, deren gesetzliches Ruhegehalt für September 1927 zusammen mit dem Frauenzuschlage nicht den Betrag des Ruhegehalts erreicht hat, zu dem ihnen auf Grund des § 1 des Pensionsergänzungsgesetzes vom 1. April 1920 ab ein Zuschuß gewährt worden ist oder hätte gewährt werden müssen.

§ 28. (1) Zu dem nach §§ 26, 27 erhöhten Grundgehalte wird der Wohnungsgeldzuschuß (§§ 9, 36 Satz 1) nach der bisherigen Tarifklasse hinzugerechnet.

(2) Der Jahresbetrag der erhöhten Ruhegehälter, Witwen- und Waisengelder ist so aufzurunden, daß bei der Teilung durch drei sich volle Markbeträge ergeben.

§ 29. Bei der Regelung nach § 26 finden bei den mit Ruhegehalt nach dem Wehrmachtversorgungsgesetz abgefundenen Soldaten die Vorschriften des § 36 dieses Gesetzes in der Fassung vom 19. September 1925 Anwendung.

§ 30. Neben den nach §§ 26 ff. erhöhten Bezügen wird der Frauenzuschlag nach den bis zum 30. September 1927 geltenden Vorschriften gewährt.

§ 31. Neben dem Wartegelde, Ruhegehalt und Witwengelde werden allgemein Kinderzuschläge nach den für die Beamten im Dienste geltenden Vorschriften gewährt. Nach denselben Vorschriften erhalten ledige waisengeldberechtigte Waisen die Kinderzuschläge bis zum vollendeten einundzwanzigsten Lebensjahre, wenn Witwengeld nicht zu zahlen ist.

§ 32. Das nach §§ 25 ff. neu ermittelte Grundgehalt ist bei Anwendung der Ruhensvorschriften auf die dort bezeichneten Bezüge auch der Berechnung des früheren Diensteinkommens zugrunde zu legen.

§ 33. In Einzelfällen, in denen sich aus den Vorschriften des § 26 besondere Härten ergeben, kann die oberste Reichsbehörde im Einvernehmen mit dem Reichsminister der Finanzen einen Ausgleich gewähren.

VI. Schlußvorschriften.

§ 34. Änderungen der in diesem Gesetze vorgesehenen Amtsbezeichnungen erfolgen durch den Reichspräsidenten.

§ 35. Die Versetzung in ein Amt, das mit einem niedrigeren Endgrundgehalt ausgestattet ist als das bisher bekleidete Amt, gilt gleichwohl als Versetzung in ein Amt von nicht geringerem planmäßigen Diensteinkommen im Sinne des § 23 des Reichsbeamtengesetzes, wenn das Endgrundgehalt der bisherigen Besoldungsgruppe zuzüglich der dem Beamten verliehenen ruhegehaltsfähigen und unwiderruflichen Stellenzulagen nicht höher ist als das Endgrundgehalt der neuen Besoldungsgruppe zuzüglich der dem Beamten in der neuen Besoldungsgruppe verliehenen ruhegehaltsfähigen und unwiderruflichen Stellenzulagen.

§ 36. Das der Berechnung des Ruhegehalts zugrunde zu legende Diensteinkommen der Reichsbeamten besteht aus dem Grundgehalte, das der Beamte zuletzt bezogen hat, dem Wohnungsgeldzuschusse für die Ortsklasse B, und zwar auch dann, wenn der Beamte einen Wohnungsgeldzuschuß nicht oder nur teilweise bezogen hat, und den Zulagen, die in diesem Gesetz oder im Reichshaushaltsplan als ruhegehaltsfähig bezeichnet sind. § 10 gilt entsprechend.

§ 37. (1) Waren die bisherigen Dienstbezüge eines Beamten nach dem Stande vom 30. September 1927 höher als die ihm auf Grund dieses Gesetzes zustehenden Dienstbezüge, so ist ihm der Unterschiedsbetrag, soweit es sich um ruhegehaltsfähige Bezüge handelt, als ruhegehaltsfähiger Zuschuß, im übrigen als nichtruhegehaltsfähiger Zuschuß über den Reichshaushaltsplan bis zu dem Zeitpunkt weiter zu gewähren, in dem er durch die Erhöhung der neuen Bezüge ausgeglichen wird. Hierbei bleiben außer Anrechnung

1. neu zu gewährende Kinderzuschläge,
2. Erhöhungen des Wohnungsgeldzuschusses insoweit, als sie lediglich infolge der Hinaufsetzung eines Ortes in eine höhere Ortsklasse oder der Versetzung an einen Ort einer höheren Ortsklasse eintreten.

(2) Abs. 1 gilt nicht hinsichtlich der örtlichen Sonderzuschläge.

§ 38. (1) Die Reichsregierung ist ermächtigt, mit Zustimmung des Reichsrats und des Ausschusses des Reichstags für den Reichshaushalt, Beamte, die in den diesem

Gesetze beigefügten Besoldungsordnungen nicht aufgeführt sind, einer der vorhandenen Besoldungsgruppen zuzuteilen.

(2) Abs. 1 gilt sinngemäß für Wartegeldempfänger, Ruhegehaltsempfänger und Hinterbliebene.

(3) Der Reichsminister der Finanzen ist ermächtigt, an Stelle der in anderen Gesetzen für die Bemessung von Bezügen angeführten Gruppen des Besoldungsgesetzes vom 30. April 1920 (Reichsgesetzbl. S. 805) die entsprechenden neuen Besoldungsgruppen zu bestimmen.

§ 39. (1) Änderungen der durch dieses Gesetz geregelten Dienstbezüge, Wartegelder, Ruhegehälter, Hinterbliebenenbezüge und Versorgungsgebührnisse, ebenso Änderungen der Einreihung der Beamten in die Gruppen der Besoldungsordnungen können durch Gesetz erfolgen.

(2) Werden Beamte durch eine solche Änderung hinsichtlich ihrer Dienstbezüge oder hinsichtlich ihrer Einreihung in die Gruppen der Besoldungsordnung mit rückwirkender Kraft schlechter gestellt, so sind die Unterschiedsbeträge nicht zurückzuerstatten.

(3) Abs. 2 gilt sinngemäß für Versorgungsberechtigte.

§ 40. Für die Dauer von zunächst fünf Jahren, beginnend mit dem 1. April 1928, fällt von je drei freien oder frei werdenden planmäßigen Beamtenstellen der Besoldungsordnung A aufsteigende Gehälter, Anlage 1 zu diesem Gesetz, eine Stelle weg. Dies gilt nicht, wenn eine Wahrnehmung der Geschäfte durch eine Hilfskraft nach gesetzlicher Vorschrift unzulässig ist. Im übrigen sind Ausnahmen nur mit Zustimmung des Reichsministers der Finanzen statthaft. Über die zugelassenen Ausnahmen sind dem Ausschuß für den Reichshaushalt vierteljährlich Übersichten vorzulegen.

§ 41. Soweit Länder, Gemeinden (Gemeindeverbände) und Organe des öffentlichen Rechtes (Handelskammern, Handwerkskammern, Landwirtschaftskammern, Krankenkassenverwaltungen, Berufsgenossenschaften usw.) die Besoldung in einem den Vorschriften dieses Gesetzes entsprechenden Ausmaß erhöhen, finden die allgemeinen Grundsätze des § 40 nach näherer Bestimmung des Landesrechts entsprechende Anwendung.

§ 42. Soweit Länder, Gemeinden (Gemeindeverbände) und Organe des öffentlichen Rechtes die Besoldung in einem den Vorschriften dieses Gesetzes entsprechenden Ausmaß erhöhen, sind sie verpflichtet, bei der Überleitung der vorhandenen Stellen in die neue Besoldungsordnung für jeden einzelnen Fall zu prüfen, ob die in den entsprechenden Gruppen der alten Besoldungsordnung befindlichen Beamten nach ihrer Anzahl und nach ihren Aufgaben sämtlich oder nur zum Teil in die neue Besoldungsgruppe zu überführen sind. Die Länderregierungen treffen Vorschriften über die Überwachung der Einhaltung dieser Vorschrift durch die Gemeinden (Gemeindeverbände) und die Organe des öffentlichen Rechtes.

§ 43. Die Vorschriften des § 40 finden auf die Reichspostverwaltung entsprechende Anwendung.

§ 44. (1) Dieses Gesetz tritt mit Wirkung vom 1. Oktober 1927 in Kraft.

(2) Mit dem gleichen Zeitpunkt tritt das Besoldungsgesetz vom 30. April 1920 (Reichsgesetzbl. S. 805) außer Kraft.

§ 45. Die Ausführungsbestimmungen zu diesem Gesetz erläßt der Reichsminister der Finanzen mit Zustimmung des Reichsrats. Der Reichsminister der Finanzen ist ermächtigt, mit Zustimmung des Reichsrats und des

Ausschusses des Reichstags für den Reichshaushalt Bestimmungen für solche Fälle zu treffen, in denen die besondere Lage der Verhältnisse eine abweichende Regelung geboten erscheinen läßt.

Berlin, den 16. Dezember 1927.

Der Reichspräsident.
von Hindenburg.

Der Reichsminister der Finanzen.
Dr. Köhler.

---

3. Beamtenhinterbliebenengesetz.

Vom 17. Mai 1907 (RGBl. S. 208)

in der Fassung der Ges. v. 30. April 1920, 17. Dezember 1920, 21. November 1921, 7. April 1922, 25. Oktober 1922, 18. Juni 1923 (RGBl. 805, 2075, 1365, I 329, I 802, I 385). Ausführungsbestimmungen v. 9. Juli 1921 (RGBl. 886); RFinM. 27. Dezember 1927 (RBesBl. 201).

§ 1. Die Witwen und die ehelichen oder legitimierten Kinder von Beamten, welchen zur Zeit ihres Todes ein Anspruch auf Pension aus der Reichskasse im Falle der Versetzung in den Ruhestand zugestanden hätte, sowie die Witwen und die ehelichen oder legitimierten Kinder von ausgeschiedenen Beamten, welche kraft gesetzlichen Anspruchs oder auf Grund des § 39 des Reichsbeamtengesetzes lebenslängliche Pension aus der Reichskasse zu beziehen hatten, erhalten Witwen- und Waisengeld.

Keinen Anspruch auf Witwen- und Waisengeld haben die Hinterbliebenen derjenigen Beamten und ausgeschiedenen Beamten, welche nur nebenamtlich im Reichsdienst angestellt gewesen sind.

§ 2. Das Witwengeld besteht in sechzig vom Hundert derjenigen Pension, zu welcher der Verstorbene berechtigt gewesen ist oder berechtigt gewesen sein würde, wenn er am Todestag in den Ruhestand versetzt worden wäre.

Das Witwengeld soll jedoch, vorbehaltlich der im § 4 verordneten Beschränkung, nicht hinter einem Drittel des niedrigsten ruhegehaltsfähigen Diensteinkommens aus der Besoldungsgruppe A 12 zurückbleiben und nicht die Hälfte des ruhegehaltsfähigen Diensteinkommens aus der Besoldungsgruppe B 7 übersteigen.

Bei Berechnung des Witwengeldes bleibt die Verstümmelungszulage und die Alterszulage (§§ 11, 13, 32 des Offizierpensionsgesetzes vom 31. Mai 1906) stets, die Kriegszulage, Pensionserhöhung und Tropenzulage (§§ 12, 32; §§ 49, 59; §§ 66, 67, § 72 Nr. 8 ebenda) in dem Falle außer Betracht, daß die Witwe zu einer Kriegsversorgung berechtigt ist.

War der Verstorbene als Pensionär wieder in den Reichsdienst eingetreten, so wird der Berechnung des Witwengeldes derjenige Betrag zugrunde gelegt, den der Verstorbene an neuer und alter Pension bezogen hat oder hätte beziehen können.

War der Verstorbene als Pensionär außerhalb des Reichsdienstes in eine der im § 57 Nr. 2 des Reichsbeamtengesetzes bezeichneten Stellen eingetreten, so wird der Berechnung des Witwengeldes die festgesetzte Reichspension im vollen Betrage zugrunde gelegt.

Der Jahresbetrag des Witwengeldes ist nach oben so abzurunden, daß bei der Teilung durch drei sich volle Markbeträge ergeben.

§ 3. Das Waisengeld beträgt jährlich:

1. für jedes Kind, dessen Mutter noch lebt und zur

Zeit des Todes des Verstorbenen zum Bezuge von Witwengeld berechtigt war, ein Fünftel des Witwengeldes;

2. für jedes Kind, dessen Mutter nicht mehr lebt oder zur Zeit des Todes des Verstorbenen zum Bezuge von Witwengeld nicht berechtigt war, ein Drittel des Witwengeldes.

Der Jahresbetrag des Waisengeldes ist nach oben so abzurunden, daß bei Teilung durch drei sich volle Markbeträge ergeben.

§ 4. Witwen- und Waisengeld dürfen weder einzeln noch zusammen den Betrag der Pension übersteigen, zu welcher der Verstorbene berechtigt gewesen ist oder berechtigt gewesen sein würde, wenn er am Todestag in den Ruhestand versetzt worden wäre.

Ergibt sich an Witwen- und Waisengeld zusammen ein höherer Betrag, so werden die einzelnen Sätze in gleichem Verhältnisse gekürzt.

§ 5. Nach dem Ausscheiden eines Witwen- oder Waisengeldberechtigten erhöht sich das Witwen- oder Waisengeld der verbleibenden Berechtigten von dem Beginne des folgenden Monats an insoweit, als sie sich noch nicht in vollem Genusse der ihnen nach §§ 2 bis 4 gebührenden Beträge befinden.

§ 6. War die Witwe mehr als 15 Jahre jünger als der Verstorbene, so wird das nach Maßgabe der §§ 2, 4 berechnete Witwengeld für jedes angefangene Jahr des Altersunterschieds über 15 bis einschließlich 25 Jahre um 1/20 gekürzt. Nach fünfjähriger Dauer der Ehe wird für jedes angefangene Jahr ihrer weiteren Dauer dem gekürzten Betrag 1/10 des berechneten Witwengeldes so lange hinzugesetzt, bis der volle Betrag wieder erreicht ist.

Auf den nach § 3 zu berechnenden Betrag des Waisengeldes ist diese Kürzung des Witwengeldes ohne Einfluß.

§ 7. Liegen die Voraussetzungen einer Kürzung sowohl nach § 4 als auch nach § 6 vor, so ist zunächst das Witwen- und Waisengeld nach § 4 und erst dann das Witwengeld nach § 6 zu kürzen, demnächst aber der gemäß § 6 gekürzte Betrag des Witwengeldes dem nach § 4 gekürzten Waisengelde bis zur Erreichung des vollen Betrags zuzusetzen.

§ 8. Keinen Anspruch auf Witwengeld hat die Witwe, wenn die Ehe mit dem verstorbenen Beamten innerhalb dreier Monate vor seinem Ableben geschlossen worden und die Eheschließung zu dem Zwecke erfolgt ist, um der Witwe den Bezug des Witwengeldes zu verschaffen.

Keinen Anspruch auf Witwen- und Waisengeld haben die Witwe und die hinterbliebenen Kinder eines ausgeschiedenen Beamten aus solcher Ehe, welche erst nach der Versetzung des Beamten in den Ruhestand geschlossen worden ist.

§ 9. Der Witwe und den ehelichen oder legitimierten Kindern eines Beamten, welchem, wenn er am Todestag in den Ruhestand versetzt worden wäre, auf Grund des § 39 des Reichsbeamtengesetzes eine lebenslängliche Pension hätte bewilligt werden dürfen, kann Witwen- und Waisengeld bis zu der in den §§ 2 bis 7 angegebenen Höhe durch den Reichskanzler bewilligt werden.

§ 10. Der Witwe und den ehelichen oder legitimierten Kindern eines Beamten, welcher unter dem Vorbehalte des Widerrufs oder der Kündigung angestellt gewesen ist, ohne eine in den Besoldungsetats aufgeführte Stelle bekleidet zu haben, kann Witwen- und Waisengeld durch den Reichskanzler in Grenzen derjenigen Beträge bewilligt werden, welche ihnen zustehen würden, wenn der Verstorbene eine in den Besoldungsetats aufgeführte Stelle bekleidet gehabt hätte.

Das gleiche gilt für die Witwe und die ehelichen oder legitimierten Kinder eines ausgeschiedenen Beamten, welchem auf Grund des § 37 des Reichsbeamtengesetzes eine lebenslängliche Pension bewilligt worden war, ohne daß er eine in den Besoldungsetats aufgeführte Stelle bekleidet hatte.

§ 11. Stirbt ein Beamter, welchem im Falle seiner Versetzung in den Ruhestand bei Berechnung seiner Pension die Anrechnung gewisser Zeiten auf die in Betracht kommende Dienstzeit nach §§ 50, 52 des Reichsbeamtengesetzes hätte bewilligt werden dürfen, so kann eine solche Anrechnung auch bei Festsetzung des Witwen- und Waisengeldes durch den Reichskanzler zugelassen werden.

§ 12. Die Zahlung des Witwen- und Waisengeldes beginnt mit dem Ablaufe der Zeit, für welche Gnadengebührnisse gewährt sind, oder, wenn solche nicht gewährt sind, mit dem auf den Sterbetag folgenden Tage, für Waisen jedoch, die nach dem Tode ihres Vaters geboren sind, nicht früher als mit dem Tage ihrer Geburt.

§ 13. Das Witwen- und Waisengeld wird monatlich im voraus gezahlt.

Die Festsetzung des Witwen- und Waisengeldes und die Bestimmung darüber, an wen die Zahlung zu leisten ist, erfolgt durch die oberste Reichsbehörde, welche diese Befugnisse auf andere Behörden übertragen kann.

§ 14. Das Recht auf den Bezug des Witwen- und Waisengeldes erlischt:

1. für jeden Berechtigten mit dem Ablaufe des Monats, in welchem er sich verheiratet oder stirbt;

2. für jede Waise außerdem mit dem Ablaufe des Monats, in welchem sie das 18. Lebensjahr vollendet.

§ 15. Das Recht auf den Bezug des Witwen- und Waisengeldes ruht:

1. solange der Berechtigte nicht Reichsangehöriger ist;
2. neben einer Versorgung, welche einem Hinterbliebenen aus einer außerhalb des Reichsdienstes erfolgten Wiederanstellung oder Beschäftigung des Verstorbenen in einer der im § 57 Nr. 2 des Reichsbeamtengesetzes bezeichneten Stellen zusteht, insoweit das Witwen- oder Waisengeld unter Hinzurechnung jener anderweiten Versorgung den Betrag überschreitet, den der Hinterbliebene nach den Vorschriften dieses Gesetzes unter Zugrundelegung desjenigen Betrags zu beziehen hätte, welcher dem Verstorbenen gemäß § 59 des Reichsbeamtengesetzes zu zahlen gewesen ist oder zu zahlen gewesen wäre;
3. bei Verwendung im Reichs- oder in einem sonstigen öffentlichen Dienste im Sinne des § 57 Nr. 2 des Reichsbeamtengesetzes insoweit, als
   a) das Diensteinkommen der Witwe unter Hinzurechnung des Witwengeldes den Betrag übersteigt, der dem Verstorbenen an demselben Orte während derselben Zeit an Pension zugestanden hätte,
   b) das Diensteinkommen der Waise unter Hinzurechnung des Waisengeldes die Hälfte des zu a bezeichneten Betrags übersteigt.

Bei Berechnung der unter Nr. 2 und 3 bezeichneten Gebührnisse gilt § 57 Nr. 2 Abs. 3 des Reichsbeamtengesetzes entsprechend.

§ 16. Das Recht auf den Bezug des Witwengeldes ruht neben einer Pension, die ganz oder zum Teil unmittelbar oder mittelbar aus öffentlichen Mitteln fließt, insoweit, als diese unter Hinzurechnung des Witwengeldes 90 v. H. der im § 15 Nr. 3 bezeichneten Pension übersteigt.

§ 17. Tritt das Ruhen des Rechtes auf den Bezug von Witwen- und Waisengeld gemäß §§ 15, 16 im Laufe eines Monats ein, so wird die Zahlung mit dem Ende des Monats eingestellt; tritt es am ersten Tage eines Monats ein, so hört die Zahlung mit dem Beginne des Monats auf.

Lebt das Recht auf den Bezug von Witwen- und Waisengeld wieder auf, so hebt die Zahlung mit dem Beginne des Monats an.

§ 18. Ist ein Beamter oder ein ausgeschiedener Beamter, dessen Hinterbliebenen im Falle seines Todes auf Grund dieses Gesetzes Witwen- oder Waisengeld zustehen würde oder bewilligt werden könnte, verschollen, so kann den Hinterbliebenen von der obersten Reichsbehörde das Witwen- und Waisengeld auch schon vor der Todeserklärung gewährt werden, wenn das Ableben des Verschollenen mit hoher Wahrscheinlichkeit anzunehmen ist. Den Tag, mit welchem die Zahlung des Witwen- und Waisengeldes beginnt, bestimmt in diesem Falle die oberste Reichsbehörde.

§ 19. Für die Entscheidung über Ansprüche aus diesem Gesetze sind die Landgerichte ohne Rücksicht auf den Wert des Streitgegenstandes ausschließlich zuständig.

§ 20. Vom Inkrafttreten dieses Gesetzes ab erhalten die Witwen und die Kinder von denjenigen bereits verstorbenen Beamten, welche an einem der von deutschen Staaten vor 1871 oder von dem Deutschen Reiche geführten Kriege teilgenommen hatten, sofern ihnen nach den früheren Gesetzen Witwen- und Waisengeld zusteht und die Ehe schon zur Zeit des Krieges bestanden hat, Witwen- und Waisengeld in demjenigen Betrage, der ihnen zu bewilligen gewesen sein würde, wenn bei der Berechnung der Pension des Verstorbenen Artikel 1 Nr. X des Gesetzes, betreffend Änderung des Reichsbeamtengesetzes vom 31. März 1873, zur Anwendung gekommen wäre.

§ 21. Die Bezüge der Hinterbliebenen von Beamten, die vor dem Inkrafttreten dieses Gesetzes verstorben sind, ruhen von diesem Zeitpunkt ab nur nach den Vorschriften der §§ 15 bis 17 dieses Gesetzes.

§ 22. Der den Hinterbliebenen der vor dem Inkrafttreten dieses Gesetzes verstorbenen Beamten zu zahlende Betrag an Versorgungsgebührnissen darf nicht hinter demjenigen zurückbleiben, welcher ihnen nach den früheren Gesetzen zusteht.

§ 23. Dieses Gesetz tritt mit Wirkung vom 1. April 1907 in Kraft.

Außer Kraft treten alsdann:

1. das Gesetz, betreffend die Fürsorge für die Witwen und Waisen der Reichsbeamten der Zivilverwaltung, vom 20. April 1881,
2. das Gesetz, betreffend die Fürsorge für die Witwen und Waisen von Angehörigen des Reichsheeres und der Kaiserlichen Marine, vom 17. Juni 1887, soweit es die Beamten des Reichsheeres und der Kaiserlichen Marine sowie deren Hinterbliebene betrifft,
3. das Gesetz, betreffend den Erlaß der Witwen- und Waisengeldbeiträge von Angehörigen der Reichszivilverwaltung, des Reichsheeres und der Kaiserlichen Marine, vom 5. März 1888, soweit es die Beamten betrifft,

4. das Gesetz wegen anderweiter Bemessung der Witwen- und Waisengelder vom 17. Mai 1897, soweit es die Hinterbliebenen von Beamten betrifft.

Die unter der Herrschaft der vorstehend aufgeführten Gesetze erklärten und nicht rechtsgültig widerrufenen Verzichte auf Witwen- und Waisengeld behalten auch mit Bezug auf dieses Gesetz ihre Wirksamkeit.

§ 24. Vorstehende Bestimmungen kommen in Bayern nach Maßgabe des Bündnisvertrags vom 23. November 1870 für die Hinterbliebenen von Heeresbeamten oder ehemaligen Heeresbeamten, welche die im § 1 angegebenen Ansprüche gegen bayerische Militärfonds besessen haben, zur Anwendung.

Dem Königreiche Bayern wird zur Bestreitung der Ausgaben hierfür alljährlich eine Summe überwiesen, die sich nach der Höhe des entsprechenden tatsächlichen Aufwandes des Reichs im Verhältnisse der Kopfstärke des Königlich Bayerischen Kontingents zu der der übrigen Teile des Reichsheeres bemißt.

---

4. Unfallfürsorgegesetz für Beamte und für Personen des Soldatenstandes.

Vom 18. Juni 1901 (RGBl. S. 211).

Das Gesetz ist, soweit es Offiziere und Sanitätsoffiziere des Reichsheeres, der Kais. Marine und der Kais. Schutztruppen betrifft, durch § 77 des Ges. über die Pensionierung der Offiziere usw. v. 31. Mai 1906 (RGBl. 565) und, soweit es die Personen der betreffenden Unterklassen betrifft, durch § 76 des Ges. über die Versorgung der Personen der Unterklassen usw. v. 31. Mai 1906 (RGBl. 593) außer Kraft gesetzt.

Geändert ist es ferner durch G. v. 25. Oktober 1922, 18. Juni und 12. Dezember 1923 (RGBl. I 802, 385 und 1281).

Artikel 1.

Das Gesetz, betreffend die Fürsorge für Beamte und Personen des Soldatenstandes infolge von Betriebsunfällen, vom 15. März 1886 (Reichs-Gesetzbl. S. 53) erhält die nachstehende Fassung:

§ 1. Beamte der Reichs-Zivilverwaltung, des Reichsheeres und der Kaiserlichen Marine sowie Personen des Soldatenstandes, welche in reichsgesetzlich der Unfallversicherung unterliegenden Betrieben beschäftigt sind, erhalten, wenn sie infolge eines im Dienste erlittenen Betriebsunfalls dauernd dienstunfähig werden, als Pension sechsundsechzigzweidrittel Prozent ihres jährlichen Diensteinkommens.

Personen der vorbezeichneten Art erhalten, wenn sie infolge eines im Dienste erlittenen Betriebsunfalls nicht dauernd dienstunfähig geworden, aber in ihrer Erwerbsfähigkeit beeinträchtigt worden sind, bei ihrer Entlassung aus dem Dienste als Pension:

1. im Falle völliger Erwerbsunfähigkeit für die Dauer derselben den im ersten Absatze bezeichneten Betrag;
2. im Falle teilweiser Erwerbsunfähigkeit für die Dauer derselben denjenigen Teil der vorstehend bezeichneten Pension, welcher dem Maße der durch den Unfall herbeigeführten Einbuße an Erwerbsfähigkeit entspricht.

Ist der Verletzte infolge des Unfalls nicht nur völlig dienst- oder erwerbsunfähig, sondern auch derart hilflos geworden, daß er ohne fremde Wartung und Pflege nicht bestehen kann, so ist für die Dauer dieser Hilflosigkeit die Pension bis zu hundert Prozent des Diensteinkommens zu erhöhen.

Solange der Verletzte aus Anlaß des Unfalls tatsächlich und unverschuldet arbeitslos ist, kann in den

Fällen des Abs. 2 Ziffer 2 die Pension bis zum vollen Betrage des Abs. 1 vorübergehend erhöht werden.

Steht dem Verletzten nach anderweiter reichsgesetzlicher Vorschrift ein höherer Betrag zu, so erhält er diesen.

Nach dem Wegfalle des Diensteinkommens sind dem Verletzten außerdem die noch erwachsenden Kosten des Heilverfahrens (§ 9 Abs. 1 Nr. 1 des Gewerbe-Unfallversicherungsgesetzes, Reichs-Gesetzbl. 1900 S. 585) zu ersetzen.

§ 2. Die Hinterbliebenen solcher im § 1 bezeichneten Personen, welche infolge eines im Dienste erlittenen Betriebsunfalls gestorben sind, erhalten:

1. als Sterbegeld, sofern ihnen nicht nach anderweiter Bestimmung Anspruch auf Gnadenquartal oder Gnadenmonat zusteht, den Betrag des einmonatigen Diensteinkommens oder der einmonatigen Pension des Verstorbenen;
2. eine Rente. Diese beträgt:
   a) für die Witwe bis zu deren Tode oder Wiederverheiratung, ebenso für jedes Kind bis zum Ablaufe des Monats, in welchem das achtzehnte Lebensjahr vollendet wird, oder bis zur etwaigen früheren Verheiratung zwanzig Prozent des jährlichen Diensteinkommens des Verstorbenen, jedoch für die Witwe nicht unter 216 Mark und nicht mehr als 2100 Mark monatlich, für jedes Kind nicht unter 126 Mark und nicht mehr als 540 Mark monatlich;
   b) für Verwandte der aufsteigenden Linie, wenn ihr Lebensunterhalt ganz oder überwiegend durch den Verstorbenen bestritten worden war, bis zum Wegfalle der Bedürftigkeit insgesamt zwanzig

Prozent des Diensteinkommens des Verstorbenen, jedoch nicht unter 126 Mark und nicht mehr als 540 Mark monatlich; sind mehrere Berechtigte dieser Art vorhanden, so wird die Rente den Eltern vor den Großeltern gewährt;

c) für elternlose Enkel, falls ihr Lebensunterhalt ganz oder überwiegend durch den Verstorbenen bestritten worden war, im Falle der Bedürftigkeit bis zum Ablaufe des Monats, in welchem das achtzehnte Lebensjahr vollendet wird, oder bis zur etwaigen früheren Verheiratung insgesamt zwanzig Prozent des Diensteinkommens des Verstorbenen, jedoch nicht unter 126 Mark und nicht mehr als 540 Mark monatlich.

Die Renten dürfen zusammen sechzig Prozent des Diensteinkommens nicht übersteigen. Ergibt sich ein höherer Betrag, so haben die Verwandten der aufsteigenden Linie nur insoweit einen Anspruch, als durch die Renten der Witwe und der Kinder der Höchstbetrag der Renten nicht erreicht wird, die Enkel nur soweit, als der Höchstbetrag der Renten nicht für Ehegatten, Kinder oder Verwandte der aufsteigenden Linie in Anspruch genommen wird. Soweit die Renten der Witwe und der Kinder den zulässigen Höchstbetrag überschreiten, werden die einzelnen Renten in gleichem Verhältnisse gekürzt.

Steht nach anderweiter reichsgesetzlicher Vorschrift einem von den Hinterbliebenen ein höherer Betrag zu, so erhält er diesen.

Der Anspruch der Witwe ist ausgeschlossen, wenn die Ehe erst nach dem Unfalle geschlossen worden ist.

§ 3. Die Fürsorge erstreckt sich auf die Folgen von Unfällen bei häuslichen und anderen Diensten, zu denen

Personen der im § 1 bezeichneten Art neben der Beschäftigung im Betriebe von ihren Vorgesetzten herangezogen werden.

§ 4. Erreicht das jährliche Diensteinkommen nicht den dreihundertfachen Betrag des für den Beschäftigungsort festgesetzten ortsüblichen Tagelohns gewöhnlicher erwachsener Tagearbeiter (§ 8 des Krankenversicherungsgesetzes, Reichs-Gesetzbl. 1892 S. 417), so ist dieser Betrag der Berechnung zugrunde zu legen.

Bleibt der nach Abs. 1 zugrunde zu legende Betrag hinter dem Jahresarbeitsverdienste zurück, welchen während des letzten Jahres vor dem Unfalle Personen bezogen haben, welche mit Arbeiten derselben Art in demselben Betrieb, oder in benachbarten gleichartigen Betrieben beschäftigt waren, so ist dieser Jahresarbeitsverdienst der Berechnung der Rente zugrunde zu legen.

Die Vorschriften der Reichsversicherungsordnung, wonach bei Bemessung der Unfallrente der Jahresarbeitsverdienst nur zum Teil angerechnet wird, gelten entsprechend.

Bleibt bei den nicht mit Pensionsberechtigung angestellten Beamten (§ 1) die nach vorstehenden Bestimmungen der Berechnung zugrunde zu legende Summe unter dem niedrigsten Diensteinkommen derjenigen Stellen, in welchen solche Beamte nach den bestehenden Grundsätzen zuerst mit Pensionsberechtigung angestellt werden können, so ist der letztere Betrag der Berechnung zugrunde zu legen.

§ 5. Ist das der Berechnung der Hinterbliebenenrente zugrunde zu legende Diensteinkommen infolge eines früher erlittenen, nach den reichsgesetzlichen Bestimmungen über Unfallversicherung oder Unfallfürsorge entschädigten Unfalls geringer, als der vor diesem Unfalle bezogene Lohn oder das vor diesem Unfalle bezogene Diensteinkommen, so ist die aus Anlaß des früheren Unfalls bei Lebzeiten bezogene Rente oder Pension dem Diensteinkommen bis zur Höhe des der früheren Entschädigung zugrunde gelegten Jahresarbeitsverdienstes oder Diensteinkommens hinzuzurechnen.

§ 6. Der Bezug der Pension beginnt mit dem Wegfalle des Diensteinkommens, der Bezug der Hinterbliebenenrente mit dem Ablaufe des Gnadenquartals oder Gnadenmonats, oder, soweit solche nicht gewährt werden, mit dem Ablaufe derjenigen Zeit, für welche nach § 2 Abs. 1 Ziffer 1 das Diensteinkommen oder die Pension weiter bezogen ist.

Gehört der Verletzte auf Grund gesetzlicher oder statutarischer Verpflichtung einer Krankenkasse oder der Gemeinde-Krankenversicherung an, so wird bis zum Ablaufe der dreizehnten Woche nach dem Eintritte des Unfalls die Pension und der Ersatz der Kosten des Heilverfahrens um den Betrag der von der Krankenkasse oder der Gemeinde-Krankenversicherung geleisteten Krankenunterstützung gekürzt. Der Anspruch auf das Sterbegeld und vom Beginne der vierzehnten Woche ab auch der Anspruch auf die Pension sowie auf den Ersatz der Kosten des Heilverfahrens geht bis zum Betrage des von der Krankenkasse gezahlten Sterbegeldes beziehungsweise bis zum Betrage der von dieser gewährten weiteren Krankenunterstützung auf die Krankenkasse über. Als Wert der freien ärztlichen Behandlung, der Arznei und der Heilmittel (§ 6 Abs. 1 Ziffer 1 des Krankenversicherungsgesetzes) gilt die Hälfte des gesetzlichen Mindestbetrags des Krankengeldes.

Fällt das Recht auf den Pensions- oder Rentenbezug im Laufe des Monats, für welchen die Pension oder Rente gezahlt war, fort, so ist von einer Rückforderung abzusehen. Wenn für einen Teil des Monats die Pension für den Verletzten mit der Rente für die Hinterbliebenen zusammentrifft, so haben die Hinterbliebenen den höheren Betrag zu beanspruchen.

§ 7. Ein Anspruch auf die in den §§ 1 bis 3 bezeichneten Bezüge besteht nicht, wenn der Verletzte den Unfall vorsätzlich oder durch ein Verschulden herbeigeführt hat, wegen dessen auf Dienstentlassung oder auf Verlust des Titels und Pensionsanspruchs gegen ihn erkannt oder wegen dessen ihm die Fähigkeit zur Beschäftigung in einem öffentlichen Dienstzweig aberkannt worden ist.

Der Anspruch kann, auch ohne daß ein Urteil der bezeichneten Art ergangen ist, ganz oder teilweise abgelehnt werden, falls das Verfahren wegen des Todes oder der Abwesenheit des Betreffenden oder aus einem anderen in seiner Person liegenden Grunde nicht durchgeführt werden kann.

§ 8. Ansprüche auf Grund dieses Gesetzes sind, soweit deren Feststellung nicht von Amts wegen erfolgt, bei Vermeidung des Ausschlusses vor Ablauf von zwei Jahren nach dem Eintritte des Unfalls bei der dem Verletzten unmittelbar vorgesetzten Dienstbehörde anzumelden. Die Frist gilt auch dann als gewahrt, wenn die Anmeldung bei der für den Wohnort des Entschädigungsberechtigten zuständigen unteren Verwaltungsbehörde erfolgt ist. In solchem Falle ist die Anmeldung unverzüglich an die zuständige Stelle abzugeben und der Beteiligte davon zu benachrichtigen.

Nach Ablauf dieser Frist ist der Anmeldung nur dann

Folge zu geben, wenn zugleich glaubhaft bescheinigt wird, daß eine den Anspruch begründende Folge des Unfalls erst später bemerkbar geworden oder daß der Berechtigte von der Verfolgung seines Anspruchs durch außerhalb seines Willens liegende Verhältnisse abgehalten worden ist, und wenn die Anmeldung innerhalb dreier Monate, nachdem eine Unfallfolge bemerkbar geworden oder das Hindernis für die Anmeldung weggefallen, erfolgt ist.

Jeder Unfall, welcher von Amts wegen oder durch Anmeldung der Beteiligten einer vorgesetzten Dienstbehörde bekannt wird, ist sofort zu untersuchen. Den Beteiligten ist Gelegenheit zu geben, selbst oder durch Vertreter ihre Interessen bei der Untersuchung zu wahren.

§ 9. Soweit vorstehend nichts anderes bestimmt ist, finden auf die nach §§ 1 bis 3 zu gewährenden Bezüge die für die Beteiligten geltenden Bestimmungen über die Pension und über die Fürsorge für Witwen und Waisen Anwendung. Auf die Bezüge von Verwandten der aufsteigenden Linie und von Enkeln finden diese Bestimmungen entsprechende Anwendung.

§ 10. Die in den §§ 1, 2 bezeichneten Personen können, auch wenn sie einen Anspruch auf Pension oder Rente nicht haben, einen Anspruch auf Ersatz des durch den Unfall erlittenen Schadens gegen die Betriebsverwaltung, in deren Dienste der Unfall sich ereignet hat, überhaupt nicht, und gegen deren Betriebsleiter, Bevollmächtigte oder Repräsentanten, Betriebs- oder Arbeiteraufseher nur dann geltend machen, wenn durch strafgerichtliches Urteil festgestellt worden ist, daß der in Anspruch Genommene den Unfall vorsätzlich herbeigeführt hat.

Der hiernach zulässige Anspruch ermäßigt sich um denjenigen Betrag, welcher den Berechtigten nach dem gegenwärtigen Gesetze zusteht.

§ 11. Die in dem § 10 bezeichneten Ansprüche können, auch ohne daß die daselbst vorgesehene Feststellung durch strafgerichtliches Urteil stattgefunden hat, geltend gemacht werden, falls diese Feststellung wegen des Todes oder der Abwesenheit des Betreffenden oder aus einem anderen in seiner Person liegenden Grunde nicht erfolgen kann.

§ 12. Die dem Verletzten oder dessen Hinterbliebenen auf Grund des § 1 des Gesetzes, betr. die Verbindlichkeit zum Schadenersatze für die bei dem Betriebe von Eisenbahnen, Bergwerken usw. herbeigeführten Tötungen und Körperverletzungen, vom 7. Juni 1871 (Reichs-Gesetzbl. S. 207) gegen Eisenbahnbetriebsunternehmer zustehenden Ansprüche gehen auf die Betriebsverwaltung, welche dem Verletzten oder dessen Hinterbliebenen auf Grund des gegenwärtigen Gesetzes oder anderweiter reichsgesetzlicher Vorschrift Pensionen, Kosten des Heilverfahrens, Renten oder Sterbegelder zu zahlen hat, in Höhe dieser Bezüge und vorbehaltlich der Bestimmungen des Art. 8 des Gesetzes vom 20. Dezember 1875 (Reichs-Gesetzbl. S. 318) über.

Weitergehende Ansprüche als auf diese Bezüge stehen dem Verletzten und dessen Hinterbliebenen gegen das Reich und die Bundesstaaten nicht zu.

Die Haftung anderer, in dem § 10 nicht bezeichneter Personen bestimmt sich nach den sonstigen gesetzlichen Vorschriften. Jedoch geht die Forderung des Entschädigungsberechtigten an den Dritten auf die Betriebsverwaltung insoweit über, als sie zu den im Abs. 1 gedachten Zahlungen auf Grund dieses Gesetzes verpflichtet ist.

§ 13. Auf die in den §§ 1, 2 bezeichneten Personen finden die reichsgesetzlichen Bestimmungen über Unfallversicherung keine Anwendung.

§ 14. Staats- und Kommunalbeamten sowie deren Hinterbliebenen, für welche durch die Landesgesetzgebung oder durch statutarische Festsetzung gegen die Folgen eines im Dienste erlittenen Betriebsunfalls eine den Vorschriften der §§ 1 bis 7 des gegenwärtigen Gesetzes mindestens gleichkommende Fürsorge getroffen ist, steht wegen eines solchen Unfalls ein reichsgesetzlicher Anspruch auf Ersatz des durch denselben erlittenen Schadens nur nach Maßgabe der §§ 10 bis 12 des gegenwärtigen Gesetzes zu. Auf solche Staats- und Kommunalbeamten sowie deren Hinterbliebene finden die reichsgesetzlichen Bestimmungen über Unfallversicherung keine Anwendung.

---

5. Geschäftsordnung für die Disziplinarbehörden.

Vom 18. April 1880 (RZBl. 203).

In Ausführung des § 92 des Gesetzes, betreffend die Rechtsverhältnisse der Reichsbeamten, vom 31. März 1873 (RGBl. S. 61) hat der Bundesrat nachfolgender, von dem Kaiserlichen Disziplinarhof entworfenen Geschäftsordnung für die Disziplinarbehörden die Bestätigung erteilt.

I. Abschnitt.

Geschäftsordnung für die Disziplinarkammern.

§ 1. Die Geschäfte werden (vorbehaltlich der im § 11 bestimmten Ausnahmen) durch Kollegialbeschluß erledigt. Die Erledigung erfolgt in Sitzungen, welche nach Bedürfnis von dem Präsidenten bestimmt werden. Soweit nicht mündlich verhandelt wird, ist die Öffentlichkeit für die Sitzungen ausgeschlossen.

§ 2. Zur Beschlußfähigkeit der Disziplinarkammern ist die Teilnahme von fünf Mitgliedern, einschließlich des Vorsitzenden, nötig.

§ 3. Bei einer mündlichen Verhandlung darf die Zahl der in der Sitzung mitwirkenden Mitglieder, einschließlich des Vorsitzenden, nicht mehr als fünf betragen.

§ 4. Die beiden richterlichen Mitglieder, welche, abgesehen von dem Vorsitzenden, sich bei einer mündlichen Verhandlung unter den teilnehmenden Mitgliedern befinden müssen (§ 89 Absatz 2 des Reichsgesetzes vom 31. März 1873), werden durch die aus dem Dienstalter sich ergebende Reihenfolge dergestalt bestimmt, daß die älteren Mitglieder vor den jüngeren zur Teilnahme berufen sind.

Ist ein an der Reihe befindliches richterliches Mitglied an der Teilnahme verhindert oder an Stelle des verhinderten Präsidenten zur Übernahme des Vorsitzes berufen (§ 89 a. a. O.), so wird es durch dasjenige richterliche Mitglied ersetzt, welches von den für die zunächst folgende Sitzung zur Teilnahme bestimmten richterlichen Mitgliedern das ältere ist. Die ursprüngliche Reihenfolge wird dadurch nicht unterbrochen.

§ 5. Der Präsident bestimmt die Mitglieder, welche außer den richterlichen Mitgliedern bei einer mündlichen Verhandlung an der Sitzung teilzunehmen haben (§ 89 a. a. O.)

Wird hierzu ein richterliches Mitglied bestimmt, so ist die aus § 4 sich ergebende Reihenfolge einzuhalten. Die Teilnahme wird in der Reihenfolge gezählt. Die nichtrichterlichen Mitglieder sind tunlichst aus dem Verwaltungszweige zu wählen, welchem der Angeschuldigte angehört.

§ 6. Bei Entscheidungen und Beschlüssen, welche auf Grund einer mündlichen Verhandlung erlassen werden, dürfen nur Mitglieder mitwirken, vor welchen die mündliche Verhandlung stattgefunden hat.

§ 7. Soweit in einer Sitzung nicht mündlich verhandelt wird, ist kein Mitglied von der Mitwirkung in derselben ausgeschlossen. Sämtliche Mitglieder sind zu solchen Sitzungen einzuladen. Bei der Einladung hat der Präsident die Mitglieder zu bezeichnen, welche teilzunehmen verpflichtet sind.

In dringenden Fällen bedarf es der Einladung derjenigen Mitglieder nicht, deren Benachrichtigung zu einer nachteiligen Verzögerung führen würde.

§ 8. Ein Mitglied, welches zu einer Sitzung, worin eine mündliche Verhandlung stattfinden soll oder zu einer anderen Sitzung unter der Verpflichtung zur Teilnahme (§ 7 Absatz 1 am Ende) einberufen ist, hat im Falle der Verhinderung diese zeitig vor der Sitzung dem Präsidenten anzuzeigen.

Jedes Mitglied hat dem Präsidenten von dem Urlaube Anzeige zu machen, welcher ihm in bezug auf die von ihm bekleideten Reichs- oder Staatsämter bewilligt wird. Eine gleiche Anzeige muß erfolgen, wenn ein Mitglied an der Wahrnehmung seines Amtes dauernd verhindert ist.

§ 9. Der Präsident leitet die Beratung, stellt die Fragen und sammelt die Stimmen.

Im Falle einer Meinungsverschiedenheit über die Stellung der Fragen oder über das Ergebnis der Abstimmung entscheidet das Kollegium. Die Entscheidungen erfolgen nach der absoluten Mehrheit der Stimmen. Bilden sich in einer Sache, von der Schuldfrage abgesehen, mehr als zwei Meinungen, deren keine die Mehrheit für sich hat, so werden die dem Angeschuldigten nachteiligsten Stimmen den zunächst minder nachteiligen so lange hinzugerechnet, bis sich eine Mehrheit ergibt.

Die Abstimmungen im Kollegium erfolgen in nachstehender Reihenfolge:

Zuerst stimmt der Dezernent oder Referent, nach dem Referenten der etwa ernannte Korreferent; im übrigen bestimmt sich die Reihenfolge der Abstimmung nach dem Dienstalter, so zwar, daß das jüngste Mitglied zuerst stimmt. Der Präsident gibt seine Stimme zuletzt ab. Bei Stimmengleichheit ist die Stimme des Präsidenten entscheidend.

§ 10. Das Dienstalter der Mitglieder bestimmt sich nach dem Tage der Ernennung zum Mitgliede der Disziplinarkammer. Bei gleichzeitiger Ernennung gibt das höhere Lebensalter den Ausschlag.

§ 11. Verfügungen, welche eine sachliche Entscheidung nicht enthalten, insbesondere diejenigen, welche nur die Leitung eines anhängigen Disziplinarverfahrens betreffen, werden ohne Vortrag im Kollegium von dem Präsidenten oder unter dessen Zustimmung von demjenigen Mitgliede erlassen, welchem die Bearbeitung der Sache von dem Präsidenten übertragen ist. Im Falle einer Meinungsverschiedenheit zwischen dem Präsidenten und dem gedachten Mitgliede oder wenn über den gegen eine Verfügung erhobenen Widerspruch eines Beteiligten zu entscheiden ist, muß der Beschluß des Kollegiums eingeholt werden. Dasselbe gilt, wenn der Präsident den Vortrag im Kollegium angeordnet hat.

§ 12. In schleunigen Fällen kann, sofern nicht die Entscheidung eine mündliche Verhandlung erfordert, der

Präsident eine schriftliche Abstimmung anordnen. Ergibt sich hierbei eine Meinungsverschiedenheit, so muß die Entscheidung in einer Sitzung erfolgen.

§ 13. In jeder einen Kollegialbeschluß erfordernden Sache wird von dem Präsidenten ein Dezernent oder Referent und nach Befinden ein Korreferent ernannt.

Der Vortrag im Kollegium wird unbeschadet der Bestimmung § 22 Ziffer 3 mündlich erstattet.

§ 14. Die Disziplinarkammern erlassen alle Entscheidungen, Beschlüsse, Verfügungen, Berichte usw. unter dem Namen:

„Disziplinarkammer zu X."

§ 15. In den Endentscheidungen sind die Mitglieder namentlich aufzuführen, welche an der Entscheidung teilgenommen haben. Auch ist darin der Tag der Sitzung zu bezeichnen, in welcher die Entscheidung erfolgt ist. Die Ausfertigungen der Endentscheidungen sind mit der Überschrift zu versehen:

„Im Namen des Reichs."

§ 16. Die Disziplinarkammern führen ein Siegel mit der Umschrift:

„Disziplinarkammer zu X."

§ 17. Die Disziplinarsachen gelten in Ansehung der portofreien Beförderung als Reichs-Dienstangelegenheiten.

§ 18. Der Präsident führt in allen Sitzungen den Vorsitz.

Ihm liegt die Leitung und Beaufsichtigung des ganzen Geschäftsgangs ob. Er öffnet die eingehenden Sendungen, versieht dieselben mit dem Tag des Eingangs, verteilt die Geschäfte, ernennt die Dezernenten, Referenten und Korreferenten (§ 13), bestimmt die Sitzungen (§ 1) und nach Anleitung der §§ 5 und 7 die Mitglieder, welche an denselben teilzunehmen haben, veranlaßt die Einladung der Mitglieder zu den Sitzungen, leitet die Beratungen und Abstimmungen (§ 9), zeichnet die Konzepte aller Verfügungen usw., vollzieht (unter Kontrasignatur des Sekretärs) alle Reinschriften und trifft in bezug auf die Führung der Geschäftskontrollen die erforderlichen Anordnungen. Er dekretiert ferner in allen das Kollegium als solches betreffenden Angelegenheiten.

§ 19. Der Präsident wird in Verhinderungsfällen von dem ältesten richterlichen Mitgliede vertreten.

§ 20. Das Geschäftsjahr ist das Kalenderjahr. Der Monat Dezember 1879 tritt dem Geschäftsjahre 1880 hinzu. Am Schlusse des Jahres überreicht der Präsident dem Reichskanzler eine Zusammenstellung der gesamten Geschäfte. Die Zusammenstellung muß insbesondere die Zahl der anhängig gewordenen Disziplinarsachen und die in den einzelnen Sachen erlassenen Entscheidungen ergeben.

§ 21. In betreff des nötigen Geschäftslokals, des erforderlichen Subaltern- und Unterbeamtenpersonals sowie in betreff der Bestreitung der Bürobedürfnisse wird der Reichskanzler auf Vorschlag des Präsidenten die geeigneten Anordnungen treffen.

Der Reichskanzler wird auch in Ansehung der Fonds, aus welchen die baren Auslagen, insbesondere die Zeugengebühren zu bestreiten sind, und über die Verwaltung dieser Fonds, ferner über die Einziehung der in Disziplinarsachen den Angeschuldigten zur Last gelegten Ordnungsstrafen und baren Auslagen (§ 124 a. a. O.) das Erforderliche anordnen.

§ 22. Für das mündliche Verfahren sind nachstehende Vorschriften zu befolgen.

1. Zu §§ 101 und 102 des Reichsgesetzes vom 31. März 1873. Die Sitzung ist dergestalt zu bestimmen, daß dem Angeschuldigten vom Tage der Vorladung an eine Frist von mindestens einer Woche freibleibt.

In der Vorladung ist die zur Verhandlung der Sache bestimmte Stunde anzugeben, sowie dem Angeschuldigten bekanntzumachen, daß er sich des Beistandes eines Rechtsanwalts als Verteidigers bedienen oder durch einen solchen sich vertreten lassen könne und daß auch im Falle seines Ausbleibens die Verhandlung der Sache und die Entscheidung erfolgen werde.

Ist das persönliche Erscheinen des Angeschuldigten beschlossen, so muß die Vorladung unter der Verwarnung erfolgen, daß im Falle des Ausbleibens ein Verteidiger zur Vertretung nicht zugelassen werde.

Der Staatsanwalt wird von der Sitzung durch Vorzeigung der Verfügung benachrichtigt, durch welche die Sitzung bestimmt ist.

2. Zu § 103. Die Verhandlung über den Ausschluß oder die Beschränkung der Öffentlichkeit erfolgt in nichtöffentlicher Sitzung, die Verkündung des desfallsigen Beschlusses in öffentlicher Sitzung.

Die Befolgung dieser Vorschrift muß aus dem Sitzungsprotokoll sich ergeben.

3. Zu §§ 104 bis 107. Die mündliche Verhandlung erfolgt in Gegenwart des Staatsanwalts und eines vereideten Protokollführers.

Der Berichterstatter (Referent) wird von dem Präsidenten bei Bestimmung der Sitzung ernannt.

Der Berichterstatter hat eine schriftliche Darstellung abzufassen und dieselbe dem Präsidenten vor der Sitzung vorzulegen.

In der Sitzung wird der Bericht durch Verlesung der Darstellung oder nach Wahl des Referenten mündlich an der Hand der schriftlichen Darstellung erstattet. Ist ein Korreferent ernannt, so nimmt dieser an der Berichterstattung bei der Verhandlung nicht teil.

Die Leitung der Verhandlung, die Vernehmung des Angeschuldigten, die etwaige Aufnahme des Beweises und die Handhabung der Ordnung liegt dem Vorsitzenden ob. Er kann jeden, welcher Störungen verursacht, aus der Sitzung entfernen lassen.

Der Vorsitzende kann die Vernehmung des Angeschuldigten und die Beweisaufnahme einem anderen Mitgliede übertragen.

Für das Beweisverfahren sind im übrigen die Vorschriften der Strafprozeßordnung maßgebend. Dies gilt insbesondere auch von der Vorladung der Zeugen und Sachverständigen, sowie deren Bestrafung im Falle des Ungehorsams.

4. Zu § 108. Mit der Entscheidung sind zugleich die Gründe zu verkünden.

Es genügt jedoch die mündliche Mitteilung des wesentlichen Inhalts der Gründe. Die Verkündung erfolgt durch den Vorsitzenden. Die schriftlichen Entscheidungsgründe werden mittels Verlesung im Kollegium oder auf dem Wege des schriftlichen Umlaufs festgestellt und im Konzept von sämtlichen Mitgliedern, welche an der Entscheidung teilgenommen haben, unterschrieben.

5. Zu § 109. Das Sitzungsprotokoll muß insbesondere auch die verkündete Entscheidung enthalten.

6. Zu § 116. Die Akten sind vor der Einsendung an den Disziplinarhof mit einem Inhaltsverzeichnis (Rotulus) zu versehen.

7. Zu § 124. Die Kosten, welche der Angeschuldigte zu erstatten hat, sind, wenn tunlich, in der verurteilenden Entscheidung selbst dem Betrage nach festzustellen.

8. Zu § 133. Für die Form der Insinuationen in den bei den Disziplinarkammern anhängigen Sachen sind, soweit nicht der § 133 etwas Abweichendes bestimmt, die Vorschriften der Strafprozeßordnung maßgebend.

II. Abschnitt.

Geschäftsordnung für den Disziplinarhof.

§ 23. Die Bestimmungen des ersten Abschnitts finden mit folgenden Abweichungen auf den Geschäftsgang bei dem Disziplinarhof entsprechende Anwendung.

1. Zu § 2. Zur Beschlußfähigkeit des Disziplinarhofs ist die Teilnahme von sieben Mitgliedern einschließlich des Vorsitzenden nötig.

2. Zu § 3. Die Zahl der bei einer mündlichen Verhandlung in der Sitzung mitwirkenden Mitglieder darf nicht mehr als sieben betragen.

3. Zu §§ 4 und 5. Die §§ 4 und 5 gelten mit der Maßgabe, welche sich von selbst daraus ergibt, daß die Zahl der mitwirkenden Mitglieder sieben beträgt, und daß unter diesen nach § 91 Absatz 2 des Reichsgesetzes vom 31. März 1873 sich außer dem Vorsitzenden drei richterliche Mitglieder befinden müssen.

4. Zu §§ 9, 10 und 19. Als ältestes Mitglied, welches den Präsidenten in Verhinderungsfällen zu vertreten hat, gilt der dem Disziplinarhof angehörende Senatspräsident des Reichsgerichts. Wenn auch dieser verhindert ist, wird der Präsident von dem ältesten dem Disziplinarhof angehörenden Mitgliede des Reichsgerichts vertreten. Die Mitglieder des Bundesrats, welche dem

Disziplinarhof angehören, nehmen in demselben ihre Stelle gleich nach dem Präsidenten oder dessen Vertreter, also vor den übrigen Mitgliedern ein. Die Reihenfolge der Bundesratsmitglieder bestimmt sich nicht nach dem Dienstalter, sondern nach der Reihenfolge, welche für sie im Bundesrat besteht.

5. Zu § 14. Der Disziplinarhof erläßt seine Entscheidungen unter dem Namen:

„Disziplinarhof".

6. Zu § 16. Der Disziplinarhof führt zwei Siegel (ein großes und ein kleines Siegel), entsprechend den beim Reichsgericht in Gebrauch befindlichen Siegeln. Das größere Siegel wird nur bei den Ausfertigungen der Endentscheidungen (§ 15) gebraucht.

7. Zu § 21. Das Amt der Staatsanwaltschaft beim Disziplinarhof wird nach Anordnung der obersten Reichsbehörde (§ 85 a. a. O.) von der Reichsanwaltschaft oder von besonders damit beauftragten Beamten wahrgenommen.

Die beim Reichsgericht angestellten Subalternbeamten und Unterbeamten haben nach näherer Anordnung des Präsidenten des Reichsgerichts die entsprechenden Verrichtungen auch beim Disziplinarhof zu versehen.

Die Bürobedürfnisse des Disziplinarhofs werden aus den Vorräten und Fonds des Reichsgerichts bestritten.

Als Geschäftslokal des Disziplinarhofs dient nach näherer Anordnung des Präsidenten des Reichsgerichts das Geschäftsgebäude des Reichsgerichts.

Sachregister.

(Die Zahlen verweisen auf die Seiten.)

A.

B.

D.

E.

Gedruckt bei A. W. Hayn's Erben, Potsdam.

Nachweis wichtiger Gesetzesausgaben

mit und ohne Erläuterungen, größere u. kleinere Kommentare, Lehrbücher, Sammelwerke, Entscheidungssammlungen, Zeitschriften

Zusammengestellt vom Verlage

Herbst 1929

WALTER DE GRUYTER & CO., BERLIN W 10
GENTHINER STRASSE 38

Inhaltsübersicht

I. Allgemeine Sammelwerke

Rechtsgeschichte, Rechtsphilosophie

Handwörterbuch der Rechtswissenschaft. Unter Mitberatung von Reichsgerichtspräsident Dr. E. Bumke, L. Busch, Oberreichsanwalt Dr. L. Ebermayer, Geh. Justizrat Professor Dr. Fr. Endemann, Geh. Justizrat Professor Dr. E. Heymann, Senatspräsident am Reichsgericht Dr. O. Strecker, Präsident des Bayrischen Obersten Landesgerichts Staatsrat Dr. K. v. Unzner herausgegeben von Dr. jur. **Fritz Stier-Somlo,** o. Professor an der Universität Köln, und Dr. jur **Alex. Elster,** Berlin. 6 Bände. Lexikon-Oktav. 1926/29.
In Halbleder geb. RM. 304.—

„Es zeigt sich doch jetzt immer mehr, daß Ihr Handwörterbuch ein ganz großer Wurf war. Wie ich höre, wird es auch in der Praxis in steigendem Maße benutzt." Professor Dr. Nipperdey, Köln.

Hedemann, J. W., **Einführung in die Rechtswissenschaft.** Zweite, erweiterte und umgestaltete Auflage. Oktav. XXII, 566 Seiten. 1927. (Lehrbücher und Grundrisse der Rechtswissenschaft Bd. IX.)
RM. 14.—, geb. RM. 16.—

„. . . Das Buch Hedemanns, welches die Aufgabe einer Einführung am reichsten und umfassendsten auffaßt und löst . . ."
Juristische Wochenschrift.

Sternberg, Theodor, **Einführung in die Rechtswissenschaft.**

I. Teil: Methoden- und Quellenlehre. Zweite, neugestaltete Auflage. Verbesserter Neudruck. 190 Seiten. 1927. (Sammlung Göschen Bd. 169.)
Geb. RM. 1.50

II. Teil: Das Rechtssystem. Erste Hälfte: Grundbegriffe und Privatrecht. Zweite, vermehrte Auflage. 133 Seiten. 1922. (Sammlung Göschen Bd. 170.) . . . . Geb. RM. 1.50

Eine in ihrer Knappheit ganz ausgezeichnete Darstellung der juristischen Begriffe und Probleme.

Schröder, R., und **von Künßberg,** E., **Lehrbuch der deutschen Rechtsgeschichte.** Sechste, verbesserte Auflage. Groß-Oktav. Mit einer Abbildung im Text, fünf Tafeln und einem Bildnis. 1124 Seiten. 1922.
RM. 26.—, in Halbleder geb. RM. 30.—

Dieses bekannte Lehrbuch hat sich seit langen Jahren bestens bewährt.

Fehr, Hans, **Deutsche Rechtsgeschichte.** Zweite, verbesserte und ergänzte Auflage. Oktav. 416 Seiten. 1925. (Lehrbücher und Grundrisse der Rechtswissenschaft Bd. X.) RM. 13.—, geb. RM. 14.50

Das Buch gibt eine plastische Darstellung der deutschen Rechtsgeschichte, die eine Anhäufung von Stoff ausdrücklich vermeidet, vielmehr das Schwergewicht auf eine mehr ideengeschichtliche Behandlung des Gegenstandes legt.

Schröder, Richard, und **Glitsch,** Heinrich, **Deutsche Rechtsgeschichte.** Zweite Auflage. Neudruck.

I. Bis zum Ende des Mittelalters. 160 Seiten. 1929. (Sammlung Göschen Bd. 621.) . . . . Geb. RM. 1.50

II. Die Neuzeit. 90 Seiten. 1929. (Sammlung Göschen Bd. 664.)
Geb. RM. 1.50

Eine gemeinverständliche kurze Darstellung der deutschen Rechtsgeschichte.

Giese, Friedrich, **Preußische Rechtsgeschichte.** Übersicht über die Rechtsentwicklung der preußischen Monarchie und ihrer Landesteile. Ein Lehrbuch für Studierende. Groß-Oktav. 256 Seiten. 1920.
RM. 5.—, geb. RM. 6.50

„Das Buch ist nicht ein, sondern das (bisher fehlende) Lehrbuch der preußischen Rechtsgeschichte.“
Dr. Karl Strupp im „Verwaltungsarchiv“.

von Mayr, Robert, **Römische Rechtsgeschichte.** I. Buch. Die Zeit des Volksrechtes. 1. Hälfte: Das öffentliche Recht. 150 Seiten. 1912. (Sammlung Göschen Bd. 577.) . . . . Geb. RM. 1.50
2. Hälfte: Das Privatrecht. 117 Seiten. 1912. (Sammlung Göschen Bd. 578.) . . . . Geb. RM. 1.50
II. Buch: Die Zeit des Amts- und Verkehrsrechtes. 1. Hälfte: Das öffentliche Recht. 158 Seiten. 1912. (Sammlung Göschen Bd. 645.) Geb. RM. 1.50
2. Hälfte: Das Privatrecht I. 122 Seiten. 1913. (Sammlung Göschen Bd. 646.) . . . . Geb. RM. 1.50
Das Privatrecht II. 150 Seiten. 1913. (Sammlung Göschen Bd. 647.) Geb. RM. 1.50
III. Buch. Die Zeit des Reichs- und Volksrechtes. 111 Seiten. 1913. (Sammlung Göschen Bd. 648.) . . . . Geb. RM. 1.50
IV. Buch. Die Zeit der Orientalisierung des römischen Rechtes. 155 Seiten. 1913. (Sammlung Göschen Bd. 697.) . . . . Geb. RM. 1.50

Stammler, Rudolf, **Lehrbuch der Rechtsphilosophie.** Dritte, vermehrte Auflage. Groß-Oktav. XVI, 396 Seiten. 1928.
RM. 13.—, geb. RM. 15.—

„. . . Ein Werk aus einem Gusse, ein herbes Werk von größter wissenschaftlicher Strenge, eine Schule, durch die jeder gehen muß, der mit den rechtsphilosophischen Problemen der Gegenwart ringt.“
Schweizerische Juristenzeitung.

Stammler, Rudolf, **Rechts- und Staatstheorien der Neuzeit.** Leitsätze zu Vorlesungen. Zweite, vermehrte und verbesserte Auflage. Oktav. IV, 116 Seiten. 1925. . . . . RM. 3.50, geb. RM. 4.50

Ein unentbehrlicher Führer durch die Rechts- und Staatstheorien der Neuzeit.

Stammler, Rudolf, **Wirtschaft und Recht** nach der materialistischen Geschichtsauffassung. Eine sozialphilosophische Untersuchung. Fünfte, durch einen Nachtrag ergänzte Auflage. Oktav. VIII, 704 Seiten. 1924. . . . . RM. 14.—, geb. RM. 16.—

„Das Werk Stammlers darf den Ruhm in Anspruch nehmen, unter allen Büchern, die in der letzten Zeit auf dem hier in Betracht kommenden Gebiet erschienen sind, die stärkste Wirkung hervorgebracht zu haben.“ *Historische Zeitschrift.*

Friedrichs, Karl, **Der Allgemeine Teil des Rechts.** Eine Darstellung der gemeinsamen Lehren des öffentlichen und des privaten Rechts. Groß-Oktav. X, 306 Seiten. 1927. . . . . . RM. 12.—, geb. RM. 13.50

„Eine solche Arbeit fehlte bisher in der juristischen Literatur. Friedrichs ist wie kein anderer berufen, eine grundlegende Arbeit über dieses Gebiet zu schreiben.“ *Mitteilungen des Preuß. Richtervereins.*

Maas, Georg, und **Magnus,** Julius, **Abkürzungsverzeichnis der Rechtssprache.** Abkürzungen der Bezeichnungen von Rechtsquellen, Behörden, Entscheidungen usw. des deutschen und österreichischen Rechts. Oktav. IV, 140 Seiten. 1929. . . . . RM. 4.—

„Bis jetzt fehlte eine Zusammenstellung, die in zuverlässiger Weise die gebräuchlichsten Abkürzungen wiedergab. Diese Lücke füllt das neue Buch in glücklicher Weise aus.“ *Der junge Rechtsgelehrte.*

Endemann, Friedrich, **Grundriß des römischen Privatrechts.** Oktav. X, 256 und 30 Seiten. 1925. (Lehrbücher und Grundrisse der Rechtswissenschaft Bd. XII.) . . . . RM. 9.—, geb. RM. 10.50

„. . . ein nach jeder Richtung hochstehendes Werk."

Der junge Rechtsgelehrte.

Stammler, Rudolf. **Aufgaben aus dem römischen Recht.** Der „Institutionenübungen für Anfänger" vierte Auflage. Oktav. IV, 92 Seiten. 1919. Mit Figuren im Text . . . . Geb. RM. 5.—

Zum selbständigen Einarbeiten in das System des römischen Privatrechts.

II. Bürgerliches Recht

1. Bürgerliches Gesetzbuch

Lehmann, Heinrich, **Allgemeiner Teil des Bürgerlichen Gesetzbuches.** Dritte, vermehrte und verbesserte Auflage (9. bis 12. Tausend). Oktav. XIV, 439 Seiten. 1928. (Lehrbücher und Grundrisse der Rechtswissenschaft Bd. I.) . . . . RM. 12.—, geb. RM. 13.50

„Es liegt ein großer pädagogischer Wert in diesem Buch. Es wird sich unter den Studenten rasch großer Beliebtheit erfreuen."

Das Recht.

Leonhard, R., **Der Allgemeine Teil des Bürgerlichen Gesetzbuches** in seinem Einflusse auf die Fortentwicklung der Rechtswissenschaft. Groß-Oktav. XVI, 537 Seiten. 1900. (Recht des Bürgerlichen Gesetzbuches in Einzeldarstellungen Nr. X.) . . . . RM. 10.—

Die Sammlung „Recht des Bürgerlichen Gesetzbuches" umfaßt systematische Darstellungen des BGB. aus der Feder erster Juristen der Wissenschaft und Praxis.

Oertmann, Paul, **Allgemeiner Teil des Bürgerlichen Gesetzbuches.**
I. **Einleitung. Lehre von den Personen und von den Sachen.** Dritte, verbesserte Auflage. 136 Seiten. 1926. (Sammlung Göschen Bd. 447.) Geb. RM. 1.50
II. Erwerb und Verlust, Geltendmachung und Schutz der Rechte. Dritte, verbesserte Auflage. 147 Seiten. 1928. (Sammlung Göschen Bd. 448.) . . . . Geb. RM. 1.50

Nach der die Vorgeschichte des BGB. und einzelne für seine Bedeutung und Anwendung wichtige Hauptfragen behandelnden Einleitung bespricht der Verfasser die Lehre von den Personen und von den Sachen. Er verarbeitet den Inhalt der einzelnen Gesetzesparagraphen wissenschaftlich und erörtert dabei auch mehrfach Fragen, die im BGB. selbst nicht geregelt, höchstens gestreift werden.

Plancks Kommentar zum Bürgerlichen Gesetzbuch nebst Einführungsgesetz. Bisher herausgegeben von E. Strohal. Bearbeitet von E. Brodmann, L. Busch, J. Ebbecke, F. Flad, M. Greiff, K. Gunkel, P. Knoke, M. Landois, A. Lobe, Fr. Oegg, H. Siber, O. Strecker, K. von Unzner. Vierte, völlig neubearbeitete Auflage. Lexikon-Oktav. Bisher sind erschienen:
I. Band: Allgemeiner Teil. 606 Seiten. 1913. RM. 15.—, geb. RM. 17.—
II. Band, 1. Hälfte: Recht der Schuldverhältnisse. (Allgemeiner Teil.) 640 Seiten. 1914 . . . . RM. 15.—, geb. RM. 17.—
II. Band, 2. Hälfte: Recht der Schuldverhältnisse. (Besonderer Teil.) 1296 Seiten. 1928 . . . . RM. 49.—, geb. RM. 52.—
III. Band: Sachenrecht. 1464 Seiten. 1920. RM. 30.—, geb. RM. 33.—
IV. Band: Familienrecht. 1. Hälfte §§ 1297—1588. 701 Seiten. 1928. RM. 26.—, geb. RM. 28.—

V. Band: Erbrecht.
Erste Lieferung: §§ 1922—1984. 192 Seiten. 1924 . . RM. 6.—
Zweite Lieferung: §§ 1985—2063. 160 Seiten. 1926 . . RM. 7.—

„Für jeden Praktiker, der tiefer in den Rechtsstoff eindringen muß, um die zur Entscheidung stehende Frage zu prüfen, ist Plancks Kommentar immer ein zuverlässiger Ratgeber und seine Erläuterung und Meinung von hohem Wert und Gewicht, stets sorgfältiger Beachtung wert." *Zentralblatt für freiwillige Gerichtsbarkeit.*

Das Bürgerliche Gesetzbuch mit besonderer Berücksichtigung der Rechtsprechung des Reichsgerichts. Erläutert von Dr. Busch, Erler, Dr. Lobe, Michaelis, Oegg, Schliewen und Seyffarth, Reichsgerichtsräten und Senatspräsidenten am Reichsgericht. Sechste, neubearbeitete Auflage. 5 Bände. §§ 1—2385. Lexikon-Oktav. 3182 Seiten. 1928 . . . . RM. 125.—, in Halbleder geb. RM. 150.— I. Band: Allgemeiner Teil. Recht der Schuldverhältnisse I. (Allgemeiner Teil.) — II. Band: Recht der Schuldverhältnisse II. (Einzelne Schuldverhältnisse.) — III. Band: Sachenrecht. — IV. Band: Familienrecht. — V. Band: Erbrecht. Alphabetisches Sachverzeichnis.

(Das Werk wird nur komplett abgegeben.)

„Eine neue Auflage dieses für die Praxis wertvollsten Kommentars ist ein Ereignis für die Juristenwelt."
Blätter für Rechtspflege im Bezirk des Kammergerichts.

Achilles-Greiff, Bürgerliches Gesetzbuch nebst Einführungsgesetz. In Verbindung mit André, Meyer, Strecker, v. Unzner. Zwölfte, vermehrte und verbesserte Auflage, mit Erläuterungen der Verordnung über das Erbbaurecht, des Gesetzes über die religiöse Kindererziehung und des Gesetzes für Jugendwohlfahrt. Groß-Oktav. XVI, 1247 Seiten. 1927. (Guttentagsche Sammlung Deutscher Reichsgesetze Bd. 38/39.) . . . . Geb. RM. 24.—

„Das ausgezeichnete Buch, das einer weiteren Empfehlung kaum bedarf, wird seine führende Stellung unter den Handausgaben ohne Zweifel behaupten." *Juristische Rundschau.*

Bürgerliches Gesetzbuch nebst Einführungsgesetz. Vom 18. August 1896 mit Berücksichtigung der bis zum 1. Januar 1928 ergangenen Abänderungen. Textausgabe mit ausführlichem Sachregister. Sechzehnte Auflage. (61. bis 66. Tausend). Taschenformat. 758 Seiten. 1928. (Guttentagsche Sammlung von Textausgaben ohne Anmerkungen mit Sachregister.) . . . . Geb. RM. 5.—

Die vorliegende Ausgabe zeichnet sich durch Vollständigkeit und besondere Ausführlichkeit des Sachregisters aus.

Siméon, P., **Preußisches Ausführungsgesetz** zum Bürgerlichen Gesetzbuch. Dritte Auflage. Taschenformat. 199 Seiten. 1914. (Guttentagsche Sammlung Preußischer Gesetze Bd. 23.) . . . . Geb. RM. 2.20

„Die Ausgabe beschränkt sich darauf, die einzelnen Vorschriften in sich zu erläutern und ihren Zusammenhang mit dem neuen Reichsrecht wie dem früheren Landesrecht kurz klarzulegen. Das Werkchen wird sich zahlreiche Freunde erwerben."
Zeitschrift für Deutsche Justizsekretäre.

v. Schwerin, Cl., Frhr., **Grundzüge des deutschen Privatrechts.** Zweite Auflage. Oktav. XII, 342 Seiten. 1928. (Lehrbücher und Grundrisse der Rechtswissenschaft Bd. XIII.) RM. 9.50, geb. RM. 11.—

„Was dem Studenten not tut, ist ein kurzgefaßtes Handbuch. . . . Ein ausgezeichnetes Hilfsmittel dieser Art ist das vorliegende Buch."
Zeitschrift für Rechtspflege in Bayern.

Wegner, Arthur, **Jugendrecht.** Ein Lehrbuch zur Einführung. Oktav. IX, 219 Seiten. 1929 . . . . RM. 6.—, geb. RM. 7.50

„Ein gleichartiges und gleichwertiges Werk über das Jugendgericht gibt es noch nicht." *Breslauer Zeitung.*

Schuldverhältnisse insbesondere

Hedemann, Justus Wilh., **Schuldrecht des Bürgerlichen Gesetzbuches.** Oktav. Zweite Auflage in Bearbeitung. (Lehrbücher und Grundrisse der Rechtswissenschaft Bd. II.)

„Die Schrift bietet die beste mir bekannte Einführung in das schwierige Recht der Schuldverhältnisse." *Staats- und Selbstverwaltung*

Oertmann, Paul, **Schuldrecht.** (BGB. II.)
I. Allgemeine Lehren. Dritte, verbesserte Auflage. 142 Seiten. 1927. (Sammlung Göschen Bd. 323.) . . . . . Geb. RM. 1.50
II. Die einzelnen Schuldverhältnisse. Dritte, verbesserte Auflage 159 Seiten. 1929. (Sammlung Göschen Bd. 324.) . . Geb. RM. 1.50

„In knapper Form und gemeinverständlicher Ausdrucksweise ist ein vorzüglicher Überblick über den Stoff gegeben."
Leipziger Zeitschrift für deutsches Recht.

Meyer, Georg, **Das Recht der Beschlagnahme von Lohn- und Gehaltsforderungen.** Sechste Auflage. Taschenformat. 1927. Mit Nachtrag 1928. (Guttentagsche Sammlung Deutscher Reichsgesetze Bd. 55.)
Geb. RM. 4.50

„Das Buch ist in flüssiger, übersichtlicher Form geschrieben und schöpft aus der Praxis für die Praxis; ein Handbuch nicht nur für den Juristen, sondern ebenso für das kaufmännische Büro, die Fabrik und das Handelsgeschäft." *Württembg. Wirtschafts-Zeitung.*

Seligsohn, Franz, **Haftpflichtgesetz.** Groß-Oktav. 349 Seiten. 1920.
RM. 8.—, geb. RM. 9.50

„Das reiche Material hat der Verfasser mit logischer Schärfe und in knapper Form bearbeitet und damit ein mustergültiges Werk geschaffen, das für die meist veralteten Kommentare zum Reichshaftpflichtgesetz einen wertvollen Ersatz bietet."
Blätter für Rechtspflege im Bezirk des Kammergerichts.

Krieg, O., **Mietrecht und Wohnungsmangelgesetzgebung** im Reiche, in Preußen und in Berlin, einschließlich Hauszinssteuer, Kostenwesen und Rechtsentscheiden des Kammergerichts und des Obersten Landesgerichts. Zusammengestellt und mit ausführlichem Schlagwortregister versehen. Vierte Auflage. Taschenformat. XII, 594 Seiten. 1928. (Guttentagsche Sammlung Deutscher Reichsgesetze Bd. 156.) Geb. RM. 10.—

„Eine solche Ausgabe zu besitzen, ist wertvoll. Diese Ausgabe verdient schon wegen ihrer Vollständigkeit besondere Beachtung. Ein vortreffliches Sachregister ist beigegeben." *Juristische Wochenschrift*

Stölzle, Hans, **Viehkauf** nach Bürgerlichem Gesetzbuch und ausländischem Recht. Verordnung, betreffend die Hauptmängel und Gewährfristen beim Viehhandel. Von Eugen Fröhner. Sechste, vermehrte und wesentlich verbesserte Auflage. Taschenformat. 699 Seiten. 1926. (Guttentagsche Sammlung Deutscher Reichsgesetze Bd. 50.)
Geb. RM. 15.—

„Das Buch ist Juristen wie Laien als lichtvoller Ratgeber in allen Fragen nur auf das wärmste zu empfehlen."
Deutsche Juristen-Zeitung.

Hoffmann, J., **Abzahlungsgeschäfte.** Vierte Auflage, besorgt von K.-A. Crisolli. Taschenformat. Im Druck. (Guttentagsche Sammlung Deutscher Reichsgesetze Bd. 34.)

„Jeder, der mit Abzahlungsgeschäften zu tun hat, kann sich bestens aus dem Büchlein informieren. Der Kommentar ermöglicht es auch dem Laien, sich mit allen einschlägigen Fragen vertraut zu machen.“
Berliner Intelligenz-Blatt.

Harnier, Ed., **Sicherung der Bauforderungen.** Dritte Auflage. Taschenformat. 122 Seiten. 1912. (Guttentagsche Sammlung Deutscher Reichsgesetze Bd. 93.) . . . . Geb. RM. 1.50

„Die vorliegende Neubearbeitung der kleinen Ausgabe des äußerst schwierigen Gesetzes findet einen weiterstreckten Interessenkreis. Nach einer äußerst klaren Einleitung werden seine Bestimmungen an der Hand der Gesetzesmaterialien und auf dem Boden des geltenden Rechts, unter Herstellung des Zusammenhanges mit ihm, in knappen Anmerkungen erläutert.“ Mitteilungen der Handelskammer Breslau.

Göppert, H., **Gesetz, betreffend die gemeinsamen Rechte der Besitzer von Schuldverschreibungen.** Zweite Auflage, bearbeitet von E. Trendelenburg. Taschenformat. 156 Seiten. 1915. (Guttentagsche Sammlung Deutscher Reichsgesetze Bd. 52.) . . . . . Geb. RM. 1.50

Dungs, H., **Sechs Haager Abkommen über internationales Privatrecht.** Taschenformat. 116 Seiten. 1910. (Guttentagsche Sammlung Deutscher Reichsgesetze Bd. 98.) . . . . Geb. RM. 1.50

„Die diesen Abkommen vom Verfasser beigefügten Erläuterungen sind kurz und klar gefaßt und entsprechen den allgemeingültigen Anschauungen. Der Kommentar von Dungs kann nur angelegentlichst empfohlen werden.“ Juristisches Literaturblatt.

Bogeng, G., **Die Haager Abkommen über das internationale Privatrecht.** Taschenformat. 173 Seiten. 1908. (Guttentagsche Sammlung Deutscher Reichsgesetze Bd. 90.) . . . . Geb. RM. 2.—

Sachenrecht insbesondere

Hedemann, Justus Wilh., **Sachenrecht des Bürgerlichen Gesetzbuches.** Oktav. XXXII, 507 Seiten. 1924. (Lehrbücher und Grundrisse der Rechtswissenschaft Bd. III.) . . . . . RM. 12.—, geb. RM. 13.50

„Ein trotz seiner Kürze ausgezeichnetes und inhaltreiches Lehrbuch, nicht nur für den Studierenden, sondern auch für ältere Juristen. Die Arbeit ist wissenschaftlich tiefgründig und doch gemeinverständlich geschrieben.“ Zeitschrift des Deutschen Notarvereins.

Kretschmar, F., **Sachenrecht.**

I. Allgemeine Lehren. Besitz und Eigentum. Zweite, verbesserte Auflage. 142 Seiten. 1922. (Sammlung Göschen Bd. 480.) Geb. RM. 1.50

II. Begrenzte Rechte. 144 Seiten. 1923. (Sammlung Göschen Bd. 481.) Geb. RM. 1.50

Diese Bändchen bieten die Grundzüge des Sachenrechts in gedrängter und klarer Form.

Lenzen, Georg, **Das Deutsche Pfandleihrecht.** Kommentar zum preußischen Pfandleihgesetz unter Berücksichtigung der außerpreußischen Gesetze. Oktav. XXVI, 266 Seiten. 1929 . . . . Geb. RM. 20.—

„Diese zusammenfassende Darstellung ist die erste ihrer Art und sehr verdienstlich. Das Buch regt zu allerhand Fragen an.“
Juristische Wochenschrift.

Günther, Hermann, **Erbbaurecht.** Taschenformat. 167 Seiten. 1919. (Guttentagsche Sammlung Deutscher Reichsgesetze Bd. 135.) Geb. RM. 2.—

„Günther ist ausführlich, ohne weitschweifig zu sein; ausgezeichnete Vorbemerkungen geben vorzügliche Übersicht und wahren den Zusammenhang. Überall ist der bisherige Rechtszustand, der ja für absehbare Zeit seine Bedeutung behält, mit in das Bereich der Betrachtungen gezogen. Der Praxis wird das Werk von hervorragendem Nutzen sein." Beiträge zur Erläuterung des deutschen Rechts.

Arnheim, Hugo, **Grundbuchordnung.** Kommentar zur Grundbuchordnung für das Deutsche Reich nebst den für Preußen erlassenen Ausführungsbestimmungen. Zweite, völlig neubearbeitete Auflage. Lexikon-Oktav. 959 Seiten. 1913 . . . . RM. 15.—

„Der Band weist außerordentliche Gründlichkeit, Klarheit und Übersichtlichkeit auf. Man kann wohl sagen, daß kaum eine Frage auftauchen wird, die nicht wenigstens berührt wäre; die bisher zutage getretenen Fragen aber sind sämtlich in der eingehendsten Weise erörtert." Zentralblatt für freiwillige Gerichtsbarkeit.

Fischer, Otto, und **Fischer,** Norbert, **Grundbuchordnung für das Deutsche Reich** nebst den preußischen Ausführungsbestimmungen. Neunte, durchgearbeitete und ergänzte Auflage. Taschenformat. 322 Seiten. 1927. (Guttentagsche Sammlung Deutscher Reichsgesetze Bd. 42.) Geb. RM. 5.—

„Eine der vortrefflichen alteingeführten Handausgaben der Guttentagschen Sammlung, bei der schon die Auflagenziffer für die Brauchbarkeit in der Praxis spricht. Nach wie vor ist das Buch ein vortrefflicher Wegweiser und Berater." Juristische Wochenschrift.

Ricks, Gerhard, **Die Grundbuchpraxis.** Ein Handbuch für den täglichen Gebrauch in Grundbuchsachen. Achte Auflage. Groß-Oktav. XII, 412 Seiten. 1929 . . . . RM. 12.—, geb. RM. 14.—

„Das Buch hat einen Anspruch darauf, in der Praxis geradezu verschlungen zu werden. Es ist aus der täglichen Praxis heraus für die Praxis lebensfrisch und unterhaltend geschrieben." Mitteilg. a. d. Württemb. Notariats-Praxis.

Friedlaender, Martin, **Hypothekenbeschaffung für Wohn- und Geschäftshäuser.** Handbuch für die Praxis der Grundstückswirtschaft. Groß-Oktav. VIII, 151 Seiten. 1929 . . . . . RM. 6.—, geb. RM. 7.50

„Das Buch gibt einen außerordentlich praktischen Überblick über alle Fragen der Hypothekenbeschaffung. Die anschauliche Art der Zergliederung und die gründliche Darlegung des Statuts sichern dem Buch eine weite Verbreitung." Deutsche Sparkassen-Zeitung.

Familienrecht, Erbrecht

Lehmann, Heinrich, **Familienrecht** des Bürgerlichen Gesetzbuches einschließlich Jugendfürsorgerecht. Oktav. XII, 352 Seiten. 1926. (Lehrbücher und Grundrisse der Rechtswissenschaft Bd. IV.) RM. 11.—, geb. RM. 12.50

„Die Schilderung Lehmanns ist überall anregend und fesselnd. Das Werk kann allen Rechtsstudenten und Referendaren zur Anschaffung dringend empfohlen werden." Der junge Rechtsgelehrte.

Titze, Heinrich, **Familienrecht.** (BGB. IV.) 169 Seiten. Neudruck. 1924. (Sammlung Göschen Bd. 305.) . . . . . . Geb. RM. 1.50

Endemann, Fr., **Erbrecht.** Oktav. XII, 166 Seiten. 1923. (Lehrbücher und Grundrisse der Rechtswissenschaft Bd. V.) RM. 3.—, geb. RM. 4.50

„Dieser Leitfaden behandelt den spröden Stoff des schwierigen Erbrechts in meisterhafter, fesselnder Darstellung." Zeitschrift des Bundes Deutscher Justizamtmänner.

Blume, Wilh. von, **Erbrecht.** (BGB. V.)

I. Einleitung. Die Grundlagen des Erbrechts. 75 Seiten. 1913. (Sammlung Göschen Bd. 659.) . . . . Geb. RM. 1.50

II. Die Nachlaßbeteiligten. Mit 23 Figuren. 131 Seiten. 1913. (Sammlung Göschen Bd. 660.) . . . . Geb. RM. 1.50

Riesenfeld, S., **Die Erbenhaftung nach dem Bürgerlichen Gesetzbuch.** Groß-Oktav. 2 Bände. 1916 . . . . . RM. 15.—, geb. RM. 18.—
I. Band: Die Grundsätze der Haftung. XII, 461 Seiten.
II. Band: Das Inventar und die Mittel der Haftungsbeschränkung. VIII, 455 Seiten.

„Ein hervorragendes Werk, das in allen Teilen die vollständige Beherrschung des schwierigen Stoffes erkennen läßt und sich dabei durch klare und gemeinverständliche Darstellung auszeichnet."
Sächsisches Archiv für Rechtspflege.

Aufwertung

Michaelis, Richard, **Das Aufwertungsrecht** nach den Aufwertungsgesetzen und nach allgemeinem bürgerlichem Rechte. **Kommentar zu den** Gesetzen vom 16. Juli 1925 über die Aufwertung von Hypotheken und anderen Ansprüchen und über die Ablösung öffentlicher Anleihen sowie systematische Darstellung des Aufwertungsrechts außerhalb dieser Gesetze. Zweite, gänzlich umgearbeitete Auflage des Kommentars zur Dritten Steuernotverordnung vom 14. Februar 1924 (Aufwertung). Mit einer Fristentabelle von H. Hoormann. Groß-Oktav. X, 516 Seiten. 1926. Mit Nachtrag 1927. (de Gruytersche Sammlung Deutscher Gesetze. Handkommentare.) . . . . Geb. RM. 16.—

„Es handelt sich um ein ganz erstklassiges Werk, das sich für jeden Aufwertungsinteressenten als unentbehrlich erweisen wird."
Deutsche Allgemeine Zeitung.

Berliner, Ludwig, und **Pfaffenberger,** Ernst, **Aufwertung von Versicherungsansprüchen** mit Durchführungsbestimmungen.

I. Teil. Oktav. 235 Seiten. 1925. (Guttentagsche Sammlung Deutscher Reichsgesetze Bd. 164.) . . . . Geb. RM. 6.50

II. Teil: Sach- und Transportversicherung; Unfall- und Haftpflichtversicherung. Oktav. 112 Seiten. 1926. Mit Nachtrag. (Guttentagsche Sammlung Deutscher Reichsgesetze Bd. 164a.) . . Geb. RM. 3.50

„Eine ganz ausgezeichnete, wohldurchdachte Darstellung und Erläuterung des Aufwertungsrechtes des gesamten Versicherungswesens, eine unentbehrliche Ergänzung zu jedem Gesamtkommentar über das Aufwertungsgesetz." *Zentralblatt für Handelsrecht.*

2. Handelsrecht.

v. Gierke, Jul., **Handelsrecht und Schiffahrtsrecht.** Dritte, umgearbeitete Auflage. Oktav. (Lehrbücher und Grundrisse der Rechtswissenschaft Bd. VI.) Im Druck.

„. . . ein außerordentlich hochstehendes, immer den neuesten Stand der Lehre und der Rechtsprechung widerspiegelndes Lehrbuch des Handelsrechts im weitesten Sinn." *Der junge Rechtsgelehrte.*

Lehmann, K., und **Hoeniger,** H., **Lehrbuch des Handelsrechts.** Dritte Auflage. Erster Halbband, enthaltend die Lehre vom Handelsstand und von den Handelsgesellschaften. Groß-Oktav. 432 Seiten. 1921. RM. 10.—

Ein großangelegtes Lehrbuch des Handels- und Schiffahrtsrechts.

Lehmann, K., und **Hoeniger,** H., **Deutsches Handelsrecht.**

I. Einleitung. Der Kaufmann und seine Hilfspersonen. Offene Handelsgesellschaft, Kommandit- und stille Gesellschaft. 117 Seiten. 1921. (Sammlung Göschen Bd. 457.) . . . . Geb. RM. 1.50

II. Aktiengesellschaften, Gesellschaften mit beschränkter Haftung, eingetragene Genossenschaften. Handelsgeschäft, 126 Seiten. 1924. (Sammlung Göschen Bd. 458.) . . . . Geb. RM. 1.50

Eine gemeinverständliche Darstellung in gedrängter Form.

Hein, Joh., **Die Zusammenhänge zwischen Steuerrecht und Handelsrecht und ihre Entwicklung,** untersucht an dem Gewinn und an der Bewertung. Eine bilanzrechtliche und bilanzkritische Darstellung mit praktischen Beispielen. Groß-Oktav. X, 280 Seiten. 1928.
RM. 10.—, geb. RM. 12.—

„Das Buch führt in klarer Gestaltung in die Probleme des Bilanzrechts ein. Eine übersichtliche Gliederung ermöglicht eine schnelle und doch gründliche Einführung. Darüber hinaus stellt das Buch eine wesentliche Förderung für die dringend notwendige wissenschaftliche Behandlung des Steuerbilanzrechts und seiner Zusammenhänge mit den verwandten Rechtsmaterien dar." Zeitschrift für Handelsrecht.

Veröffentlichungen der Vereinigung der Handelsrechtslehrer deutscher Hochschulen.

Bericht über die erste Tagung der Vereinigung in Berlin am 7. und 8. März 1927 (Senatssaal der Universität). Mit Beiträgen von **Ernst Heymann, Hans Wüstendörfer, Otto Schreiber** und **Arthur Nußbaum.** Oktav 65 Seiten. 1928. . . . . RM. 5.—

Das Handelsrecht zeigt heute unter den privatrechtlichen Materien die meisten wissenschaftlichen und gesetzgeberischen Probleme und entwickelt am meisten Initiative. Unter diesen Verhältnissen werden sich die Veröffentlichungen der Vereinigung der Handelsrechtslehrer deutscher Hochschulen als besonders fruchtbar und förderlich erweisen.

Staubs Kommentar zum Handelsgesetzbuch. Zwölfte und dreizehnte Auflage. Bearbeitet von Heinrich Koenige, Albert Pinner, Felix Bondi. Vier Bände und ein Registerband. Groß-Oktav. 4000 Seiten. 1927 . . . . Zusammen RM. 157.—, in Halbleder RM. 183.60

„Der Staubsche Kommentar ist das klassische Hilfswerk zum Deutschen Handelsgesetzbuch und für die Beurteilung der zahlreichen schwierigen Fragen dieses Gesetzes maßgebend geworden; es stellt ein unentbehrliches Mittel zur Erfassung und zur Anwendung des Gesetzes dar." Frankfurter Zeitung.

Mosse, Albert, und **Heymann,** Ernst, Handelsgesetzbuch (ohne Seerecht). Mit den ergänzenden Vorschriften des Bürgerlichen Gesetzbuchs und einem Anhang, enthaltend das Einführungsgesetz, das Depotgesetz, die Bestimmungen über Börsentermin- und Differenzgeschäfte u. a. Nebst Erläuterungen. Im Anschluß an die Textausgabe von F. Litthauer. Siebzehnte Auflage. Unter Mitwirkung von Karl August Crisolli. Oktav. VIII, 693 Seiten. 1926 (Guttentagsche Sammlung Deutscher Reichsgesetze Bd. 4.) . . . . Geb. RM. 14.—

„Die Litthauer-Mossesche Ausgabe des Handelsgesetzbuches hat bei allen Praktikern seit langem den wohlbegründeten Ruf größter Zuverlässigkeit und übersichtlicher Anordnung, die mit möglichster Knappheit des Ausdrucks gepaart sind. Das Buch ist ein zuverlässiger Führer durch das immer schwieriger werdende Gebiet des Handelsrechts." Vossische Zeitung.

Handelsgesetzbuch nebst Einführungsgesetz und Seerecht. Elfte Auflage. 381 Seiten. 1924. (Guttentagsche Sammlung von Textausgaben ohne Anmerkungen.) . . . . Geb. RM. 2.60

Die handliche Ausgabe enthält den genauen Gesetzestext mit einem das Zurechtfinden sehr erleichternden Sachregister.

Baum, G., **Das vertragliche Wettbewerbsverbot** (Konkurrenzklausel). Nebst Kommentar zum Gesetze vom 10. Juni 1914. Taschenformat. XII, 231 Seiten. 1914. (Guttentagsche Sammlung Deutscher Reichsgesetze Bd. 115.) . . . . Geb. RM. 3.—

Gesellschaften

Brodmann, Erich, **Aktienrecht.** Kommentar. Groß-Oktav. XII, 580 Seiten. 1928. (Gewerbe- und Industrie-Kommentar Bd. IV.) RM. 28.—, geb. RM. 30.—

„Mit unvergleichlichem Geschick hat der Verfasser Großartiges geleistet — Brodmann ist Trumpf!" Zeitschrift für Aktiengesellschaften.

Solmssen, Georg, **Probleme des Aktienrechts** unter besonderer Berücksichtigung ihrer Entwicklung in den Vereinigten Staaten von Amerika. Zweite Auflage. Oktav I, 127 Seiten. 1928 . . RM. 2.50

„Sämtliche Momente, die bei der Prüfung der Frage, ob und inwieweit das geltende deutsche Aktienrecht änderungsbedürftig ist, haben eine eingehende und umfassende Erörterung gefunden. Allen, die sich mit dieser recht heiklen Frage befassen, kann die Anschaffung des Werkes wärmstens empfohlen werden." Badische Wirtschafts-Zeitung

Hachenburg, Max, **Kommentar zum Gesetz, betr. die Gesellschaften mit beschränkter Haftung.** (Früher **Staub-Hachenburg.**) Fünfte Auflage unter Mitarbeit von Fritz Bing und Walter Schmidt. 2 Bände . . . . RM. 43., geb. RM. 47.—
I. Band: §§ 1—34. Groß-Oktav. VI, 527 Seiten. 1926.
II. Band: §§ 35—84. Groß-Oktav. II, 452 Seiten. 1927.

„Was Hachenburg in seinen Neubearbeitungen aus diesem Buche gemacht hat, ist erstaunlich. Sein reiches juristisches Wissen, sein überlegener und kritischer Verstand, seine vorzügliche Gestaltungskraft und seine nur wenigen Juristen eigene vielseitige Auslegungskunst haben etwas Großes, Unvergleichliches geschaffen. Man findet selten ein literarisches Werk, in welchem Rechtsgelehrsamkeit und praktisches Können vereint einem Spezialgesetz so zugute kamen wie hier."
Zeitschrift für Aktiengesellschaften

Brodmann, Erich, **Gesetz, betr. die Gesellschaften mit beschränkter Haftung.** Kommentar. Groß-Oktav. VIII, 315 Seiten. 1924. (Gewerbe- und Industrie-Kommentar Bd. I.) . . . RM. 16.—, geb. RM. 18.—

„Übersichtliche, klare Anordnung der Erläuterungen, tiefes Eindringen in die Einzelheiten des Gesetzes unter steter Berücksichtigung des Wirtschaftslebens, erschöpfende Wiedergabe der Rechtsprechung, namentlich des Reichsgerichts, sind die besonderen Vorzüge des Werkes, das damit ein unentbehrliches Rüstzeug werden wird." Badische Rechtspraxis

Parisius, Ludolf, und **Crüger**, Hans, **Das Reichsgesetz, betr. die Gesellschaften mit beschränkter Haftung.** Textausgabe mit Anmerkungen und Sachregister. Achtzehnte Auflage, bearbeitet von Adolf Crecelius und Fritz Citron. Taschenformat. 244 Seiten. 1929. (Guttentagsche Sammlung Deutscher Reichsgesetze Bd. 32.) Geb. RM. 3.50

„Die äußerst sachkundig erläuterte Ausgabe wird von den interessierten Kreisen freudig begrüßt werden. Wir können das Bändchen der bekannten Sammlung bestens empfehlen."
Badische Wirtschafts-Zeitung.

Klumpp, Hermann, **Beiträge zur Rechtsstellung der Geschäftsführer einer G. m. b. H. nach deutschem und französischem Recht.** Oktav. XVI, 180 Seiten. 1928 . . . . RM. 6.—

Im G m b H -Recht hat die Stellung des Geschäftsführers besondere Bedeutung Die vorliegende Arbeit, die unter Auswertung der umfangreichen Literatur eine eingehende Untersuchung dieser so wichtigen Frage nach deutschem und französischem Recht darstellt, wird in juristischen und geschäftlichen Kreisen Interesse finden

Starke, Arthur, **Offene Handelsgesellschaften, Kommanditgesellschaften und stille Gesellschaften** von der Errichtung bis zur Auflösung. Nebst Vertrags- und Anmeldeformularen und mit Berücksichtigung des Steuerrechts. Oktav. XIV, 167 Seiten. 1928 . . . . RM. 5.—

Eine systematische Darstellung für Studium und Praxis.

Wechselordnung und Scheckrecht

Staubs Kommentar zur Wechselordnung. Fortgesetzt von J Stranz und M. Stranz. Zwölfte Auflage, bearbeitet von M. Stranz und Martin Stranz. Groß-Oktav. 432 Seiten. 1929.
RM. 16.—, geb. RM. 18.—

„Staub-Stranz ist der Kommentar zur Wechselordnung. Auch die jüngste ***Auflage*** *des Kommentars gibt einen echten Staub-Stranz. Weiterer Kommentar dazu ist überflüssig“ Juristische Wochenschrift.*

Stranz, J., und **Stranz,** M., **Wechselordnung** vom 3. Juni 1908. Kommentar. Zwölfte Auflage von M. und M. Stranz. Taschenformat. VIII, 396 Seiten. 1923. Mit Nachtrag 1926. (Guttentagsche Sammlung **Deutscher Reichsgesetze** Bd. 5.) . . . Geb. RM. 3.50

„Die Ausgabe der Wechselordnung mit ihrem äußerst nützlichen, guten Kommentar ist sehr zu empfehlen. Erfreulicherweise enthält das ***Bändchen auch die Bestimmungen der Zivilprozeßordnung*** *über Urkunden- und Wechselprozesse im Anhang.“ Badische Wirtschaftszeitung*

Wechselordnung in der Fassung der Bekanntmachung vom 3. Juni 1908 (RGBl. S. 326 ff.). Mit einem Anhang, enthaltend den Wechselprozeß und Nebengesetze. Textausgabe mit Einleitung und Sachregister Taschenformat. 102 Seiten. 1928. (Guttentagsche Sammlung von Textausgaben ohne Anmerkungen.) . . . . Geb. RM. 1.50

Vorteilhafte Anordnung, ein zuverlässiges Sachregister, das das Gesetz erschließt, Handlichkeit und sauberer Druck zeichnen auch die neue Auflage der Wechselordnung aus, deren Einleitung den letzten Stand dieser Materie erfaßt und deren Anhang „Nebengesetze“ bis auf die letzte Zeit ergänzt ist.

Michaelis, Richard, **Scheckgesetz** mit allen einschlägigen Nebengesetzen, den ausländischen Gesetzen und dem Deutschen Postscheckgesetz mit Postscheckordnung. Kommentar. Groß-Oktav. VII, 339 Seiten. 1927 (Gewerbe- und Industrie-Kommentar Bd. II.) RM. 16.—, geb. RM. 18.—

„Wenn irgendein Buch, so entspricht dieses einem Bedürfnis“
Berliner Tageblatt

Schiffahrtsrecht

Schaps, Georg, **Das deutsche Seerecht** nebst Erläuterungen zu den seerechtlichen Nebengesetzen. Nach dem Tode des Verfassers fertiggestellt von Max Mittelstein und Julius Sebba. Zweite, vollständig umgearbeitete Auflage.

I. Band. (Handelsgesetzbuch: Viertes Buch.) Groß-Oktav. In Vorbereitung.

II. Band. (Seerechtliche Nebengesetze.) Bearbeitet von J. Sebba. Im Druck.

„Die alte, auf der Staubschen Kommentierungsmethode beruhende Auflage erfreute sich mit Recht schon großen Ansehens. In diesen bewährten Bahnen leistet die zweite Auflage an Vollständigkeit, Übersichtlichkeit und Genauigkeit das Höchste, was Wissenschaft und Praxis nur wünschen können." *Juristische Wochenschrift.*

Brandis, Otto, **Das deutsche Seerecht** (mit Ausschluß des Seeversicherungsrechts.) I. Allgem. Lehren: Personen und Sachen des Seerechts. 130 Seiten. 1908. II. Die einzelnen seerechtlichen Schuldverhältnisse: Verträge des Seerechts und außervertragliche Haftung. 156 Seiten. 1908. (Sammlung Göschen Bd. 386/87.) . . . . . Geb. je RM. 1.50

Knitschky, W. E., **Die Seegesetzgebung.** Fünfte Auflage, bearbeitet von O. Rudorff. XXIV, 1024 Seiten. 1913. (Guttentagsche Sammlung Deutscher Reichsgesetze Bd. 19.) . . . . Vergriffen.

Sieveking, Gustav, **Das deutsche Seeversicherungsrecht.** Kommentar zum zehnten Abschnitt des vierten Buches des Handelsgesetzbuches. Lexikon-Oktav. 218 Seiten. 1912 . . . . . . RM. 5.—, geb. RM. 6.80

„Der Kommentar ruht auf einer vortrefflichen Grundlage und zeigt sich auch in seinem Inhalte dieser Grundlage durchaus würdig. Er ersetzt ein Lehrbuch und kann daher auch zur Einführung in das Seeversicherungsrecht empfohlen werden."

Leipziger Zeitschrift für deutsches Recht.

Ritter, Carl, **Das Recht der Seeversicherung.** Ein Kommentar zu den Allgemeinen Deutschen Seeversicherungsbedingungen. Groß-Oktav. 2 Bände. 1494 Seiten. 1924. (Friederichsen, de Gruyter & Co., m. b. H., Hamburg.) . . . . Geb. RM. 100.—

Allgemeine Deutsche Seeversicherungs-Bedingungen. Im Jahre 1919 herausgegeben von den deutschen Seeversicherern nach Beratung mit deutschen Handelskammern und Fachverbänden unter Vorsitz der Handelskammer Hamburg. 16.—20. Tausend. 50 Seiten. 1925. (Friederichsen, de Gruyter & Co., m. b. H., Hamburg.) . . . . RM. 2.—

General Rules of Marine. Insurance 1919 adopted by the German Underwriters. Authorind Translation by Dr. Alfred Sieveking, larger in Hamburg. 64 Seiten. 1920. (Friederichsen, de Gruyter & Co., m. b. H., Hamburg.) . . . . RM. 3.—

Materialien zu den Allgemeinen Deutschen Seeversicherungs-Bedingungen. Im Auftrag der vereinigten Handelskammern herausgegeben von Prof. Dr. E. Bruck. Groß-Oktav. 2 Bände. 678 Seiten. 1920. (Friederichsen, de Gruyter & Co., m. b. H., Hamburg.) . . . . RM. 10.—

Bene, F., **Der Begriff des Versicherungsfalles in der Seeversicherung.** (Hamburger Rechtsstudien, herausgegeben von Mitgliedern der Rechts- und Staatswissenschaftlichen Fakultät der Hamburgischen Universität, Heft 1.) Groß-Oktav. 75 Seiten. 1928. (Friederichsen, de Gruyter & Co., m. b. H., Hamburg.) . . . . RM. 4.50

Elkan, H. H., **Die Bedeutung des Interesses für die Veräußerung der versicherten Sache.** (Hamburger Rechtsstudien, herausgegeben von Mitgliedern der Rechts- und Staatswissenschaftlichen Fakultät der Hamburgischen Universität, Heft 2.) Oktav. 58 Seiten. 1928. (Friederichsen, de Gruyter & Co., m. b. H., Hamburg.) . . . . . . RM. 4.—

Makower, H., **Gesetze, betreffend die privatrechtlichen Verhältnisse der Binnenschiffahrt und der Flößerei.** Nach den Materialien erläutert. Sechste, vermehrte Auflage, bearbeitet von E. Loewe. Taschenformat. 458 Seiten. 1923. (Guttentagsche Sammlung Deutscher Reichsgesetze Bd. 36.) . . . . Geb. RM. 4.—

„Das vorzüglich bearbeitete Buch dürfte mit seinen klaren und verständlichen Erläuterungen für jeden, der in irgendeiner Weise mit der Binnenschiffahrt und der Flößerei zu tun hat, ein nie versagender Ratgeber sein." Schiffbau.

Sebba, Jul., **Seewasserstraßenordnung.** (Polizeiverordnung zur Regelung des Verkehrs auf den deutschen Seewasserstraßen vom 31. März 1927.) Taschenformat. 493 Seiten. 1928. (Guttentagsche Sammlung Deutscher Reichsgesetze Nr. 171.) . . . . Geb. RM. 8.50

Die vorliegende Ausgabe ist für die an dem neuen Gesetz interessierten beiden Fachgruppen, die der Nautiker und der Juristen, von gleich großer Bedeutung. Diese Verbindung zweier Kenntnisgebiete gibt dem vorliegenden Kommentar seine besondere Note und seinen großen Wert.

Genossenschaften

Parisius, Ludolf, **Crüger**, Hans, **Crecelius**, Adolf, und **Citron**, Fritz, **Reichsgesetz, betreffend die Erwerbs- und Wirtschaftsgenossenschaften.** Kommentar zum praktischen Gebrauch für Juristen und Genossenschaften. Elfte, neubearbeitete Auflage. Groß-Oktav. XV, 598 Seiten. 1928 . . . . RM. 28.—, geb. RM. 30.—

„Crüger beherrscht wie kein anderer Theorie und Praxis des Genossenschaftswesens, auch nach der wissenschaftlichen Seite hin."

Juristische Wochenschrift.

Parisius, Ludolf, und **Crüger**, Hans, **Das Reichsgesetz, betreffend die Erwerbs- und Wirtschaftsgenossenschaften.** Textausgabe mit Anmerkungen und Sachregister. Neunzehnte, neubearbeitete Auflage von Hans Crüger, Adolf Crecelius und Fritz Citron. Taschenformat. 299 Seiten. 1928. (Guttentagsche Sammlung Deutscher Reichsgesetze Bd. 29.) . . . . Geb. RM. 4.—

„In knapper und klarer Form werden die gesetzlichen Bestimmungen abgehandelt und alles zum Verständnis unbedingt Erforderliche in den Anmerkungen beigebracht. Das Werk kann nur empfohlen werden." Ministerialblatt f. d. Preuß. innere Verwaltung.

Verschiedenes

Schreiber, Otto, **Handelsrechtliche Nebengesetze.** Taschenformat. VIII, 1002 Seiten. 1926. (Guttentagsche Sammlung Deutscher Reichsgesetze Bd. 162.) . . . . Geb. RM. 14.—

„Die Sammlung ist ein unentbehrliches Hilfsmittel für den Praktiker. Die Zusammenstellung ist sehr zuverlässig; auch das Sachregister von Kleffel verdient volle Anerkennung."

Zentralblatt für Handelsrecht.

Staffel, W., **Verordnung gegen Mißbrauch wirtschaftlicher Machtstellungen** vom 2. November 1923. Kommentar. Oktav. 108 Seiten. 1927. (Guttentagsche Sammlung Deutscher Reichsgesetze Bd. 167.) Geb. RM. 3.50

„Die für das Wirtschaftsrecht so wichtige Kartellverordnung findet hier eine eingehende Kommentierung. Die Erläuterungen werden daher um so unentbehrlicher für die wirtschaftliche Praxis auf diesem Gebiete sein." Industrie- und Handelszeitung.

Lusensky, F., Gesetz über die Handelskammern. Zweite Auflage. Taschenformat. 278 Seiten. 1909. (Guttentagsche Sammlung Preußischer Gesetze Bd. 21.) . . . . Vergriffen

„Das Buch ist ein vortrefflicher Berater aller derer, die in der Handelskammerorganisation sind oder zu ihr in Beziehung stehen. Es kann warm empfohlen werden."

Zeitschrift für Polizei- und Verwaltungsbeamte.

Bank und Börse

Koch, R., und Schacht, Hjalmar, Die Reichsgesetzgebung über das Münz- und Notenbankwesen. Textausgabe mit Anmerkungen und Sachregister. Siebente, völlig neubearbeitete Auflage. Taschenformat. XVIII, 617 Seiten. 1925. (Guttentagsche Sammlung Deutscher Reichsgesetze Bd. 26.) . . . . Geb. RM. 14.—

„Dieser Kommentar zeichnet sich durch Vollständigkeit und Reichhaltigkeit aus und bietet außerdem in der Einleitung einen vortrefflichen Überblick über die Entwicklung des deutschen Noten- und Geldwesens während der letzten Jahrzehnte."

Monatsschrift für Handelsrecht und Bankwesen.

Nußbaum, Arthur, Bank- und Börsenrecht. Eine Sammlung von Gesetzen und Geschäftsbedingungen. Taschenformat. XII, 622 Seiten. 1927. (Guttentagsche Sammlung Deutscher Reichsgesetze Bd. 169)

Geb. RM. 11.—

Die vorliegende Sammlung der verstreuten bank- und börsenrechtlichen Vorschriften fehlte bisher in der kaufmännischen und juristischen Bankpraxis ebenso wie im handelsrechtlichen und betriebswirtschaftlichen Unterricht. Ihr Erscheinen wurde daher vielseitig begrüßt. Die Sammlung berücksichtigt auch die dem freien Verkehr entstammenden Rechtsbildungen.

Kommentar zum Börsengesetz. Im Auftrage des Centralverbandes des Deutschen Bank- und Bankiergewerbes (E. V.) bearbeitet von H. Rehm, H. Trumpler, Heinrich Dove, Ernst Neukamp, R. Schmidt-Ernsthausen, James Breit. Mit einem Vorwort von J. Rießer. Lexikon-Oktav. VIII, 464 Seiten. 1909.

RM. 12.—, geb. RM. 13.50

„Einen so guten Kommentar zum Börsengesetz hat es noch nie gegeben. Wer sich darein vertieft, wird reiche Belehrung daraus schöpfen über das Börsenwesen im allgemeinen und über seine Rechtsübung und Rechtsprechung im besonderen."

Sächsisches Archiv für Rechtspflege.

Hemptenmacher, Th., Börsengesetz. Dritte Auflage von O. Meyer. Taschenformat. XXIII, 373 Seiten. 1915. (Guttentagsche Sammlung Deutscher Reichsgesetze Bd. 41.) . . . . Geb. RM. 3.50

„Das Bändchen bringt neben einem kurzen Überblick und einem vorteilhaft erweiterten Anhang das Börsengesetz nebst Ausführungsbestimmungen. Alles in allem schließt sich auch dieses Bändchen wieder den übrigen Textausgaben der wegen ihrer unbedingten und erschöpfenden Sachlichkeit bekannten Guttentagschen Sammlung Deutscher Reichsgesetze würdig an." *Bayrische Handelszeitung.*

Lusensky, F., Gesetz, betreffend die Pflichten der Kaufleute bei Aufbewahrung fremder Wertpapiere (Depotgesetz). Dritte Auflage. Taschenformat. 113 Seiten. 1916. Mit Nachtrag 1925. (Guttentagsche Sammlung Deutscher Reichsgesetze Bd. 40.) . . . . . Vergriffen.

„Die beste Bearbeitung des sogenannten Depotgesetzes."

Zeitschrift für Aktiengesellschaften.

Frohner, G., **Aktiensonderdepot und Legitimationsübertragung.** (Hamburger Rechtsstudien, herausgegeben von Mitgliedern der Rechts- und Staatswissenschaftlichen Fakultät der Hamburgischen Universität, Heft 3.) Groß-Oktav. VII, 114 Seiten. 1929. (Friederichsen, de Gruyter & Co., m. b. H., Hamburg.) . . . . RM. 7.—

Schwerin, Frh. Cl. von, **Recht der Wertpapiere** (einschließlich Wechsel- und Scheckverkehr). Oktav. X, 234 Seiten. 1924. (Lehrbücher und Grundrisse der Rechtswissenschaft Bd. 7.) RM. 7.—, geb. RM. 8.50

„Das Buch löst seine Aufgabe, den Studierenden eine Einführung in die Materie des Wertpapierrechts zu geben, ausgezeichnet, vor allem deshalb, weil es eine gute theoretische Fundierung mit einer dem Lehrzweck entsprechenden Darstellung des praktischen Rechts und der Rechtstatsachen verbindet." Deutsche Juristenzeitung.

Bank-Archiv. Zeitschrift für Bank- und Börsenwesen. Unter Mitwirkung von hervorragenden Fachmännern herausgegeben von Geh. Justizrat Prof. Dr. Rießer, Berlin. Schriftleitung: Rechtsanwalt Otto Bernstein, geschäftsführendes Mitglied des Centralverbands des Deutschen Bank- und Bankiergewerbes. Quart. Jährlich 24 Nummern. XXVIII. Jahrgang. 1929/30 . . . . Pro Halbjahr RM. 12.—

„Ein von sachverständigen Mitarbeitern unterstütztes Organ, das in der glücklichen Vermischung von wissenschaftlichen Aufsätzen mit Mitteilungen aus der bankmännischen und gerichtlichen Praxis einen Berater von exzeptionellem Werte bildet." Frankfurter Zeitung.

Zeitgemäße Bankrechtsfragen. Festgabe der Rechtsabteilung der Disconto-Gesellschaft zum 70. Geburtstage des Herrn Dr. jur. Arthur Salomonsohn. Quart. 126 Seiten. 1929 . . . RM. 8.—, geb. RM. 10.—

„Der Band enthält 8 vorzügliche Aufsätze. Die Verfasser befassen sich mit Problemen, die in der Rechtsabteilung einer Großbank oft zur Debatte stehen und deren endgültige Klärung ein praktisches Bedürfnis ist." Wirtschaftl. Nachrichten.

Verhandlungen des VII. allgemeinen deutschen Bankiertages. Köln 9.—11. September 1928 auf Grund stenographischer Berichte. Groß-Oktav. 436 Seiten . . . . RM. 10.—

III. Grenzgebiete des Bürgerlichen Rechts

1. Privat- und Sozialversicherung

Koenige, Heinrich, und **Petersen,** A., **Gesetz über die privaten Versicherungsunternehmungen** vom 12. Mai 1901. Textausgabe mit Anmerkungen und Sachregister. Dritte, umgearbeitete Auflage. Taschenformat. 856 Seiten. 1927. (Guttentagsche Sammlung Deutscher Reichsgesetze Bd. 62.) . . . . Geb. RM. 20.—

„Der Verfasser hat es meisterhaft verstanden, reiche Literatur und Judikatur zu dem wichtigen Grundgesetz der Privatversicherung mit seiner eigenen selbständigen Auffassung von der Bedeutung der Gesetzesbestimmungen in Verbindung zu bringen. Für Theorie und Praxis der Privatversicherung wird das Werk dadurch zu einem unentbehrlichen Hilfsmittel." Deutsche Versicherten-Zeitung.

Bruck, E., **Reichsgesetz über den Versicherungsvertrag** nebst dem zugehörigen Einführungsgesetz vom 30. Mai 1908. Sechste, vollkommen neubearbeitete Auflage. Taschenformat. 708 Seiten. 1929. (Guttentagsche Sammlung Deutscher Reichsgesetze Bd. 83.) Geb. RM. 14.—

„Die Vorzüge, welche die früheren Auflagen schon zeigten, die Fülle des Gebotenen, die Beherrschung des Stoffes, die anschauliche und doch knappe Sprache, und dies alles in dem engen Rahmen einer Textausgabe, kleinen Handausgabe mit Anmerkungen, sind auch dieser vierten Auflage in hohem Maße eigen."
Mitteilungen für die öffentlichen Feuerversicherungs-Anstalten.

Moldenhauer, Paul, **Das Versicherungswesen.**

I. Allgemeine Versicherungslehre. Vierte Auflage. 152 Seiten. 1925. (Sammlung Göschen Bd. 262.) . . . . Geb. RM. 1.50

II. Die einzelnen Versicherungszweige. Zweite Auflage. 130 Seiten. 1923. (Sammlung Göschen Bd. 636.) . . . . Geb. RM. 1.50

„Das Buch ist für jeden, der sich mit dem Versicherungswesen und seinen Zweigen vertraut machen will, ein trefflicher Führer."

Versicherungspost.

Veröffentlichungen des Reichs-Aufsichtsamts für Privatversicherung. Groß-Oktav. Jahrg. 1—2, je 2.50. Jahrg. 3—16, je 6.—. Jahrg. 17—21, je 7.50. Jahrg. 22, 15.—. Jahrg. 23, 18.—. Jahrg. 24, 21.—. Jahrg. 25, 50.—. Jahrg. 26, 51.50. Jahrg. 27, Heft 1—3, 28.—. Jahrg. 28, Heft 1, 6.—.

Versicherungsstatistik für 1902 über die unter Reichsaufsicht stehenden Unternehmungen. Herausgegeben vom Reichsaufsichtsamt für Privatversicherung. Lexikon-Oktav. LXXVII, 384 Seiten. 1905. RM. 10.—

— für 1903 bis 1917 . . . . Je Jahrgang RM. 10.—

Berliner, Ludwig, und **Pfaffenberger,** Ernst, **Aufwertung von Versicherungsansprüchen** mit Durchführungsbestimmungen.

I. Teil. Oktav. 235 Seiten. 1926. Mit Nachtrag. (Guttentagsche Sammlung Deutscher Reichsgesetze Bd. 164.) . . . . Geb. RM. 6.50

II. Teil: Sach- und Transportversicherung; Unfall- und Haftpflichtversicherung. Oktav. 112 Seiten. 1926. (Guttentagsche Sammlung Deutscher Reichsgesetze Bd. 164a.) . . . . Geb. RM. 3.50

„Ein bedeutsamer Kommentar, durch den die gesetzlichen Bestimmungen von der juristischen und versicherungstechnischen Seite aus eingehend erläutert werden. In seinem straffen, systematischen Aufbau, der Geschlossenheit der Darstellung muß man das Buch als ein Standardwerk für das gesamte versicherungsrechtliche Aufwertungsgebiet bezeichnen.

Ein unentbehrlicher Ratgeber in allen interessierten Kreisen."

Versicherungs-Post, Berlin.

Lippmann, Karl, **Die Reichsversicherungsordnung** in der Fassung der Bekanntmachung vom 15. Dezember 1924 und des Gesetzes über das Reichsschiedsamt vom 22. Januar 1925 nebst dem Einführungsgesetze, den wichtigsten Ausführungsvorschriften, den ergänzenden Gesetzen und Verordnungen sowie den Verordnungen über das Verfahren. Oktav. XV, 589 Seiten. 1925. (Guttentagsche Sammlung Deutscher Reichsgesetze Bd. 161.) . . . . Geb. RM. 11.—

Ergänzungsband, enthaltend den vollständigen Wortlaut der neuen Fassung des Unfallversicherungsgesetzes sowie die Ergänzungen der übrigen Bücher der RVO. Oktav. 224 Seiten. 1926. (Guttentagsche Sammlung Deutscher Reichsgesetze Bd. 161a.) . . . Geb. RM. 4.—

Zweiter Ergänzungsband, enthaltend weitere Änderungen und Ergänzungen durch die in der Zeit von Anfang 1926 bis Mitte 1928 erlassenen Gesetze und Verordnungen. Zweite, vermehrte Ausgabe, Stand vom 1. Juli 1928. Oktav. 71 Seiten. 1928. (Guttentagsche Sammlung Deutscher Reichsgesetze Bd. 161b.) . . . . . RM. —.80

„Das Buch dürfte sich in der Bibliothek eines jeden finden, der sich mit der Reichsversicherungsordnung befaßt. Es gehört zu den praktisch wertvollsten." *Deutsche Allgemeine Zeitung.*

Reuß, Max, und **Hense,** Fritz. **Das Reichsknappschaftsgesetz** vom 1. Juli 1926 nebst Einführungsgesetz. 2. Aufl. Taschenformat. XVI, 640 Seiten. 1926. (Guttentagsche Sammlung Deutscher Reichsgesetze Bd. 155.) . . . . Geb. RM. 12.—

„Die Herausgabe des Gesetzes bedarf keiner besonderen Empfehlung. Das Buch kann allen, die auf dem Gebiete des Knappschaftswesens tätig sind, aufs wärmste empfohlen werden."

Zeitschrift für Bergrecht.

Angestelltenversicherungsgesetz vom 28. Mai 1924. Zweite Auflage. Taschenformat. 143 Seiten. 1927. Mit Nachtrag. (Guttentagsche Sammlung Deutscher Reichsgesetze. Textausgaben ohne Anmerkungen.) Geb. RM. 2.50

Diese neue Ausgabe entspricht der neuesten Fassung des Gesetzes unter Berücksichtigung der letzten Änderungen und Verordnungen. Das beigefügte Sachregister erleichtert das rasche Zurechtfinden in den einzelnen Bestimmungen des Gesetzes.

Manes, Alfred, **Sozialversicherung.** 7., ergänzte Aufl. 1928. Kl.-Oktav. 139 Seiten. (Sammlung Göschen Bd. 267.) . . . . Geb. RM. 1.50

„Es gibt keine andere Darstellung der geltenden Sozialversicherung, die in solch erfreulicher Kürze und Sachlichkeit durch die annähernd 2400 Paragraphen führt."

Hanseatische Rechts- und Gerichts-Zeitschrift.

Schmeißer, Herbert, **Handbuch der Arbeitslosenversicherung.** Mit einer Einführung und Erläuterungen. Taschenformat. 2. Aufl. im Druck. (Guttentagsche Sammlung Deutscher Reichsgesetze Bd. 165.)

„Das Buch gibt in kurzer, aber ausreichender Form eine Darstellung des gesamten Rechtsstoffes der Erwerbslosenfürsorge unter Anpassung an die praktischen Bedürfnisse." Kommunalpolitische Blätter.

2. Arbeitsrecht

Depéne, Hans, **Das Arbeitsgerichtsgesetz.** Taschenformat. 180 Seiten. 1927. (Guttentagsche Sammlung Deutscher Reichsgesetze Bd. 168.) Geb. RM. 3.60

„Zur Einarbeitung ist das vorliegende Buch besonders brauchbar, weil es sich nicht um einen Kommentar mit vielen Details handelt, sondern um eine Textausgabe mit einer ausführlichen, von einem hervorragenden Sachkenner verfaßten Einleitung. Daß die entsprechenden Bestimmungen anderer einschlägiger Gesetze gleich mit abgedruckt sind, ist ein großer Vorteil." Wirtschaftliche Rundschau.

Entscheidungen des Reichsarbeitsgerichts. Herausgegeben von den Mitgliedern des Reichsarbeitsgerichts. Oktav.

Band I. 1928 . . . . RM. 6.50, geb. RM. 8.—

Band II. 1928/29 . . . . RM. 6.50, geb. RM. 8.—

Band III. 1929 . . . . RM. 6.50, geb. RM. 8.—

Die neue Sammlung gibt in der Art der beiden bekannten bisherigen Reihen der Entscheidungen des Reichsgerichts, herausgegeben von den Mitgliedern des Reichsgerichts, die amtliche Auswahl der zur Veröffentlichung bestimmten Entscheidungen des Reichsarbeitsgerichts.

Günther, Adolf, und **Schneider,** Richard, **Arbeiterschutz und Arbeitsrecht.** Zweite Auflage. Taschenformat.

I. Teil: **Arbeitszeitschutz.** Das Arbeitszeitnotgesetz und die übrige arbeitszeitrechtliche Gesetzgebung des Reichs seit dem 9. November 1918. 386 Seiten. 1927 . . . . Geb. RM. 7.50

„Der Kommentar umfaßt die gesamte arbeitszeitrechtliche Gesetzgebung von der Staatsumwälzung bis zur Gegenwart. Er ist ein Führer durch das weite und unübersichtliche Gebiet der arbeitszeitrechtlichen Gesetzgebung. Ein ausführliches Sachregister soll die praktische Benutzung erleichtern." Die Wirtschaftsgenossenschaft.

II. Teil: Gesetz über die **Beschäftigung Schwerbeschädigter** nebst den einschlägigen gesetzlichen Bestimmungen. 404 Seiten. 1928. (Guttentagsche Sammlung Deutscher Reichsgesetze Bd. 138a/138c.)
Geb. RM. 8.—

„Das Buch stellt nicht nur beim Studium des Gesetzes ein wertvolles Hilfsmittel dar, sondern ist auch für den Handgebrauch des Arbeitsrechtspraktikers unentbehrlich." Berliner Wohlfahrtsblatt.

IV. Teil: **Betriebsstillegungsverordnung.** 240 Seiten. 1929. (Guttentagsche Sammlung Deutscher Reichsgesetze. Bd. 138 d.) Geb. RM. 6.50

Tilly, Dr. Helmuth Tczerclas von, **Internationales Arbeitsrecht.** Unter besonderer Berücksichtigung der Internationalen Arbeitsorganisation. 120 Seiten. 1924. (Sammlung Göschen Bd. 882.) . . . . Geb. RM. 1.50

Es ist das erste Werk, das in klarer, kurzer und allen leicht verständlicher Weise das gesamte grundlegende Tatsachenmaterial — und zwar nur dieses — auf dem umfassenden Gebiete des internationalen Arbeiterschutzes von dessen ersten Anfängen bis in die neueste Zeit bietet.

3. Gewerberecht

Hiller, Fr., und **Luppe,** H., **Gewerbeordnung für das Deutsche Reich nebst Kinderschutzgesetz und Hausarbeitsgesetz** sowie den für das Reich und Preußen erlassenen Ausführungsbestimmungen. Einundzwanzigste, veränderte Auflage. (143. bis 148. Tausend.) Taschenformat. 931 Seiten. 1928. Mit Nachtrag vom 11. 2. 1929. (Guttentagsche Sammlung Deutscher Reichsgesetze Bd. 6.) . . . . Geb. RM. 11.—

„Ein Wort der Empfehlung für dieses Buch zu sagen, erübrigt sich. Hervorgehoben sei, daß diese Auflage alle Vorzüge der früheren Auflagen in sich schließt. Die zahlreichen neuen Gesetze sind erschöpfend berücksichtigt." Zeitschrift des Deutschen Notarvereins.

Brassert, H., **Allgemeines Berggesetz** für die preußischen Staaten mit Kommentar. Zweite Auflage, bearbeitet von Hans Gottschalk. Groß-Oktav. XXIX, 1291 Seiten. 1914. RM. 27.—, geb. RM. 30.—

Sonnenfeld, Hugo, **Die reichsrechtlichen Bestimmungen, betreffend den Handel mit Drogen und Giften.** Dritte, veränderte Auflage. Taschenformat. 435 Seiten. 1926. (Guttentagsche Sammlung Deutscher Reichsgesetze Bd. 64.) . . . . Geb. RM. 12.—

„Die Arbeit gehört einem Spezialgebiet an, mit dem nicht jeder Jurist zu tun hat. Wird er einmal genötigt, sich auf dieses Gebiet zu begeben, so ist er um so dankbarer für eine Arbeit, die sofort den Eindruck größter Sachkunde und vollständiger Materialsammlung macht, und deren Führung man sich unbedenklich anvertrauen kann."
Vossische Zeitung.

Lebbin, Georg, **Nahrungsmittelgesetze** mit Erläuterungen. Zweite, stark vermehrte Auflage in zwei Bänden.

I. Band: Das Lebensmittelgesetz vom 5. Juli 1927 mit Nebengesetzen (Margarine, Fleisch, Milch, Süßstoff, Essigsäure usw.). Erläutert von G. Lebbin und R. Gießner. Taschenformat. XVI, 419 Seiten. 1928. Geb. RM. 8.50

II. Band: Getränkegesetze und Getränkesteuergesetze (Wein, Bier, Branntwein, Mineralwasser). Unter Mitarbeit von Rechtsanwalt Dr. Kniebe. Taschenformat. XII, 400 Seiten. 1926. (Guttentagsche Sammlung Deutscher Reichsgesetze Bd. 54b.) . . . . Geb. RM. 10.—

„Das Werk ist für unsere Leser und überhaupt die ganze Fachwelt der Getränkeindustrie unentbehrlich, muß doch jedermann mit den einschlägigen Gesetzesbestimmungen sich soweit wie irgend möglich vertraut machen, wenn er nicht in Nachteile geraten will. Die Anschaffung des Buches kann bestens empfohlen werden."

Branntweinmonopol.

Voß, Werner, **Die reichs- und landesrechtlichen Bestimmungen auf dem Gebiete des Gesundheitswesens. Taschenformat** 608 Seiten. 1929. (Guttentagsche Sammlung Deutscher Reichsgesetze Bd. 172.) Geb. RM. 11.—

„Das Buch wird seiner Aufgabe, fast den gesamten Gesetzesstoff in einem einzigen kleinen Bande in die Hand zu geben, gewiß gerecht und wird sich schnell als unentbehrliches Hilfsmittel für jeden erweisen, der öfter mit dem Gesundheitswesen zu tun hat." Reichsverwaltungsblatt.

4. Geistig-gewerblicher Rechtsschutz.

Pietzcker, Eduard, **Patentgesetz und Gebrauchsmusterschutzgesetz.** Kommentar unter Berücksichtigung der vorgeschlagenen und weiter beantragten Abänderungen des Patentgesetzes. Erster Halbband: §§ 1—12 PatG. Groß-Oktav. 427 Seiten. 1929. (Gewerbe- und Industrie-Kommentar Bd. V, 1.) . . . . . RM. 26.—, geb. RM. 28.—

„Die überall zutage tretende geistige Leistung macht Pietzckers Kommentar für jeden, der sich mit diesem Rechtsgebiet zu beschäftigen hat, zum unentbehrlichen Rüstzeug."

Markenschutz und Wettbewerb.

Seligsohn, Arnold, **Patentgesetz und Gesetz, betr. den Schutz von Gebrauchsmustern.** Siebente Auflage. Oktav. 1929. In Bearbeitung.

„Die Vorzüge des Buches sind bekannt. Klare, leichtfaßliche Sprache, wissenschaftliche Vertiefung, dabei starke Betonung der Praxis, lückenlose Behandlung aller Probleme sind die Vorzüge, die den Seligsohnschen Kommentar zum unentbehrlichen Rüstzeug jedes im gewerblichen Rechtsschutz Tätigen gemacht haben."

Mitteilungen vom Verband Deutscher Patentanwälte.

Lutter, R., **Patentgesetz.** Nebst Ausführungsbestimmungen, völkerrechtlichen Verträgen und Patentanwaltsgesetz, unter eingehender Berücksichtigung der Rechtsprechung des Reichsgerichts und der Praxis des Reichspatentamts. Neunte Auflage. Taschenformat. XV, 467 Seiten. 1928. (Guttentagsche Sammlung Deutscher Reichsgesetze Bd. 22.) Geb. RM. 10.—

„Der jetzige Verfasser hat einen völlig neuen Kommentar geschaffen, der in seiner Knappheit und Sparsamkeit dem ursprünglichen Zweck gerecht wird, aber an wissenschaftlicher Durcharbeitung und Gründlichkeit die vorangegangenen Auflagen weit überragt."

Gewerblicher Rechtsschutz und Urheberrecht.

Elster, Alexander, **Urheber- und Erfinder-, Warenzeichen- und Wettbewerbsrecht.** (Gewerblicher Rechtsschutz.) Zweite, stark erweiterte und völlig umgearbeitete Auflage. Mit Abdruck der Gesetzestexte. Oktav. XII, 611 Seiten. 1928. (Lehrbücher und Grundrisse der Rechtswissenschaft Bd. VIII.) . . . . RM. 18.—, geb. RM. 19.50

„Seit Kohler und Osterrieth endlich wieder das lang entbehrte Lehrbuch. Hier unternimmt ein wahrhaft selbständiger und ideenreicher Kopf den Versuch, eine wirkliche Synthese zu schaffen."

Juristische Rundschau.

Neuberg, J., **Der internationale gewerbliche Rechtsschutz.** 2. Auflage. 128 Seiten. 1923. (Sammlung Göschen Bd. 271.) . . . Geb. RM. 1.50

Neuberg, Johannes, **Gesetz, betr. das Urheberrecht an Mustern und Modellen,** und Gesetz, betr. den Schutz von Gebrauchsmustern, nebst den zu beiden Gesetzen ergangenen Ausführungsverordnungen und abgeschlossenen internationalen Verträgen. Textausgabe mit Einleitung, Anmerkungen und Sachregister. Taschenformat. 192 Seiten. 1911. (Guttentagsche Sammlung Deutscher Reichsgesetze Bd. 102.) Geb. RM. 2.40

„Die Anmerkungen sind kurz, klar, treffend, mit Nachweisungen aus der Judikatur und aus der Literatur versehen. Sie ermöglichen auch dem mit der Materie nicht vertrauten Praktiker eine schnelle Orientierung über den Stand der Frage."

Zeitschrift für das gesamte Handelsrecht.

Daude, Paul, **Die Reichsgesetze über das Urheberrecht an Werken der Literatur und der Tonkunst und das Verlagsrecht** vom 19. Juni 1901 in der Fassung des Gesetzes vom 22. Mai 1910 zur Ausführung der revidierten Berner Übereinkunft. Oktav. VIII, 293 Seiten. 1910. RM. 6.—

„Der Zusammenhang der erläuterten Gesetze mit dem Strafgesetzbuch, dem Bürgerlichen Gesetzbuch und anderen Gesetzen ist in leichtverständlicher Weise praktisch dargestellt. Es wird vorzügliche Dienste leisten." *Deutsche Literatur-Zeitung.*

Lindemann, O., **Gesetz, betr. das Urheberrecht** an Werken der Literatur und der Tonkunst. Vierte Auflage. Taschenformat. 171 Seiten. 1921. (Guttentagsche Sammlung Deutscher Reichsgesetze Bd. 60.) Geb. RM. 1.80

„Die Arbeit ist nicht bloß eine Gesetzesausgabe, sondern ein wertvoller Kommentar des Gesetzes. Das Werk sei jedermann auf das beste empfohlen." *Juristische Wochenschrift.*

Fuld, Ludwig, **Gesetz, betr. das Urheberrecht an Werken der bildenden Künste und der Photographie.** Zweite Auflage. Taschenformat. 192 Seiten. 1925. (Guttentagsche Sammlung Deutscher Reichsgesetze Bd. 81.) . . . . Geb. RM. 6.—

„Der zwar kleine, aber inhaltreiche und daher sehr beliebte Kommentar von Fuld erscheint in zweiter, völlig neubearbeiteter Auflage. Überall ist dem Stande der heutigen Rechtsprechung und wissenschaftlichen Auffassungen Rechnung getragen. In einem Anhang sind die einschlägigen internationalen Übereinkommen abgedruckt. Alle Interessenten werden mit Freuden die neue Auflage begrüßen."

Danziger Juristische Monatsschrift.

Heinitz, Ernst, und **Marwitz,** Bruno, **Das Reichsgesetz über das Verlagsrecht.** Textausgabe mit Einleitung, Anmerkungen und Sachregister. Dritte Auflage. Taschenformat. 136 Seiten. 1922. (Guttentagsche Sammlung Deutscher Reichsgesetze Bd. 61.) . . . . Geb. RM. 1.60

„Dieser kurze Kommentar ist durch seine knappen, das Wichtige klar vortragenden Darlegungen dazu berufen, eine Lücke auszufüllen, die sich für den Praktiker des Verlagsrechts seit Jahren ergab. Man darf deshalb das Erscheinen dieser neuen Auflage aus der Feder des Spezialisten des Verlagsrechts mit größter Freude begrüßen."
Börsenblatt für den Deutschen Buchhandel.

Elster, A., Das deutsche Urheber- und Verlagsrecht. 128 Seiten. 1923. (Sammlung Göschen Bd. 863.) . . . . Geb. RM. 1.50

„Erstaunlich ist, wie Elster diese beiden so viel umstrittenen Gesetze auf so engem Raum in vortrefflicher Weise zur Darstellung gebracht hat." *Deutscher Journalistenspiegel.*

Heymann, E., Die zeitliche Begrenzung des Urheberrechts. Oktav. 74 Seiten. 1927. (Sitzungsberichte der Preußischen Akademie der Wissenschaften zu Berlin.) . . . . RM. 5.—

Elster, A., Das deutsche Erfinderrecht. (Patent- und Musterschutzrecht). 118 Seiten. 1924. (Sammlung Göschen Bd. 891.) . . Geb. RM. 1.50

„Die Aufgabe, einen Überblick über das deutsche Erfinderrecht zu geben, ist im Rahmen der kurzen Erörterungen mit viel Geschick gelöst. Deshalb wird das Büchlein auch bei allen Gruppen der am Patentrecht interessierten Personen seine Freunde finden."
Gewerblicher Rechtsschutz und Urheberrecht.

Seligsohn, Jul., **Geheimnis und Erfindungsbesitz.** Groß-Oktav. 147 Seiten. 1921 . . . . RM. 3.—

Reininger, G., **Der Schutz des Urheberrechts im deutschen Rundfunk.** Oktav. 88 Seiten. 1929 . . . . RM. 4.—

„Eine interessante, zeitgemäße, namentlich auch für geistige Neuschöpfer wichtige Studie." *Badische Rechtspraxis.*

Wolff, F., und **Crisolli,** K.-A., **Das Recht der Reklame.** Lexikon-Oktav. 424 Seiten. 1929 . . . . RM. 20.—, geb. RM. 22.—

Mit diesem Buch ist erstmalig eine systematische erläuternde Zusammenstellung der hauptsächlichsten Bestimmungen gegeben, die von Reklame handeln, bzw. mit Reklame in irgendeinem Zusammenhang stehen. In der Praxis macht sich das Fehlen einer solchen Bearbeitung sehr bemerkbar, da die Reklame in der Gesetzgebung kein in sich abgeschlossenes Gebiet bildet, sondern ihre gesetzlichen Grundlagen in den mannigfachen Bestimmungen des privaten und öffentlichen Rechts findet. Die Verfasser haben die einschlägige Rechtsprechung und Literatur bis in die neueste Zeit berücksichtigt.

Pinner-Elster, Gesetz gegen den unlauteren Wettbewerb. Achte, sehr vermehrte und umgestaltete Auflage. Taschenformat. 254 Seiten. 1927. (Guttentagsche Sammlung Deutscher Reichsgesetze Bd. 37.)
Geb. RM. 5.—

„Das Buch ist mehr als eine bloße ‚Textausgabe mit Anmerkungen', nämlich ein richtiger Kommentar, und wird in der Praxis ausgezeichnete Dienste tun."
Senatspräsident am Reichsgericht Dr. Lobe, Leipzig, i. d. Jurist. Wochenschrift.

Wassermann, Martin, **Der unlautere Wettbewerb** nach deutschem Recht. I. Generalklausel, Reklameauswüchse, Ausverkaufswesen, Angestelltenbestechung. 160 Seiten. 1911. II. Kreditschädigung, Firmen- und Namenmißbrauch, Verrat von Geheimnissen, Ausländerschutz. 151 Seiten. 1911. (Sammlung Göschen Bd. 339 u. 535.) . . . Geb. je RM. 1.50

Born, A., Reichspreßgesetz vom 7. Mai 1874 nebst den einschlägigen Bestimmungen der Reichsverfassung, des Reichsstrafgesetzbuches, der Gewerbeordnung usw. Mit Kommentar und Sachregister. Dritte Auflage. Taschenformat. 176 Seiten. 1924. (Guttentagsche Sammlung Deutscher Reichsgesetze Bd. 53.) . . . . Geb. RM. 4.—

„Das Werk bringt eine sehr reichhaltige Kommentierung des Stoffes, die um so wertvoller ist, als den Entscheidungen der Wortlaut der Urteilsbegründungen beigefügt ist. Sämtliche einschlägigen Bestimmungen der das Pressewesen berührenden Gesetze sind aufgeführt, eingehend besprochen und in Beziehung zueinander gebracht worden. Als Nachschlagewerk in Zweifelsfällen wird das Buch von großem Nutzen sein." Ministerialblatt für die preußische innere Verwaltung.

Hagens, Alfred, **Warenzeichenrecht.** Kommentar. Groß-Oktav. VIII, 408 Seiten. 1927. (Gewerbe- und Industrie-Kommentar Bd. III.)
RM. 22.—, geb. RM. 24.—

„Eine ausführliche Darstellung, die zeigt, daß der Verfasser das gesamte Fachschrifttum und die reichhaltige Rechtsprechung restlos beherrscht. Ich habe gefunden, daß nicht ein einziger Fall von Bedeutung fehlt." Markenschutz und Wettbewerb.

Seligsohn, Arnold, **Gesetz zum Schutz der Warenbezeichnungen.** Dritte Auflage, bearbeitet in Gemeinschaft mit Martin Seligsohn in Berlin. Groß-Oktav. IV, 416 Seiten. 1925. RM. 15.—, geb. RM. 16.50

„Der Kommentar zeigt alle Vorzüge des in der Wissenschaft und Praxis des gewerblichen Rechtsschutzes gleich ausgezeichneten Juristen: volle theoretische und praktische Beherrschung des Stoffes, klare Darstellungsgabe, sorgsame Behandlung und treffsicheres Urteil." Badische Rechtspraxis.

Freund, G. S., **Magnus,** Julius, und **Jüngel,** Friedrich, **Das deutsche Warenzeichenrecht.** Sechste, neubearbeitete Auflage. Teil I: Die internationalen Verträge. VI, 247 Seiten. Mit 4 Tafeln. 1924. (Guttentagsche Sammlung Deutscher Reichsgesetze Bd. 87a.) Geb. RM. 9.—

„Das ganze Werk mit seiner Fülle von Gesetzen, Verordnungen, Verträgen, Bekanntmachungen bildet eine Quellensammlung für das internationale deutsche Zeichenrecht, ohne die man fortan nicht mehr auskommen kann." Gewerblicher Rechtsschutz und Urheberrecht.

IV. Zivilprozeß

Fischer, Otto, **Lehrbuch des deutschen Zivilprozeß- und Konkursrechts.** Groß-Oktav. XII, 488 Seiten. 1918 . . . RM. 8.—, geb. RM. 10.—

Kisch, Wilh., **Deutsches Zivilprozeßrecht.**
I. Band. Vierte, verbesserte Auflage. 115 Seiten. 1929. (Sammlung Göschen Bd. 428.) . . . . Geb. RM. 1.50
II. Band. Vierte, verbesserte Auflage. 168 Seiten. 1929. (Sammlung Göschen Bd. 429.) . . . . Geb. RM. 1.50
III. Band. Vierte, verbesserte Auflage. 148 Seiten. 1929 (Sammlung Göschen Bd. 430.) . . . . Geb. RM. 1.50

Diese Auflage wird jedem, der sich auf gemeinverständliche Weise über unser geltendes Zivilgerichtswesen unterrichten will, gute Dienste leisten, und kann namentlich den Studierenden des Rechts als Einführung bestens empfohlen werden.

Sydow, R., **Busch**, L., und **Krantz**, W., **Zivilprozeßordnung und Gerichtsverfassungsgesetz.** Neunzehnte Auflage. Groß-Oktav. VIII, 1335 Seiten. 1926. (de Gruytersche Sammlung Deutscher Gesetze. Handkommentare.) . . . . Geb. RM. 25.—

„Der Wert des Werkes ist längst anerkannt. Es gibt wohl keinen Praktiker, der sich seiner nicht mit besonderer Vorliebe bedient. Vollständigkeit, Übersichtlichkeit, Zuverlässigkeit und Ausführlichkeit der Erläuterungen sind auch diesmal dem allgemein beliebten Buche als seine hervorstechendsten Vorzüge treugeblieben. Für die Praxis ist es unentbehrlich.“

Zeitschrift des Bundes Deutscher Justizamtmänner.

Zivilprozeßordnung mit Gerichtsverfassungsgesetz und Einführungsgesetzen in der Fassung der Bekanntmachung vom 13. Mai 1924 mit den bis 1. April 1929 ergangenen Abänderungen. Textausgabe mit Sachregister. Taschenformat. 440 Seiten. 1929. (Guttentagsche Sammlung von Textausgaben ohne Anmerkungen.) . . . Geb. RM. 3.50

Die handliche Ausgabe enthält den genannten Gesetzestext mit einem das Zurechtfinden sehr erleichternden Sachregister.

Sydow, R., **Busch**, L., und **Krantz**, W., **Gerichtsverfassungsgesetz** mit Einführungsgesetz. Unter besonderer Berücksichtigung der Entscheidungen des Reichsgerichts. Zehnte Auflage. Taschenformat. 347 Seiten. 1925. (Guttentagsche Sammlung Deutscher Reichsgesetze Bd. 14.) Geb. RM. 6.—

„Das Buch bedarf keiner Empfehlung, es empfiehlt sich selbst durch die Fülle dessen, was es bietet. Gesetzgebung und Rechtsprechung sind bis in die neueste Zeit berücksichtigt.“

Leipziger Zeitschrift für Deutsches Recht.

Rausnitz, Julius, **Gebührenordnung für Notare** vom 28. Oktober 1922 (GS. 404) nebst den einschlägigen Vorschriften des Preußischen Gerichtskostengesetzes vom 28. Oktober 1922 (GS. 363), beide in der Fassung der Gesetze vom 12. April 1923 (GS. 107), 18. Dezember 1923 (GS. 556) und der Verordnung vom 28. Juni 1924 (GS. 573). Sechste, umgearbeitete Auflage. Oktav. 158 Seiten. 1925. (Guttentagsche Sammlung Preußischer Gesetze Bd. 4.) . . . Geb. RM. 7.—

„Der in seiner äußeren Form sehr handlich und gut ausgestaltete Kommentar kann nur auf das wärmste empfohlen werden. Er wird sehr bald ein unentbehrlicher, weil nie versagender Ratgeber werden, der die Berufsarbeit sehr erleichtern wird.“ *Juristische Wochenschrift.*

Sydow, R., **Busch**, L., und **Krieg**, O., **Die Deutsche Gebührenordnung für Rechtsanwälte**, das Gesetz, betreffend die Erstattung von Rechtsanwaltsgebühren in Armensachen, und die Preußische Landesgebührenordnung mit Erläuterungen. Auf der Grundlage der Sydow-Busch'schen Textausgabe mit Anmerkungen in dreizehnter Auflage unter Mitaufnahme des Gesetzes über die Erstattung in Armensachen neubearbeitet. Taschenformat 496 Seiten. 1929. (Guttentagsche Sammlung Deutscher Reichsgesetze Bd. 17.) . . . . Geb. RM. 9.—

„Die Erläuterung der Gebührenordnung bietet besonders Wertvolles. Sie steht schon lange unter den Anmerkungsausgaben mit an erster Stelle. Und das mit Recht.“

Zeitschrift des Bundes Deutscher Justizamtmänner.

Sydow, R., **Busch,** L., und **Krieg,** O., **Deutsches Gerichtskostengesetz nebst Gebührenordnung** für Gerichtsvollzieher und für Zeugen und Sachverständige in den neuesten Fassungen. Auf der Grundlage der Sydow-Busch'schen Textausgabe mit Anmerkungen neubearbeitet in elfter Auflage. Taschenformat. XI, 433 Seiten. 1928. (Guttentagsche Sammlung Deutscher Reichsgesetze Bd. 15.) . . . . . . Geb. RM. 7.50

„Die neue Auflage bietet unter gründlicher Berücksichtigung der gesamten einschlägigen Rechtsprechung eine zeitgemäße, übersichtliche und erschöpfende Erläuterung des Gesetzes. Für den täglichen Gebrauch in der Praxis erscheint diese Textausgabe mit Anmerkungen als unentbehrlich."

Dr. Natter in der „Württembergischen Zeitschrift für Rechtspflege".

Lindemann, Otto, **Preußisches Gerichtskostengesetz** (neueste **Fassung).** Nach dem Tode des früheren Herausgebers P. Siméon erläutert. Achte, völlig **umgearbeitete Auflage.** Taschenformat. 439 Seiten. 1928. **(Guttentagsche Sammlung Preußischer Gesetze Bd. 17.)** Geb. RM. 8.—

„Die achte Auflage dieser bekannten Ausgabe des Preußischen Gerichtskostengesetzes ist entsprechend den bedeutsamen Änderungen der letzten Jahre völlig umgearbeitet. Die gesamte Rechtsprechung wurde eingehend berücksichtigt, so daß hier eine Erläuterung vorliegt, die Zuverlässigkeit und Vollständigkeit in sich verbindet."

Mitteilungen des Preußischen Richtervereins.

Freiwillige Gerichtsbarkeit

Jastrow, Hermann, und **Günther,** Hermann, **Die Gesetze des Reiches und Preußens über die freiwillige Gerichtsbarkeit.** Textausgabe mit Einleitung, **Anmerkungen und Sachregister. Siebente, vermehrte Auflage.** Taschenformat. 548 Seiten. 1928. (Guttentagsche Sammlung Deutscher Reichsgesetze Bd. 46.) . . . . Geb. RM. 9.—

„Die Anmerkungen unterrichten in zuverlässiger Weise über die wichtigste Rechtsprechung des Reichsgerichts und der deutschen Oberlandesgerichte auf dem Gebiete der freiwilligen Gerichtsbarkeit. Ein ausführliches Sachregister erhöht die Brauchbarkeit des bewährten Buches, das auch in der neuen Auflage seinen Zweck auf das beste erfüllen wird." *Juristische Wochenschrift.*

Szkolny, Felix, und **Kober,** Leopold, **Das Notariatsrecht,** unter besonderer Berücksichtigung des materiellen Rechts und des Steuer- und Stempelrechts erläutert. Oktav. 236 Seiten. 1926. (Guttentagsche Sammlung Deutscher Reichsgesetze Bd. 163.) . . . . Geb. RM. 8.50

„Die Darlegung des materiellen Rechts, soweit es in der täglichen Anwendung den Notar hauptsächlich beschäftigt. Es wird die Beurkundung einzelner Rechtsgeschäfte und anderer Rechtsvorgänge behandelt. Die Ausführungen verwerten die neueste Lehre und Rechtsprechung eingehend, die Darstellung ist leicht faßlich und klar, einzelne Muster vervollkommnen das anschauliche Bild."

Zeitschrift des Deutschen Notarvereins.

Szkolny, Felix, **Die Belehrungspflicht des Notars.** Oktav. 52 Seiten. 1927. . . . . RM. 2.—

„Ein trotz seines geringen Umfanges sehr nützliches Buch, für das wir dem Verfasser Dank wissen müssen. Es ist zu begrüßen, daß die Beschäftigung mit dem Notariatsrecht zunimmt, und es besteht die Hoffnung, daß dies eine günstige Einwirkung auf die Handhabung des Notariats nicht verfehlen wird."

Zeitschrift des Deutschen Notarvereins.

Konkursordnung und Zwangsvollstreckung

Jaeger, Ernst, **Kommentar zur Konkursordnung** und den Einführungsgesetzen. Mit einem Anhang, enthaltend das Anfechtungsgesetz, die Vergleichsordnung, Auszüge aus den Kostengesetzen, Ausführungsgesetze und Geschäftsordnungen. Sechste und siebente, neubearbeitete Auflage. Groß-Oktav. Der Umfang des Gesamtwerkes umfaßt etwa 100 Bogen. Die Ausgabe erfolgt in Lieferungen.
Gesamtpreis etwa RM. 80.—
Erster Band. Erste Lieferung (§§ 1—16). 296 Seiten. 1928.
RM. 16.—
Erster Band. Zweite Lieferung (§§ 17—27). Seite 297—472. 1929.
RM. 10.—

„Das Jaegersche Werk ist ohne Zweifel der beste von den mehreren guten Kommentaren zur Konkursordnung, die wir besitzen.“
Zeitschrift für Deutschen Zivilprozeß.

Sydow, R., **Busch,** L., und **Krieg,** O., **Konkursordnung** und Anfechtungsgesetz mit Erläuterungen. Auf der Grundlage der Sydow-Buschschen Textausgabe mit Anmerkungen in fünfzehnter Auflage unter Mitaufnahme der Vergleichsordnung neubearbeitet. Taschenformat. 816 Seiten. 1929. (Guttentagsche Sammlung Deutscher Reichsgesetze Nr. 13.) . . . . Geb. RM. 12.—

„Die Erläuterungsbücher von Sydow-Busch sind als Kommentare mittleren Umfanges seit vielen Jahren in der Juristenwelt rühmlichst bekannt.“
Juristische Rundschau.

Fischer, K., und **Schäfer,** L., **Die Gesetzgebung, betr. die Zwangsvollstreckung in das unbewegliche Vermögen** im Reiche und in Preußen. Bearbeitet von J. Krech und O. Fischer. Zweite Auflage. Lexikon-Oktav. XVI, 728 Seiten. 1910 . . . RM. 15.—, geb. RM. 18.—

*„Unter den zahlreichen Bearbeitungen des Zwangsvollstreckungsgesetzes ist der **Kommentar von Fischer und Schäfer wohl der wissenschaftlich bedeutendste.** Überall sind die Erläuterungen systematisch, manchmal geradezu lehrbuchartig aufgebaut, die leitenden Gedanken treten trotz der Fülle der behandelten Einzelfragen klar und deutlich hervor.“*
Zeitschrift für Rechtspflege in Bayern.

Krech, J., und **Fischer,** O., **Die Gesetzgebung, betr. die Zwangsvollstreckung in das unbewegliche Vermögen** im Reiche und in Preußen. Textausgabe mit Einleitung, Anmerkungen und Sachregister. Zehnte Auflage, bearbeitet von O. Fischer. Taschenformat. 266 Seiten. 1929. (Guttentagsche Sammlung Deutscher Reichsgesetze Bd. 43.)
Geb. RM. 5.—

„Einer besonderen Empfehlung dieser handlichen Ausgabe, deren Hauptteil das Gesetz über die Zwangsversteigerung und Zwangsverwaltung bildet, bedarf es nicht. Gesetzgebung, Rechtsprechung und Rechtslehre sind bis zur Gegenwart berücksichtigt.“
Sächsisches Archiv für Rechtspflege.

Samter, M. K., **Handbuch zum Verfahren der Zwangsversteigerung und Zwangsverwaltung** nach dem Reichsgesetz vom 24. März 1897 (Fassung vom 20. Mai 1898). Zweite Auflage, vermehrt durch einen Nachtrag und ein Selbstexaminatorium. VIII, 400 Seiten. 1912.
RM. 5.—

Im ersten Teil dieses Handbuches sind, seinem Einführungszweck entsprechend, die allgemeinen und materiellrechtlichen Grundlagen des Verfahrens kurz dargestellt, deren Aneignung jüngeren Juristen besonders schwer fällt. Im zweiten Teil ist das Verfahren in organischer Plastik zur Darstellung gelangt, um auch älteren Juristen, in strepitu fori, eine leichte und doch voll ausreichende Übersicht der in Betracht kommenden Vorschriften und Rechtsgrundsätze zu gewähren.

Kretzschmar, F., **Die Zwangsversteigerung und die Zwangsverwaltung.** 110 Seiten. 1911. (Sammlung Göschen Bd. 523.) . . Geb. RM. 1.50

V. Strafrecht und Strafprozeß

Strafgesetzbuch

Ebermayer, Ludwig, **Lobe,** Adolf und **Rosenberg,** Werner, **Das Reichsstrafgesetzbuch,** Leipziger Kommentar mit besonderer Berücksichtigung der Rechtsprechung des Reichsgerichts. Vierte, vermehrte und verbesserte Auflage. Lexikon-Oktav. X, 1282 Seiten. 1929. RM. 56.—, in Halbleder geb. RM. 63.—

„Zusammenfassend wird man sagen müssen, daß der Kommentar nun wohl endgültig an die Spitze der großen Kommentare zum StGB. getreten ist.“ Zeitschrift für Rechtspflege in Bayern.

Kohlrausch, Eduard, **Strafgesetzbuch für das Deutsche Reich mit Nebengesetzen.** Textausgabe mit Anmerkungen und Sachregister. Achtundzwanzigste Auflage. Taschenformat. XII, 589, *52 Seiten. 1928. (Guttentagsche Sammlung Deutscher Reichsgesetze Bd. 2.) Geb. RM. 8.—

„Ein Buch, an Hand dessen eine schnelle und zuverlässige Orientierung über die wichtigsten Auslegungsfragen möglich ist. Es dient in gleicher Weise dem Studierenden zur Einführung in eine Lektüre des Gesetzes wie dem Praktiker zur schnellen Auffindung einer Entscheidung.“
Rechtsanwalt Dr. Max Alsberg in der „Juristischen Wochenschrift“.

Liszt, Fr. v., **Lehrbuch des deutschen Strafrechts.** Fünfundzwanzigste, vollkommen durchgearbeitete und zum Teil umgestaltete Auflage, besorgt von Dr. E. Schmidt, Professor an der Universität Breslau. Groß-Oktav. XXXIV, 976 Seiten. 1927. RM. 27.50, geb. RM. 30.—

„Das Lisztsche Lehrbuch wird auch in dieser neuen Bearbeitung seinen ersten Platz und seinen Weltruf sich bewahren.“
Zeitschrift des Deutschen Notarvereins.

Gerland, H. B., **Das deutsche Reichsstrafrecht.** Oktav. 600 Seiten. 1922. (Lehrbücher und Grundrisse der Rechtswissenschaft Bd. XVI.) RM. 10.—, geb. RM. 11.50

„Durch knappe, geradezu klassische Kürze zeigende Darstellung gelang es Gerland auf engem Raume eine ungeheure Fülle des Stoffes zu bieten und auf jede Frage Antwort zu geben.“
Juristische Wochenschrift.

Zeitschrift für die gesamte Strafrechtswissenschaft. Gegründet von **Fr. von Liszt** und **A. Dochow.** Unter ständiger Mitarbeiterschaft hervorragender Fachmänner herausgegeben von Dr. K. von Lilienthal, Professor in Heidelberg, Dr. Ed. Kohlrausch, Professor in Berlin, und Dr. W. Gleispach, Professor in Wien. Der Jahrgang besteht aus 8—9 Heften. Quart.

Bd. 1—43. 1881—1922. Je RM. 15.—. Bd. 44. 1922. RM. 25.—. Bd. 45. 1924. RM. 21.—. Bd. 46—49. 1925—1929. Je RM. 30.—.

Sammlung außerdeutscher Strafgesetzbücher in deutscher Übersetzung. Herausgegeben von den Schriftleitungen der Zeitschrift für die gesamte Strafrechtswissenschaft und der Mitteilungen der Jnternationalen Kriminalistischen Vereinigung.

Nr. 1—43. 1881—1914. Preise auf Anfrage.

Nr. 44:

Japanische Strafgesetze. I. Schwurgerichtsordnung vom 18. April 1923 und strafrechtliche Nebengesetze. Übersetzt von Hyoichiro Kusano, Reichsgerichtsrat in Tokio, Tadao Sugiura, Oberlandesgerichtsrat in Sapporo, und Dr. jur. Fritz Bartelt in Berlin. II. Strafvollzugsgesetz vom 28. März 1908 nebst Ausführungsverordnung vom 16. Juni 1908. Übersetzt von Dr. jur. Toshita Tokiwa, Gerichtsassessor in Tokio, und Dr. jur. Werner Gentz, Justizrat beim Strafvollzugsamt in Kiel. Oktav. 55 Seiten. 1927. RM. 3.—

Nr. 45:

Die Auslieferungsgesetze Norwegens, Schwedens und Finnlands. Mit einer systematischen Darstellung der Grundzüge des nordischen Auslieferungsrechts im Hinblick auf den Erlaß eines deutschen Auslieferungsgesetzes Von Dr. jur. Ernst Wolgast, Privatdozent in Königsberg i. Pr. Groß-Oktav. VIII, 487 Seiten. 1928. . . RM. 20.—

Nr. 46:

Das Türkische Strafgesetzbuch vom 1. März 1926. Gesetz Nr. 765. (Türkisches Gesetzblatt Nr. 320 vom 13. März 1926.) Das Ausführungsgesetz zum Türkischen Strafgesetzbuch vom 26. April 1926. Deutsche Übersetzung von Dr. jur. Kurt Ziemke. Oktav. 138 Seiten. 1927 . . . . RM. 5.—

Nr. 47:

Entwurf eines griechischen Strafgesetzbuches. Übersetzt und eingeleitet von Demetrius G. Venturas, Rechtsanwalt in Korfu, Griechenland. Oktav. 123 Seiten. 1928 . . . . RM. 7.—

Nr. 48:

Italienischer Vorentwurf zu einem neuen Strafgesetzbuch. (Progetto di un nuovo codice penale.) In deutscher Übersetzung von Dr. K. Bunge, Landgerichtsrat in Berlin. Oktav. XXXII, 244 Seiten. 1928. RM. 10.—

Nebengesetze

Lindemann, Otto, **Sammlung der wichtigsten preußischen Strafgesetze.** Zweite Auflage. Taschenformat. 372 Seiten. 1912. (Guttentagsche Sammlung Preußischer Gesetze Bd. 34.) . . . . . Geb. RM. 3.50

„Die durch mehrere wichtige Gesetze erweiterte zweite Auflage dieses unentbehrlichen Ergänzungsbandes zu den in Einzelausgaben erschienenen Preußischen Gesetzen ist durch die Wiedergabe der noch geltenden vereinzelten alten Strafvorschriften nebst trefflich unterrichtenden Vorbemerkungen und Erläuterungen besonders wertvoll. Nur mittels einer solchen ausgezeichneten Sammlung ist es möglich, auch die zerstreuten Gebiete des Strafrechts völlig zu beherrschen."

Deutsche Juristen-Zeitung.

Kirchner, Rudolf, **Gesetz über den Verkehr mit Kraftfahrzeugen.** Vierte Auflage. (Guttentagsche Sammlung Deutscher Reichsgesetze Bd. 92.)

In Vorbereitung.

„Ein sehr wertvolles Hilfsmittel für Anwendung und Auslegung des wichtigen Gesetzes." Leipziger Zeitschrift für deutsches Recht.

Lindemann, Otto, **Polizeiverordnungen in Preußen.** Zweite Auflage. Taschenformat. 189 Seiten. 1912. (Guttentagsche Sammlung Preußischer Gesetze Bd. 36.) . . . . Geb. RM. 2.50

Abhandlungen des Kriminalistischen Instituts an der Universität Berlin. Herausgegeben von Dr. **Franz von Liszt,** o. Professor der Rechte Sonderverzeichnis kostenlos. Vierte Folge. I. Band.

Heft 1:

Dannenberg, Herbert, **Liberalismus und Strafrecht im 19. Jahrhundert unter Zugrundelegung der Lehren Karl Georg von Waechters.** Oktav. IV, 66 Seiten. 1925 . . . . RM. 3.—

Heft 2:

Tarnowski, Dr. Hans, **Die systematische Bedeutung der adäquaten Kausalitätstheorie für den Aufbau des Verbrechensbegriffs.** Oxtav X, 340 Seiten. 1927 . . . . RM. 18.—

Heindl, Robert, **System und Praxis der Daktyloskopie** und der sonstigen technischen Methoden der Kriminalpolizei. Dritte, neubearbeitete und vermehrte Auflage. 900 Abbildungen im Text und 21 **Bildertafeln.** 780 Seiten. Groß-Oktav. 1927 . . . . . RM. 36, geb. RM. 40.—

„Ein Werk, mit dem wohl für geraume Zeit die Literatur dieses Gebiets ihren krönenden Abschluß gefunden haben dürfte. — Es darf erwartet werden, daß jeder Richter, Rechtsanwalt und Verteidiger sich dieses vorzüglichen Werkes bedient.“ Deutsche Juristenzeitung

Kleine kriminalistische Bücherei.

Band 1:

Schneickert, Hans, **Die strafrechtlichen Aufgaben der Polizei.** Für den Polizeiunterricht und die Polizeipraxis. Taschenformat. 182 Seiten. 1921 RM. 2.—

„Das Werk stellt ein brauchbares Hilfsmittel für Unterricht und Praxis dar, dessen Benutzung noch durch ein eingehendes Sachregister erleichtert wird“ Ministerialblatt für die preußische Verwaltung.

Band 2:

Philipp, Lothar, **Beobachtungs- und Ermittlungspraxis im Polizei- und Detektivdienst.** Taschenformat. 180 Seiten. 1923 . . . RM. 2.—

„Alles in allem: ein Buch, für den Fachmann lesenswert, für den Anfänger ein guter Leitfaden, für den Laien interessant“ Zeitschrift für gerichtliche Schriftvergleichung.

Band 3:

Manteuffel, H. v., **Falschspieler.** Formen und Technik des Spielbetruges, nebst einem Anhange: Der Spielprofessor und sein angeblich sicheres System beim Spiele gegen eine öffentliche Roulettebank. Taschenformat 90 Seiten. 1923 . . . . RM. 2.—

Gerade heutzutage, wo die Spielleidenschaft so weite Kreise zieht, ist es von besonderem Reiz, diese klare, flüssige und lehrreiche Darstellung zu verfolgen.

Band 4:

Schneickert, Hans, **Kriminalistische Spurensicherung.** Sammlung dienstlicher Anweisungen und sachverständiger Ratschläge für den Dienstgebrauch und für Polizeischulen. Zweite, vermehrte und verbesserte Auflage. Taschenformat. 96 Seiten. Mit 2 Abbildungen. 1925. Geb. RM. 3.—

„Alle Einzelheiten werden hervorgehoben und als möglicherweise wichtige Beweismomente in einem vielarmigen System zusammengefaßt. In der Durchführung seiner Aufgabe hat der Verfasser tatsächlich alles berücksichtigt, was für das Beweisverfahren von Bedeutung ist und sein könnte.“ Archiv für Kriminologie.

Band 5:
Rehfeld, P., **Gerichtsärztliche Tatbestandsfeststellungen** im Dienste der Polizei. Ein Leitfaden für Polizei- und Kriminalbeamte. Taschenformat. 133 Seiten. 1927 . . . . Geb. RM. 3.50

„Die Bearbeitung gibt eine geschlossene, einheitliche Behandlung des Stoffgebietes durch einen Arzt, wie sie anderweitig in der kriminalistischen Literatur nicht vorhanden ist.“ Deutsches Polizeiarchiv.

Strafprozeßordnung

Kohlrausch, Eduard, **Strafprozeßordnung** und Gerichtsverfassungsgesetz mit Nebengesetzen. Einundzwanzigste Auflage. Taschenformat. XI, 526 Seiten. 1927. (Guttentagsche Sammlung Deutscher Reichsgesetze Bd. 12.) . . . . Geb. RM. 7.50

*„Das Buch ist nicht nur für den Praktiker, der sich rasch unterrichten will, sondern auch für den Studierenden, zumal wenn ihm die wirtschaftlichen Verhältnisse die Anschaffung umfangreicher Kommentare nicht ermöglichen, von größtem Wert.“
Oberreichsanwalt Dr. Ebermayer in der „Juristischen Wochenschrift“.*

Feisenberger, Albert, **Strafprozeßordnung und Gerichtsverfassungsgesetz.** Handkommentar. Groß-Oktav. IX, 517 Seiten. 1926. Mit Nachtrag. 1927. (de Gruytersche Sammlung Deutscher Gesetze. Handkommentare.) . . . . Geb. RM. 17.—

*„Der vorliegende Handkommentar ist eine glänzende Arbeit, die bald in der Hand jedes Strafrichters und Rechtsanwalts sein wird. Er hält die Mitte zwischen Textausgabe und den umfangreichen Kommentaren. Geradezu vorbildlich ist er für den Umfang der Heranziehung der Rechtsprechung. Alles Wesentliche ist berücksichtigt.“
Danziger Juristische Monatsschrift.*

Beling, E., **Deutsches Reichsstrafprozeßrecht** mit Einschluß des Strafgerichtsverfassungsrechts. Oktav. XIV, 568 Seiten. 1928. (Lehrbücher und Grundrisse der Rechtswissenschaft Bd. XVII.)
RM. 15, geb. RM. 16.50

Die Eigenart des vorliegenden Lehrbuches des Reichsstrafprozeßrechts ist, daß es dem Verständnis der Gesetzestexte vorarbeiten und zu ihnen hinführen will. Gerade das, was nicht im Gesetz steht, ist die Hauptsache; die Gesetzesparagraphen sind Ziel, nicht Ausgangspunkt. Insbesondere aber stellt der Verfasser die Regelungsinhalte des geltenden Rechts in die heutige rechtspolitische Gedankenwelt hinein und gibt ein auch äußerlich scharf hervortretendes System, das den Lernenden befähigt, die Fülle der Einzelheiten unter allgemeinen Ordnungsgesichtspunkten zusammenzusetzen.

Rosenfeldt, E. H., **Deutsches Strafprozeßrecht.** 2 Bände. 128 und 148 Seiten. 1926. (Sammlung Göschen Bd. 938/939.) . Geb. RM. 1.50

„Eine wissenschaftlich hochstehende, auf einem knappen Raum zusammengedrängte, klar und originell geschriebene Einführung in den deutschen Strafprozeß.“ Schweizer. Zeitschrift für Strafrecht.

Löwe, F., und **Rosenberg,** Werner, **Die Strafprozeßordnung für das Deutsche Reich** vom 22. März 1924 nebst dem Gerichtsverfassungsgesetz. **Kommentar.** Achtzehnte, neubearbeitete Auflage. Lexikon-Oktav. 1332 Seiten. 1929 . . . . RM. 44.—, in Halbleder geb. RM. 50.—

*„Der Löwesche Kommentar hat sich in Wissenschaft und Rechtsprechung eine so hervorragende Stellung erworben, daß er zum unentbehrlichen Ratgeber für Theoretiker und Praktiker geworden ist. Der Kommentar steht nach wie vor an erster Stelle und ist ein Meisterwerk in der Kunst einer klaren, übersichtlichen und erschöpfenden Darstellung dieses außerordentlich spröden Stoffes.“
Zeitschrift des deutschen Notarvereins.*

Feisenberger, Albert, **Strafprozeßordnung und Gerichtsverfassungsgesetz,** in alter und neuer Fassung synoptisch gegenübergestellt. Mit ausführlichem Sachregister. Taschenformat. 265 Seiten. 1924. Mit Nachtrag. 1927. (Guttentagsche Sammlung Deutscher Reichsgesetze Bd. 158.) . . . . Geb. RM. 4.50

„Die Ausgabe ist für die Praxis auf längere Zeit unentbehrlich. Die synoptische Darstellung erleichtert die Arbeit und schützt vor Gedächtnisfehlern." *Juristische Wochenschrift.*

VI. Öffentliches Recht.

1. Staats- und Völkerrecht.

Fischbach, O. G., **Allgemeine Staatslehre.** Zweite Auflage. 136 Seiten. 1928. (Sammlung Göschen Bd. 358.) . . . . . Geb. RM. 1.50

„Das Buch darf einer breiten Öffentlichkeit als ausgezeichnete Einführung, den Fachgenossen aber, jung und alt, als Musterbeispiel wissenschaftlichen Bemühens um die denkbar beste Leistung anempfohlen werden, wie man ihm heute nicht allzu häufig mehr begegnet." *Reichsverwaltungsblatt.*

Fischbach, O. G., **Allgemeines Staatsrecht.**
I. Teil. 139 Seiten. 1923. (Sammlung Göschen, Bd. 415.) Geb. RM. 1.50
II. Teil. 151 Seiten. 1923. (Sammlung Göschen Bd. 416.) Geb. RM. 1.50

Diese Bearbeitung bringt nicht bloß einen leicht faßlichen gemeinverständlichen Überblick über alle Zweige des Staatsrechtes, sondern auch in den einzelnen Partien viele gründliche wissenschaftliche Erörterungen der einschlagenden Probleme und kritischen Beleuchtung der verschiedenen Rechtsansichten.

Stier-Somlo, Fritz, **Deutsches Reichs- und Landesstaatsrecht I.** Oktav. XVI, 726 Seiten. 1924. (Lehrbücher und Grundrisse der Rechtswissenschaft Bd. XVIII.) . . . . RM. 16.50, geb. RM. 18.—

„. . . Von den zurzeit vorhandenen größeren Lehrbüchern des Reichsstaatsrechts das geignetste." *Juristische Wochenschrift.*

Stier-Somlo, Fritz, **Reichsstaatsrecht.** I. Grundbegriffe des Staatsrechts. Verfassungsgeschichte vom Ende des 18. Jahrhunderts bis zur Reichsverfassung vom 11. August 1919. 108 Seiten. 1927. (Sammlung Göschen Bd. 967.) . . . . Geb. RM. 1.50
II. Das geltende Reichsstaatsrecht. 114 Seiten. 1927. (Sammlung Göschen Bd. 968.) . . . . Geb. RM. 1.50

Stier-Somlo, Fritz, **Preußisches Staatsrecht.** Zweite Auflage. 136 Seiten. 1927. (Sammlung Göschen Bd. 298.) . . . Geb. RM. 1.50

„Die drei schmalen Bändchen werden nicht allein als wünschenswertes Orientierungsmittel für den Laien und den angehenden Juristen zu begrüßen sein, sondern auch dem im praktischen Berufsleben stehenden Juristen Anregung und Belehrung bieten." *Juristische Wochenschrift.*

Arndt, Adolf, **Die neue Verfassung des Deutschen Reiches.** Dritte Auflage. Taschenformat. 1927. (Guttentagsche Sammlung Deutscher Reichsgesetze Bd. 137.) . . . . RM. 8.—

„Für alle, die sich auf dem schwierigen Gebiet der Reichverfassung orientieren wollen, liegt hier ein vorzügliches Nachschlagewerk von gediegener Wissenschaftlichkeit vor." *Staats- und Selbstverwaltung.*

Stier-Somlo, Fritz, **Kommentar zur Verfassung des Freistaates Preußen.** Groß-Oktav. 319 Seiten. 1921 . . . . Geb. RM. 3.—

„Die Darstellung ist flüssig und knapp und ist als treffliche Orientierung über das neue Verfassungswerk, eine Orientierung, die ihre notwendige Ergänzung in dem vorzüglichen Kommentar Stier-Somlos findet, sehr zu empfehlen." Zeitschrift für öffentliches Recht.

Arndt, Adolf, **Die Verfassung des Freistaats Preußen** vom 30. November 1920. Mit Einleitung, vollständigem Kommentar, Landeswahlgesetz und Sachregister. Taschenformat. 158 Seiten. 1921. (Guttentagsche Sammlung Preußischer Gesetze Bd. 1.)

Geb. RM. 2.—

„Die Einleitung ist eine vortreffliche staatsrechtliche Abhandlung, die unter Berücksichtigung und Verwertung der einschlägigen Literatur in die Entstehungsgeschichte und in die Bedeutung der Verfassungsurkunde einführt. Der Kommentar wird denjenigen, die sich mit den einzelnen Bestimmungen der Verfassung vertraut machen wollen, ein willkommener Ratgeber sein."

Zeitschrift für Polizei- und Verwaltungsbeamte.

Veröffentlichungen der Vereinigung deutscher Staatsrechtslehrer.

Heft 1: **Der deutsche** Föderalismus. Oktav. 1924 . . . RM. 5.—
Heft 2: Der Schutz des öffentlichen Rechts. Oktav. 1925. RM. 12.—
Heft 3: Die Gleichheit vor dem Gesetz. Der Einfluß des Steuerrechts auf die Begriffsbildung des öffentlichen Rechts. Oktav. 1927. RM. 7.—
Heft 4: Das Recht der freien Meinungsäußerung. — Der Begriff des Gesetzes in der Reichsverfassung. Oktav. 1928 . . . . . RM. 10.—
Heft 5: Wesen und Entwicklung der Staatsgerichtsbarkeit. — Überprüfung von Verwaltungsakten durch die ordentlichen Gerichte. Oktav. 1929 . . . . RM. 12.—

Sehling, Emil, **Kirchenrecht.** Zweite Auflage.

I. Teil. **Einleitung. Quellen, Verfassung und Verwaltung** der katholischen Kirche. Anhang: Die griechisch-orthodoxe Kirche. 119 Seiten. 1922. (Sammlung Göschen Bd. 377.) . . . . Geb. RM. 1.50

II. Teil: Das evangelische Kirchenrecht. Die Stellung des Staates zur Kirche und das Verhältnis der Religionsgesellschaften zueinander. 87 Seiten. 1927. (Sammlung Göschen Bd. 954.) . . . Geb. RM. 1.50

Edler v. Hoffmann, H., **Deutsches Kolonialrecht.** 150 Seiten. 1907. (Sammlung Göschen Bd. 318.) . . . . Geb. RM. 1.50

Reier, Otto, **Sozialisierungsgesetze.** Taschenformat. 214 Seiten. 1920. (Guttentagsche Sammlung Deutscher Reichsgesetze Bd. 141.)

Geb. RM. 2.20

„Das Werk stellt die erste zusammenfassende kommentarische Darstellung der Sozialisierungsgesetzgebung dar und ist für alle Interessenten unentbehrlich." Zentralblatt der Reichsversicherung.

Delius, H., **Die Beamtenhaftpflichtgesetze** des Reiches und der Länder. Vierte, vermehrte und vollkommen neubearbeitete Auflage. Taschenformat. 384 Seiten. 1929. (Guttentagsche Sammlung Deutscher Reichsgesetze Bd. 94.) . . . . Geb. RM. 10.—

Hohenstein, Adolf, und **Goldbaum**, Wenzel, **Reichsschädengesetze.** Textausgabe mit Anmerkungen. Oktav. 360 Seiten. 1922. (Guttentagsche Sammlung Deutscher Reichsgesetze Bd. 150.) . . . Geb. RM. 4.—

„Im ganzen ist das vorliegende Werk nicht nur ein wertvolles Hilfsmittel für den Fachmann, sondern ist besonders jedem Geschädigten zu empfehlen, der sich über seine Ansprüche orientieren will."

Auslandswarte.

Wörterbuch des Völkerrechts und der Diplomatie. Begonnen von Professor Dr. Julius **Hatscheck** †. Fortgesetzt und herausgegeben von Dr. Karl **Strupp,** Professor an der Universität Frankfurt a. M., Associé de l'institut de droit international, membre de l'Academie Diplomatique Internationale. Lexikon-Oktav.
Band I: Aachen—Lynchfall. VI, 860 Seiten. 1924.
RM. 35.—, in Halbleder geb. RM. 40.—
Band II: Maas—Utschiali. 779 Seiten. 1925.
RM. 35.—, in Halbleder geb. RM. 40.—
Band III (Schluß): Vasallenstaaten—Zwangsverschickung. Ferner Anhang: Abessinien—Weltgerichtshof; Sachverzeichnis und Mitarbeiterregister. II, 1316 Seiten. 1929.
RM. 62.—, in Halbleder geb. RM. 67.—

„Der Vorsprung, den entsprechende Werke in französischem Sprachgewande bisher hatten, ist nunmehr in Deutschland eingeholt. Die Form der alphabetischen Zergliederung des Stoffes ermöglicht eine breitere Behandlung der Einzelfälle, die im internationalen Rechtsleben nicht selten von größerer Bedeutung als vorzeitig aufgestellte Abstraktionen sind." *Zeitschrift für Völkerrecht.*

Anzilotti, Lehrbuch des Völkerrechts. Übersetzt und herausgegeben vom Institut für ausländisches öffentliches Recht und Völkerrecht, Berlin. I. Band. Groß-Oktav. 444 Seiten. 1929. RM. 19.—, geb. RM. 20.—

Mit der Herausgabe der Übersetzung dieses Lehrbuches des berühmten Völkerrechtlers ist das Institut für ausländisches öffentliches Recht und Völkerrecht einem in Deutschland außerordentlich fühlbaren Bedürfnis entgegengekommen. Das Buch ist nicht schlechthin eine Übersetzung der italienischen Originalausgabe, sondern berücksichtigt auch die gesamte Rechtsprechung und Literatur der letzten Zeit und stellt somit das zurzeit modernste Lehrbuch des Völkerrechts überhaupt dar.

Niemeyer, Theodor, **Völkerrecht.** 168 Seiten. 1925. (Sammlung Göschen Bd. 865.) . . . . Geb. RM. 1.50

Dieses Bändchen gibt in gedrängter Form eine vollständige Übersicht über das Völkerrecht.

Beiträge zum ausländischen öffentlichen Recht und Völkerrecht. Herausgegeben im Auftrage des Instituts für ausländisches öffentliches Recht und Völkerrecht in Berlin in Gemeinschaft mit Friedrich Glum, Ludwig Kaas, Rudolf Smend, Heinrich Triepel von Viktor **Bruns.** Groß-Oktav.

Eine Sammlung einschlägiger wissenschaftlicher Abhandlungen, Materialsammlungen, Übersetzungen besonders wertvoller ausländischer Werke u. a.

Heft 1:

Staatsrecht und Politik. Rede beim Antritt des Rektorats der Friedrich-Wilhelms-Universität zu Berlin am 15. Oktober 1926. Von Heinrich **Triepel.** 40 Seiten. 1927 . . . . RM. 2.—

Heft 2:

Volksentscheid und Volksbegehren. Ein Beitrag zur Auslegung der Weimarer Verfassung und zur Lehre von der unmittelbaren Demokratie. Von Dr. Carl **Schmitt,** o. ö. Professor der Rechte an der Universität Bonn. 54 Seiten. 1927 . . . . RM. 2.60

Heft 3:

Der Aufbau des britischen Reiches. (Der Verhandlungsbericht der Reichskonferenz von 1926.) Eingeleitet und herausgegeben von Gerichtsassessor Dr. K. **Heck,** Referent am Institut für ausländisches öffentliches Recht und Völkerrecht. 152 Seiten. 1927 . . RM. 6.—

Heft 4:

Die Souveränität. Ein Beitrag zur Theorie des Staats- und Völkerrechts. Von Dr. H. **Heller,** Privatdozent und Referent am Institut für ausländisches öffentliches Recht und Völkerrecht. 177 Seiten. 1927 RM. 8.50

Heft 5:

Die Missionsfreiheit nach den Bestimmungen des geltenden Völkerrechts. Von Dr. Theodor **Grentrup,** S. V. D. 112 Seiten. 1928. RM. 5.50

Heft 6:

Das Minoritätenproblem und seine Literatur. Kritische Einführung in die Quellen und die Literatur der europäischen Nationalitätenfrage der Nachkriegszeit, unter besonderer Berücksichtigung des völkerrechtlichen Minderheitenschutzes.

Allgemeiner Teil. Von Jakob **Robinson,** Rechtsanwalt in Kaunas (Litauen). 265 Seiten. 1928 . . . . RM. 9.—

Heft 7:

Der Reichssparkommissar. Von Dr. Karl **Bilfinger,** o. ö. Professor der Rechte an der Universität Halle. 68 Seiten. 1928 . . . RM. 3.60

Heft 8:

Die völkerrechtliche Stellung der fremden Truppen im Saargebiet. Von Dr. jur. J. M. **Bumiller,** Referent am Institut für ausländisches öffentliches Recht und Völkerrecht, Berlin. 156 Seiten. 1928. RM. 9.—

Heft 9:

Das Recht des Ausnahmezustands im Auslande (Frankreich, Belgien, Niederlande, Italien, England, Irland). Bearbeitet im Institut für ausländisches öffentliches Recht und Völkerrecht. 296 Seiten. 1928. RM. 14.—

Heft 10:

Die Beziehungen zwischen dem Parlament und den Gerichten in England. Eine rechtsvergleichende Studie. Von Heinrich B. **Gerland.** 137 Seiten 1928 . . . . RM. 8.—

Heft 11:

Zu den Problemen des fascistischen Verfassungsrechts. Akademische Antrittsvorlesung. Von Dr. Gerhard **Leibholz,** Privatdozent an der Universität Berlin, Referent am Institut für ausländisches öffentliches Recht und Völkerrecht. 112 Seiten. 1928 . . . . RM. 5.—

Heft 12:

Der deutsche und der französische Reichswirtschaftsrat. Ein Beitrag zu dem Problem der Repräsentation der Wirtschaft im Staat. Von Dr. Friedrich **Glum,** Privatdozent an der Universität Berlin, Wissenschaftliches Mitglied des Instituts für ausländisches öffentliches Recht und Völkerrecht. 188 Seiten. 1929 . . . . RM. 9.—

Heft 13:

Das Wesen der Repräsentation unter besonderer Berücksichtigung des Repräsentativsystems. Ein Beitrag zur allgemeinen Staats- und Verfassungslehre. Von Dr. Gerhard **Leibholz,** Privatdozent an der Universität Berlin, Referent am Institut für ausländisches öffentliches Recht und Völkerrecht. Groß-Oktav. 214 Seiten. 1929 . . . . RM. 14.—

Zeitschrift für ausländisches öffentliches Recht und Völkerrecht. Im Auftrage des Instituts für ausländisches öffentliches Recht und Völkerrecht herausgegeben von Dr. Viktor **Bruns,** Professor an der Universität Berlin, Leiter des Instituts.
Band I . . . . Im Druck.

Diese neue Zeitschrift enthält wissenschaftliche Abhandlungen aus dem Gebiete des Völkerrechts und des ausländischen Staats- und Verwaltungsrechts von deutschen und ausländischen Mitarbeitern. Der Materialteil wird aus denselben Gebieten in systematischer Anordnung Urkunden im Wortlaut und kurz dokumentierte Berichte bringen.

Kraus, H., **Internationale Schiedssprechung.** Eine Sammlung der für das Deutsche Reich verbindlichen Verträge und Vertragsbestimmungen, die sich auf internationale Gerichtsbarkeit, Schiedsgerichtsbarkeit, sowie Vergleichsverfahren beziehen, nebst den dazugehörigen deutschen Regierungsdenkschriften. Taschenformat. XXXVI, 348 Seiten. 1929. (Guttentagsche Sammlung Deutscher Reichsgesetze Bd. 174. . . . . Geb. RM. 10.—

„Die vorliegende Dokumentensammlung füllt eine Lücke aus, da es bisher schwer war, alle schiedsrichterlichen Verpflichtungen des Deutschen Reiches auf einmal einzusehen.“ *Friedenswarte.*

Strupp, Karl, **Das Werk von Locarno.** Eine völkerrechtlich-politische Studie. Oktav. 180 Seiten. 1926 . . . . RM. 10.—

„Die lückenlose Mitteilung aller für das Verständnis und die Auslegung wichtiger Urkunden macht das aktuelle Buch zu einem außerordentlich wertvollen Mittel der Erkenntnis des Inhalts und der Tragweite dieser grundlegenden Staatsverträge.“ *D. A. Z.*

Deutschland unter dem Dawes-Plan. Entstehung, Rechtsgrundlagen, wirtschaftliche Wirkungen der Reparationslasten. Von Professor Max **Sering,** Universität Berlin. Oktav. VIII, 237 Seiten. 1928. RM. 10.—

„Nicht nur dem Juristen und Volkswirtschaftler, sondern auch dem Laien verständlich, gibt das Werk einem jeden wertvollen Einblick in Deutschlands wirtschaftspolitische Abhängigkeit, die sich bis in die kleinsten Betriebe hineinzieht, die jedes einzelne Glied des deutschen Volkes betrifft.“ *Prakt. Rundschau.*

2. Verwaltungsrecht.

Reichsrecht

Blume, E., und **Weirauch,** W., **Die Eisenbahn-Verkehrsordnung** vom 16. Mai 1928 mit Allgemeinen Ausführungsbestimmungen sowie dem Internationalen Übereinkommen über den Eisenbahnfrachtverkehr vom 30. Mai 1925 und dem Internationalen Übereinkommen über den Eisenbahn-Personen- und Gepäckverkehr vom 12. Juni 1925. Textausgabe mit Anmerkungen. Vierte Auflage. Taschenformat. X, 482 Seiten. 1928. (Guttentagsche Sammlung Deutscher Reichsgesetze Bd. 91.)
Geb. RM. 9.—

„Ein treffliches Hilfsbuch für alle, die sich mit dem Eisenbahnverkehrsrecht theoretisch und praktisch zu beschäftigen haben. Der Kommentar wird besonders auch den Gerichten und den Anwälten gute Dienste leisten, da die Ausführungsbestimmungen zur Eisenbahnverkehrsordnung, die vollständig abgedruckt werden, sonst nur in den Tarifen veröffentlicht werden, die in den Kreisen der Juristen weniger bekannt sind. Allen, die es angeht, kann daher die Anschaffung der neuen Auflage dringend empfohlen werden.“
Juristische Wochenschrift.

Fischer, D., und **Staedler**, E., **Die deutsche Post- und Telegraphengesetzgebung.** Teil I: Postrecht (mit Ausschluß des internationalen Rechts). Siebente Auflage. 47*, 586 Seiten. 1929. (Guttentagsche Sammlung Deutscher Reichsgesetze Bd. 7.) . . . . Geb. RM. 15.—

Mit der vorliegenden Neuauflage dieser lange Zeit vergriffen gewesenen Ausgabe wird dem Wunsche zahlreicher Interessenkreise entsprochen: Die neue Bearbeitung ist gegenüber der letzten Auflage wesentlich vermehrt und in allen Teilen neugestaltet. Sie enthält die Quellen des Postrechts, wobei die Postordnung in ihrer letzten Fassung (vom Januar 1929) erscheint.

Dem Ganzen wurde erstmalig eine Systematik des geltenden Postrechts vorangestellt; die Gesetzestexte wurden sorgfältig erläutert, Rechtsprechung und die einschlägige Literatur bis auf die letzte Zeit berücksichtigt.

Sebba, Julius, **Seewasserstraßenordnung.** (Polizeiverordnung zur Regelung des Verkehrs auf den deutschen Seewasserstraßen vom 31. März 1927.) Taschenformat. 493 Seiten. 1928. (Guttentagsche Sammlung Deutscher Reichsgesetze Bd. 171.) . . . . Geb. RM. 8.50

„Es bedarf hierbei wohl nicht der besonderen Hervorhebung, daß die Kommentierungsmethode des rühmlichst bekannten Neu-Herausgebers von Schaps-Seerecht auch in dem vorliegenden Werke eine knappe und doch gründliche geworden ist."

Verkehrsrechtliche Praxis.

Busse, Rudolf, **Luftrecht einschließlich Luftverkehrsgesetz und Pariser Luftverkehrsabkommen.** Taschenformat. XVIII, 448 Seiten. 1928. (Guttentagsche Sammlung Deutscher Reichsgesetze Bd. 170.)

Geb. RM. 10.—

Das vorliegende Buch sucht in einem nationalen und internationalen Teil einen klaren Überblick über das gesamte Luftrecht zu geben; der neueste Stand der Rechtsprechung ist hierbei berücksichtigt. Den erläuterten Gesetzesabkommenstexten ist eine systematische Einführung in das gesamte Luftrecht mit seinen vielseitigen Rechtsdisziplinen vorausgeschickt.

Zeitschrift für das gesamte Luftrecht (ZLR.). Herausgegeben von Dr. jur. Otto **Schreiber**, o. Professor an der Universität Königsberg i. Pr., Geh. Regierungsrat, Leiter des Instituts für Luftrecht. Erscheint in Bänden zu je vier Heften.

Band I 1926/28 . . . . RM. 50.—, geb. RM. 55.—

Band II, Heft 1 . . . . RM. 10.—

„Organisation und Inhalt der Zeitschrift machen einen vorzüglichen Eindruck. Im Interesse ihres hohen sachlichen Zieles sind ihr weite Verbreitung und bester Erfolg zu wünschen."

Weltwirtschaftliches Archiv.

Volkmann, Kurt, **Die Straßenverkehrsordnungen** nebst den einschlägigen Nebenbestimmungen. Taschenformat. 312 Seiten. 1929. (Guttentagsche Sammlung Deutscher Reichsgesetze Bd. 175.) . . . Geb. RM. 7.—

„Das übersichtliche Werkchen, das uns eine schnelle Information über auftauchende Rechtsfragen auf diesem besonderen Verkehrgebiete verschafft, kann Polizeibeamten, Gerichten, Anwälten, Fuhrwerksbesitzern, Kraftfahrern und Radfahrern zur Anschaffung empfohlen werden."

Verkehrsrechtl. Rundschau.

Kirchner, Rudolf, **Gesetz über den Verkehr mit Kraftfahrzeugen** vom 3. Mai 1909. Vierte, völlig neubearbeitete Auflage. (Guttentagsche Sammlung Deutscher Reichsgesetze Bd. 92.) . . In Vorbereitung.

„Der Verfasser hat sich mit der nicht unschwierigen Materie auf das beste vertraut gemacht und seine Kenntnisse mit großer Gewandtheit in logischen, klaren und ausführlichen Erläuterungen zum Gesetze verwertet." *Zeitschrift für Polizei- und Verwaltungsbeamte.*

Aumer, Georg, **Der Kraftfahrzeugverkehr.** Richtlinien für Polizeibeamte und Kraftfahrer. Mit 79 Abbildungen und Figuren. Zweite Auflage. Taschenformat. 208 Seiten. 1928 . . . . Geb. RM. 4.50

„Ein kleines, aber nicht nur für jeden Polizeibeamten, sondern für jeden bei einem Kraftfahrzeugunfall — sei es nur als Zeugen — Beteiligten interessantes Kapitel über Hinweise auf Feststellungen bei Unglücksfällen und eine Übersicht über den Kraftfahrzeugbestand schließen die interessante Schrift, die — wenn sie sich auch ihrem Zweck entsprechend von juristischen Erörterungen fernhält — doch auch dem Juristen eine Fülle rechtstatsächlichen Materials, das gerade auf diesem Gebiete besonders wichtig ist, bietet."
Juristische Wochenschrift.

Holzapfel, W., **Die Siedlungsgesetzgebung** im Reich und in Preußen. 347 Seiten. 1920. (Guttentagsche Sammlung Deutscher Reichsgesetze Bd. 140.) . . . . Geb. RM. 3.—

„Die zur Ausführung jener Gesetze bestimmten Behörden und auch die literarische Forschung wird dem Verfasser für seine mühevolle Arbeit Anerkennung zollen." *Archiv für öffentliches Recht.*

Behrend, Ernst, und **Stranz-Hurwitz,** Helene, **Sammlung von Wohlfahrtsgesetzen** des Deutschen Reichs und Preußens nebst den allgemeinen Wohlfahrtsgesetzen von Sachsen, Thüringen, Hamburg, Mecklenburg-Schwerin und -Strelitz, Oldenburg, Lippe und Lübeck.

Teil I: Taschenformat. 560 Seiten. 1923 . . . . . Geb. RM. 5.—

Teil II: Nebst Ausführungsgesetzen sämtlicher Länder zum Reichsjugendwohlfahrtsgesetz. Taschenformat. XVI, 551 Seiten. 1925. (Guttentagsche Sammlung Deutscher Reichsgesetze Bd. 152 und 152a.) Geb. RM. 9.—

Teil I und II zus. RM. 12.—

„Die kurzen, alles Wesentliche zusammenfassenden Einleitungen zu den einzelnen Gesetzen sind mit außerordentlicher Sachkunde und Klarheit geschrieben; sie genügen zusammen mit den Literaturangaben völlig für den Praktiker, um die Gesetzestexte richtig handhaben zu können. Das Werk ist für alle in der Wohlfahrtspflege Arbeitenden unentbehrlich und sehr praktisch."
Nachrichtendienst des Deutschen Vereins für öffentliche Fürsorge.

Wegner, Arthur, **Jugendrecht.** Ein Lehrbuch zur Einführung. Oktav. IX, 219 Seiten. 1929 . . . . RM. 6.—, geb. RM. 7.50

„Ein gleichartiges und gleichwertiges Werk über das Jugendrecht gibt es noch nicht." *Breslauer Zeitung.*

Drewes, Paul, und **Sandré,** Emil, **Das Reichsgesetz für Jugendwohlfahrt** vom 9. Juli 1922 und **Jugendgerichtsgesetz** vom 16. Februar 1923 nebst Nebengesetzen. Zweite Auflage. Taschenformat. XVI, 496 Seiten. 1928. (Guttentagsche Sammlung Deutscher Reichsgesetze Bd. 154.) Geb. RM. 11.—

„Eine sehr handliche Gesetzesausgabe. Sie bietet in ausführlichen geschichtlichen und rechtlichen Vorbemerkungen und Einleitungen wertvolles Material zur Einführung in den Willen und Geist beider Gesetze und gibt in knappen, aber ausreichenden Erläuterungsbemerkungen zu den einzelnen Bestimmungen dem Praktiker die erforderlichen Unterlagen zur richtigen Anwendung. Das Werk dürfte sich in der Praxis beliebt machen." *Blätter für öffentliche Fürsorge*

Sandré, Emil **Verordnung über die Fürsorgepflicht.** Vom 14. Februar 1924. Mit Einschluß der für die Durchführung dieser Verordnung in Frage kommenden reichs- und landesgesetzlichen Bestimmungen. Taschenformat. 342 Seiten. 1925. (Guttentagsche Sammlung Deutscher Reichsgesetze Bd. 160.) . . . . Geb. RM. 6.—

„Die Zusammenstellung der bis in die jüngste Zeit ergangenen gesetzlichen Bestimmungen, die in Beziehung zur Fürsorgepflichtverordnung stehen, gibt der Sandréschen Arbeit ihre besondere Bedeutung. Die Anmerkungen sind zahlreich und zeichnen sich durch einen feinen, klaren Stil aus. Das Buch ist übersichtlich geordnet und leicht zu handhaben." Schleswig-Holsteinsche Wohlfahrtsblätter.

Szczesny, Viktor, **Das Lichtspielgesetz** vom 12. Mai 1920 mit der Ausführungsverordnung Einleitung, Gebührenordnung und Sachregister. Taschenformat. 106 Seiten. 1920. (Guttentagsche Sammlung Deutscher Reichsgesetze Bd. 147.) . . . . Geb. RM. 1.50

„Das neue Lichtspielgesetz hat hier eine ausführliche Kommentierung gefunden. Das Buch kann bei der gründlichen Behandlung des Stoffes als ein geeignetes Hilfsmittel für die Praxis bezeichnet werden." Preußische Gemeinde-Zeitung.

Wündisch, Ernst, **Das Gesetz über Schußwaffen und Munition** vom 12. April 1928 (RGBl. I S. 143) nebst der Ausführungsverordnung der Reichsregierung vom 13. Juli 1928 (RGBl. I S. 198) und dem Preußischen Erlaß zur Durchführung des Gesetzes vom 7. September 1928 (MBliV. S. 925). Taschenformat. 139 Seiten. 1928. (Guttentagsche Sammlung Deutscher Reichsgesetze Bd. 173.) . . . . Geb. RM. 5.—

Durch das neue Gesetz über Schußwaffen und Munition vom 12. April 1928 sind auf diesem für die Öffentlichkeit so wichtigen Gebiet neue Rechtsverhältnisse geschaffen worden, für die die Praxis exakte Erläuterungen wünscht. Eine solche Erläuterung stellt das vorliegende Buch dar, das, von einem auf diesem Gebiet besonders erfahrenen Sachkenner bearbeitet, eine absolut zuverlässige Darstellung der neuen Bestimmungen enthält. Außer dem Gesetzestext sind die für die Praxis wichtigen Ausführungsbestimmungen des Reiches und Preußens abgedruckt. Auf Übersichtlichkeit, Leichtverständlichkeit und Vollständigkeit der Erläuterungen, die die Hauptvorzüge der Guttentagschen Sammlung sind, wurde auch bei diesem Gesetze Wert gelegt.

Fraustädter, W., und **Kreutzberger,** M., **Das deutsche Ausländerrecht.** Die Bestimmungen des Reichsrechts und preußischen Landesrechts. Textausgabe mit Erläuterungen und Sachregister. Taschenformat. 396 Seiten. 1927. (Guttentagsche Sammlung Deutscher Reichsgesetze Bd. 166.) Geb. RM. 9.—

„Eine höchst begrüßenswerte Veranstaltung, aus dem Bedürfnis der Praxis hervorgegangen und mit vollendetem Sachverständnis unternommen. Sowohl die Vollständigkeit der mannigfach verstreuten gesetzlichen Bestimmungen als deren Anordnung, Registrierung und Erläuterung durch Ausführungsbestimmungen, Gerichtsentscheidungen, Verwaltungspraxis ist vortrefflich."

Niemeyers Zeitschrift für internationales Recht.

Voß, Werner, **Die reichs- und landesrechtlichen Bestimmungen auf dem Gebiete des Gesundheitswesens.** Zusammengestellt und mit Anmerkungen versehen. Taschenformat. 608 Seiten. 1929. (Guttentagsche Sammlung Deutscher Reichsgesetze Bd. 172.) . . . . . . Geb. RM. 11.—

„Der Band enthält eine Sammlung der Gesetze, Verordnungen und Bestimmungen auf dem Gebiete des Gesundheitswesens, wie sie in dieser Vollständigkeit sonst nicht besteht. Dadurch erst ist ein zuverlässiger und rascher Überblick über die einschlägigen weit verstreuten Bestimmungen gewährleistet."

Württ. Zeitschr. f. Rechtspflege.

Hippel, W. von, **Reichsviehseuchengesetz** vom 26. Juni 1909 nebst Ausführungsvorschriften und dem preußischen Ausführungsgesetz. Zweite Auflage. Taschenformat. 486 Seiten. 1913. (Guttentagsche Sammlung Deutscher Reichsgesetze Bd. 103.) . . . . Geb. RM. 4.—

Boxberger, L. von, **Vogelschutzgesetz** vom 30. Mai 1908 nebst den das Flugwild betreffenden Bestimmungen der Preußischen Jagdordnung. Taschenformat. 57 Seiten. 1909. (Guttentagsche Sammlung Deutscher Reichsgesetze Bd. 89.) . . . . Geb. RM. 1.—

Landesrecht

Bitter, von, **Handwörterbuch der Preußischen Verwaltung.** Dritte, vollständig umgearbeitete Auflage. Unter Mitwirkung zahlreicher hoher Reichs- und preußischer Staatsbeamten herausgegeben von Dr. Bill Drews, Staatsminister a. D., Präsident des Pr. Oberverwaltungsgerichts, und Dr. Franz Hoffmann, Wirklicher Geheimer Oberregierungsrat, Berlin. Lexikon-Oktav. 1928. RM. 120.—, geb. RM. 132.—

Erster Band, 1. Halbband: Abbaugerechtigkeiten—Fleisch- und Viehagenten. 552 Seiten.

2. Halbband: Fleischvergiftung—Kyffhäuserbund. Seite 553 bis 1134 und IX Seiten.

Zweiter Band: Lackfabriken—Zwischenkredit. VII, 1220 Seiten.

(Im Verlage der Firmen: Walter de Gruyter & Co., Berlin; Carl Heymanns Verlag, Berlin; Roßberg'sche Verlagsbuchhandlung, Leipzig.)

Das zentrale Werk der Praxis des Verwaltungsrechts.

Reichelt, H., **Verwaltungsgesetzbuch für Preußen.** Systematische Zusammenstellung der wichtigsten Verwaltungsgesetze und Verordnungen für Praxis und Unterrichtszwecke. Lexikon-Oktav. VII, 1302 Seiten. 1914 . . . . Geb. RM. 7.60

„Das Buch ist sehr wertvoll, dem Praktiker unentbehrlich und leistet demjenigen, der sich auf eine Prüfung vorbereitet, vorzügliche Dienste. Allen Verwaltungsbehörden wird das Buch warm empfohlen."
Preußische Verwaltungs- und Finanz-Zeitung.

Friedrichts, K., **Die Gesetzgebung über die allgemeine Landesverwaltung** und Zuständigkeit der Verwaltungs- und Verwaltungsgerichtsbehörden. Dritte, durchgesehene Auflage. Taschenformat. XXIII, 295 Seiten. 1927. (Guttentagsche Sammlung Preußischer Gesetze Bd. 42.) Geb. RM. 5.—

„Der Wert dieser Arbeit liegt darin, daß er eine erschöpfende und klare Übersicht über das tatsächlich geltende Verwaltungsrecht bringt. Das Werk ist ein vorzügliches und nie versagendes Hilfsmittel."
Gesetz und Recht.

Pfafferoth, Carl, **Preußische Beamtengesetzgebung.** Fünfte Auflage. XIV, 280 Seiten. 1916. (Guttentagsche Sammlung Preußischer Gesetze Bd. 2.) . . . . Geb. RM. 2.40

Dultzig, Eugen von, **Das preußische Disziplinargesetz für die nichtrichterlichen Beamten.** Taschenformat. XIV, 364 Seiten. 1914. (Guttentagsche Sammlung Preußischer Gesetze Bd. 51.) . . . . Geb. RM. 4.20

„Der Verfasser kennt das Disziplinarrecht aus eigener Tätigkeit und aus langer Erfahrung. Diese hat er zu einem praktischen Nachschlagebuch für alle praktischen Fragen des Disziplinarrechts ausgestaltet. Bei tunlichster Kürze sind doch recht erschöpfende, klare und anschauliche Erläuterungen entstanden, die das Verständnis und die Anwendung des Disziplinarrechts in zweckmäßiger Weise erleichtern. Das Büchlein verdient volle Beachtung."
Zeitschrift für Polizei- und Verwaltungsbeamte.

Hagemann, Rudolf, **Hinterlegungsordnung** vom 21. April 1913. Taschenformat. 175 Seiten. 1914. (Guttentagsche Sammlung Preußischer Gesetze Bd. 53.) . . . . Geb. RM. 2.20

„Das in der vorteilhaft bekannten Guttentagschen Sammlung erschienene Buch darf als ein Hilfsmittel zu dem nicht immer ganz einfachen Verständnis der neuen Hinterlegungsvorschriften bestens empfohlen werden; es ist klar, übersichtlich und ausführlich."
Zentralblatt für freiwillige Gerichtsbarkeit.

Aschrott, P. F., **Gesetz über die Fürsorgeerziehung Minderjähriger.** Vom 2. Juli 1900. Nebst Ausführungsanweisungen. Dritte Auflage. Taschenformat. 374 Seiten. 1917. (Guttentagsche Sammlung Preußischer Gesetze Bd. 28.) . . . . Geb. RM. 2.80

„Das Buch gewährt nicht nur einen klaren Einblick in die gegenwärtige Gestaltung der Fürsorgeerziehung in Preußen, sondern es gibt auch über die Zweifelsfragen, welche bei der Auslegung des technisch ziemlich unvollkommenen Fürsorgeerziehungsgesetzes in besonders reicher Fülle auftauchen, durchweg eine erschöpfende und zutreffende Auskunft." *Das Recht.*

Marcks, A., **Gesetz, betr. die Unterhaltung der öffentlichen Volksschulen.** Taschenformat. 194 Seiten. 1906. (Guttentagsche Sammlung Preußischer Gesetze Bd. 39.) . . . . Geb. RM. 1.80

„Das handliche Büchlein wird, von sachkundiger Seite herrührend und praktisch angelegt, Verwaltungsbeamten, Schulvorständen, Lehrern beim Gebrauch gute Dienste leisten."
Schulblatt der Provinz Brandenburg.

Ledermann, W., und **Brühl,** L., **Die Städteordnung für die sechs östlichen Provinzen Preußens.** Zweite Auflage. Taschenformat. 593 Seiten. 1913. (Guttentagsche Sammlung Preußischer Gesetze Bd. 32.) Geb. RM. 6.—

„Der Kommentar, eine hervorragende Arbeit, ist von der Kritik und der Praxis so einmütig günstig aufgenommen worden, daß er auch in seiner zweiten durch Gesetzgebung, Literatur und Rechtsprechung der letzten zehn Jahre bereicherten Ausgabe keiner weiteren Empfehlung bedarf." *Kommunale Praxis.*

Wölbling, P., **Bildung der neuen Stadtgemeinde Berlin.** Zweite Auflage. Taschenformat. 114 Seiten. 1920. (Guttentagsche Sammlung Preußischer Gesetze Bd. 59.) . . . . Geb. RM. 1.40

„Die Ebenmäßigkeit mit den Kommentaren anderer Gesetze der Guttentagschen Sammlung erringt der Verfasser durch seine strenge Sachlichkeit. Damit muß seinem Werk die Beachtung bei der Durchführung des Gesetzes und bleibender Wert gesichert erscheinen."
Soziale Praxis.

Holzapfel, W., **Umlegungsordnung.** Taschenformat. 144 Seiten. 1921. (Guttentagsche Sammlung Preußischer Gesetze Bd. 60.) . . RM. 1.80

„Holzapfel, der hervorragende Kenner der Auseinandersetzungsgesetze, erläutert die Vorschriften der Umlegungsordnung in seiner scharfsinnigen Art in durchaus erschöpfender Weise und gibt in diesen Erläuterungen ein außerordentlich anschauliches Bild von der Umlegung der Grundstücke. Das Buch ist auch für Laien leicht und gut verständlich und kann jedem, der für die Umlegung Interesse hat, zur Benutzung angelegentlich empfohlen werden."
Preußisches Verwaltungsblatt.

Holzapfel W., **Gesetz über Landeskulturbehörden.** Taschenformat. 176 Seiten. 1919. (Guttentagsche Sammlung Preußischer Gesetze Bd. 57.) Geb. RM. 2.—

„Der Titel gibt den Inhalt des Werkchens vollständig an, hinzuzufügen ist aber, daß die Erläuterung, die umfangreich und eingehend ist und der praktischen Handhabung des Gesetzes Schritt für Schritt folgt, aus der Feder eines Mannes herrührt, der durch seine sachliche Qualifikation als gründlicher Kenner der Materie für eine zuverlässige Führung die größte Gewähr bietet. Dankenswert ist die Gründlichkeit der im bescheidenen Rahmen geleisteten Arbeit."

Verwaltungs-Archiv.

Meyer, O., **Gesetz, betr. die Anlegung und Veränderung von Straßen und Plätzen in Städten und ländlichen Ortschaften.** Taschenformat. 211 Seiten. 1913. (Guttentagsche Sammlung Preußischer Gesetze Bd. 50.) RM. 3.—

Strauß-Torney, Hugo von und **Saß,** Carl, früher **Friedrichs,** R., **Gesetz, betr. Anlegung und Veränderung von Straßen und Plätzen** in Städten und ländlichen Ortschaften. (Straßen- und Baufluchtengesetz.) Kommentar. Sechste Auflage. Groß-Oktav. 211 Seiten. 1920. RM. 8.—, geb. RM. 9.50

„Das Werk zeigt eine Reichhaltigkeit und Vollständigkeit, die sonst wenigen Kommentaren eigen ist, und übertrifft hierin noch weit die früheren Auflagen. Besonders erwähnenswert ist die geschickte Anordnung der Erläuterungen und das praktische Inhaltsverzeichnis."

Wochenschrift des Architektenvereins zu Berlin.

Heine, H. **Die preußischen Baupolizeigesetze** nebst den sonstigen einschlägigen Reichs- und Landesgesetzen. Taschenformat. 404 Seiten. 1928. (Guttentagsche Sammlung Preußischer Gesetze Bd. 64.) Geb. RM. 8.—

Diesem Band ist die Aufgabe gestellt, die in erster Linie in Betracht kommenden Gesetze und sonstigen Vorschriften und die im Zusammenhang hiermit entstehenden Rechtsfragen in übersichtlicher Weise zusammenzufassen und zu erörtern. Die Rechtsprechung des Oberverwaltungsgerichts und anderer Gerichte ist hierbei berücksichtigt worden.

Goldschmidt, O., **Gesetze gegen die Verunstaltung landschaftlich hervorragender Gegenden mit Ausführungsanweisungen.** Taschenformat. 152 Seiten. 1912. (Guttentagsche Sammlung Preußischer Gesetze Bd. 49.) Geb. RM. 2.40

„Der Kommentar bietet eine sachgemäße, sorgfältige und erschöpfende Erläuterung der einzelnen gesetzlichen Bestimmungen. Er wird als ein durch Vollständigkeit und Zuverlässigkeit ausgezeichnetes Hilfsmittel jedem Freunde des Heimatschutzes ein willkommener Ratgeber sein." *Jahrbuch des Verwaltungsrechts.*

Wulff, G., und **Herold,** F., **Wassergesetz** vom 7. April 1913. Mit Einleitung, Erläuterungen und Sachregister. Zweite, umgearbeite Auflage von G. Wulff. Taschenformat. XVI, 665 Seiten. 1928. (Guttentagsche Sammlung Preußischer Gesetze Bd. 52.) . . Geb. RM. 12.—

„Gründlichkeit und trefflichere Kürze bilden einen besonderen Vorzug des Werkes." *Ministerialblatt f. d. preuß. innere Verwaltung.*

Lohmann, W., **Gesetz, betr. die Feuerbestattung.** Taschenformat. 79 Seiten. 1912. (Guttentagsche Sammlung Preußischer Gesetze Bd. 47.) Geb. RM. 1.50

„Der Verfasser, der als Mitglied der Kommission des Abgeordnetenhauses an dem Zustandekommen des Gesetzes hervorragend beteiligt war, konnte als zuständiger Bearbeiter des Gesetzes in erster Linie gelten. Der kleine Kommentar ist besonderer Aufmerksamkeit sicher."

Jahrbuch des Verwaltungsrechts.

Holtgreven, A., und **Wolff, Th., Das Wildschadengesetz** vom 11. Juli 1891. Kommentar. Vierte, vermehrte und verbesserte Auflage. Oktav. VIII, 216 Seiten. 1902 . . . . RM. 4.—

„Dieses Werkchen will einerseits die juristisch zweifelhaften Punkte des Wildschadengesetzes wissenschaftlich erörtern und klarstellen und andererseits allen denjenigen, welche bei der Handhabung dieses Gesetzes in irgendeiner Weise, sei es als Private, Beamte, Grundbesitzer oder als Jagdberechtigte, beteiligt sind, ein praktischer Berater sein."
Allgemeine Forst- und Jagdzeitung.

Born, A., Das preußische Fischereigesetz vom 11. Mai 1916 in der geltenden Fassung. Taschenformat. 428 Seiten. 1928. (Guttentagsche Sammlung Preußischer Gesetze Nr. 62.) . . . . Geb. RM. 7.50

Die Ausgabe bietet eine bis jetzt fehlende neue Darstellung des Fischereigesetzes, in der vor allem die neue Rechtsprechung eingehend verwertet ist. Außer dem Fischereigesetz, das eine ausführliche Erläuterung gefunden hat, sind die wichtigen Ausführungsverordnungen und im Anhang die einschlägigen Bestimmungen anderer für die Anwendung des Fischereigesetzes in Frage kommenden Gesetze berücksichtigt.

Born, A., Die preußischen Jagdgesetze in ihrer geltenden Fassung. Mit Erläuterungen versehen. Taschenformat. 433 Seiten. 1928. (Guttentagsche Sammlung Preußischer Gesetze Nr. 63.) . . . Geb. RM. 8.—

„Das Buch kann zur Belehrung und Handgebrauch den Gerichten, Landratsämtern, Gemeinden und Forstbehörden sowie allen jagdlich interessierten Personen warm empfohlen werden."
Leipziger Ztsch. f. dtsch. Recht.

Kunze, F., Das Jagdscheingesetz. Zweite Auflage. Taschenformat. 157 Seiten. 1899. (Guttentagsche Sammlung Preußischer Gesetze Bd. 19.) . . . . Geb. RM. 2.—

„Die eingehenden Anmerkungen und die im Titel hervorgehobenen Beigaben machen den kleinen Kommentar zu einem vortrefflichen, in der Praxis schwer entbehrlichen Hilfsmittel zur Auslegung des Gesetzes." *Zeitschrift für die gesamte Strafrechtswissenschaft.*

Caro, H., Gesetz, betr. Austritt aus der Landeskirche, vom 14. Mai 1873. Taschenformat. 190 Seiten. 1911. (Guttentagsche Sammlung Preußischer Gesetze Bd. 46.) . . . . Geb. RM. 2.40

„Ein sehr praktisches Buch, das in den Anmerkungen zum Wortlaut des Gesetzes eine reiche Fülle von Material bietet für alle möglichen Fragen, die mit Aus- und Übertritt zusammenhängen. Das genau gearbeitete Inhaltsverzeichnis ermöglicht bei gelegentlicher Benutzung ein leichtes Auffinden des Nötigen."
Deutsch-Protestantische Bücherschau.

Kollenscher, M., Rechtsverhältnisse der Juden in Preußen. Taschenformat. VIII, 199 Seiten. 1910. (Guttentagsche Sammlung Preußischer Gesetze Bd. 45.) . . . . RM. 2,40

„Eine zusammenfassende, erschöpfende Darstellung der in den verschiedensten Quellen zerstreuten zahlreichen Judengesetze und Verordnungen. Jede Synagogengemeinde und jeder, der sich mit jüdischen Angelegenheiten beschäftigt, müßte dieses Buch besitzen."
Jüdische Rundschau.

3. Steuerrecht

Nieberl, A., Reichsabgabenordnung vom 13. Dezember 1919 nebst Einführungsverordnung vom 18. Dezember 1919 und Übergangsverordnung vom 11. Oktober 1921. Textausgabe mit Anmerkungen und ausführlichem Sachregister. Zweite, neubearbeitete Auflage. Taschenformat. 1927. (Guttentagsche Sammlung Deutscher Reichsgesetze Bd. 143.) . . . . Geb. RM. 12.—

„Die Darstellung ist leicht verständlich und klar. Das Sachregister ist gründlich bearbeitet. Jedenfalls wird das Buch, das einen mit der praktischen Handhabung der RAbgO. vertrauten Verfasser erkennen läßt, nicht nur den Steuerbeamten, sondern auch dem rechtsuchenden Publikum und seinen Beratern ein willkommener guter Führer auf diesem Gebiet sein." Juristische Wochenschrift.

Michaelis, Richard, **Die Dritte Steuernotverordnung** vom 14. Februar 1924. Mit besonders ausführlicher Berücksichtigung der Vorschriften über die Aufwertung und die öffentlichen Anleihen. Taschenformat. VIII, 388 Seiten. 1924. (Guttentagsche Sammlung Deutscher Reichsgesetze Bd. 157.) . . . . Geb. RM. 7.—

„Ganz besonders zu rühmen ist der Kommentar von Michaelis, der dank seiner eingehenden und gründlichen Bearbeitungsweise erheblichen Einfluß auf die Praxis gewonnen hat." Juristische Wochenschrift.

Hollaender, Adolf, **Einkommensteuergesetz und Körperschaftsteuergesetz** nebst den zugehörigen Aus- und Durchführungsbestimmungen, Verordnungen und Erlassen. Taschenformat. XXXIX, 697 Seiten. 1926. Mit Nachtrag. 1928. (Guttentagsche Sammlung Deutscher Reichsgesetze Bd. 151.) . . . . Geb. RM. 24.—

„Das auf die Bedürfnisse der Praxis abgestellte und ihnen gerecht werdende Buch wird jedem gute Dienste leisten, der sich handelnd oder leitend auf dem äußerst unsicheren, ohne Hilfsmittel überhaupt nicht begehbaren Boden der heutigen Einkommensteuer zurechtfinden muß." Juristische Rundschau.

Pick, Reichsbewertungsgesetz. Textausgabe mit Anmerkungen. In Bearbeitung.

Wrzeszinski, Richard, und **Simon,** H. Veit, **Vermögenssteuergesetz und Reichsbewertungsgesetz.** Kommentar . . . . In Bearbeitung.

Schachian, Herbert, **Erbschaftsteuergesetz,** Fassung vom 22. August 1925, mit Anmerkungen. Vierte Auflage. Oktav. 65 Seiten. 1926. RM. 2.50

„Eine vollständige Darstellung des Erbschaftssteuerrechts und der zugrunde liegenden bürgerlich-rechtlichen Vorschriften des Erbrechts. Als wissenschaftliche und praktische Leistung steht der klar und scharf geschriebene Kommentar in vorderster Reihe unter seinen Rivalen; er ist als Wegweiser besonders zu empfehlen." Juristische Wochenschrift.

Hoffmann, U., **Die preußischen Erbschaftsteuergesetze.** Taschenformat. 561 Seiten. 1905. (Guttentagsche Sammlung Preußischer Gesetze Bd. 20.) . . . . RM. 3.—

Lindemann, Otto, **Umsatzsteuergesetz** (neueste Fassung) mit Ausführungsbestimmungen. Vierte, vermehrte und verbesserte Auflage. Taschenformat. 518 Seiten. 1926. (Guttentagsche Sammlung Deutscher Reichsgesetze Bd. 132.) . . . . Geb. RM. 10.—

„Es handelt sich um einen ausführlichen, gediegenen und klar abgefaßten Kommentar, der den weiteren Vorzug besitzt, auf dem laufenden zu sein. Das Werk kann allen Interessenten nur warm empfohlen werden." Industrie- und Handelszeitung.

Meyer, E. H., **Gesetzgebung über Steuer- und Kapitalflucht.** Zweite Auflage. Taschenformat. 129 Seiten. 1921. (Guttentagsche Sammlung Deutscher Reichsgesetze Bd. 145.) . . . . . . Geb. RM. 1.60

„Das Büchlein enthält den Text der einschlagenden vier Gesetze samt den vier Verordnungen gegen die Kapitalabwanderung bzw. Kapitalflucht, eine kurze Übersicht über den Inhalt der Gesetze und sehr knapp gehaltene Anmerkungen. Sein Wert liegt in der handlichen Zusammenfassung der einschlagenden Vorschriften."

Juristische Wochenschrift.

Lindemann, Otto, **Grunderwerbsteuergesetz** (neueste Fassung) mit den Ausführungsbestimmungen. Zweite, völlig umgearbeitete Auflage. Taschenformat. 186 Seiten. 1926. Mit Nachtrag 1927. (Guttentagsche Sammlung Deutscher Reichsgesetze Bd. 139.) . . . . Geb. RM. 4.—

„Das Buch wird manchem in den mannigfachen Streitfragen des in der Praxis sehr einschneidenden Gesetzes ein willkommener Ratgeber sein. Die Erläuterungen zeichnen sich durch Klarheit und Gemeinverständlichkeit im besten Sinne aus." Württembergische Industrie.

Hagelberg, E., und **Krämer,** L., **Grunderwerbsteuergesetz** vom 12. September 1919 (RGBl. S. 1617) **in der Fassung des Gesetzes vom 11. März 1927 (RGBl. I S. 72)** nebst Einleitung, Sachregister und Ausführungsbestimmungen und der einschlägigen Vorschriften des Finanzausgleichs-Steuermilderungsgesetzes und Steuerstrafrechts. Für die Praxis erläutert. Zweite, völlig umgearbeitete und erweiterte Auflage. 1928. Groß-Oktav. 355 Seiten . . . . Geb. RM. 15.—

„Die verhältnismäßige Kürze ihrer Erläuterungen bei großer Vollständigkeit ist zu rühmen. Das Buch ist nicht nur für den Juristen, sondern auch für den gebildeten Laien, namentlich Grundstücksmakler und Hausbesitzer, von großem, praktischen Wert."

Zeitschrift d. Deutsch. Notarvereins.

Hoepker, Heinrich, **Die Industriebelastungsgesetze** vom 30. August 1924 nebst den Durchführungsbestimmungen zum Gesetz über die Industriebelastung. Taschenformat. XV, 200 Seiten. 1925. Mit Nachträgen. (Guttentagsche Sammlung Deutscher Reichsgesetze Bd. 159.)

Geb. RM. 4.—

„Die Anmerkungen sind erschöpfend und führen den Leser mit Geschick in die schwierige und neue Materie ein. Rechtsanwälte sowie Kaufleute, für welche die Industriebelastung in Frage kommt, werden das mit einem guten Sachregister ausgestattete Werk mit gleichem Nutzen gebrauchen!" Industrie- und Handels-Zeitung.

Eiffler, Kurt, **Staatliche Verwaltungsgebühren.** Gesetz über staatliche Verwaltungsgebühren vom 29. September 1923 nebst Gebührenordnungen und Ausführungsbestimmungen. Taschenformat. 192 Seiten. Mit Nachtrag. 1925. (Guttentagsche Sammlung Preußischer Gesetze Bd. 61.)

Geb. RM. 6.—

„Das Buch ist für alle preußischen staatlichen und kommunalen Behörden unentbehrlich." Deutsches Beamtenarchiv.

Loeck, P., und **Eiffler,** K., **Preußisches Stempelsteuergesetz** mit den gesamten Ausführungsbestimmungen. Unter besonderer Berücksichtigung der Entscheidungen der Verwaltungsbehörden und der Gerichte herausgegeben. Zehnte, neubearbeitete Auflage. Taschenformat. 476 Seiten. 1928. (Guttentagsche Sammlung Preußischer Gesetze Bd. 18.)

Geb. RM. 13.—

„Die zahlreichen Auflagen zeugen für die Güte und praktische Brauchbarkeit des Buches, das durch den von Eiffler hinzugefügten Anhang auf den gegenwärtigen Rechtsstand gebracht ist."

Finanz-Ministerialblatt.

Lebbin, Georg, **Nahrungsmittelgesetze** mit Erläuterungen. Zweite, stark vermehrte Auflage in zwei Bänden.
Zweiter Band: **Getränkegesetze und Getränkesteuergesetze** (Wein, Bier, Branntwein, Mineralwasser). Unter Mitarbeit von Rechtsanwalt Dr. Kniebe. Taschenformat. XII, 400 Seiten. 1926. (Guttentagsche Sammlung Deutscher Reichsgesetze Bd. 54b.) . . . . . . Geb. RM. 10.—

„Die wichtigsten Gesetze sind eingehend kommentiert und durch die einschlägigen Verordnungen, Ausführungsbestimmungen, Erlasse, Entscheidungen oberster Gerichte und nicht zuletzt die internationalen Abkommen so vollständig ergänzt, daß die Sammlung als unentbehrliches Hilfsmittel, wie es in dieser Art bislang noch fehlte, für den Sachbearbeiter bei Behörden und Verbänden sowohl als auch für den Kaufmann der Branche zu begrüßen ist."
Württembergische Wirtschafts-Zeitschrift.

Wündisch, Friedrich, **Das Tabaksteuergesetz** vom 12. September 1919 nebst den Ausführungsbestimmungen vom 26. Februar 1920. Taschenformat. 286 Seiten. 1920. Mit Nachtrag 1925. (Guttentagsche Sammlung Deutscher Reichsgesetze Bd. 146.) . . . . Geb. RM. 4.—

„Endlich ein Kommentar zum Tabaksteuergesetz! Die Ausgabe kommt den Wünschen der Praxis nach einer erschöpfenden Darstellung des neuen Gesetzes in umfassender Weise entgegen. Außer den Behörden und Beamten, in deren Hand die Durchführung des Gesetzes gelegt ist, bildet das Buch auch für die Steuerzahler eine ausgezeichnete Informationsquelle für alle Fragen, die in der Praxis vorkommen. Die zahlreichen ausführenden Verordnungen sind abgedruckt."
Deutsche Tabak-Zeitung.

VII. Entscheidungs-Sammlungen und Zeitschriften.

Entscheidungen des Reichsarbeitsgerichts. Herausgegeben von den Mitgliedern des Reichsarbeitsgerichts. Oktav.

Band I. 1928 . . . . RM. 6.50, geb. RM. 8.—
Band II. 1928/29 . . . . RM. 6.50, geb. RM. 8.—
Band III. 1929 . . . . RM. 6.50, geb. RM. 8.—

Entscheidungen des Reichsgerichts. Herausgegeben von den Mitgliedern des Gerichtshofes und der Reichsanwaltschaft. Oktav. (Zwei Sammlungen.)

1. **Entscheidungen in Zivilsachen.** (Werden in Heften im Umfange von etwa 5 bis 6 Bogen sowie in vollständigen Bänden, geheftet und gebunden, ausgegeben. Jährlich 4 Bände.) 1.—121. Band.
Je RM. 6.50, geb. RM. 8.—

2. **Entscheidungen in Strafsachen.** (Werden in Heften im Umfange von 5 bis 6 Bogen sowie in vollständigen Bänden, geheftet und gebunden, ausgegeben. Jährlich 1 Band.) 1.—62. Band. Je RM. 6.50, geb. RM. 8.—

Zeitschrift für die gesamte Strafrechtswissenschaft. Gegründet von Fr. von **Liszt** und **A. Dochow.** Unter ständiger Mitarbeiterschaft hervorragender Fachmänner herausgegeben von Dr. K. **von Lilienthal,** Professor in Heidelberg, Dr. Ed. **Kohlrausch,** Professor in Berlin, und Dr. W. **Gleispach,** Professor in Wien. Der Jahrgang besteht aus 8—9 Heften. Quart.

Bd. 1—43. 1881—1922. Je RM. 15.—. Bd. 44. 1922. RM. 25.—.
Bd. 45. 1924. RM. 21.—. Bd. 46—49. 1925—1929. Je RM. 30.—.

Juristische Rundschau. Herausgegeben von Otto **Lindemann,** Ministerialdirektor, Geh. Oberjustizrat, Berlin, Dr. Friedrich **Flad,** Senatspräsident beim Reichsgericht, Leipzig, Fritz **Hartung,** Ministerialrat im preußischen Justizministerium, Berlin, und

Höchstrichterliche Rechtsprechung. Herausgegeben von Eugen **Friedrichs,** Oberlandesgerichtsrat, Naumburg a. d. S., Dr. Albert **Feisenberger,** Reichsanwalt, Leipzig, Benno **Mugdan,** Kammergerichtsrat i. R., Geh. Justizrat, Berlin. — Erscheint am 1. und 15. jeden Monats.
4. Jahrgang. 1928. Vierteljährlich RM. 7.50, Einzelheft RM. 1.50
Beilage „Höchstrichterliche Rechtsprechung" einzeln vierteljährlich 5.—

Judicium. Vierteljahresschrift für die gesamte Zivilrechtspflege. Unter ständiger Mitarbeit von J. Goldschmidt (Berlin), H. Lehmann (Köln), R. Pollak (Wien), L. Rosenberg (Gießen), H. Walsmann (Rostock) herausgegeben von W. **Kisch** (München), H. **Lucas** (Berlin), A. **Mendelssohn-Bartholdy** (Hamburg), M. **Pagenstecher** (Hamburg), J. D. **Sauerländer** (München), H. **Sperl** (Wien), E. **Volkmar** (Berlin). Vierteljährlich erscheint 1 Heft. Der Jahrgang beginnt am 15. November. 1. Jahrgang 1928/29. (Friederichsen, de Gruyter & Co. m. b. H., Hamburg 36.) . . . . RM. 24.—

Zeitschrift für ausländisches und internationales Privatrecht. Herausgegeben in Gemeinschaft mit Ernst **Heymann,** Heinrich **Titze,** Martin **Wolff,** ordentliche Professoren an der Universität Berlin, wissenschaftliche Berater des Instituts, Max **Pagenstecher,** o. Professor an der Universität Hamburg, Franz **Schlegelberger,** Ministerialdirektor im Reichsjustizministerium, Honorarprofessor an der Universität Berlin, von Ernst **Rabel,** o. Professor an der Universität Berlin, Direktor des Instituts. Jährlich 6 Hefte im Umfang von etwa 65 Bogen.
Preis des zweiten Jahrganges RM. 50.—

Zeitschrift für ausländisches öffentliches Recht und Völkerrecht. Im Auftrage des Instituts für ausländisches öffentliches Recht und Völkerrecht herausgegeben von Dr. Viktor **Bruns,** Professor an der Universität Berlin, Leiter des Instituts.
Band I . . . . Im Druck

Zeitschrift für Bergrecht. Bis zu seinem Tode herausgegeben von dem Wirkl. Geh. Rat, Berghauptmann a. D. Dr. jur. H. Brassert. Redigiert und herausgegeben von den rechtskundigen Ministerialräten der Bergabteilung des Preußischen Ministeriums für Handel und Gewerbe. Jährlich ein Band von mehreren Heften. Die Hefte erscheinen in zwangloser Folge. Jahrgang 69. 1928/29 . . . . . . RM. 20.—

Zeitschrift für das gesamte Luftrecht (ZLR.). Herausgegeben von Dr. jur. Otto **Schreiber,** o. Professor an der Universität in Königsberg i. Pr., Geh. Regierungsrat, Leiter des Instituts für Luftrecht.
Erscheint in Bänden zu je vier Heften.
Band I. 1926/28 . . . . RM. 50.—, geb. RM. 55.—
Band II, Heft 1 . . . . RM. 10.—

Bank-Archiv. Zeitschrift für Bank- und Börsenwesen. Unter Mitwirkung von hervorragenden Fachmännern herausgegeben von Geh. Justizrat Prof. Dr. **Rießer,** Berlin. Schriftleitung: Rechtsanwalt Otto **Bernstein,** geschäftsführendes Mitglied des Centralverbandes des Deutschen Bank- und Bankiergewerbes. Quart. Jährlich 24 Nummern. XXVIII. Jahrgang. 1928/29 . . . . Pro Halbjahr RM. 12.—

Wo finde ich alle wichtigen Entscheidungen der letzten Zeit? Handweiser für die Gerichts- und Anwaltspraxis. Oktav-Querformat. Neue Folge. Halbjährlich 3 Hefte . . . . Je Vierteljahr RM. 1.—

FSC
www.fsc.org
MIX
Papier | Fördert
gute Waldnutzung
FSC® C083411

Kolibri 360 GmbH
Ferdinand-Jühlke-Straße 7
99095 Erfurt, Deutschland
produktsicherheit@kolibri360.de